U0865049

全国职业教育汽车类“十三五”规划教材

汽车发动机构造与拆装

主　编　李　波
副主编　孙晓爽

北京邮电大学出版社
www.buptpress.com

内容简介

本书遵循职业教育理实一体化课程改革的指导思想，强调以实践为主，理论为辅，筛选典型的工作任务，取材最贴近生产实际的案例设计课程内容，让学生在做中掌握解决问题的方法和技能，是汽车运用与维修专业理实一体化任务课程教材。

全书以工作任务为导向设置课程体系，共分八个项目：工具使用及安全准则；发动机总成认识；曲柄连杆机构结构与拆装；配气机构结构与拆装；冷却系统构造与拆装；润滑系统构造与拆装；汽油机燃料供给系统构造与拆装；发动机总成拆卸与安装。

本书以培养学生解决实践问题的能力为本，重点培养学生汽车维修的实践能力。本书既可作为中等职业学校汽车运用与维修专业学生的教学用书，也可作为职业技能培训的教材，还可作为相关专业人员的参考书。

图书在版编目（CIP）数据

汽车发动机构造与拆装 / 李波主编. -- 北京：北京邮电大学出版社，2017.8
ISBN 978-7-5635-5234-4

Ⅰ.①汽… Ⅱ.①李… Ⅲ.①汽车—发动机—构造②汽车—发动机—装配（机械） Ⅳ.①U464

中国版本图书馆 CIP 数据核字（2017）第 197211 号

书　　名：汽车发动机构造与拆装
著作责任者：李　波　主编
责 任 编 辑：刘　颖
出 版 发 行：北京邮电大学出版社
社　　址：北京市海淀区西土城路 10 号（邮编：100876）
发 行 部：电话：010-62282185　传真：010-62283578
E-mail：publish@bupt.edu.cn
经　　销：各地新华书店
印　　刷：北京鑫丰华彩印有限公司
开　　本：787 mm×1 092 mm　1/16
印　　张：18.75
字　　数：467 千字
版　　次：2017 年 8 月第 1 版　　2017 年 8 月第 1 次印刷

ISBN 978-7-5635-5234-4　　定　价：60.00 元

前　言

随着汽车的逐步普及和交通运输业的发展，汽车保有量大幅增加，社会对汽车维修专业技能人才的需求日益增大，对其知识和技能的要求也在不断提高，这就对相应的职业教育和培训提出了更高、更新的要求。

本书以国家职业标准《汽车修理工（中级）》为依据，按照科学性、合理性、实用性、针对性的原则，突出职业岗位素质和能力培养。精选教学内容，以应用为目的，以“必需、够用、适用”为度，注重理论与实践的联系，突出应用性，充分体现了职业技术教育教学的特点。

全书以工作任务为导向设置课程体系，注重专业知识，突出能力训练，将汽车专业知识通俗化，尽量采用以图代文的表现形式，降低学习难度，提高学生的学习兴趣，从而达到好学、好教的目的。将从事汽车行业所需的实际专业知识和实践技能以典型工作任务的方式呈现，以学生为中心，以任务为主线，以实践为主、理论为辅，理实一体化，具有很强的实用性、实践性。

全书共分八个项目，下设25个学习任务。在本书编写的过程中，得到了上海景格科技股份有限公司的大力支持和帮助，再次向各位领导和同仁表示崇高的敬意和衷心的感谢！本书由滨州市技术学院的李波任主编，孙晓爽任副主编，参加编写的有滨州市技术学院的郑鑫、王德进、谭超、金明明、陈俊玲。

由于编者的水平有限，加之编写时间短、经验不足，书中难免存在疏漏和不妥之处，敬请业内同行及广大读者批评指正，多给我们提出宝贵意见，以便本书日臻完善。

编　者

目　录

项目一

工具使用及安全准则

项目描述

汽车维修工具是汽车维修必备的物质条件，做好维修前的工具、工位、设备的准备工作，有助于汽车维修工作人员快速准确地选择合适工具，节约维修时间，提高生产效率。同时，还有利于车间5S安全生产工作的管控和推进。对汽车维修企业来讲，具有重要的意义。

本任务主要介绍汽车维修对实训场地的要求、汽车维修企业5S管理、汽车维修拆装工具的选用及要求。

学习目标

通过本项目的学习，应能够：

(1) 描述汽车维修工作安全的要求。

(2) 描述汽车维修企业5S管理的内容与要求。

(3) 规范地使用汽车维修中的常用工具、量具、设备器材。

(4) 按照汽车维修5S标准规范流程，做好汽车维修前的准备工作。

项目任务

(1) 活动实训场地与5S管理

(2) 举升机、翻转架安全操作

(3) 拆装工具选用及要求

学习任务1　实训场地与5S管理

一、任务目标

通过本任务学习，学习者应能：

（1）掌握汽车售后服务过程中，车间维修的安全作业要求及具体事项。

（2）掌握汽车维修企业中推行5S管理的目的和作用，掌握5S现场管理的具体内容。

（3）在实操任务学习中，能执行5S标准操作规范，并养成高标准的职业素养。

二、知识准备

（一）汽车维修工作安全内容与要求

安全是做好一切工作的重要前提。在汽车维修过程中，维修人员的人身安全要得到全方位的保护，尤其要能预见到可能的伤害。通过严格的安全制度、规范的操作流程、完善的劳动纪律来保证维修人员的安全，做到安全第一，预防为主，培养维修人员安全操作的习惯。

1. 维修人员工作着装安全

① 工作服。为防止3个危险的发生，工作服必须结实、合身，以便于工作。为防止工作时损坏汽车，不要暴露工作服的带子、纽扣等。工作服不要裸露皮肤以防止刮伤或烧伤。

② 工作鞋。工作时要穿安全鞋。为防止偶然掉落的物体的伤害或滑倒，作业中不要穿凉鞋或运动鞋。

③ 工作手套。提升重的物体或拆卸热的排气管等物体时，建议戴上手套。对于其他作业，应根据工作类型来决定是否必须戴手套。

正确着装、错误着装如图1-1所示。

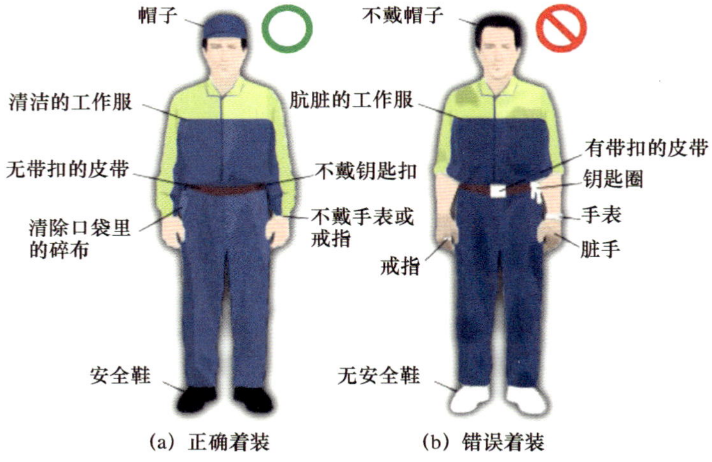

图1-1　维修人员工作着装

2. 场地安全设施

（1）配备消防设施

汽车维修车间的电气设备比较多，电路纷繁复杂，是一个易发生火灾的地方。汽车维修车间应配备消防设施，同时应注意消防器材的保养与维护，若所配置的灭火器已失效或已到报废年限，必须及时更换。

（2）粘贴安全警示标志

一般汽车维修车间的设备和墙壁等处都贴有各类安全警示标志，主要有禁止类标志和警示类标志两种。这些安全警示标志提醒维修人员在使用机械、电器等设备时，应注意安全，避免造成人身伤害或是设备损坏。

① 禁止类标志是提醒人们不允许做的事。汽车维修厂常见禁止标志如图 1-2 所示。

图 1-2　汽车维修厂常见禁止标志

② 警示类标志是提醒人们在工作时要注意的内容。汽车维修厂常见警告和警示标志如图 1-3 所示。

图 1-3　汽车维修厂常见警告和警示标志

(3) 设立有害物质集中收集地点

汽车修理作业过程中会产生废油、废液等有害物质。为了维护安全工作，在汽车维修车间应设立废油、废液、废蓄电池、废轮胎及垃圾等有害物质的集中收集地点，且收集地点存储区域应该有隔离、控制措施。

(4) 安装废气排放净化装置

在汽车维修作业过程中，车辆会排出一氧化碳、碳氢化合物等有害气体，这些有害气体对环境和维修人员的身心健康会造成巨大危害。为消除这些有害气体，涂漆车间应设立废气排放净化及处理设施，采用干打磨工艺应有的粉尘收集装置；涂漆车间还应有通风设备；调试车间或工位应设立汽车废气收集、净化装置。

3. 汽车维修作业安全

(1) 使用汽油的安全规则

① 维修车间和场地必须充分通风。

② 修理汽油箱前，应用专用溶液或水清除油箱内的残余油气。但在清洗时不得吸烟，不得在旁边烘烤零件或点燃喷灯。

③ 应尽量避免用嘴吹、吸汽油管和燃料系孔道。

④ 存放汽油的地方和油桶应标明“易燃”字样。

⑤ 废油应倒入指定废油桶收集，不得随地倒流或倒入排水沟内(警示标志如图 1-4 所示)，防止废油污染。

图 1-4　禁止随地倒流废弃液

(2) 起动发动机时的安全规则

① 发动机发动前应首先检查各部位的装配工作是否已全部结束,油底壳内的机油、散热器的冷却水是否加足;变速杆是否处于空挡;手制动器是否拉紧。

② 被调试发动机,应具有完好的起动装置。

③ 在工厂里调试发动机时,应打开门窗,使空气畅通,并尽可能将排气管排放的废气接出室外。

④ 发动机起动后,应及时检查各仪表工作是否正常。

⑤ 在发动机运转中,操作者要防止风扇叶片伤人;发动机过热时,不得打开水箱盖,谨防沸水喷出烫伤操作人员;汽车路试后进行底盘检修时,要防止被排气管烫伤。

(3) 车下工作安全规则

① 正在维修的汽车,应挂"正在维修"的牌子。如不是修制动系,应拉紧手制动器并用三角木垫好车轮。

② 用千斤顶顶车进行地盘作业时,千斤顶要放平稳,人应在车的外侧位置,并应事先准备好架车工具(如架车凳子),严禁用砖头等易碎物品垫车,同时严禁单纯用千斤顶顶起车辆在车底作业。

③ 不能在用千斤顶顶起的已卸去车轮的汽车下工作。用千斤顶放下汽车时,打开液压开关动作要慢,打开前应观察周围是否有障碍物。

④ 在调试发动机时,不得在车下工作。

(4) 蓄电池使用的安全规则

① 蓄电池应轻搬轻放,不可歪斜,以防电解液泼出腐蚀人体皮肤和衣服。如溅到皮肤,应立即用清水冲洗。

② 检查电解液密度和电解液高度时,不要将仪器提得过高,以免电解液滴溅在人体或其他物体上。

③ 禁止将油料容器及各种金属物放在蓄电池壳体上。

④ 在配置电解液时,应使用陶瓷或玻璃容器,将硫酸慢慢地倒入水中,绝对禁止将水倒入硫酸中。

4. 维修工具使用安全

正确地选用工具对汽车维修来说极其重要。但很多维修技术人员不太重视工具的使用方法,使用扳手、钳子等通用工具不规范,导致不能顺利完成维修工作。

(1) 如果不正确使用电器、液压和气动设备,可能导致严重的伤害。

(2) 使用会产生碎片的工具前,应戴好护目镜。使用砂轮机和钻孔机一类的工具后,要清除其上的粉尘和碎片。

(3) 操作旋转的工具或者在有旋转设备的场合工作时,不要戴手套,以免手套被旋转的物体卷入,造成伤害。

(4) 用升降机升起车辆时,初次应提升到轮胎稍微离开地面为止。确认车辆牢固地支撑在升降机上后,再完全升起。升起后,千万不要试图摇晃车辆,以免导致车辆跌落,造成严重损坏。

维修工具使用时应注意:

(1) 工作前应检查所使用工具是否完好。施工时工具必须摆放整齐,不得随地乱放,工作后应将工具清点检查并擦干净,按要求放入工具车或工具箱内。

(2) 拆装零部件时,必须使用合适工具或专用工具,不得大力蛮干,不得用硬物手锤直接敲击零件。所有零件拆卸后要按顺序摆放整齐,不得随地堆放。

(3) 电焊会发出强烈的光从而刺激维修工作人员的眼睛,做此类工作时,维修人员在维修时应使用相应的保护工具(如佩戴电焊护镜)。

5. 用电安全

在车辆的拆装过程中,常常会用一些电气设备来代替繁重的体力劳动,减轻劳动强度,提高工作效率。但若使用不当或缺乏安全防护措施,可能会发生触电、电击事故,伤害维修操作人员。禁止违规用电如图 1-5 所示。

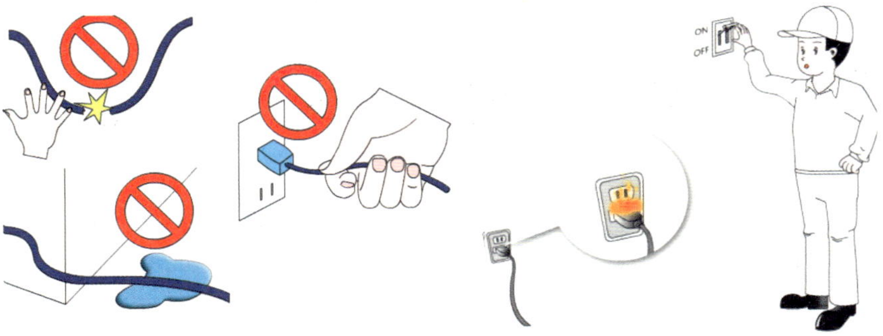

图 1-5　禁止违规用电

用电安全方面应注意:

(1) 如果发现电器设备有任何异常应立即关掉开关,并联系管理员等有关人员。

(2) 如果电路中发生短路或意外火灾,在灭火前应首先关掉电源开关。

(3) 不要靠近断裂或摇晃的电线。不要触摸标有“发生故障”的开关。千万不要用湿手接触任何电器设备。

(4) 拔下插头时,不要拉电线,而应当拔拉插头本身。

(5) 不要让电缆通过潮湿或有油的地方,也不要通过灼热的表面或者尖角部位。

(6) 在开关、配电盘或电动机等附近不要使用易燃物,因为它们容易产生火花。

(7) 维修竣工后,切断设备电源,关闭总电源。

(8) 移动电气设备时,避免其电源软线拖得过长,沾染地面油污或水。

(9) 电源线插头应完全无损地插入电源插座,接地线应完好无损,以免机器设备外壳带电而引起触电。

6. 防火安全事项

(1) 不允许在非吸烟区抽烟,并且要确认将香烟熄灭在烟灰缸里。

(2) 吸有汽油或机油的碎布应当放置到带有盖的金属容器内。

(3) 在油类存储地或可燃的零件清洗剂附近,不要使用明火。

(4) 不要在处于充电状态的蓄电池附近使用明火或产生火花,因为它们产生了可以点燃的爆炸性气体。

(5) 不要将可燃性废弃汽油和机油倒入下水道,因为可能导致污水管系统产生火灾。应将它们倒入油罐或者合适的容器内。

(6) 在燃油泄漏的车辆没有修好之前,不要启动该车的发动机。修理燃油供给系统时,应当断开蓄电池的负极电缆以防止发动机被意外启动。

(二) 汽车维修企业管理内容与要求

企业内员工的理想,莫过于有良好的工作环境,和谐融洽的管理气氛。5S 管理即造就安全、舒适、明亮的工作环境,提升员工真、善、美的品质,从而塑造企业良好的形象,实现共同的梦想。

5S 是指在生产现场中对人员、机器、材料、方法等生产要素进行有效的管理。如图 1-6 所示,5S 管理内容有整理(Seiri)、整顿(Seiton)、清扫(Seiso)、清洁(Seiketsu)、素养(Shitsuke)、安全(Safety)六个方面,通过规范现场、现物,营造一目了然的工作环境,培养员工良好的工作习惯,其最终目的是提升个人品质,养成良好的工作习惯。

图 1-6 5S 标志

5S 是保证车间环境,实现轻松、快捷和可靠(安全)工作的关键点。如何确保汽车维修的质量?可以从以下五个方面进行提升。

1. 整理

定义:将工作场所任何东西区分为有必要的与不必要的;把必要的东西与不必要的东西明确地、严格地区分开来;不必要的东西要尽快处理掉。

实施要领:对工作场所(范围)全面检查,包括看得到和看不到的;制定"要"和"不要"的判别基准;将不要的物品清除出工作场所;对需要的物品调查使用频度,决定日常用量及放置位置。

2. 整顿

定义:对整理之后留在现场的必要的物品分门别类放置,排列整齐;明确数量,有效标识。

实施要领：需要的物品明确放置场所；摆放整齐、有条不紊；地板画线定位；场所、物品标示清晰。

3. 清扫

定义：将工作场所清扫干净；保持工作场所干净、亮丽。

实施要领：建立清扫责任区（室内、室外）；执行例行扫除，清理脏污。

调查污染源，予以杜绝或隔离；建立清扫基准，作为规范。

4. 清洁

定义：将上面的 3S 实施的做法制度化、规范化。

实施要领：落实前 3S 工作；制订目视管理的基准；制订考评、稽核方法；制订奖惩制度，加强执行。

5. 素养

定义：通过员工培训等方法，提高员工文明礼貌水准，增强团队意识，养成按规定行事的良好工作习惯。

实施要领：制订公司有关规则、规定；制订礼仪守则；教育训练（新进人员强化 5S 教育、实践）；推动各种精神提升活动（晨会、例行打招呼、礼貌用语等）；推动各种激励活动，遵守规章制度。

三、 任务实施

（一）实施方案

1. 组织方式

将学生分为四组在理实一体化的教室，采用讲授法、分组讨论法、示范法、观摩法、实践法等方法学习实训场地安全作业要求及具体事项，汽车维修企业管理（5S 管理）内容与要求。

2. 作业准备

（1）设备器材：多媒体设备。

（2）场地设施：理实一体化教室。

（3）耗材：若干卡片纸。

（二）操作步骤

1. 制订 5S 管理的实施步骤

（1）整理的步骤

① 现场检查：对工作现场进行全面检查，检查地方包括各种看得见和看不见的地方。特别是不引人注意的地方，如设备内部、抽屉底层、文件柜顶部等位置。

② 定点摄影：将整理前的照片和整理后的照片放在一起进行对比，显现实施整理后的效果。

③ 清除非必需品：将经常使用的物品与使用周期较长以及对目前的生产或工作无任何作用的物品进行有效区分。

④ 处理非必需品：对非必需品进行改用、修理、修复、作价卖掉和废弃处理。

⑤ 养成每天循环整理的习惯：根据需要随时进行整理，需要的物品留下，不需要的马上放在另一边。

（2）整顿的步骤

① 分析现状：对必需物品的名称、物品的分类、物品的放置等情况进行规范化的调查分析，并从物品的名称、物品的分类、物品的放置这几个方面进行规范化。

② 物品分类：把具有相同特点或具有相同性质的物品划分到同一个类别，并制定标准和规范，确定物品的名称并做好物品名称的标示。

③ 决定放置场所：将常用的物件放在离操作工位最近的地方，不常用的物件在其他位置存放，对于场所的区分，可使用不同颜色的油漆或胶带来加以明确。

④ 确定放置方法：考虑物件的用途、功能、形态、大小、质量、使用频率等因素，以符合容易取用和放置的原则进行。

⑤ 物品定位放置：按照决定的放置场所和存放方法，将物品放在该放的地方。

⑥ 做好标示：标示是整顿的最终动作，清楚标示物品的存放场所和物品名称，让每个人随时都知道要用的东西在哪里，如果物品正在使用，也应标明使用者及使用场所。

（3）清扫的步骤

① 清扫教育：做好清扫的安全教育和设备常识教育，以避免清扫时出现安全事故和降低清扫对设备造成的损伤。

② 技术准备：制定相关的作业指导书，明确清扫工具、清扫位置、加润滑油基本要求、螺丝钉卸除和紧固的方法及具体顺序和操作步骤等。

③ 决定清扫责任区域与责任人：编制清扫责任位置图并指定负责人，排定清扫值日表并按规定的清扫方法进行清扫。

④ 建立清扫制度：将清扫的技术准备、清扫的对象、方法、重点、周期、使用的工具、责任人等任务进行制度化。

⑤ 准备清扫工具：确定清扫需要用的清扫工具并放置在容易取用、容易归位的地方。

（4）清洁的步骤

① 制定清洁手册：清洁手册明确每个人每天在5S管理方面需要做些什么，每个人的责任区域是什么，规定清洁完成后的状态及清扫实施后日常的检查方法。

② 定期检查：制定整理、整顿、清扫的明细检查表，以明确"清洁的状态"。

（5）素养的步骤

① 继续推动前4S活动：前4S是基本动作，也是手段，主要借助这些基本动作和手段使员工在无形中养成一种保持整洁的习惯。

② 制定规章制度并严格执行：制定相应的"行为礼仪"及"员工守则"等，保证员工达到素养的最低限度，并力求提高。

③ 实施员工培训：通过岗前培训和在岗培训提高员工素养，增强团队意识，养成按规定行事的良好工作习惯。

④ 开展提升活动：通过早会、征文比赛和5S管理知识竞赛等形式展示员工的素养。

2. 结合实际，讨论5S管理的相关问题

（1）小组讨论，5S能够为我们的工作带来怎样的改变？

(2) 大家整理作业车间，将整理过程简单记录。

(3) 观察作业车间，写出需要整顿的实例。

(4) 完成作业车间的清扫任务，记录清扫的内容。

(5) 制订自己的清洁任务，并记录下来。

(6) 如果我是一名汽车维修企业员工，我应具备什么样的素养？

四、任务小结

1. 汽车维修场地安全的主要内容

汽车维修工作安全内容包括：健全场地安全设施，粘贴安全标示标志，设立有害物质集中收集地点，安装废弃排放净化装置。

2. 汽车维修作业安全的主要内容

汽车维修作业安全主要内容包括：汽油使用安全规则、发动机起动安全规则、车下工作安全规则、蓄电池使用安全规则。

3. 拆装工具的使用安全

拆装前检查工具是否完好；选用合适的拆装工具；工作中按照规定佩戴保护工具。

4. 用电安全

用电安全要做到竣工后切断电源；移动电源时避免拖线过长，沾染油污或水；电源线应完好无损。

5. 5S 管理

(1) 5S 是指整理、整顿、清扫、清洁、素养、安全。

(2) 整理就是把必需品和非必需品进行明确、严格的区分,将混乱的状态收拾成井然有序的状态。整理的核心是区分必需品和非必需品。

(3) 整顿是整理的更进一步,是把需要的事、物加以定位和定量,将工作现场需要留下的物品进行科学合理的布置和摆放,以便能最快速地取得所要之物。

(4) 清扫是将工作场所、设备彻底清扫干净,使工作场所保持一个干净、宽敞、明亮的环境,其目的是维护生产安全、减少工业灾害,保证产品品质。

(5) 清洁是对清扫后状态的保持,将整理、整顿、清扫实施的做法制度化、规范化,并贯彻执行及维持成果。

(6) 素养可以使全体员工高标准、严要求地维护现场环境整洁和美观,自愿实施整理、整顿、清扫、清洁等 5S 管理规范,培养遵守规章制度和具有良好习惯的人才。

五、 任务评价

(一) 理论评价

1. 判断题

(1) 购买价格昂贵的物件都属于必需品。 (　　)

(2) 通过整顿可以在最短的时间快速地取得所需物件,提高工作效率。 (　　)

(3) 清扫可以使工作场所保持干净,对产品质量没有任何影响。 (　　)

(4) 清洁是对清扫后状态的保持。 (　　)

(5) 素养体现在员工的言行举止中,5S 管理要求员工养成良好的行为习惯。 (　　)

(6) 修理汽油箱前,应用专用溶液或水清除油箱内的残余油气。但在清洗时不得吸烟,不得在旁边烘烤零件或点燃喷灯。 (　　)

(7) 蓄电池应轻搬轻放,不可歪斜,以防电解液泼出腐蚀人体皮肤和衣服。如溅到皮肤,应立即用清水冲洗。 (　　)

2. 单选题

(1) 整理时非必需品的处理方式不包括(　　)。

A. 修理、修复　　B. 废弃　　C. 改作他用　　D. 置于仓库放置

(2) 整顿的三定原则不包括(　　)。

A. 从场所标志和编号标志进行定位

B. 从用途标记和功能标记进行定性

C. 从最大量标记和最小量标记进行定量

D. 从物架品目标记和物品品目标记进行定品

(3) 对于清扫对象描述最全面的是(　　)。

A. 生产线、设备、工作场地

B. 仓库、设备、厕所

C. 物品的放置场所、设备、空间

D. 物品的放置场所、设备、工作场地

(4) 清洁需要处理的工作不包括(　　)。
A. 准备清扫工具,对要求清扫的范围实施作业
B. 制订清洁手册,将 5S 的做法制度化
C. 定期检查整理、整顿的实施情况并进行记录
D. 每次工作结束后坚持实施整理、整顿、清扫的管理活动

(5) 不能促进员工良好素养的活动是(　　)。
A. 开展多方面的培训活动,增强素养意识
B. 开展 5S 管理活动知识竞赛,强化对 5S 管理的认知
C. 员工自己规定清扫的责任区域和清扫周期
D. 制定 5S 管理的相关规章制度并严格执行

(二) 技能测评

表 1-1　实训场地与 5S 管理技能测评

序号	内容	分值	得分
1	掌握 5S-整理的实施步骤	20	
2	掌握 5S-整顿的实施步骤	20	
3	掌握 5S-清扫的实施步骤	10	
4	掌握 5S-清洁的实施步骤	20	
5	掌握 5S-素养的实施步骤	20	
总分		100	

(注:操作正确即得分,操作错误或未进行操作得 0 分)

学习任务 2　举升机、翻转架安全操作

一、任务目标

通过本任务学习,学习者应能:
(1) 认知汽车举升机和翻转架,了解其种类及具体用途。
(2) 掌握举升机、翻转架安全规范操作方法及注意事项。
(3) 依据汽车维修设备器材操作要求,规范、熟练使用举升机、翻转架。

二、知识准备

举升机是一种实用性很强的汽修设备,在现代汽车维修过程中经常使用,它大大提高了维修人员的工作效率并改善了工作条件。举升机可将汽车举升到一定高度,既便于汽车下部的维修作业,又保证维修人员作业安全。

1. 汽车举升机种类

汽车举升机按照形状来分,可分为柱式举升机和剪式举升机。其中柱式举升机又分为

单柱式举升机、双柱式举升机以及四柱式举升机；而剪式举升机分为大剪式举升机和小剪式举升机。

汽车举升机按照功能来分，可分为四轮定位型举升机和平板式举升机。

按照占用的空间不同，汽车举升机可分为地上式举升机（无须挖槽，适用于任何修理厂）和地藏式举升机。

2. 汽车举升机特点

(1) 单柱式举升机

单柱式举升机（如图 1-7 所示）主要用于汽车及工程车辆的局部举升，便于更换车轮轮胎或对车辆底盘进行各种维修作业。

图 1-7　单柱式举升机

单柱举升机的特点：操作容易、美观、不占用空间便能将重物方便省力地举起。具有省时省力的效果，不用时完全放置于地面，方便汽车倒车和放置物品。它适用于室内外场地，适用于室内面积较为紧凑的场所。

(2) 双柱式举升机

双柱式汽车举升机（如图 1-8 所示）广泛应用于轿车等小型车的维修和保养，一般有对称式和非对称式两种。对称式举升机四根臂的臂长大致相等，非对称式举升机的立柱向后旋转了一个角度（大约 30°），并且前臂比后臂稍微短一些。

图 1-8　双柱式举升机

双柱式举升机的优点：将汽车举升在空中的同时可以节省大量的地面空间，方便地面作业。性能可靠，低能耗，操作方便；无横梁，结构简单。

双柱式举升机的缺点：为了最大地节省材料，一般都去掉了底板。由于没有底板，使得立柱的扭力需要靠地面来抵消，对地基要求很高。

(3) 四柱式举升机

四柱式举升机（如图 1-9 所示）多用于大吨位汽车或货车修理和保养。四柱举升机按其结构又分为上油缸式（油缸置于立柱顶部）以及下油缸式（油缸置于平板下面）两种。

图 1-9　四柱式举升机

四柱式举升机的优点：结构简单，结构比较紧凑，自重降低。二次举升一般为电动液压，和主泵连接在一起，只要转动转换阀即可，升降速度快。

四柱式举升机的缺点：二次举升为手动或气动，修理工需要跑到下面操作，这对于经常使用二次举升的用户不方便和不安全。保险装置为气动装置，若没有气源则比较麻烦。

(4) 剪式举升机

剪式举升机广泛用于大型车辆维修，分为大剪（子母式）举升机、小剪（单剪）举升机、超薄系列剪式举升机等几种类型，如图 1-10、图 1-11 所示。

图 1-10　小剪式举升机

图 1-11　子母大剪式举升机

剪式举升机的优点：结构简单，同步性好，举升速度适中且不占用车坑位置，对于一些车型相对固定，工作强度大的修理领域无疑是最好的选择。小剪举升机安全性高，操作方便；大剪举升机用处比较多，是配合四轮定位仪的最佳设备，并可以作为汽车维修，轮胎、底盘检修用；超薄系列剪式举升机无须挖槽，适用于任何修理厂。

剪式举升机的缺点：小剪式举升机安装需要挖坑，增加了安装的难度。

3. 汽车举升机使用安全要求

在现代汽车维修中使用举升机极大地提高了工作效率，但若举升机使用不当，又会带来一定的安全隐患，造成人身伤害和车辆财产损失。因此，为了避免使用中发生各种意外情况，举升机的安全、规范操作显得尤为重要。

汽车举升机安全使用操作要求：

(1) 使用前应清除举升机附近妨碍作业的器具及杂物，并检查操作手柄是否正常；

(2) 检查操作机构对否灵敏有效，并且液压系统不允许有爬行现象；

(3) 举车的各个支角应在同一平面上，调整支角胶垫高度使其接触车辆底盘支撑部位；

(4) 支车时，车辆不可支得过高，支起后四个托架要锁紧；

(5) 待举升车辆驶入后，应将举升机支撑块调整移动对正该车型规定的举升点；

(6) 举升时人员应离开车辆，举升到需要高度时，必须插入保险锁销，并确保安全可靠才可开始车底作业；

(7) 除汽车维修及小修任务外，其他烦琐笨重作业，不得在举升机上操作修理；

(8) 举升机不得频繁起落；

(9) 支车时举升要稳，降落要慢；

(10) 有人作业时严禁升降举升机；

(11) 发现操作机构不灵，电机不同步，托架不平或液压部分漏油，应及时报修，有故障时不得操作；

(12) 作业完毕应清除杂物，打扫举升机周围场地，保持整洁；

(13) 定期排除举升机油缸内的积水，并检查油量，油量不足应及时加注相同牌号的压力油。同时应检查润滑、举升机传动齿轮及缝条。

4. 发动机翻转架

翻转架是汽车维修中常用的设备，常见的有普通翻转架(如图 1-12 所示)、大型发动机翻转架、变速器翻转架(如图 1-13 所示)、柴油机翻转架。本课程主要讲的是发动构造与拆装，着重介绍适用于汽车发动机的翻转架。

图 1-12　发动机翻转架

图 1-13　变速器翻转架

汽车发动机翻转架是一种汽车修理和保养单位常用的设备，广泛应用于轿车等小型车的维修和保养。目前国内的发动机翻转架有固定式的和移动式的两种。固定式汽车发动机翻转架，发动机能够在翻转架上翻转、起动并运转，但需脚注混凝土，固定时费工费时，但不能在短时间内投入使用，且不能移动，限制了实验室的调整。另外，油、水、工件、工具易落地，达不到卫生清洁的起码要求，也不便于检测盒排除故障。移动式汽车发动机翻转架，虽然能够移动，但发动机智能在翻转架上翻转，不能启动、运转，无法对发动机进行检测、故障设置和故障诊断与排除。

多功能发动机翻转架弥补了上述两种翻转架的不足，集发动机的拆卸、组装、调试、大修、起动、故障设置及诊断、排除、检测等功能为一体。蜗杆传动 360°任意角度翻转锁止发动机翻转架就是多功能发动机翻转架中较有代表性的一种，它具有性能可靠，操作方便；结构简单；拖脚的最低位置低，使车辆的底盘可以比较低，扩大了各种车辆的适应性；利用蜗杆传动可 360°任意角度翻转锁止等特点。

5. 使用翻转架的注意事项

(1) 使用时需按照说明书操作、调整。

(2) 发动机在拆装过程中可以实现 360°翻转，并可在任意角度稳定停留。由于灵活性高，在操作过程中要选好角度。

(3) 万向自锁轮台架活动灵活，并带有自锁装置。在发动机拆装作业中，可根据需要使用自锁装置。

(4) 运转过程中发现不正常现象应及时停止操作并进行检查。

(5) 不允许将支架与发动机连接的螺栓螺母随意拧松，以免发生危险。

(6) 在翻转架下部放置油盘，方便拆装时小零件的储放及接油。

三、任务实施

(一) 实施方案

1. 质量要求

参照厂家的质量标准要求。

2. 组织方式

每四位同学一组，采用讲授法、分组讨论法、示范法、观摩法、实践法等方法对举升机、翻转架安全操作的知识进行学习，让学生按照企业岗位操作规范对剪式举升机和翻转架进行作业。每组作业时间为____分钟。

3. 作业准备

(1) 技术要求与标准：

① 举升机操作前需清洁举升机和实训工位地面。

② 举升机操作前需确保电动机开关转动。

③ 达到目标高度后，需压下举升机手动卸荷阀手柄将提升臂锁止。

(2) 设备器材：如图 1-14 所示。

(3) 场地设施：带消防设施的场地。

(4) 设备设施：别克凯越汽车、举升机、翻转架。

(5) 耗材：干净抹布。

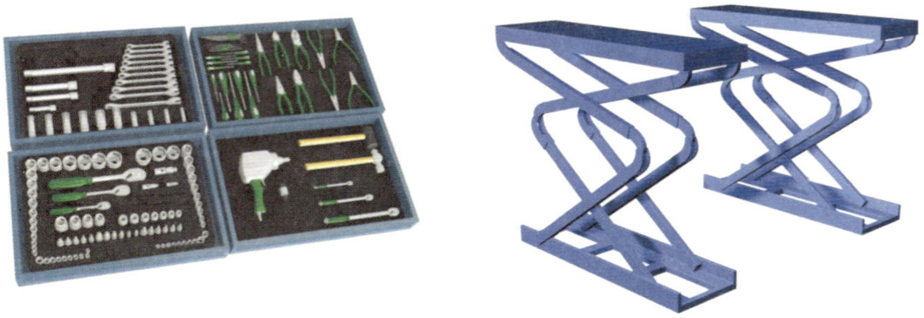

(a) 常用工具（一套）　　(b) 剪式举升机

图 1-14　设备器材

（二）操作步骤

1. 剪式举升机的使用

（1）举升机操作前的准备

① 检查车辆停放在举升机的位置

如图 1-15 所示，检查车辆停放位置是否到位，如不到位，则需重新调整。

注意事项

◇车辆要停放在举升机的中间位置，使车辆的重心能够刚好在举升机的中间，保证车辆平稳举升；

◇车辆两侧位置要求刚好在举升平板的中间位置，确保车辆不会倾斜；

◇车辆底部举升点必须在举升平板区域内。

② 检查举升机和车辆

如图 1-16 所示，检查车辆重量是否符合举升机的最大举升极限。

图 1-15　检查车辆位置

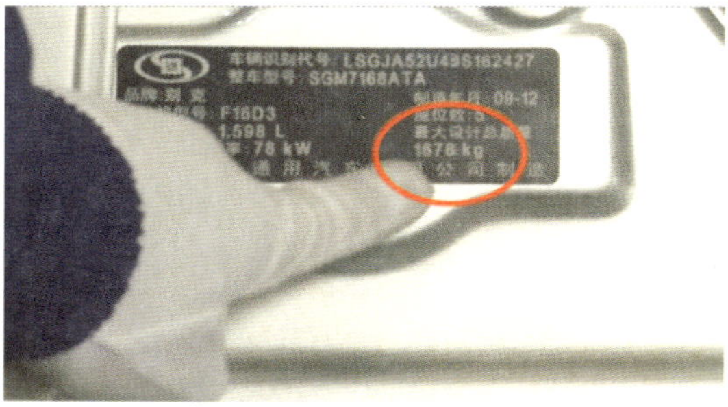

图 1-16　检查车辆承重

注意事项

◇严禁举升超过举升机载荷极限的车辆。

③ 检查车内是否有行李物品

如图 1-17 所示，检查车内和行李箱存放处是否有行李物品，如果有行李物品则将其搬出车外。

④ 安装车轮挡块

安装左后车轮挡块;安装右后车轮挡块。

(2) 举升机举升操作

① 安装举升机垫块

如图 1-18 所示,安装左侧两块举升机垫块,将垫块安放在车辆举升点正下方的举升平板上面;安装右侧两块举升机垫块,将垫块安放在车辆举升点正下方的举升平板上面。

图 1-17　检查后备箱

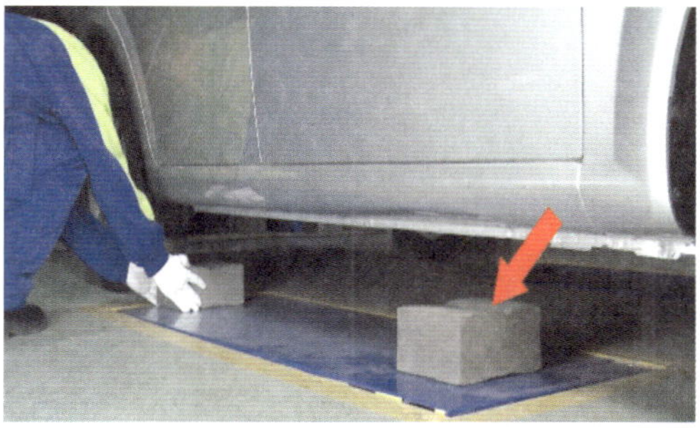

图 1-18　安装垫块

注意事项

◇在安装前检查垫块是否有裂纹、损坏;
◇车辆的举升点在车辆底座两个凹槽处;
◇举升机垫块必须整块在举升平板内,决不允许部分垫块在平板外;
◇对于车身比较长的车辆可拉动举升平板的延长部分来安放垫块。

② 举升车辆

a. 如图 1-19 所示,检查车辆以及举升机周围是否有障碍物,示意车辆将要举升信号,确认安全。

b. 按下上升按钮,将举升机平板升至垫块将要碰到车辆底部时,停止举升。

③ 检查举升机垫块

如图 1-20 所示,检查左侧举升机垫块安装是否到位,如不到位则进行调整;检查右侧举升机垫块安装是否到位,如不到位则进行调整。

图 1-19　检查车辆

图 1-20　检查垫块

注意事项

◇举升机垫块必须与车辆底部举升点(凹槽)处完全接触,同时位于中间位置;
◇举升垫块必须置于中间位置。

④ 第二次车辆举升

a. 检查车辆周围是否有障碍物;示意车辆将要举升信号,确认安全。

b. 按下"上升"按钮,将车辆举升离开地面 20 cm 左右停止举升,如图 1-21 所示。

注意事项

◇在车辆举升时,要注意两块举升平板是否同时上升;不然影响作业安全。

⑤ 再次检查举升垫块

如图 1-22 所示,再次检查左侧举升机垫块安装是否到位,如不到位则进行调整;再次检查右侧举升机垫块安装是否到位,如不到位则进行调整。

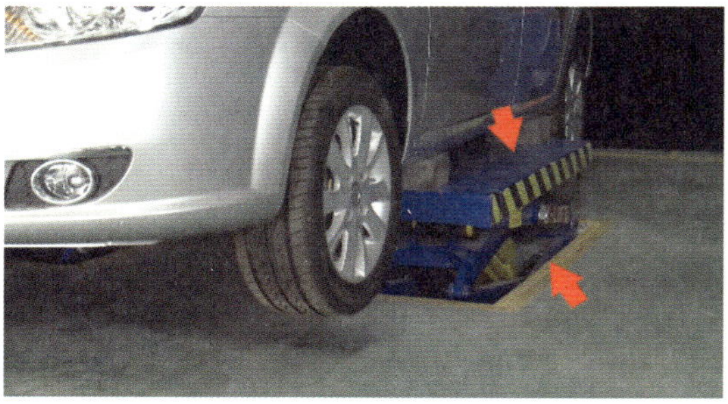

图 1-21　将车辆举升离地面 20 cm

图 1-22　检查垫块是否到位

⑥ 车辆安全检查

按压车辆前部检查车辆支撑是否合适;按压车辆后部检查车辆支撑是否合适。

注意事项

◇检查过程如有任何的晃动、不平稳都需重新调整。

⑦ 移走挡块

移走左后车轮挡块,移走右后车轮挡块并将其放在安全位置。

⑧ 第三次举升车辆

a. 检查车辆周围是否有障碍物,示意车辆将要举升信号,确认安全。

b. 按下"上升"按钮,将车辆举升到操作的合适高度,如图 1-23 所示。

注意事项

◇检查举升机锁止是否良好,在举升机锁止检查时,确保上下两排齿要完全吻合。

（3）举升机下降操作

① 举升机下降

a. 检查车辆下方是否有工具设备，检查车辆周围是否有障碍物；示意车辆将要下降的信号，确认安全。

b. 先举升然后再按下举升机“下降”按钮，如图 1-24 所示。

图 1-23　举升车辆

图 1-24　按下按钮

注意事项

◇如果将车辆下降到某位置，则下降好后要检查举升机锁止是否正常；如果将车辆下降到地面，则直接将举升机平板降到最低位置。

◇在车辆下降时，要注意两块举升平板是否同时下降，不然影响安全作业。

② 移走举升机垫块

如图 1-25 所示，移走车辆左侧举升机垫块将其放到安全位置；移走车辆右侧举升机垫块将其放到安全位置。

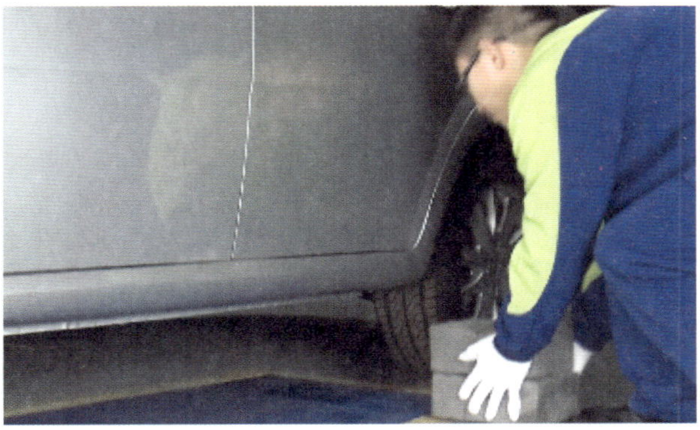

图 1-25　移走垫块

注意事项

◇垫块拆除同时，检查垫块是否完好，不然影响下次作业。

四、任务小结

1. 汽车举升机种类

汽车举升机可按照形状、功能及占用空间的不同进行分类。

2. 汽车举升机的特点

不同类型的汽车举升机具有不同的特点，既有优点也有缺点。单柱式举升机具有操作容易、美观、不占用空间的优点；双柱式举升机具有节省大量地面的空间、方便作业、性能可靠、低能耗、操作方便、无横梁、结构简单的优点；四柱式举升机具有结构简单、结构比较进错、自重降低的优点；剪刀式举升机具有结构简单、同步性好、举升速度适中且不占用车坑位置的优点。以上这些类型的举升机也有缺点，详细内容可参见“知识准备”模块。

3. 剪式汽车举升机操作使用前注意事项

车辆要停放在举升机的中间位置，使车辆的重心能够刚好在举升机的中间，保证车辆平稳举升。剪式汽车举升机操作使用前要确保车辆重量符合举升机的最大举升极限。举升机垫块必须与车辆底部举升点(凹槽)处完全接触。

4. 剪式举升机操作使用时注意事项

(1) 严禁举升超过举升机载荷极限的车辆；

(2) 在车辆举升时，要注意两块举升平板同时上升；

(3) 在举升机锁止检查时，确保上、下两排齿要完全啮合。

五、任务评价

(一) 理论评价

1. 判断题

(1) 汽车举升机可按照形状、功能及占用空间的不同进行分类。 (　　)

(2) 双柱式汽车举升机广泛应用于大吨位汽车或货车修理和保养。 (　　)

(3) 剪式汽车举升机操作前若车内的行李物品重量很轻，则无须将其搬出车外。 (　　)

(4) 剪式汽车举升机垫块必须整块在举升板内，绝不允许部分垫块在平板外。 (　　)

(5) 剪式汽车举升机下降操作时，先将举升机举升然后再按下“下降”按钮。 (　　)

(6) 多功能发动机翻转架在使用过程中可以实现每次 60°的翻转。 (　　)

2. 单选题

(1) (　　)举升机广泛应用于轿车等小型车的维修和保养。

A. 单柱式　　B. 双柱式　　C. 四柱式　　D. 剪式

(2) 剪式举升机广泛应用于大型车辆维修，有(　　)类型。

A. 子母式举升机　　B. 单剪式举升机

C. 超薄系列剪式举升机　　D. 以上三种都是

(3) 下列关于剪式汽车举升机的操作使用错误的是：(　　)。

A. 操作使用前要确保车辆重量符合举升机的最大举升极限

B. 举升机垫块上允许有轻微的裂纹

C. 在举升机锁止检查时，确保上、下两排齿要完全啮合

D. 剪式汽车举升机操作使用前，车辆要停放在举升机的中间位置，使车辆的重心能够刚好在举升机的中间，保证车辆平稳举升

（二）技能评价

表 1-2　举升机、翻转架安全操作技能评价

序号	内容	分值	得分
1	检查车辆是否停放在举升机位置	5	
2	检查车辆重量是否符合举升机的最大举升极限	5	
3	检查车内是否有行李物品	5	
4	安装车轮挡块，左后、右后车轮都要安装	10	
5	安装举升机垫块	10	
6	举升车辆需确定周围是否有障碍物，举升机平板升至垫块将要碰到车辆底部时需停止举升	10	
7	检查举升机垫块	10	
8	第二次车辆举升	10	
9	拆卸挡块	10	
10	第三次车辆举升	10	
11	举升机下降应检查是否有障碍物，再先举升后按下降按钮	10	
12	拆除举升机垫块，左右两侧的举升机垫块都要拆除	5	
总分		100	

学习任务 3　拆装工具选用及要求

一、任务目标

通过本任务学习，学习者应能：

（1）掌握汽车维修过程中常用拆装工具的名称和规格。

（2）描述汽车维修常用工具规范使用的方法和安全事项。

（3）准确识别和选用各种类别、型号的拆装工具，并能够规范运用，掌握安全操作的方法。

二、知识准备

1. 汽车维修常用的工具及安全使用

汽车维修工具一般分为通用和专用两大类。通用工具指的是可普遍使用于各行各业同类作业的工具；专用工具是指为某一专项作业特别设计的工具，如汽车火花塞上的套筒，只能用于火花塞拆装。

汽车维修作业中常用的工具有：扳手、钳子、螺丝刀、手锤、游标卡尺、螺旋测微仪、量缸表等。

(1) 扳手类工具

扳手用以紧固或拆卸带有棱边的螺母和螺栓，常用的扳手有开口扳手、梅花扳手、套筒扳手、扭力扳手、可调节扳手(活动扳手)等。

① 开口扳手(如图 1-26 所示)。开口扳手用于紧固或拆卸一般规格的螺母和螺栓，这种扳手可以直接插入或套入，使用较方便。但是不宜在较小的空间使用，并且不可用于拧紧力矩较大的螺栓或螺母，使用时易滑脱。

② 梅花扳手(如图 1-27 所示)。梅花扳手由于完全包住了螺栓或螺母的顶部，比普通扳手易于使用。同时它的手柄比普通的手柄长，可以获得更大的扭矩。这种扳手扳转力大，工作可靠，不易滑脱，携带方便，适用于旋转空间狭小的场合。

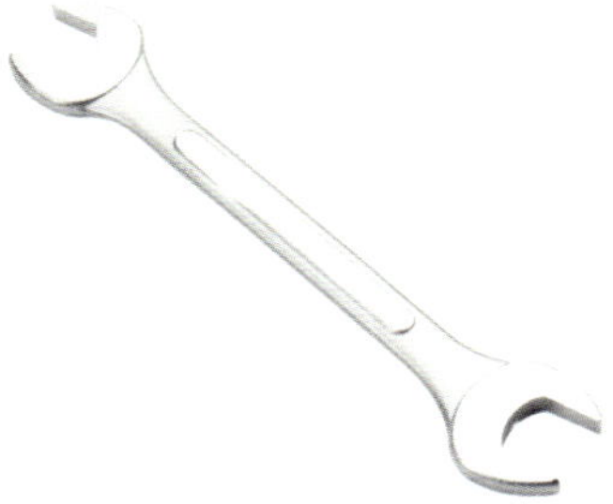

图 1-26　开口扳手

图 1-27　梅花扳手

③ 套筒扳手(如图 1-28 所示)。套筒扳手是拆卸螺栓最方便、灵活且安全的工具。使用套筒扳手不易损坏螺母的棱角。套筒扳手特别适用于旋转部位很狭小或隐蔽较深处的六角螺母或螺栓。

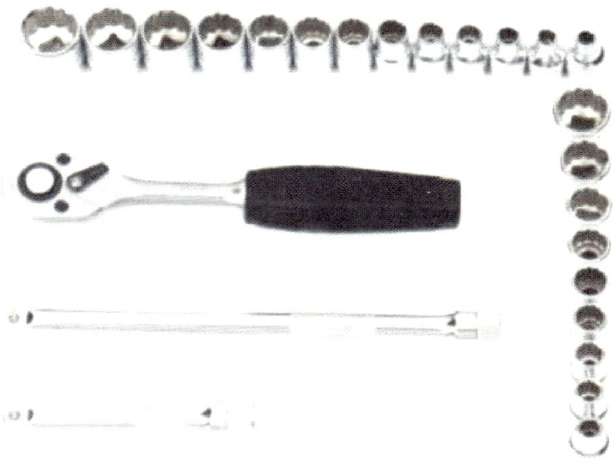

图 1-28　套筒扳手

④ 扭力扳手(如图 1-29 所示)。扭力扳手主要用于有规定扭矩值的螺栓和螺母的装配，如气缸盖、连杆、曲轴主轴承等处的螺栓。

⑤ 可调扳手(又称活动扳手，如图 1-30 所示)。可调扳手根据螺栓或螺母的尺寸，通过转动调整螺母的尺寸，通过转动调整螺钉来移动可调爪，可调扳手的开口宽度可变宽或收窄。

图 1-29　扭力扳手

（2）钳子类工具

钳子类工具可分为通用钳子和专用钳子两种类型。通用类钳子用于夹持、弯曲、扭转和切断物体等，而专用类钳子用于安装、拆卸活塞环或卡环。

① 组合钳（又称鱼口钳，如图 1-31 所示）。鱼口钳开口有大小两种调节方式。钳爪底部可以切断电线一类的物体。不要使用组合钳松开或拧紧螺栓、螺母，否则可能将螺栓或螺母的边“咬掉”。

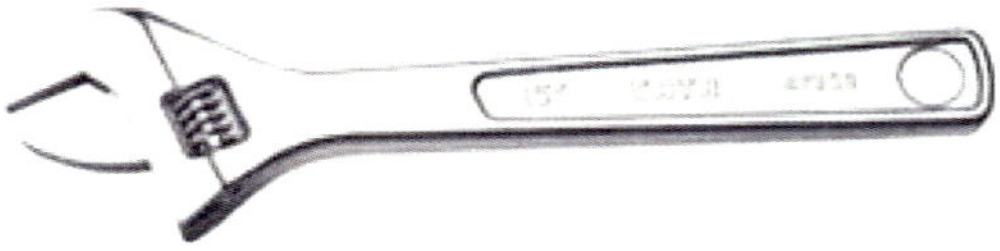

图 1-30　可调扳手

图 1-31　组合钳

② 尖嘴钳（如图 1-32 所示）。尖嘴钳的端部细长，它用于组合钳无法使用的狭窄地方或在孔中夹持销子之类的物体。尖嘴钳的头部夹口用来夹持细小零件，但夹紧的力不能过大，否则会使夹口变成喇叭形。尖嘴钳后部的刀口是用来切断电线或拨开电线的表皮。

③ 偏口钳（如图 1-33 所示）。偏口钳用于切断电线，剥除电线的绝缘层和剥除开口销之类的物体。不要用偏口钳切断硬物体，以免损伤钳口。

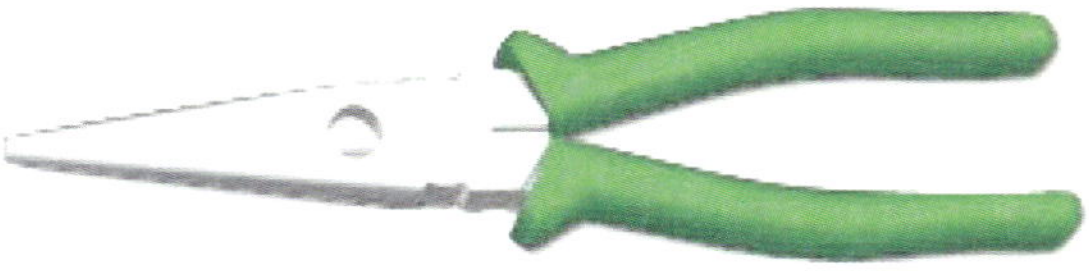

图 1-32　尖嘴钳

图 1-33　偏口钳

④ 克丝钳（又称老虎钳，如图 1-34 所示）。用途广泛，可切断电线、夹持物体或弯曲工件。

⑤ 大力钳（如图 1-35 所示）。大力钳又称管钳子，用于加紧力矩较大的地方。大力钳能够轻松拆卸损坏的螺栓或卡住的螺母。

图 1-34　克丝钳

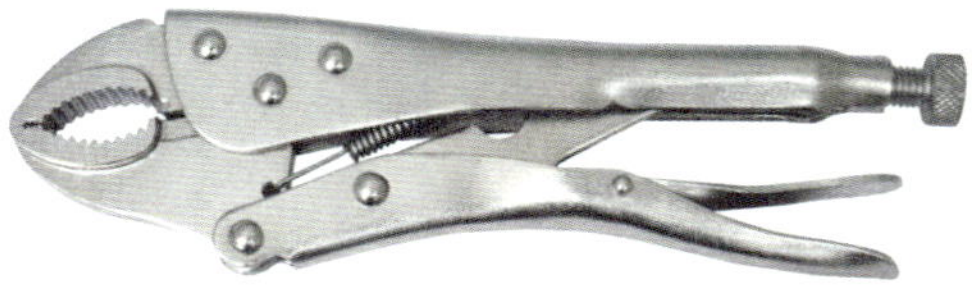

图 1-35　大力钳

⑥ 卡簧钳(如图 1-36、图 1-37 所示)。卡簧钳用于拆卸或安装卡簧,主要有轴用、穴用两类。

图 1-36 轴用卡簧钳

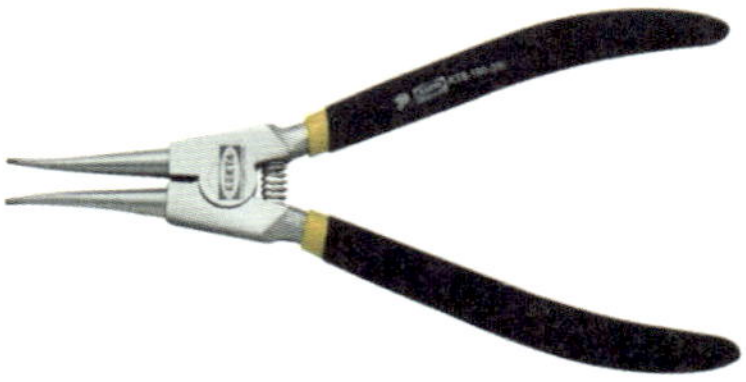
图 1-37 穴用卡簧钳

(3) 螺钉旋具类工具

螺钉旋具又称起子、旋凿或螺丝刀。使用时是利用旋转压力紧固或拆卸带有槽口的螺钉。常用的螺钉旋具有一字形和十字形两种,如图 1-38 所示。一字形螺钉旋具是紧固或拆卸一字槽螺钉的,而十字形螺钉旋具是紧固或拆卸十字槽螺钉的。

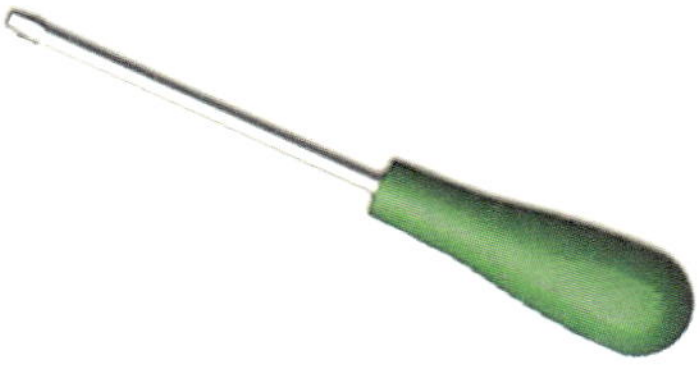
(a) 一字螺丝刀

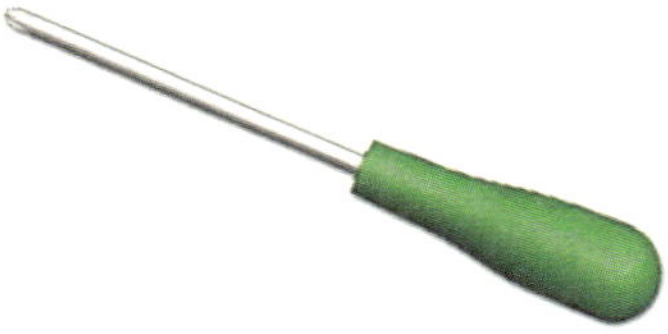
(b) 十字螺丝刀

图 1-38 螺钉旋具类型

(4) 手锤

手锤又称榔头,由锤头和木柄组成,如图 1-39 所示。通过敲击,拆卸和安装零件。

图 1-39 手锤

(5) 常用量具

① 游标卡尺(如图 1-40 所示)。游标卡尺是一种测量长度、内外径、深度的量具。游标卡尺由主尺和附在主尺上能滑动的游标两部分构成。游标卡尺的主尺和游标上有两副活动量爪,分别是内测量爪和外测量爪,内测量爪通常用来测量内径,外测量爪通常用来测量长度和外径。

② 螺旋测微仪(如图 1-41 所示)。螺旋测微仪又称千分尺(micrometer),是比游标卡尺更精密的测量长度的工具,用它测量长度可以准确到 0.01 mm,测量范围为几厘米。螺旋测微仪的读数机构由固定套筒和活动套筒组成:固定套筒在轴线方向上刻有一条中线,中线的

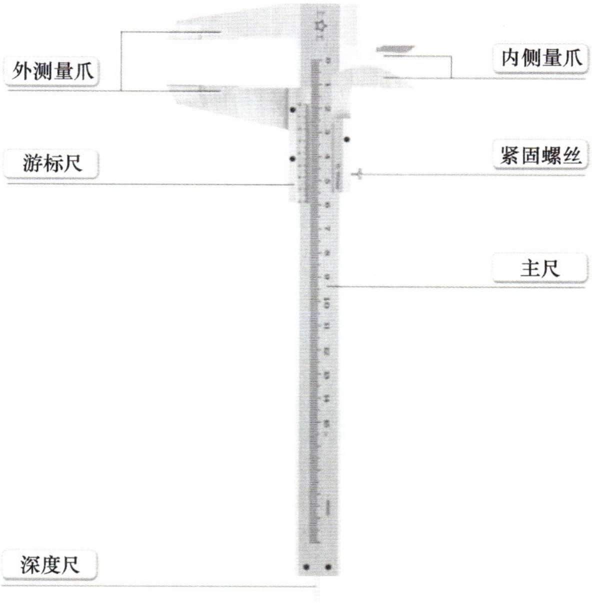

图 1-40　游标卡尺结构

上、下各有一排刻线，刻线每一格间距均为 1 mm，上、下刻线相互错开 0.5 mm；在活动套筒左端圆周上有 50 等份的刻度线。因测量螺杆的螺距为 0.5 mm，即螺杆每转一周，轴向移动 0.5 mm，故活动套筒上每一小格的读数值为 0.5÷50＝0.01 mm。

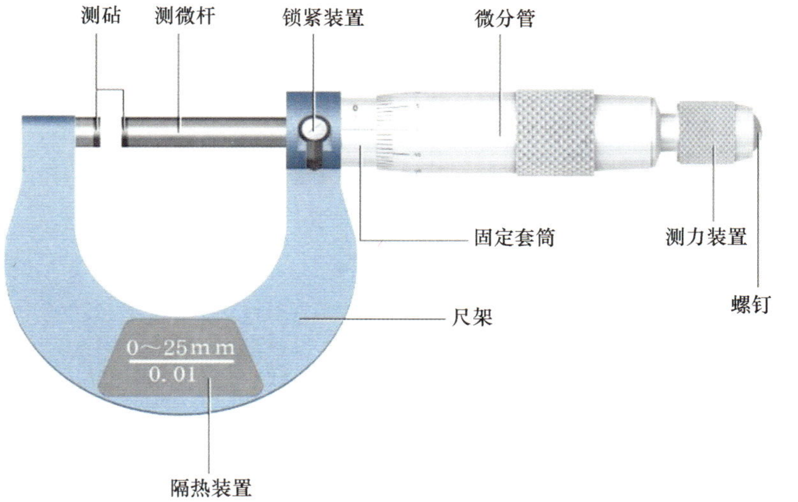

图 1-41　螺旋测微仪结构

③ 量缸表(如图 1-42 所示)。量缸表也叫内径百分表，是利用百分表制成的测量仪器，也是用于测量孔径的比较性测量工具。在汽车维修中，量缸表通常用于测量气缸的磨损量及内径。量缸表主要包括百分表、表杆、替换杆件和替换杆件紧固螺钉等。

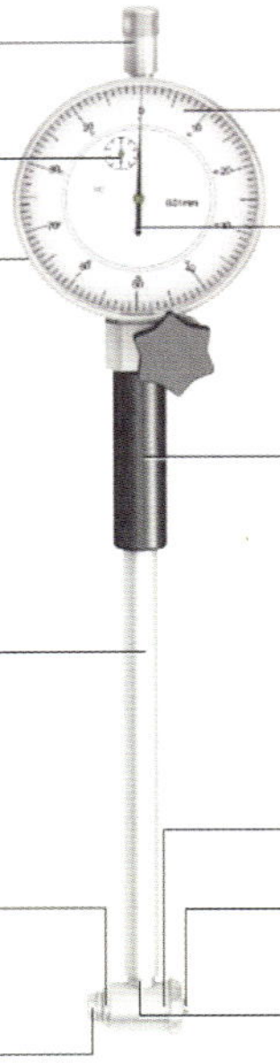

图 1-42　量缸表结构

三、任务实施

（一）实施方案

1. 质量要求

参照厂家的质量标准要求。

2. 组织方式

将学生分为四组在理实一体化的教室，采用讲授法、分组讨论法、示范法、观摩法、实践法等认识汽车维修常用的拆装工具，掌握各类拆装工具安全使用的方法。每组作业时间为____分钟。

3. 作业准备

(1) 技术要求与标准：

① 使用前对汽车发动机常用工具进行清洁与检查。

② 根据汽车维修作业的要求，选用适用的拆装工具。

(2) 设备设施：汽车维修常用工具、量具。

(3) 场地设施：带消防设施的场地。

(4) 耗材：干净抹布。

（二）操作步骤

1. 扳手的使用

(1) 开口扳手的使用

① 根据要拧紧或拧松的螺栓或螺母的规格从工具箱中取出对应规格的开口扳手。

② 用清洁布清洁开口扳手，以防使用时扳手滑出，造成零件损伤或人身的伤害。

③ 将开口扳手上、下套入或横向插入螺栓或螺母中，如图 1-43 所示。使用开口扳手时，应将受力面(大的一面)放在沿着拧动方向的上面。

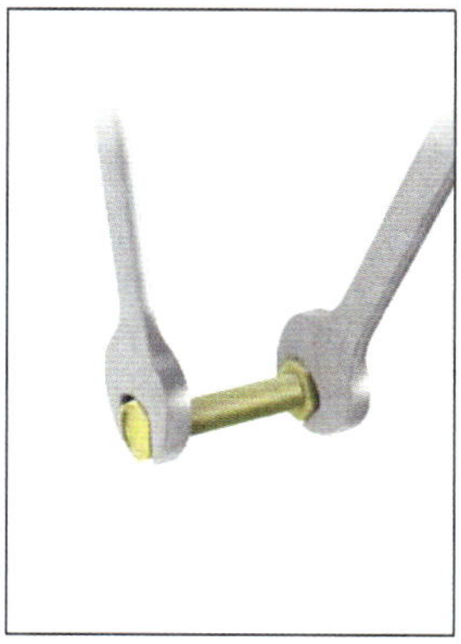

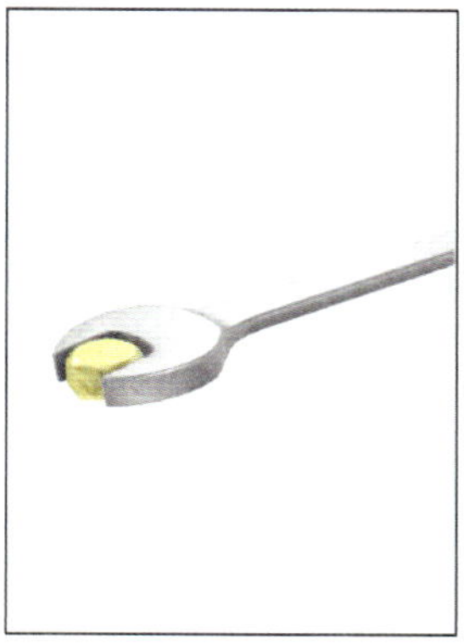

图 1-43　将扳手套入螺栓或螺母中

④ 应采用拉动扳手的操作方法来松动或拧紧螺栓或螺母。若必须推动时，可用手掌推动，以防止伤手，如图 1-44 所示。

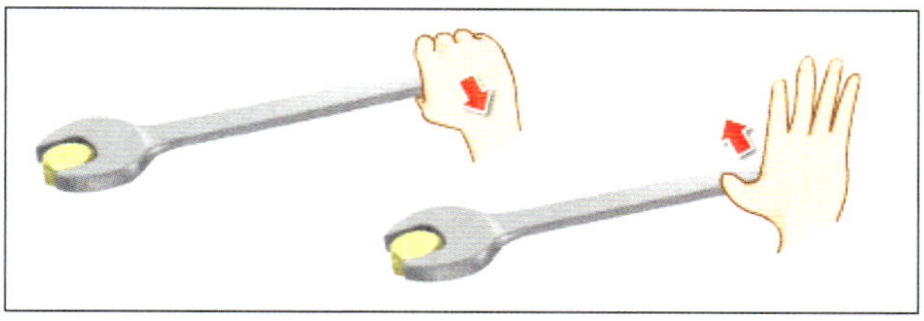

图 1-44　注意手势

注意事项

◇螺栓或螺母生锈或过紧时，可使用除锈润滑剂喷涂在需拆卸的螺栓。或者使用锤子轻轻敲击螺母表面，再进行拆卸。

注意事项

◇如图 1-45 所示，不能在开口扳手柄上随意使用锤子和管子(用来加长轴)来增加扭矩。

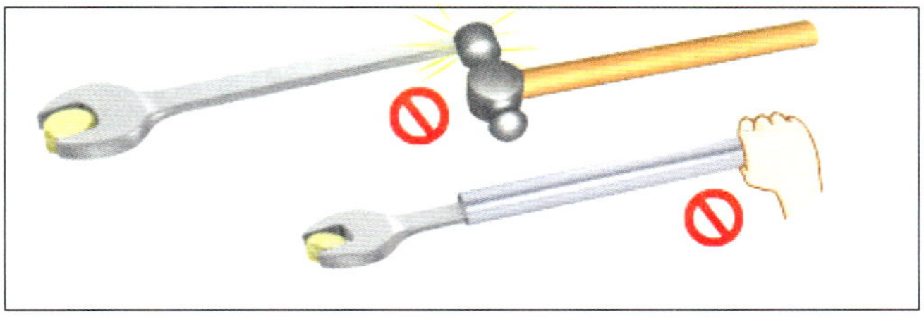

图 1-45　注意事项

⑤ 使用后，清洁开口扳手并放回工具箱。

(2) 套筒扳手的使用

① 从工具箱中取出选用的套筒，套筒类别如图 1-46 所示。

② 如图 1-47 所示，将套筒套在配套手柄的方榫上(视需要与长接杆、短接杆或万向接头配合使用)。

图 1-46 套筒类别

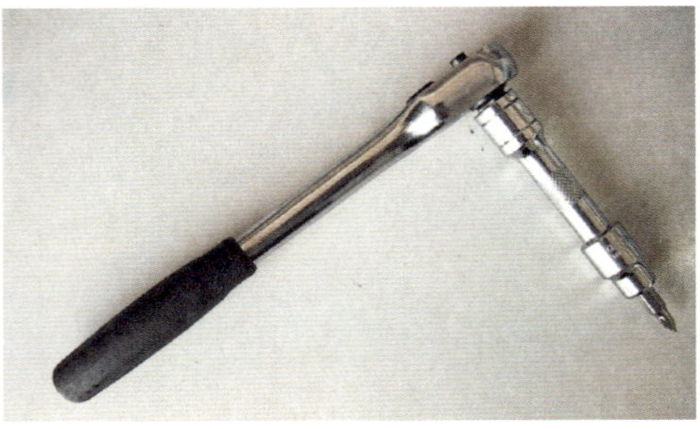

图 1-47 安装套筒

③ 如图 1-48 所示，将套筒套住螺栓或螺母，左手握住手柄与套筒连接处，保持套筒与所拆卸或紧固的螺栓同轴线，右手握住配套手柄拉动加力。

④ 将套筒在配套手柄的方榫上拆卸下来，清洁后放回工具箱中。

注意事项

◇使用时切勿摇晃，以免套筒滑出或损坏螺栓螺母的棱角。

◇不论松动或拧紧螺栓(螺母)，都要采用拉动方向用力。

(3) 扭力扳手的使用

① 查看将要拆卸或紧固的螺栓和螺母的规格。

② 从工具箱中取出与螺栓和螺母相同规格的扳手、扭力杆以及套筒，如图 1-49 所示。

图 1-48 套筒作业

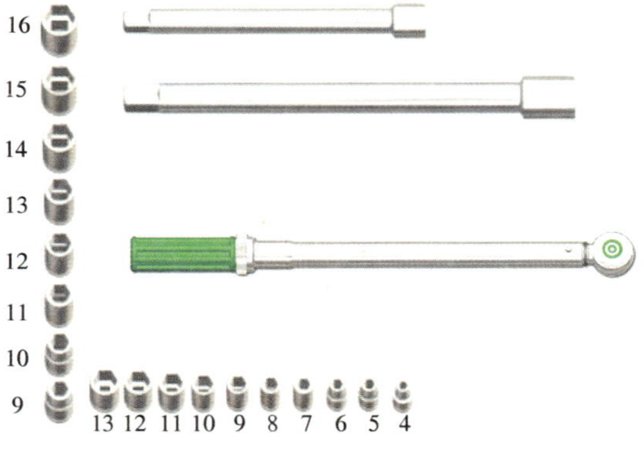

图 1-49 扭力扳手

③ 将扳手、扭力杆、套筒组合起来。

④ 如图 1-50 所示，调整扭矩至规定扭矩数值，并将其锁止。

⑤ 如图 1-51 所示，将套筒套住螺栓或螺母，然后朝自己的方向用力。

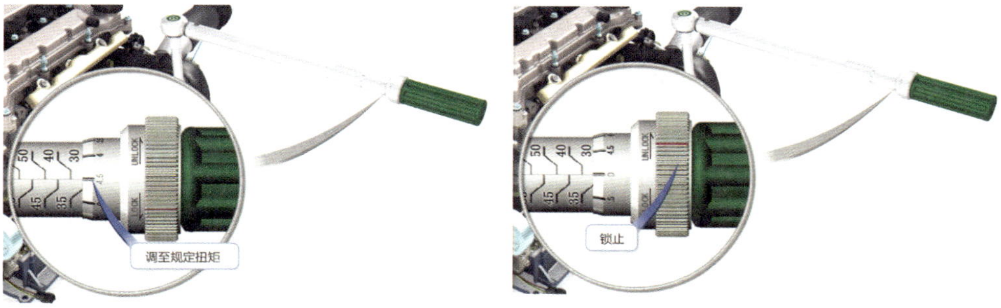

图 1-50　调整扭矩

注意事项

◇操作过程中用力不宜过大。

⑥ 将扳手、扭力杆、套筒拆卸开来，并依此放回工具箱。

2. 钳子的使用

(1) 如图 1-52 所示，使用钳子时用右手操作。将钳口朝内侧，便于控制钳切部位。

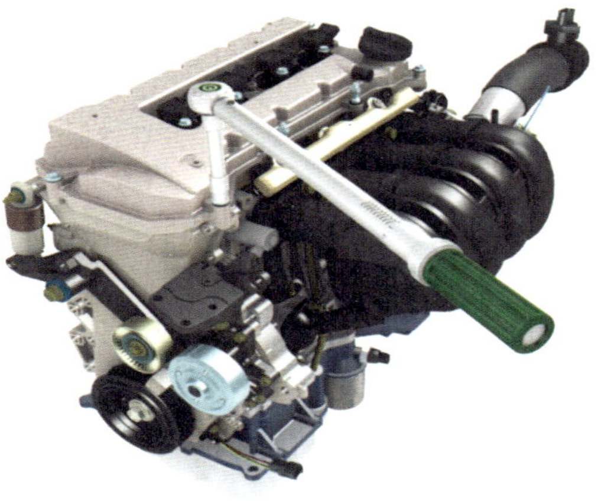

图 1-51　套筒使用方向

图 1-52　右手使用钳子

(2) 用小指伸在两钳柄中间来抵住钳柄，张开钳头，这样分开钳柄灵活。切勿把钳子当锤子使用。

3. 旋具的使用

(1) 选择与螺钉槽相匹配的旋具。

(2) 将旋具头部放至螺钉槽口中，使旋具头可靠地同螺钉槽接合。

(3) 用力推压螺钉，平稳旋转旋具。

注意事项

◇旋转旋具时，特别要注意用力均匀，不要在槽口中蹭，以免磨毛槽口。
◇禁止使用尺寸不合适的旋具拧动螺钉，否则可能会损坏螺钉槽或旋具槽。

4. 手锤的使用

如图 1-53 所示，正确握锤手势为用右手的食指、中指、无名指和小指紧握锤柄，大拇指贴在食指上，挥锤和击锤时手势不变。

注意事项

◇每次使用前一定要确定锤头不松动。

5. 千分尺的使用

(1) 使用千分尺的正确姿势

如图 1-54 所示，用千分尺测量时，被测工件放在测砧和测轴端头之间，被测工件的大小决定了所用千分尺的规格。转动微分套管调整测轴，直至测轴与测砧和工件轻轻接触，从固定套筒和微分套管上的刻度即可读出尺寸。

图 1-53　握锤姿势

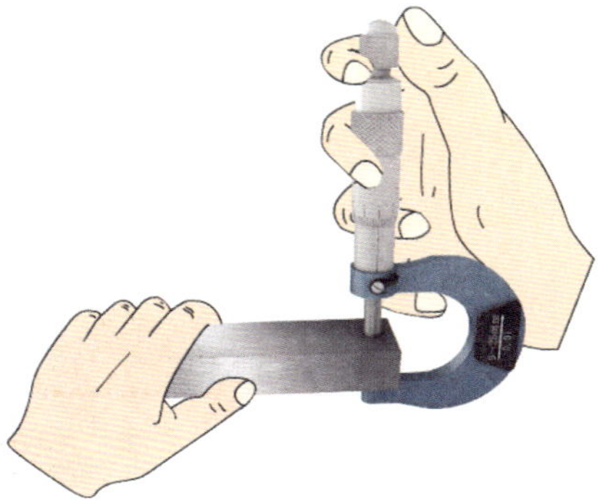

图 1-54　千分尺使用方法

要求测砧和工件轻轻接触，测砧在接近被测工件时应拧动外径千分尺的棘轮机构，以保证读取数值准确。

(2) 千分尺的数值读取

外径千分尺的固定套上是主标尺和基准线，调节千分尺测取读数时，转动微分套管带动测轴，此时微分套管沿固定套上的主标尺轴线移动，微分套管上的刻度线绕固定套相对基准线转动。

读数时，外径千分尺的固定套上主尺每刻度线代表 0.50 mm。微分套管上每刻度线代表 0.01 mm，一圈 50 个刻度线，微分套管每旋转一周即增加或减少 0.50 mm。千分尺读数步骤如下：

第一步、读取主尺(固定套)上的数值。

第二步、读取微分管筒上与基准线重合的刻度线数值。

第三步、将两读数加在一起，如图 1-55 所示。

测量值＝固定管整毫米数＋半毫米数＋1/100 mm 的微分管数

四、 任务小结

1. 汽车发动机拆装常用工具

汽车发动机拆装常用工具有扳手、钳子、螺丝刀、手锤、游标卡尺、螺旋测微仪等。

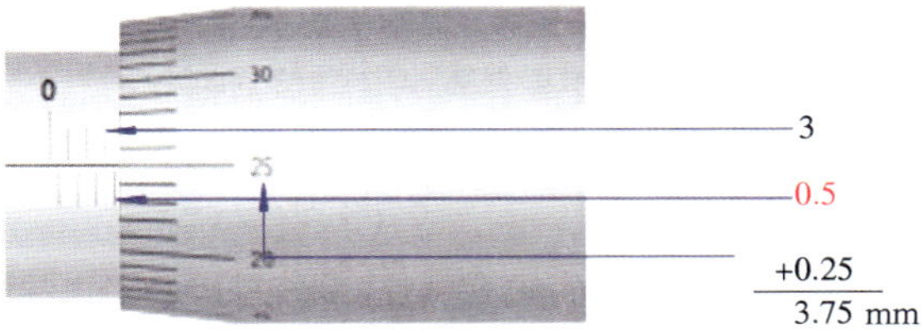

图 1-55　千分尺的读数

2. 扳手类工具

扳手用于紧固或拆卸带有棱边的螺母和螺栓，常用的扳手有开口扳手、梅花扳手、套筒扳手、扭力扳手、可调节扳手等。

3. 钳子类工具

钳子分通用钳子和专用钳子两种类型。钳子类工具主要有组合钳、尖嘴钳、偏口钳、克丝钳、大力钳、卡簧钳。

4. 螺钉旋具类工具

螺钉旋具又称起子或螺丝刀。常用的螺钉旋具有一字形和十字形。一字形螺钉旋具是紧固或拆卸一字槽螺钉的，而十字形螺钉旋具是紧固或拆卸十字槽螺钉的。

5. 手锤

手锤又称榔头，由锤头和木柄组成，通过敲击，拆卸和安装零件。

6. 常用量具

(1) 游标卡尺是一种测量长度、内外径、深度的量具。游标卡尺由主尺和附在主尺上能滑动的游标两部分构成。游标卡尺的主尺和游标上有两副活动量爪，分别是内测量爪和外测量爪，内测量爪通常用来测量内径，外测量爪通常用来测量长度和外径。

(2) 螺旋测微仪又称千分尺(micrometer)，是比游标卡尺更精密的测量长度的工具，用它测量长度可以准确到 0.01 mm，测量范围为几厘米。

(3) 量缸表也叫内径百分表，是利用百分表制成的测量仪器，也是用于测量孔径的比较性测量工具。

五、任务评价

(一) 理论评价

1. 判断题

(1) 螺钉旋具主要有一字形和十字形两种。（　　）

(2) 相比螺旋测量仪而言，游标卡尺可用于更加精密的长度测量。（　　）

(3) 尖嘴钳可用于加紧力矩较大的地方，能够轻松拆卸损坏螺栓或卡住的螺母。（　　）

(4) 在汽车维修中经常用到的工具可分为通用工具和专用工具两大类。（　　）

(5) 不能在开口扳手手柄上随意使用锤子和管子(用来加长轴)来增加扭矩。（　　）

2. 单选题

(1) 下列哪种扳手拆卸螺栓最方便，灵活且安全？（　　）

A. 开口扳手　　B. 套筒扳手　　C. 梅花扳手　　D. 扭力扳手

(2) 气缸盖、连杆、曲轴主轴承等处的螺栓采用以下哪种扳手拆卸?(　　)

A. 开口扳手　　B. 套筒扳手　　C. 梅花扳手　　D. 扭力扳手

(3) 如要测量气缸的磨损量及内径,一般采用哪个量具?(　　)

A. 量缸表　　B. 游标卡尺　　C. 钢尺　　D. 螺旋测微仪

(4) 以下哪种钳子是用来切断电线,剥除电线的绝缘层和剥除开口销之类的物体的。(　　)

A. 尖嘴钳　　B. 偏口钳　　C. 组合钳　　D. 卡簧钳

(二) 技能评价

表 1-3　拆装工具选用及要求技能评价

序号	内容	分值	得分
1	规范、熟练地使用开口扳手、套筒、扭力扳手	30	
2	规范、熟练地使用钳子类工具	20	
3	规范、熟练地使用螺钉旋具类工具	20	
4	规范、熟练地使用手锤类工具	10	
5	规范、熟练地使用量具类工具	20	
总分		100	

(注:操作正确即得分,操作错误或未进行操作得 0 分)

项目二

发动机总成认识

项目描述

发动机是汽车的心脏，为汽车的行驶提供动力。简单来说，发动机就是一个能量转换机构，能将某种形式的能量转化为机械能。它利用燃料在气缸内燃烧所产生的热能使气体膨胀以推动曲柄连杆机构运动，并通过传动系驱动汽车行驶。它关系着汽车的动力性、经济性、环保性。

本任务主要通过对发动机总成理论知识的学习，从整体上认识发动机总成，为后续任务的学习做铺垫。

学习目标

通过本项目的学习，应能够：

(1) 描述发动机的构造组成、类型、功能及工作原理。

(2) 了解发动机各组成部件之间相互协调的工作过程。

项目任务

发动机总成认识。

学习任务　认知汽车发动机总成

一、任务目标

通过本任务学习，学习者应能：

(1) 指出发动机在汽车上所处的位置。

(2) 描述发动机的组成及发动机的类型。

(3) 认识发动机各个组成部件并指出其在发动机上所处的位置。

(4) 描述四行程发动机的工作原理。

二、知识准备

1. 汽车发动机总成概述

汽车发动机总成如图 2-1 所示，发动机安装位置如图 2-2 所示。

汽油发动机由两大机构和五大系统组成：曲柄连杆机构、配气机构、冷却系统、润滑系统、燃油供给系统、点火系统、起动系统。

图 2-1　发动机总成

图 2-2　发动机安装位置

(1) 曲柄连杆机构

曲柄连杆机构的作用是把燃料燃烧产生的热能转换为机械能，具体表现为使气缸内的高温高压气体推动活塞在气缸内做直线往复运动，再通过连杆带动曲轴做旋转运动。曲柄连杆机构由机体组、活塞连杆组和曲轴飞轮组三部分组成，如图 2-3 所示。

图 2-3　曲柄连杆机构

(2) 配气机构

在进气行程将可燃混合气或空气导入气缸，在排气行程将燃烧完的废气及时排出。配气机构由气门组、气门传动组和气门驱动组组成，如图 2-4 所示。

(3) 燃料供给系统

汽油机燃料供给系统分为化油器式和燃油直接喷射式两种，都是给汽油机燃烧室提供可燃混合气。柴油机燃料供给系是给柴油机燃烧室适时适量地提供雾化的柴油。燃料供给系统如图 2-5 所示。

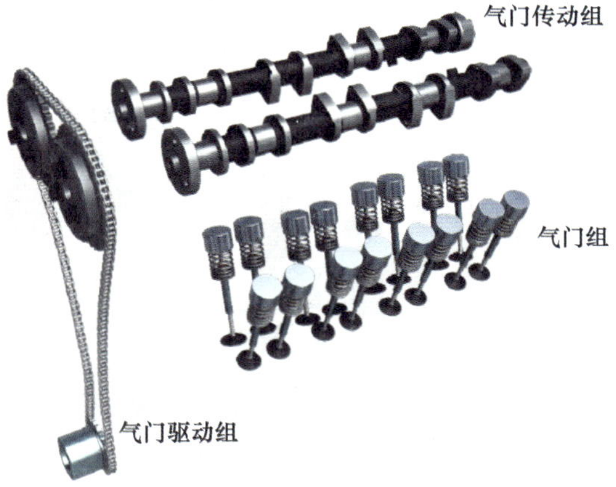

图 2-4　配气机构

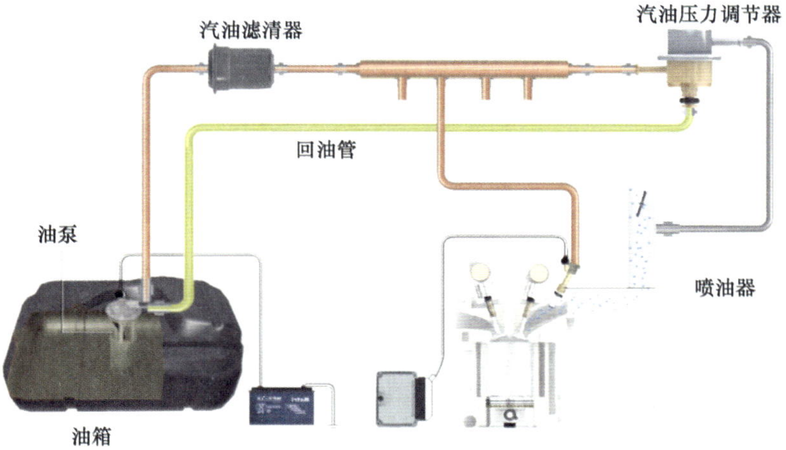

图 2-5　燃料供给系统

(4) 冷却系统

冷却系统使高温下工作的发动机零部件得到良好的冷却，保证发动机在正常的温度下工作，实现良好的经济性。冷却方式有水冷式和风冷式。现代汽车发动机多采用水冷式，由水泵、散热器、风扇、节温器和水套等组成，如图 2-6 所示。

(5) 润滑系统

润滑系统使高速相对运动的发动机内部各种摩擦副能得到有效润滑，降低摩擦力，减少磨损，带走摩擦产生的热量，清洗摩擦表面，延长发动机的寿命。润滑系统主要由机油泵、机油滤清器、限压阀、油底壳等组成，如图 2-7 所示。

(6) 点火系统

汽油机必须经过点火才能正常工作。压缩终了时，可燃混合气由火花塞产生的电火花点燃混合气，使混合气燃烧做功。点火系统有传统点火系统、电子点火系统和微机控制点火系统（如图 2-8 所示）等类型。点火系由电源（蓄电池和发电机）、点火线圈、分电器和火花塞

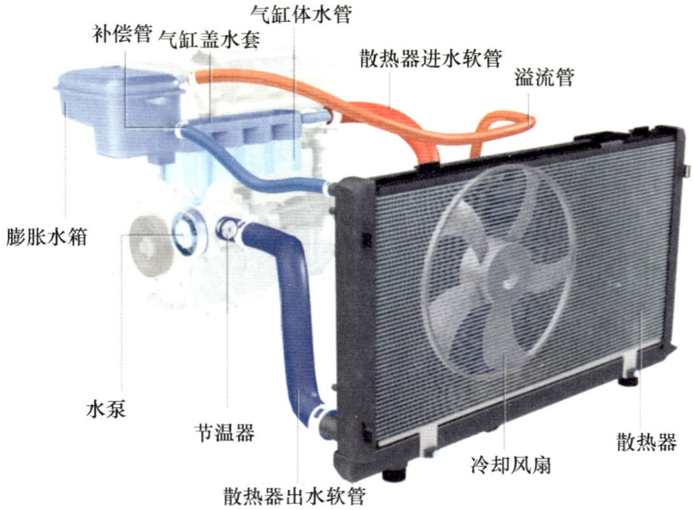

图 2-6 冷却系统

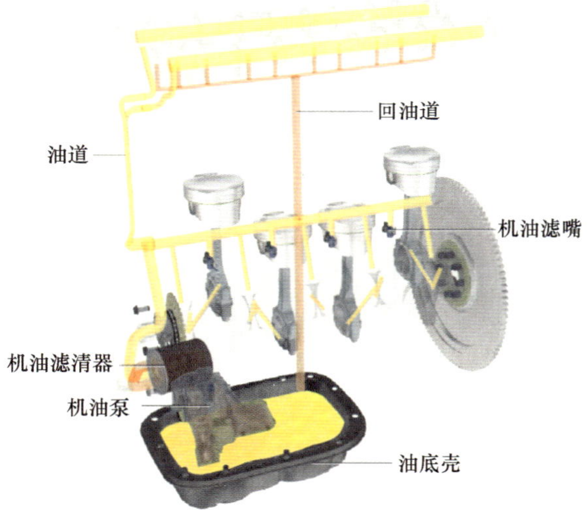

图 2-7 润滑系统

等组成。

(7) 起动系统

起动系统使处于静止状态的发动机运转。通过起动机带动飞轮使发动机曲轴转动,达到混合气燃烧做功所需要的起动转速。起动系统由起动机和起动继电器组成,如图 2-9 所示。

2. 发动机的类型

根据内燃机将热能转化为机械能的主要构件的形式不同,内燃机可以分为活塞式内燃机和燃气轮机两大类。前者又可按活塞运动方式分为往复活塞式和旋转活塞式两种。往复活塞式发动机是现代内燃机的主流。活塞在气缸中做往复的直线运动,经连杆、曲轴等转动变为旋转运动。各型汽车、船舶等运输用发动机及发电、工程机械、农业机械所用的发动机,大部分采用往复活塞式发动机。往复活塞式发动机按照点火方式、工作循环、凸轮轴的位置及凸轮轴数、气缸排列、使用燃料、冷却方式等，又可分为很多不同的种类。

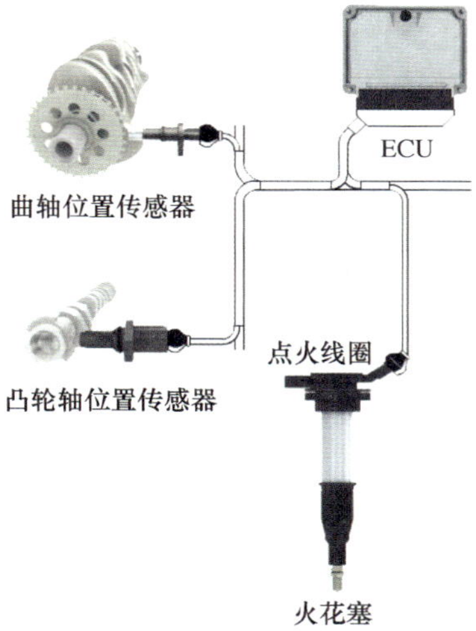

图 2-8 微机控制点火系统

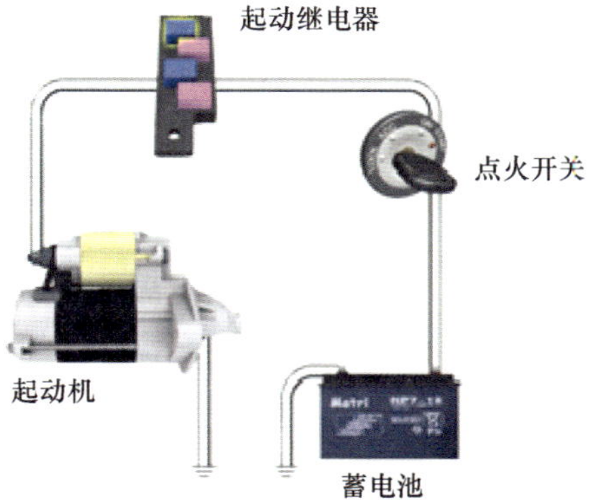

图 2-9 起动系统

(1) 按照点火方式分类

按照点火方式分为点燃式发动机(汽油发动机、液化石油气发动机、双燃料发动机)和压燃式发动机(柴油发动机、重油发动机)。

(2) 按照工作循环方式分类

按照工作循环方式分为四冲程发动机和二冲程发动机。

(3) 按照凸轮轴的位置及凸轮轴数分类

按照凸轮轴位置分为凸轮轴装在汽缸盖上(凸轮轴顶置)和凸轮轴装在气缸体内(凸轮轴中置又称为气门顶置式)；按照凸轮轴数分类分为单凸轮轴发动机、双凸轮轴发动机、四凸轮发动机。

(4) 按照使用燃料分类

按照使用燃料可分为汽油发动机、柴油发动机、液化石油气发动机、双燃料发动机。

(5) 按照气缸的数目及排列方式分类

按照气缸的数目可分为单气缸发动机和多气缸发动机；按照气缸的排列方式可分为直列式发动机、V 型发动机、辐射式发动机、对置式发动机、水平式发动机。

(6) 按照冷却方式分类

按照冷却方式分类可分为水冷式发动机和风冷式发动机。

目前，现代汽车以采用四冲程、多缸、水冷、顶置凸轮轴的发动机为主。

3. 往复活塞式发动机的工作原理

发动机是汽车的动力装置。现代汽车一般采用往复活塞式内燃机，它将液体或气体燃料的化学能通过燃烧转化为热能，再将热能通过机械系统转换为机械能对外输出动力，如图 2-10 所示。

对于往复活塞式发动机来说，都必须经过吸入空气或可燃混合气(进气)，压缩进入气缸

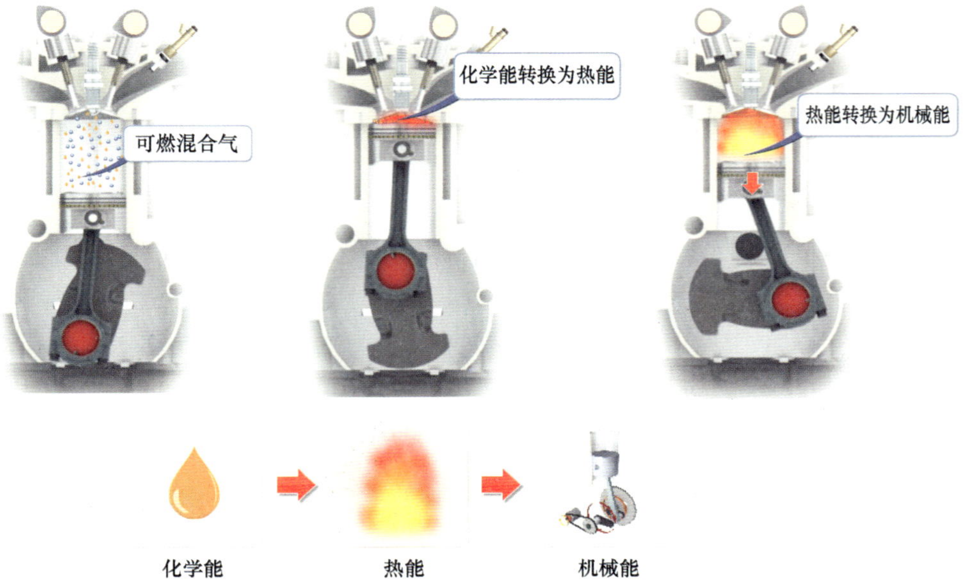

图 2-10　发动机功用

的空气或可燃混合气，点火使可燃混合气燃烧而膨胀做功，将燃烧生成的废气排出气缸（排气），这样就完成了一个工作循环。

四冲程发动机曲轴转两圈，活塞在气缸内依次往复运动经历进气、压缩、做功和排气四个行程，完成一个工作循环。

（1）四冲程汽油机发动机工作原理

① 进气行程：如图 2-11 所示，进气过程中，进气门开启，排气门关闭。活塞从气缸上止点运动到下止点，活塞上方的气缸容积增大，气缸内的压力下降。当压力降低到低于大气压时，气缸内形成真空吸力，可燃混合气经进气门被吸入气缸。

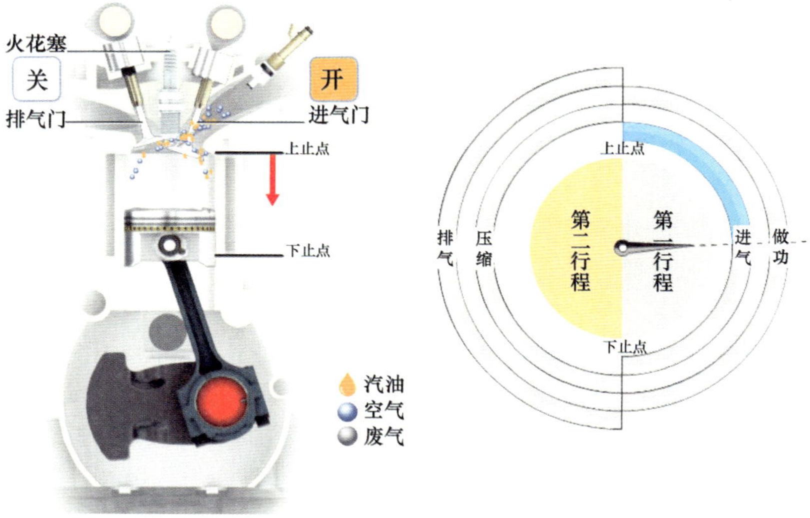

图 2-11　进气行程

② 压缩行程：如图 2-12 所示，压缩过程中，进、排气门全部关闭，活塞从下止点向上止点移动将可燃混合气压缩，使其容积缩小，密度加大，温度升高，活塞到达上止点时压缩终了，混合气被压缩到燃烧室中。

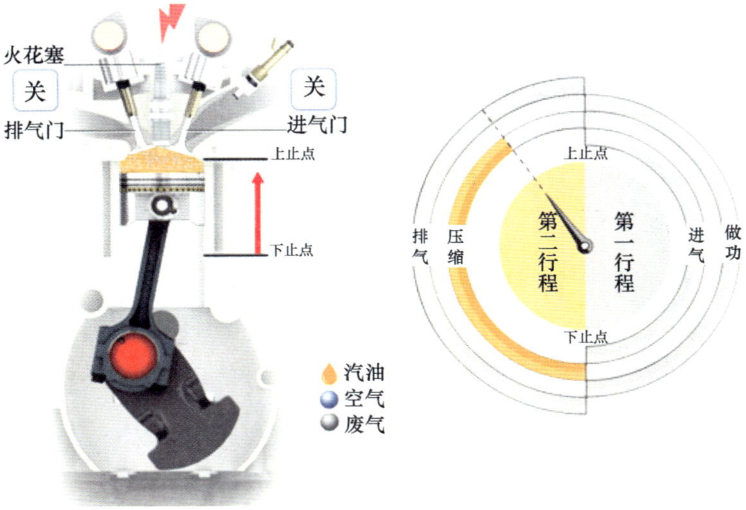

图 2-12　压缩行程

③ 做功行程：如图 2-13 所示，做功过程中，进气门、排气门仍旧关闭，当活塞接近压缩上止点时，装在气缸体上的火花塞发出电火花，点燃被压缩的可燃混合气。可燃混合气燃烧后，高温、高压燃气推动活塞从上止点迅速向下止点运动，通过连杆使曲轴旋转并输出机械能。

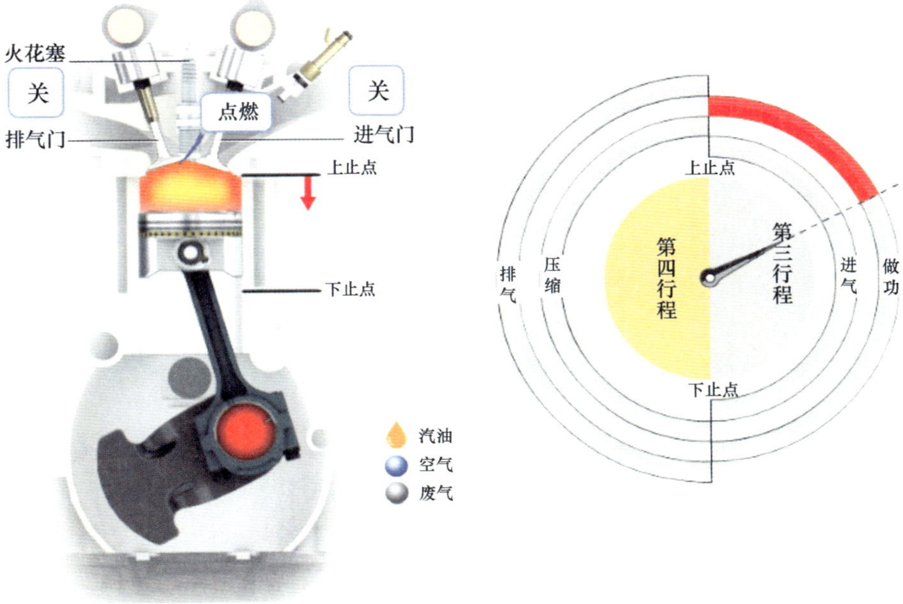

图 2-13　做功行程

④ 排气行程：如图 2-14 所示，排气过程中，排气门开启，进气门关闭。活塞由下止点向

上止点运动，将废气强制排除气缸，以便进行下一工作循环。

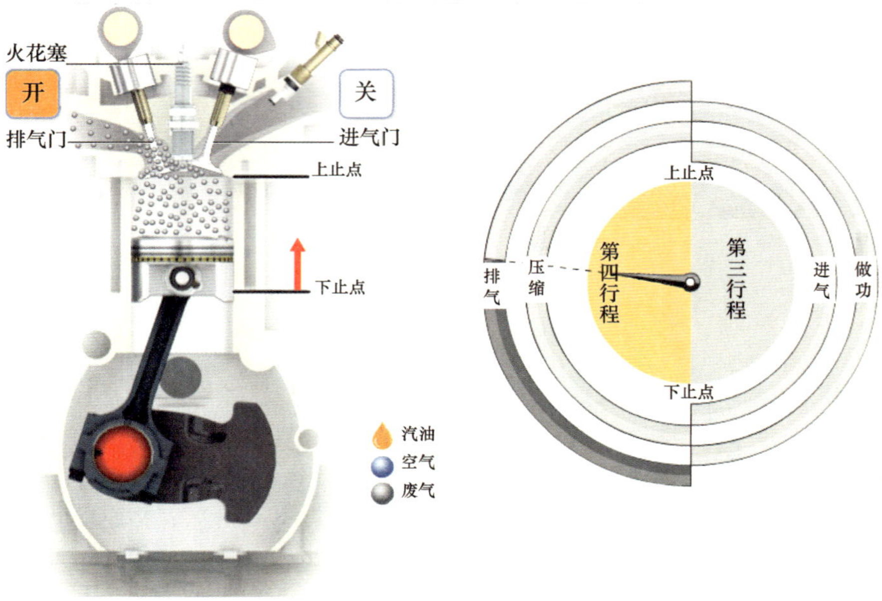

图 2-14　排气行程

（2）四冲程柴油发动机工作原理

四冲程柴油发动机和汽油发动机一样，完成一个工作循环也要经历进气、压缩、做功和排气四个行程，但由于柴油机使用的燃料是柴油，柴油相对于汽油来说，其黏度大、蒸发性差，自燃温度低，所以柴油发动机在混合气形成，点火方式上和汽油发动机有明显的不同之处。

① 进气行程：汽油机在进气行程中吸入的是可燃混合气，而柴油发动机吸入的是纯空气。

② 压缩行程：汽油机在压缩行程中压缩的是可燃混合气，柴油机压缩的是空气。柴油机靠压缩自燃，其压缩比远大于汽油机，压缩终了时气体压力可达 3～5 MPa，温度可达 500～700 ℃。

③ 做功行程：压缩行程末，喷油泵将高压柴油经喷油器呈雾状喷入气缸高压、高温的气体中，迅速形成混合气。混合气在高温下自行着火燃烧，同时保持边喷射边燃烧，由燃烧产生的高温、高压气体推动活塞做功。该行程中，瞬时最高压力达 5～10 MPa，温度达 1 500～1 900 ℃。

④ 排气行程：排气行程和汽油机基本相同，排气终了压力为 0.105～0.125 MPa，温度为 500～700 ℃。

总之，四冲程发动完成一个工作循环，经历进气、压缩、做功和排气四个行程，发动机的正常运转就是工作循环连续不断交替。曲轴每转两圈（720 ℃）完成一个工作循环，一个行程对应曲轴转角为 180°。做功和进气行程活塞从上止点向下止点运动；压缩和排气行程活塞式从下止点向上止点运动。四个行程中，只有做功行程是有效输出动力行程；其余三个行程是辅助行程，靠飞轮惯性维持转动，因而飞轮转速是不均匀的，必须具有足够的准东惯量才能保证发动机运转平稳。现代汽车发动机采用多个气缸，按照一定的工作顺序来保证发动机运转平稳。

三、任务实施

(一) 实施方案

1. 质量要求

参照厂家的质量标准要求。

2. 组织方式

每四位同学一组，观察2007款卡罗拉1.6L/AT轿车1ZR-FE发动机所处的位置，认识发动机的构造，按照企业岗位操作规范进行作业。每组作业时间为____分钟。

3. 作业准备

(1) 技术要求与标准：

① 进入场地前根据工作安全操作手册的要求穿好工衣。

② 养成工具、零部件、油液“三不落地”的职业习惯，工具及拆下的零部件等都应整齐地放置在工具车及零件盘中。

表2-1　2007款卡罗拉1.6L/AT轿车发动机参数

名称	参数	名称	参数
发动机型号	1ZR-FE	气缸容积(cc)	1 598
进气方式	自然吸气	气缸排列形式	L
气缸数(个)	4	每缸气门数(个)	4
压缩比	10	配气机构	DOHC
缸径	80.5	冲程	78.5
最大马力(Ps)	122	最大功率(kW)	90
最大功率转速(r/min)	6 000	最大扭矩(N·m)	154
最大扭矩转速(r/min)	5 200	发动机特有技术	双VVT-i
燃油类型	汽油	燃油标号	93号(京92号)
供油方式	多点电喷	缸盖材料	铝
缸体材料	铝	排放标准	国IV

(2) 设备器材：如图2-15所示。

(3) 场地设施：带消防设施的场地。

(4) 设备设施：2007款卡罗拉1.6L/AT轿车1ZR-FE发动机一台、发动机台架、工具车、标保工具车、零件车、垃圾桶。

(5) 耗材：干净抹布。

(二) 操作步骤

识别发动机两大机构和五大系统及其安装位置的操作步骤如下：

(1) 铺好“三件套”，打开车前盖。

① 如图2-16所示，将地板垫平整地放在驾驶室地板上面。

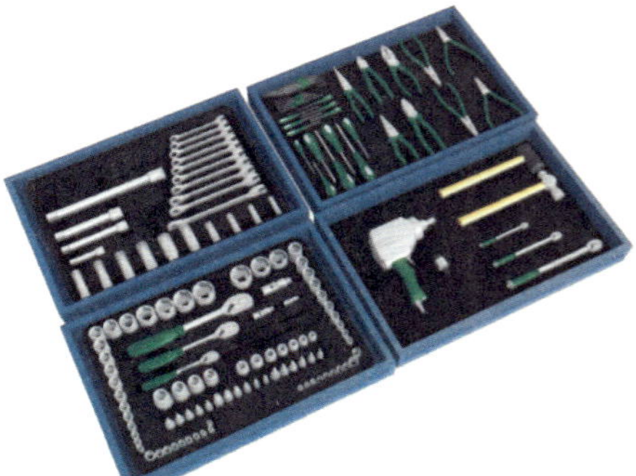

常用工具(一套)

图 2-15　设备器材

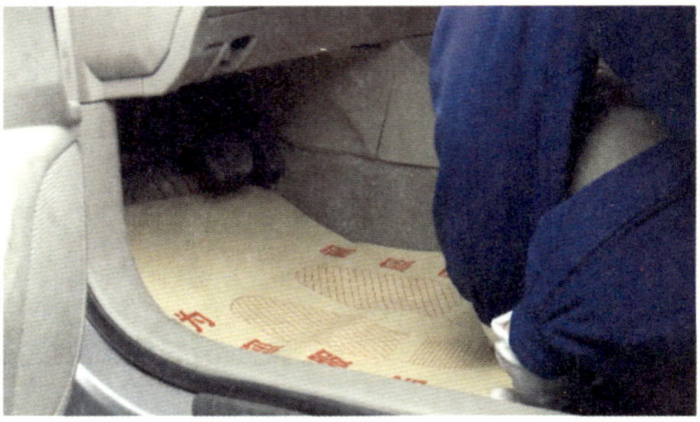

图 2-16　安装地板垫

注意事项

◇将地板垫有文字或图案的一面朝上。

② 如图 2-17 所示，将座椅套从上到下整齐地套在驾驶员座位上。

注意事项

◇座套是由薄塑料制成的，极易破损。因此在安装座套时，用力要均匀，避免因用力过大，端面不齐，导致座套损坏。

③ 如图 2-18 所示，展开转向盘套，先套好转向盘上部，然后顺应转向盘的弧度从上往下拉转向盘套，直至完全套好。

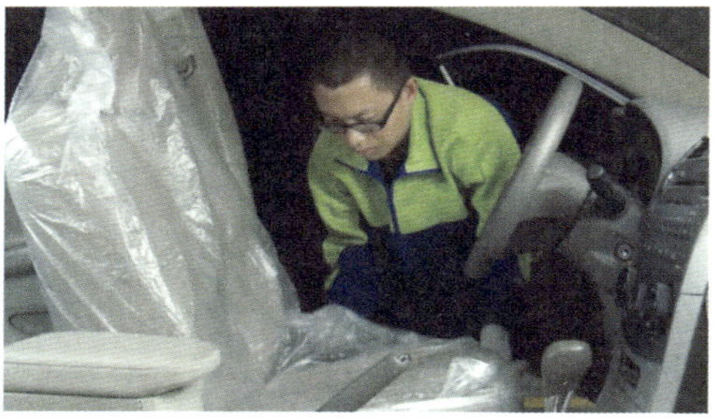

图 2-17　安装座椅套

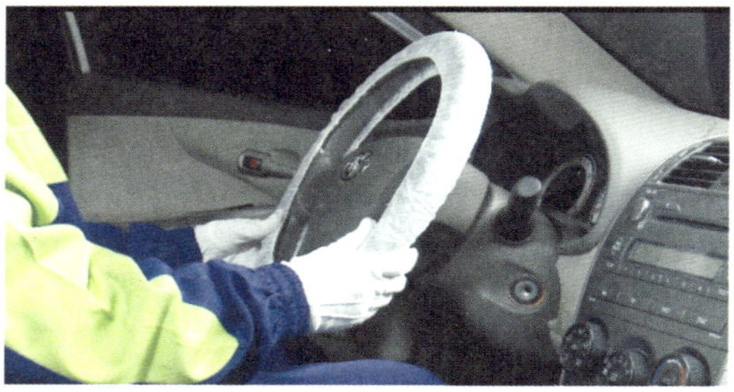

图 2-18　安装转向盘套

（2）如图 2-19 所示，找到发动机，观察其在汽车上所处的位置。

（3）如图 2-20 所示，认识曲柄连杆结构，找出曲柄连杆机构的机体组(气缸体、气缸套、气缸盖、气缸垫、曲轴箱)、活塞连杆组(活塞、活塞环、活塞销、连杆)、曲轴飞轮组(曲轴、飞轮)，在发动机台架上观察其各自的位置及连接关系。

（4）如图 2-21 所示，认识配气系统，找出配气机构的气门组(气门、气门导管、气门座、气门弹簧等)、气门传动组(凸轮轴、凸轮轴正时齿轮或正时链轮、挺柱等)，在发动机台架上观察其各自的位置及连接关系。

图 2-19　找到发动机

图 2-20　认识曲柄连杆结构

（5）如图 2-22 所示，认识燃料供给系统，找出燃油供给装置、空气供给装置、废气排出装置，在发动机台架上观察其各自的位置及连接关系。

图 2-21　认识配气系统

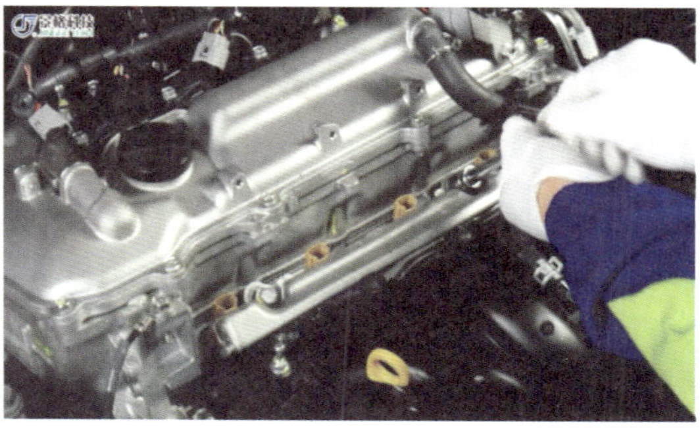

图 2-22　认识燃料供给系统

（6）如图 2-23 所示，认识冷却系统，找出冷却系的散热器、水泵、风扇、节温器，在发动机台架上观察其各自的位置及连接关系，注意冷却系统的水管，说出发动机工作时冷却水循环流向。

（7）如图 2-24 所示，认识点火系统，找出点火系的点火线圈及火花塞，在发动机台架上观察其各自的位置。

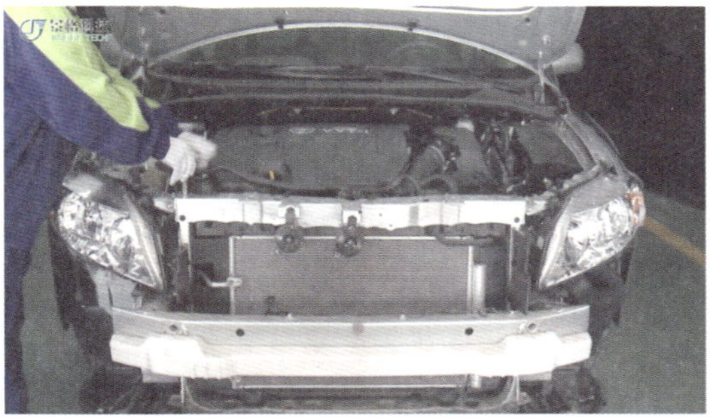

图 2-23　认识冷却系统

图 2-24　认识点火系统

（8）如图 2-25 所示，认识起动系统，找出起动系统的起动机，在发动机台架上观察其安装位置。

（9）如图 2-26 所示，认识润滑系统，找出润滑系统的油底壳、机油泵、机油滤清器及发动机机体上的油道，在发动机台架上观察其各自的位置及连接关系，说出压力润滑油路的润滑油流向。

图 2-25　认识起动系统

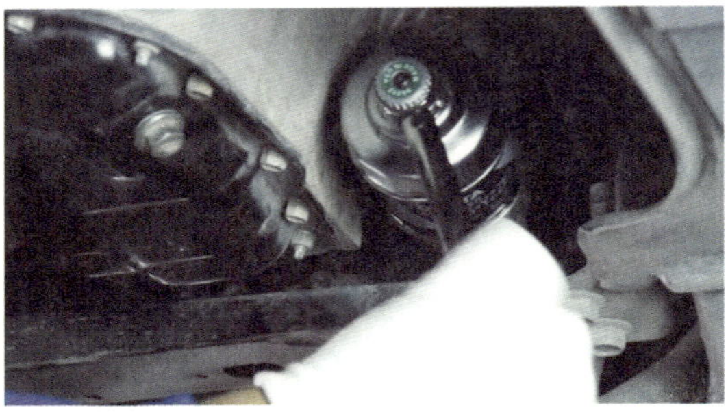

图 2-26　认识润滑系统

四、 任务小结

1. 发动机组成

汽油发动机由两大机构和五大系统组成：曲柄连杆机构、配气机构、冷却系统、润滑系统、燃油供给系统、点火系统、起动系统。

2. 发动机类型

发动机可分为活塞式内燃机和燃气轮机两大类。活塞式内燃机又可分为往复活塞式和旋转活塞式两种。往复活塞式发动机可按照点火方式、工作循环、热力循环、凸轮轴的位置及凸轮轴数、气缸排列、使用燃料、冷却方式等，分为很多不同的类型。

3. 往复活塞式发动机的工作原理

四冲程汽油机工作原理、四冲程柴油机工作原理如下：四冲程发动完成一个工作循环，经历进气、压缩、做功和排气四个行程，发动机的正常运转就是工作循环连续不断交替。

五、 任务评价

(一) 理论评价

1. 判断题

(1) 发动机是由五大机构和两大系统组成。（　　）

(2) 往复活塞式内燃机完成一个工作循环活塞往复次数都是相同的。（　　）

(3) 发动机的作用是将化学能通过燃烧转化为热能，再通过受热气体膨胀将热能转化为机械能。（　　）

(4) 柴油机的压缩比大于汽油机。（　　）

(5) 四行程柴油机在进气过程中，进入气缸的是空气。（　　）

2. 单选题

(1) 气缸压力小于大气压的行程是？（　　）

A. 压缩行程　　B. 做功行程　　C. 进气行程　　D. 排气行程

(2) 四冲程汽油发动机在进气过程中，吸进去的是（　　）。

A. 纯空气　　B. 氧气　　C. 可燃混合气　　D. 纯燃料

（3）四冲程发动机一个工作循环中曲轴一共旋转（　　）。

A. 四周　　B. 三周　　C. 二周　　D. 一周

（二）技能评价

表 2-2　认识汽车发动机总成技能评价

序号	内容	分值	得分
1	铺好"三件套"，拉开车前盖。	10	
2	找到发动机，观察其在汽车上所处的位置。	10	
3	认识曲柄连杆结构并指出其在发动机上的安装位置。	15	
4	认识配气系统并指出其在发动机上的安装位置。	15	
5	认识燃料供给系统并指出其在发动机上的安装位置。	10	
6	认识冷却系统并指出其在发动机上的安装位置。	10	
7	认识点火系统并指出其在发动机上的安装位置。	10	
8	认识起动系统并指出其在发动机上的安装位置。	10	
9	认识润滑系统并指出其在发动机上的安装位置。	10	
总分		100	

（注：操作正确即得分，操作错误或未进行操作得 0 分）

学习拓展

1. 发动机常用术语

（1）上止点（TDC）：活塞最高位置，即活塞在气缸中向上运动所能到达最高点。

（2）下止点（BDC）：活塞最低位置，即活塞在气缸中向下运动所能到达最低点。

（3）活塞行程（S）：活塞往复直线运动时路径，即上止点、下止点之间的距离。

（4）曲柄半径（R）：曲轴与连杆大端相连接的曲柄销中心线到曲轴回转中心线距离。

（5）气缸工作容积（V_h）：也被称为气缸排量，是指一个气缸中活塞从上止点到下止点所让出的空间容积。

（6）发动机排量（V_L）：发动机所有气缸工作容积的总和。

（7）燃烧室容积（V_c）：活塞在上止点时，活塞顶上面空间的容积。

（8）气缸总容积（V_a）：活塞在下止点时，活塞顶上面空间的容积。

（9）压缩比（ε）：气缸总容积与燃烧室容积的比值。

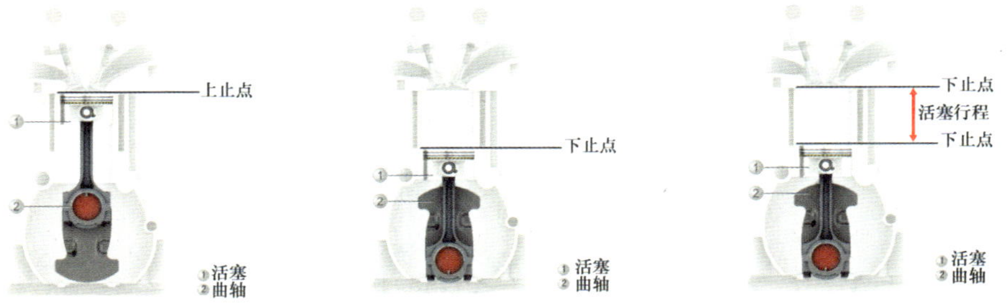

(a) 上止点　(b) 下止点　(c) 活塞行程

图 2-27　发动机常用术语

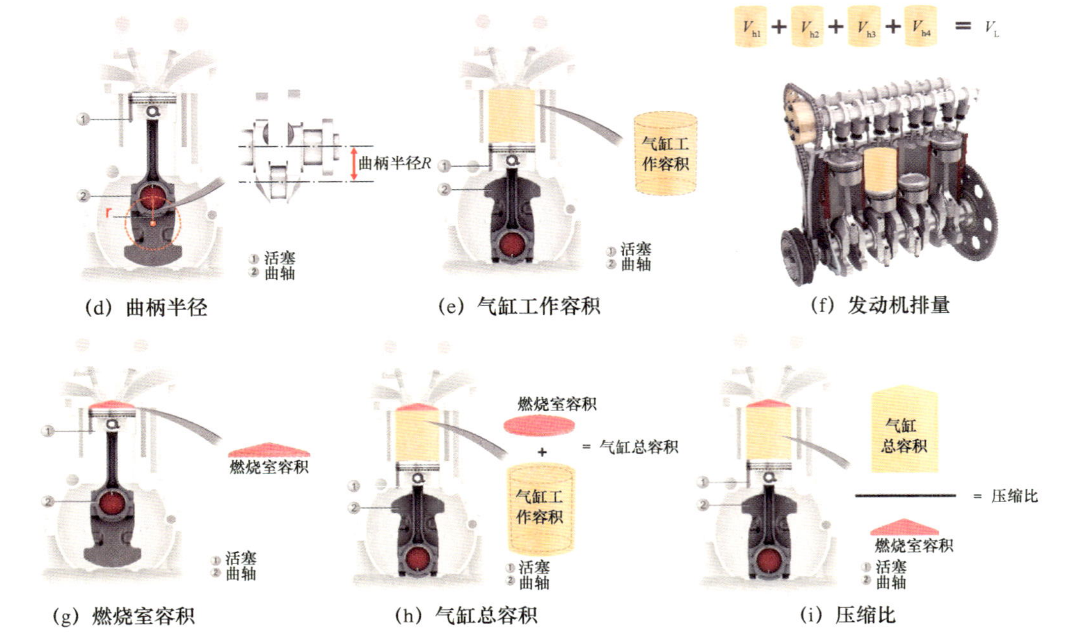

图 2-27　发动机常用术语(续)

2. 发动机型号编制规则

为了便于发动机的生产管理和使用修理,我国制定了《内燃机产品名称和型号编制规则》。标准主要内容如下:

(1) 内燃机产品名称应符合 GB/T 1883.1 的规定,均按所采用的燃料命名,如柴油机、汽油机、天然气机。

(2) 内燃机型号由阿拉伯数字、汉语拼音字母或国际通用英文缩略字母组成,如图 2-28 所示。

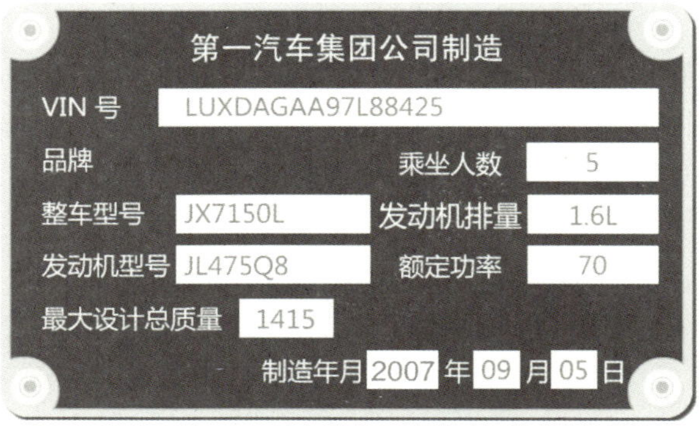

图 2-28　汽车发动机铭牌

(3) 如图 2-29 所示,内燃机型号主要由首部、中部、后部和尾部四部分组成:

第一部分由制造商代号或系列符号组成,该部分代号由制造商根据需要选择相应 1~3 为字母表示。

第二部分由气缸数、气缸布置形式符号(如 V 形、H 形、X 形等)、冲程形式符号和缸径

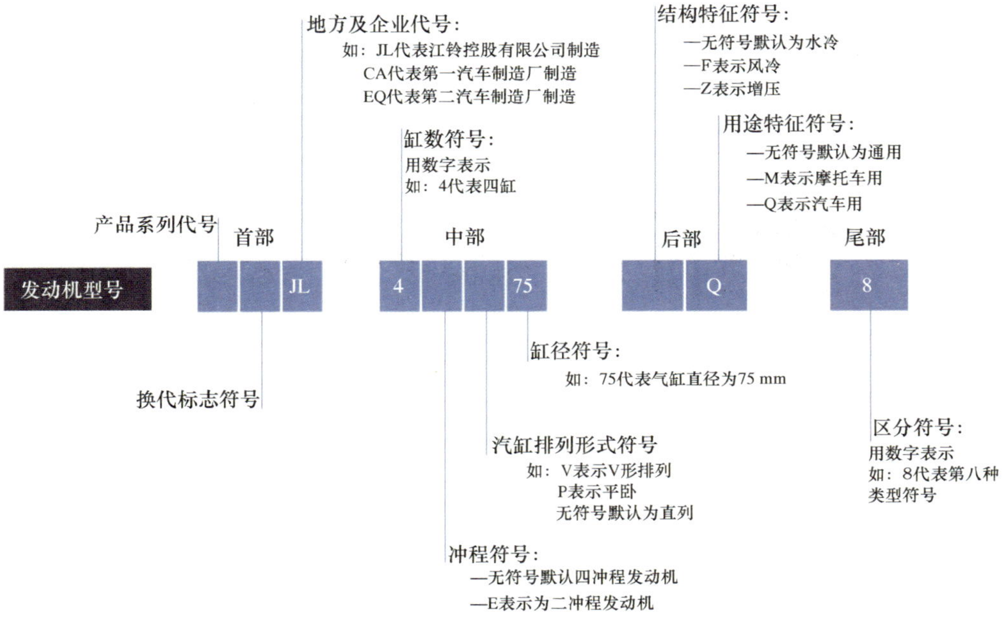

图 2-29　发动机型号

符号(可用发动机排量或功率数表示，其单位由制造商自定)组成。

第三部分结构特征和用途特征符号。

第四部分区分符号。同系列产品需要区分时，允许制造商选用适当符号表示。

项目三

曲柄连杆机构结构与拆装

项目描述

曲柄连杆机构是发动机的重要组成部件，是往复活塞式发动机将热能转换为机械能的主要机构。曲柄连杆机构的作用是提供燃烧场所，把燃料燃烧后产生的气体作用于活塞顶上的膨胀压力转变为曲轴旋转的转矩，不断输出动力。

本任务主要通过曲柄连杆机构的拆装作业，使学生认识以及理解其主要机件的结构和原理。

学习目标

通过本项目的学习，应能够：

（1）描述曲柄连杆机构的结构组成、功用。

（2）认识曲柄连杆机构中各主要部件，指出其所处的位置，说出各主要部件之间的关系。

（3）按照汽车维修操作流程，规范、熟练地对曲柄连杆机构的气缸盖、油底壳、活塞连杆组件和曲轴飞轮组件进行拆装作业。

项目任务

（1）曲柄连杆机构结构认识

（2）气缸盖拆装

（3）油底壳拆装

（4）活塞连杆组拆装

（5）曲轴飞轮组拆装

学习任务1　认知曲柄连杆机构

一、任务目标

通过本任务学习，应能：

（1）描述曲柄连杆机构的组成、功用。

（2）指出曲柄连杆机构在发动机上所处的位置，认识其主要部件的外形结构，指出主要部件所在的位置。

二、知识描述

1. 曲柄连杆机构的组成

如图 3-1 所示，曲柄连杆机构主要由三部分组成：机体组、活塞连杆组和曲轴飞轮组。

①机体组由气缸盖、气缸垫、气缸体及油底壳等组成。——不动件

② 活塞连杆组由活塞、活塞环、活塞销、连杆等部件组成。

③ 曲轴飞轮组由曲轴、飞轮以及其他具有不同作用的零件和附件组成。

（②③）运动件

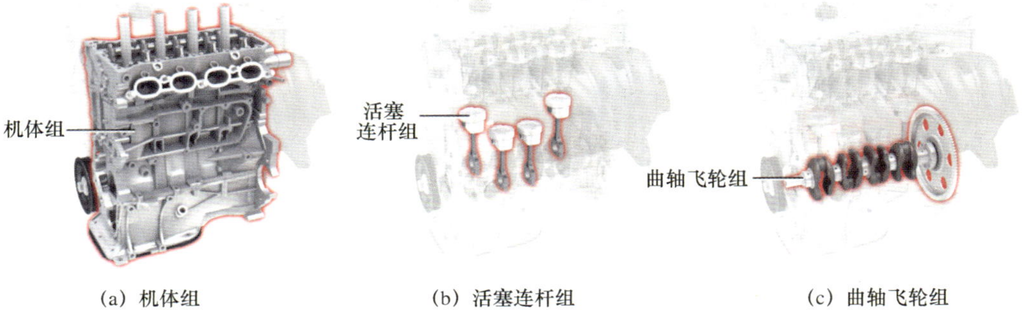

图 3-1　曲柄连杆机构的组成

2. 曲柄连杆机构的功用

如图 3-2 所示，曲柄连杆机构的功用是把燃气作用在活塞顶上的压力转变为曲轴的转矩，对外输出机械能。它将活塞的往复直线运动转换为曲轴的旋转运动。

机体组的功用：发动机骨架、安装各机构系统的基础。

活塞连杆组、曲轴飞轮组的功用：属于主要工作机构，实现能量、运动转换。

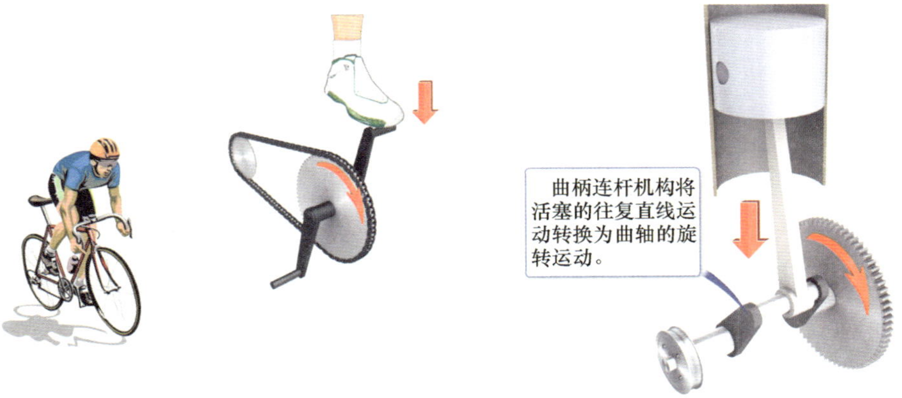

图 3-2　曲柄连杆机构功用

三、任务实施

（一）实施方案

1. 质量要求

参照厂家的质量标准要求。

2. 组织方式

每四位同学一组，按照企业岗位操作规范在2007款卡罗拉1.6L/AT轿车1ZR-FE发动机上找到曲柄连杆机构所处的位置，识别曲柄连杆结构的外形结构，并指出曲柄连杆机构主要组成部件的外形结构及所处的位置。每组作业时间为____分钟。

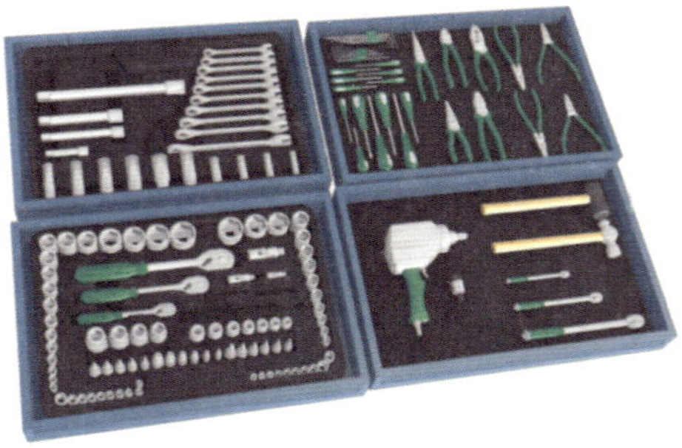

常用工具(一套)

图3-3　设备器材

3. 作业准备

（1）技术要求与标准：

① 进入场地前根据工作安全操作手册的要求穿好工衣。

② 养成工具、零部件、油液“三不落地”的职业习惯，工具及拆下的零部件等都应整齐地放置在工具车及零件盘中。

（2）设备器材：如图3-3所示。

（3）场地设施：带消防设施的场地。

（4）设备设施：2007款卡罗拉1.6L/AT轿车1ZR-FE发动机一台、发动机台架、工具车、标保工具车、零件车、垃圾桶。

（5）耗材：干净抹布、泡沫清洁剂。

（二）操作步骤

识别发动机曲柄连杆机构的组成部件

（1）如图3-4所示，找出曲柄连杆机构在发动机上所处的位置，认识其外形结构。

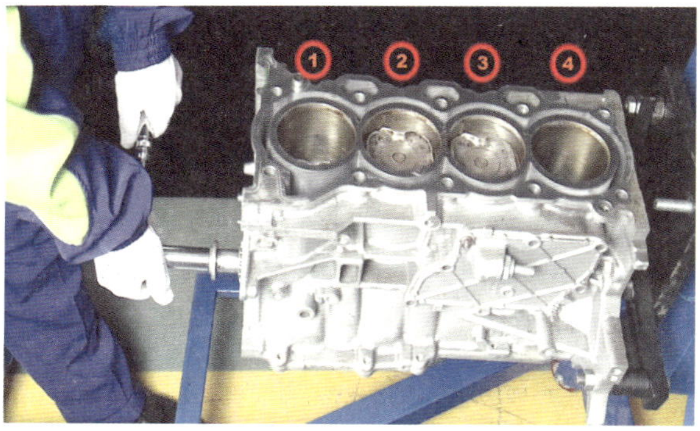

图3-4　曲柄连杆机构位置

（2）如图3-5所示，找出曲柄连杆机构的机体组，观察其外形结构，指出安装位置。

图 3-5　曲柄连杆机构的机体组

（3）如图 3-6 所示，找出曲柄连杆机构的活塞连杆组，观察其外形结构，指出安装位置。

图 3-6　曲柄连杆机构的活塞连杆组

（4）如图 3-7 所示，找出曲柄连杆机构的曲轴飞轮组，观察其外形结构，指出安装位置。

图 3-7　曲柄连杆机构的曲轴飞轮组

四、任务小结

1. 曲柄连杆机构的组成

曲柄连杆机构主要由机体组、活塞连杆组和曲轴飞轮组组成。

2. 曲柄连杆机构的功用

曲柄连杆机构的功用是把燃气作用在活塞顶上的压力转变为曲轴的转矩，对外输出机械能。它将活塞的往复直线运动转换为曲轴的旋转运动。

五、任务评价

(一)理论评价

1. 判断题

(1)曲柄连杆机构是将活塞的往复运动转变为曲轴的旋转运动。 (　　)

(2)活塞往复运动是匀速运动。 (　　)

2. 单选题

(1)曲柄连杆机构主要由(　　)组成。

A. 机体组　B. 活塞连杆组　C. 曲轴飞轮　D. 以上三者都是

(2)以下哪一项不属于活塞连杆组(　　)?

A. 气缸体　B. 活塞　C. 活塞环　D. 活塞销和连杆

(二)技能评价

表 3-1　认知曲柄连杆机构技能评价

序号	内容	分值	得分
1	找出曲柄连杆机构在发动机上所处的位置,认识其外形结构。	25	
2	找出曲柄连杆机构的机体组,观察其外形结构,指出安装位置。	25	
3	找出曲柄连杆机构的活塞连杆组,观察其外形结构,指出安装位置。	25	
4	找出曲柄连杆机构的曲轴飞轮组,观察其外形结构,指出安装位置。	25	
总分		100	

(注:操作正确即得分,操作错误或未进行操作得 0 分)

学习任务 2　气缸盖和气缸垫拆装

一、任务目标

通过本活动学习,应能:

(1)描述曲柄连杆机构中机体组的组成。

(2)描述曲柄连杆机构中气缸盖、气缸垫的结构和功用。

(3)按照汽车维修操作要求,规范、熟练地对曲柄连杆机构的气缸盖进行拆装。

二、知识准备

1. 机体组组成

如图 3-8 所示,机体组是发动机的支架,是曲柄连杆机构、配气机构和发动机各系统主要零件的装配基体。它主要由气缸盖罩、气缸盖、气缸垫、气缸体、曲轴箱、油底壳等组成。

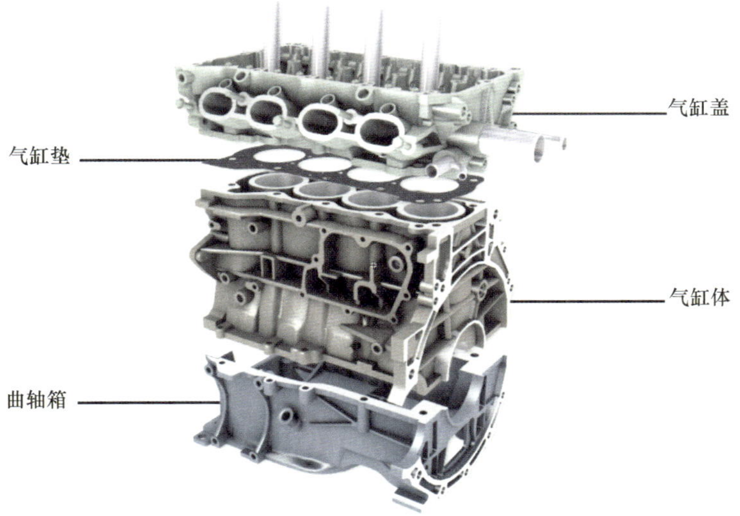

图 3-8　机体组组成

如图 3-9 所示，气缸体上半部有一个或若干个圆柱形空腔，这些空腔称为气缸，引导活塞在其中运动。气缸体内有引导润滑油的油道及让冷却液流通的冷却水套。

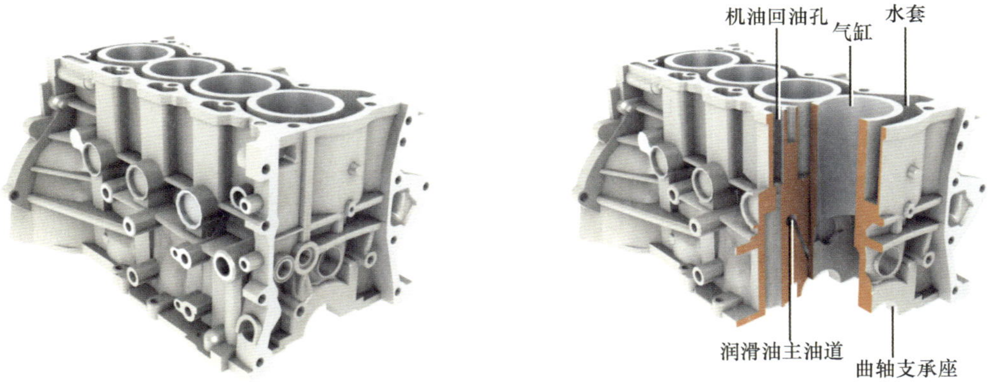

图 3-9　气缸体结构

2. 气缸盖

如图 3-10 所示，气缸盖上安装着进排气门、气门摇臂（或凸轮轴）、火花塞（或喷油器）及进排气歧管。气缸盖内有与气缸体相通的冷却水套、润滑油道、火花塞座孔、喷油器座孔以及燃烧室、进排气道等。

（1）气缸盖结构

如图 3-11 所示，气缸盖结构复杂，一般采用铸铁或铝合金材料铸造而成，对具体的发动机而言，气缸盖的结构各异，一般水冷式发动机的气缸盖内铸有冷却水套。风冷式发动机气缸盖上铸有许多散热片以增大散热面积，降低气缸盖的温度。

汽油机气缸盖上加工有火花塞安装座孔，柴油机气缸盖上则加工有喷油器安装座孔。

为制造和维修方便，减小变形对密封的影响，功率较大的柴油机多采用分开式气缸盖，即一缸、二缸或三缸一盖。而汽油机因缸径较小，缸盖负荷较轻，多采用整体式气缸盖。

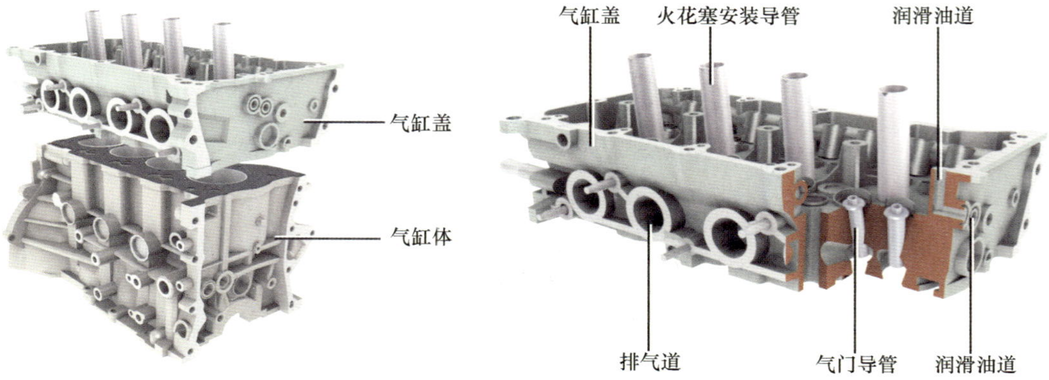

图 3-10　气缸盖安装位置及结构

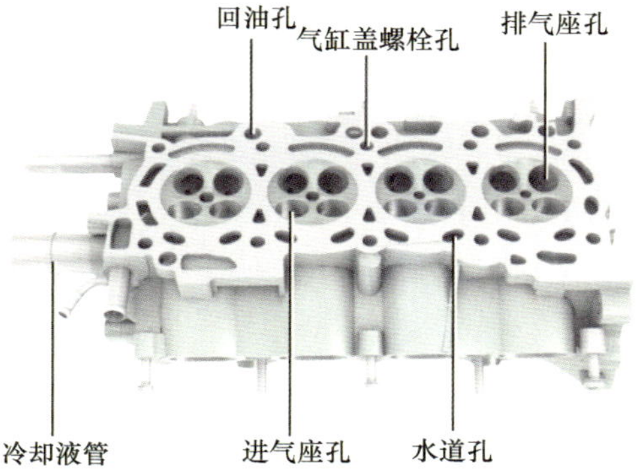

(a) 气缸盖底视图

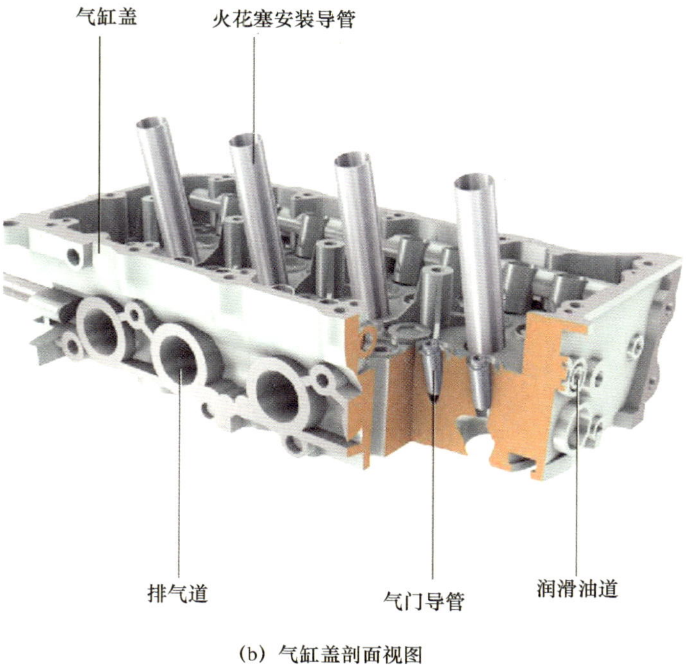

(b) 气缸盖剖面视图

图 3-11　气缸盖结构

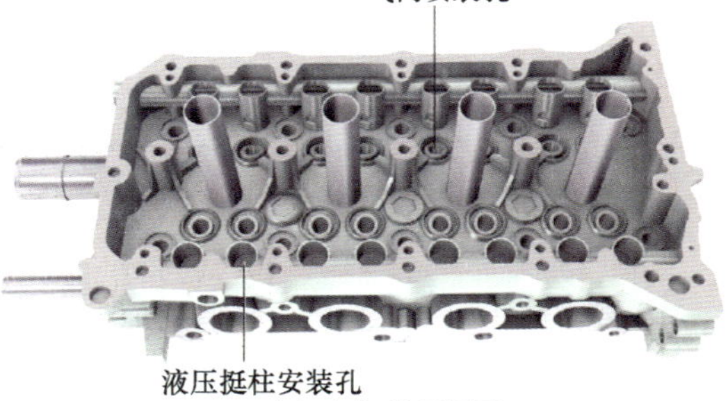

(c) 气缸盖顶视图

图 3-11　气缸盖结构(续)

(2) 气缸盖功用

气缸盖是用来封闭气缸的上部,并与活塞顶、气缸壁共同构成一个密闭的可变空间(燃烧室)气缸盖的功用如图 3-12 所示。

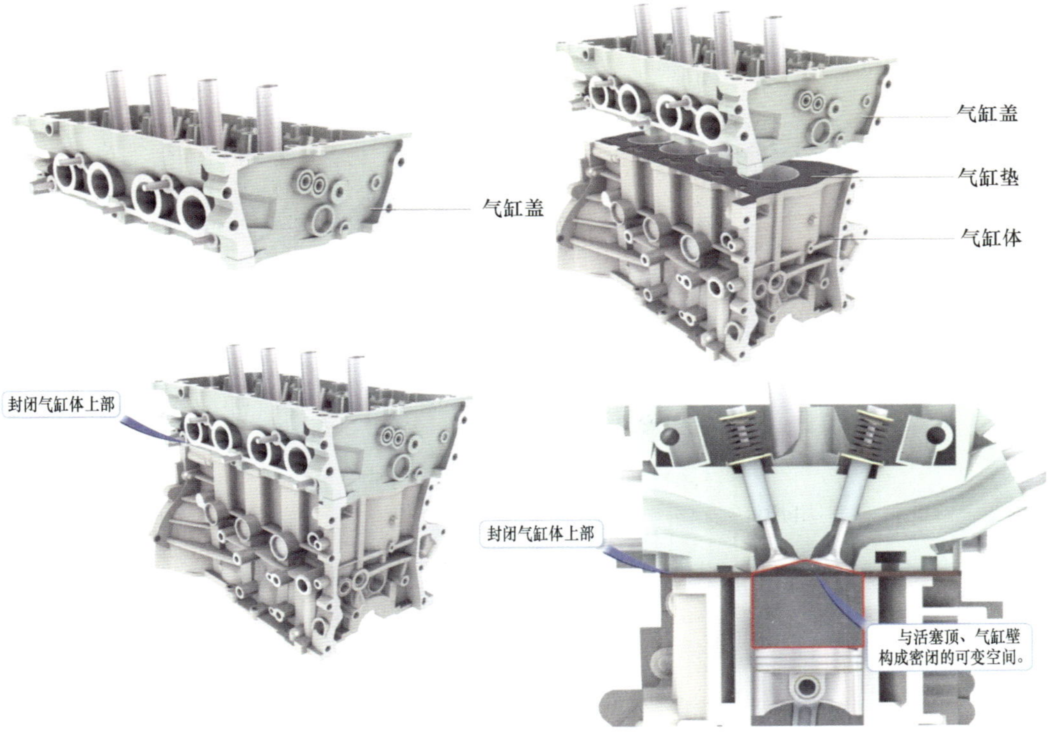

图 3-12　气缸盖的功用

3. 气缸垫

(1) 气缸垫结构

如图 3-13 所示,气缸垫安装在气缸盖和气缸体中间,安装时要定向安装。气缸垫通常是一次性使用。

(2) 气缸垫功用

如图 3-14 所示,气缸垫用来保证气缸体与气缸盖结合面间的密封。

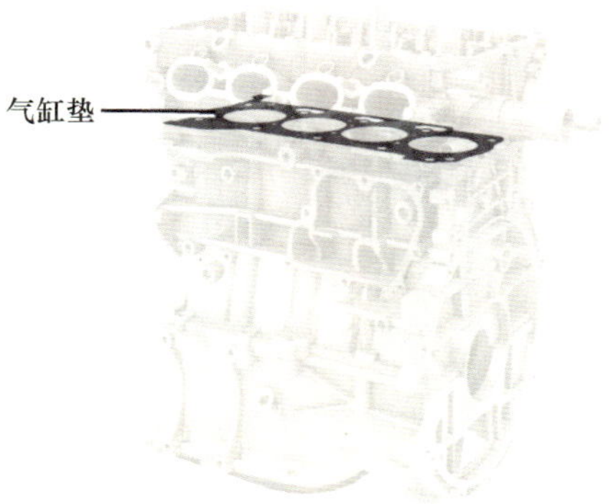

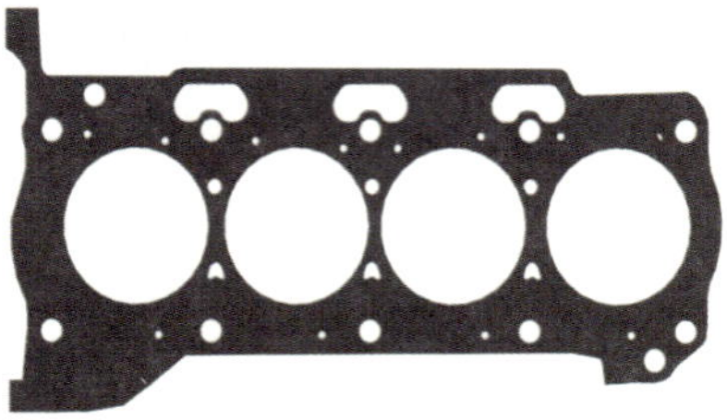

图 3-13　气缸垫安装位置及结构

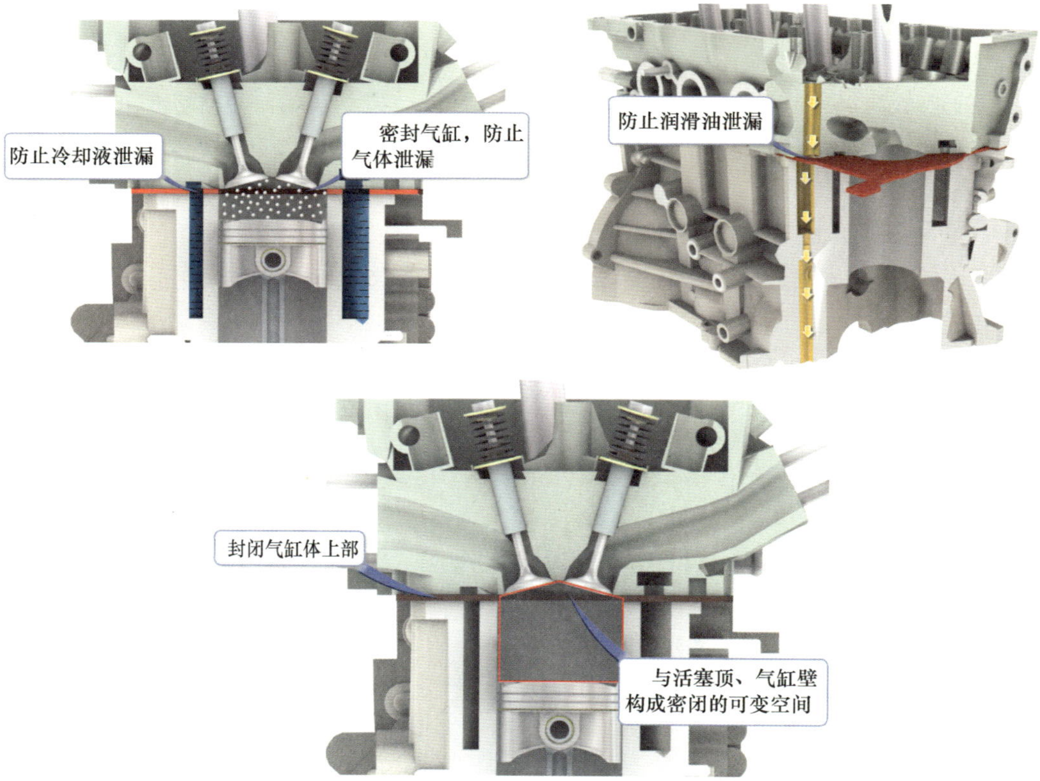

图 3-14　气缸垫功用

三、任务实施

（一）实施方案

1．质量要求

参照厂家的质量标准要求。

2. 组织方式

每四位同学一组，按照企业岗位操作规范识别 2007 款卡罗拉 1.6L/AT 轿车 1ZR-FE 发动机上曲柄连杆机构的机体组的外形结构，对机体组中的气缸盖和气缸垫进行拆装。每组作业时间为____分钟。

3. 作业准备

（1）技术要求与标准：

① 安装气缸盖前需清洁与检查气缸盖接合面。

② 安装气缸盖固定螺栓时，需按规定顺序分次拧紧。

（2）设备器材：如图 3-15 所示

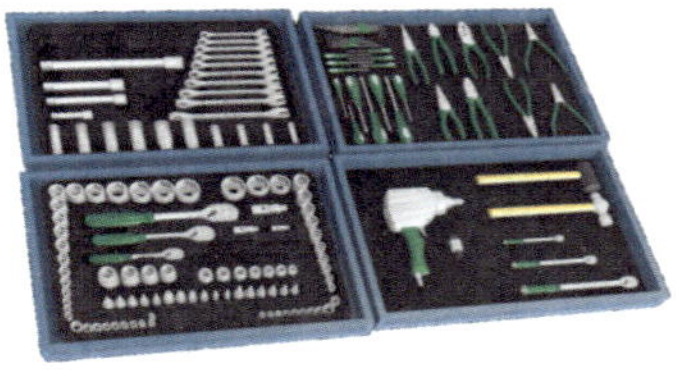

(a) 常用工具（一套）

(b) 磁力吸棒

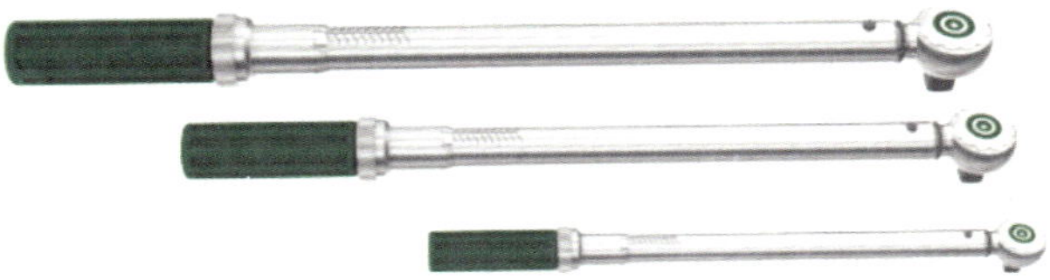

(c) 定扭扳手

图 3-15　设备器材

（3）场地设施：带消防设施的场地。

（4）设备设施：2007 款卡罗拉 1.6L/AT 轿车 1ZR-FE 发动机一台、发动机台架、工具车、标保工具车、零件车、垃圾桶。

（5）耗材：干净抹布、泡沫清洁剂。

（二）操作步骤

1. 拆卸气缸盖

（1）拆卸气缸盖分总成

① 从气缸盖两边到中间，按对角的顺序，用 10 mm 双六角套筒、接杆、指针式扭力扳手，分步均匀地松开 10 个气缸盖螺栓，如图 3-16 所示。用棘轮扳手拆下螺栓，用磁力吸棒吸取 10 个平垫圈，如图 3-17 所示。

注意事项

◇螺栓拆卸顺序不正确会导致气缸盖翘曲或开裂。

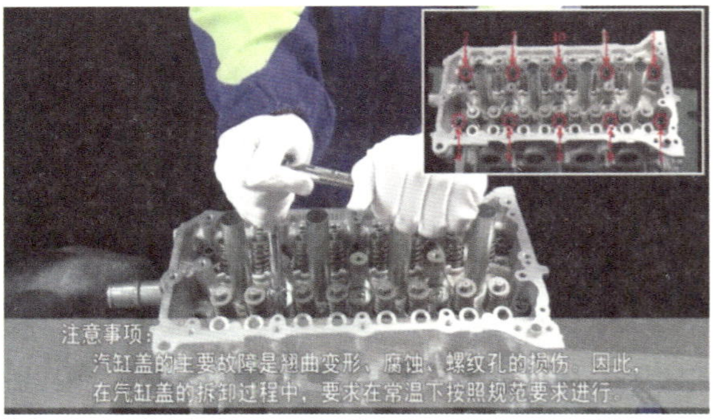

图 3-16　松开螺栓

图 3-17　使用磁力吸棒

② 如图 3-18 所示，使用头部缠有胶带的螺丝刀，撬动气缸盖和气缸体之间的部位，拆下气缸盖。

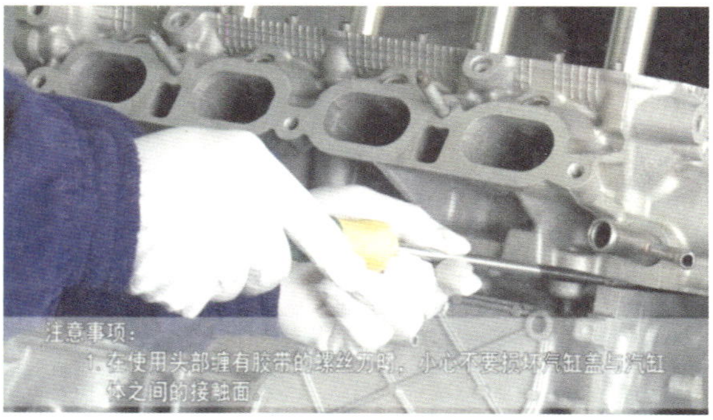

图 3-18　使用缠有胶带的螺丝刀

注意事项

◇按照维修手册规定位置进行撬动。

(2) 拆卸气缸盖衬垫

如图 3-19 所示，用铲刀将气缸垫从气缸体上铲下。

图 3-19　拆卸气缸盖衬垫

注意事项

◇使用铲刀分离气缸垫时，小心不要损坏气缸体平面。

2. 安装气缸盖

（1）安装气缸盖衬垫

如图 3-20 所示，将衬垫放在气缸体表面上，并使印有批次号的一面朝上。

图 3-20　安装气缸盖衬垫

注意事项

◇清除接触面的所有机油。

◇确保衬垫按正确的方向安装。

（2）安装气缸盖分总成

① 如图 3-21 所示，对准定位销，将气缸盖平稳放到气缸体上。

注意事项

◇在对准定位销时注意气缸盖不要滑动，以免定位销损坏气缸盖下平底面。

② 在螺栓的螺纹和与垫圈相接触的螺栓头下的部位，涂抹一薄层发动机机油。

③ 如图 3-22 所示，将螺栓和平垫圈安装至气缸盖。

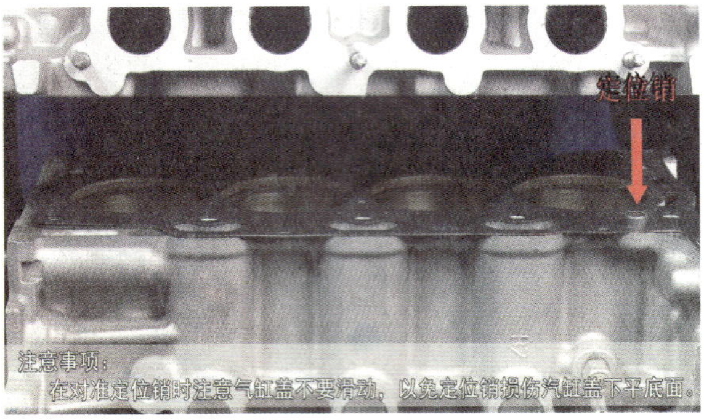

图 3-21　对准定位销

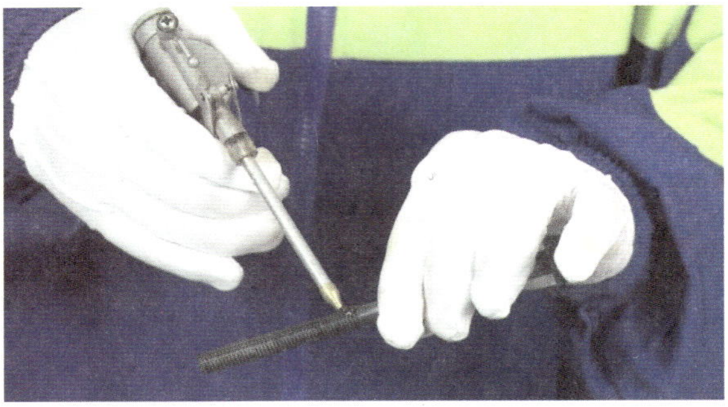

图 3-22　安装平垫

注意事项

◇按照维修手册规定位置进行撬动。

④ 如图 3-23 所示，从气缸盖中间到两边按对角线的顺序，用 10 mm 双六角套筒、接杆、棘轮扳手，分步均匀对 10 个气缸盖固定螺栓和平垫圈进行预紧。再选用扭力扳手进行紧固，将螺栓紧固至 49 N·m。

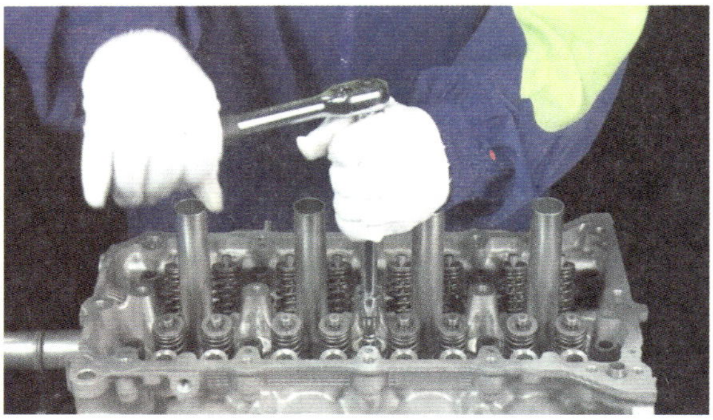

图 3-23　预紧螺栓

⑤ 用油漆在气缸盖螺栓前端做标记。

⑥ 如图 3-24 所示，将气缸盖螺栓再次用指针式扭力扳手旋转紧固 90°，然后再旋转紧固 45°。

图 3-24　紧固螺栓

3. 检查

检查更换气缸垫、气缸盖之后发动机是否恢复了性能。

四、任务小结

1. 气缸盖作用

气缸盖用来封闭气缸的上部，并与活塞顶、气缸壁共同构成燃烧室。

2. 气缸垫作用

气缸垫用来保证气缸体与气缸盖结合面间的密封。

3. 拆卸气缸盖操作的主要步骤

拆卸气缸盖、拆卸气缸垫。（安装时顺序相反）

拆卸气缸盖时的注意事项：

(1) 拆卸气缸盖螺栓时，需按由外到内对角的顺序拆卸。

(2) 安装时按中间向两边对角的顺序，分次拧紧螺栓。

(3) 安装气缸垫时，批次号需要朝上摆放。

(4) 安装气缸盖时，需要在规定扭矩旋紧后，旋转紧固 90°，再旋转紧固 45°。

五、任务评价

(一) 理论评价

1. 判断题

(1) 安装气缸垫时，印有批次号的一面应朝下。（　　）

(2) 气缸盖是用来封闭气缸的上部，并与活塞顶、气缸壁共同构成燃烧室。（　　）

(3) 安装气缸盖螺栓时，可以随意顺序进行安装固定。（　　）

(4) 安装气缸盖螺栓时，需要用定扭扳手旋转 90°再旋转 45°加以紧固。（　　）

(5) 拆卸气缸盖前，需要用头部缠有胶带的螺丝刀进行撬动。（　　）

2. 单选题

(1) 在拆卸气缸盖时，应采取的方式是（　　）。

A. 圆圈式顺序拆卸　　B. 由外到内对角线拆卸

C. 由内到外对角线拆卸　　D. 任意拆卸

(2) 用扭力扳手紧固气缸盖螺栓后，需要再用指针式扭力扳手按(　　)。

A. 先45°再45°紧固　　B. 先90°再90°紧固

C. 先45°再90°紧固　　D. 先90°再45°紧固

(3) 紧固气缸盖螺栓的扭矩为(　　)。

A. 30 N·m　　B. 40 N·m

C. 49 N·m　　D. 59 N·m

(4) 气缸盖是用来封闭气缸的上部，并与(　　)、气缸壁共同构成燃烧室。

A. 活塞头部　　B. 活塞顶部

C. 活塞裙部　　D. 活塞底部

(二) 技能评价

表 3-2　气缸盖和气缸垫拆装技能评价

序号	内容	分值	得分
1	使用指针式扭力扳手按照从两端到中间对角的顺序依次拧松10个气缸盖螺栓	10	
2	使用棘轮扳手拆卸10个气缸盖螺栓	10	
3	使用磁力吸棒拆卸气缸盖螺栓垫圈	5	
4	使用一字螺丝刀在规定位置撬动气缸盖与气缸体接触面	5	
5	使用铲刀铲起气缸垫	5	
6	安装气缸垫，保证气缸垫批次号朝上	5	
7	安装气缸盖螺栓垫圈	5	
8	润滑并安装气缸盖螺栓	5	
9	使用棘轮扳手预紧气缸盖螺栓	10	
10	使用扭力扳手调节扭矩：49 N·m	5	
11	使用扭力扳手按照从中间到两端对角的顺序紧固10个气缸盖螺栓	10	
12	使用油漆标记10个气缸盖螺栓	5	
13	使用指针式扭力扳手按照从中间的两端的顺序依次转动10个气缸盖螺栓90°	10	
14	使用指针式扭力扳手按照从中间的两端的顺序依次转动10个气缸盖螺栓45°	10	
总分		100	

(注：操作正确即得分，操作错误或未进行操作得0分)

学习任务3　油底壳拆装

一、任务目标

通过本任务学习，应能：

(1) 指出油底壳的安装位置，认知油底壳的外形结构。

(2) 描述油底壳的功用。

(3) 依据汽车维修操作要求,规范、熟练地对曲柄连杆机构的油底壳进行拆装。

二、知识准备

1. 油底壳结构

油底壳的安装位置及结构如图 3-25 所示。

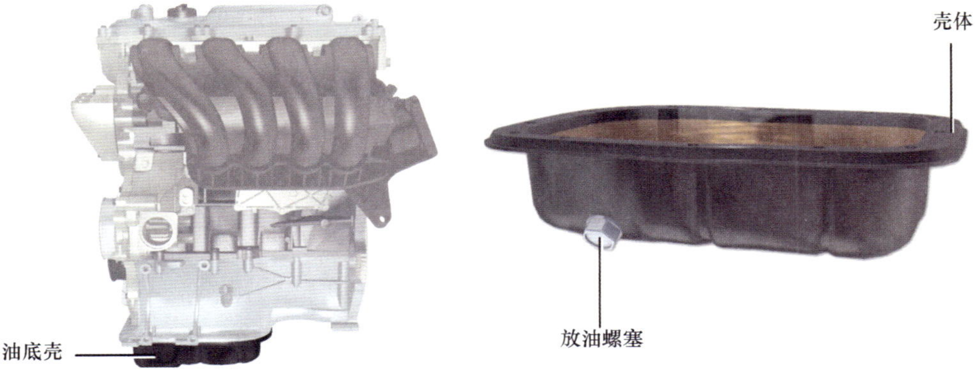

图 3-25　油底壳的安装位置及结构

油底壳一般为薄钢板冲压而成,有的发动机为了加强散热效果采用铝合金铸造。它的形状取决于发动机的总体布置和所需机油的容量。

油底壳中后部一般做得较深,以便发动机纵向倾斜时机油泵仍能吸到机油。底部装有磁性的放油螺塞。放油螺塞的密封垫为一次性使用,拆过后即要予以更换。

2. 油底壳的功用

油底壳的功用如图 3-26 所示。

油底壳主要用来储存机油(润滑油)并封闭曲轴箱。同时,底部的磁性放油螺栓能吸附机油中的金属屑,以减少发动机中运动零件的磨损。

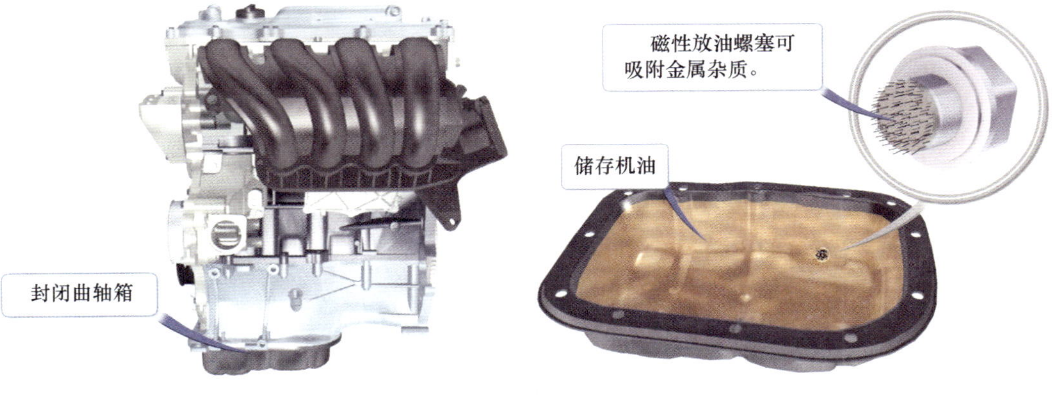

图 3-26　油底壳的功用

三、任务实施

（一）实施方案

1. 质量要求

参照厂家的质量标准要求。

2. 组织方式

每四位同学一组，按照企业岗位操作规范识别 2007 款卡罗拉 1.6L/AT 轿车 1ZR-FE 发动机上曲柄连杆机构结构中油底壳的外形结构，并对油底壳进行拆装作业。每组作业时间为____分钟。

3. 作业准备

（1）技术要求与标准：

① 装配零部件前需对部件进行清洗与检查。

② 涂抹密封胶后，3 分钟内安装油底壳。

③ 安装油底壳后，至少两个小时内不能起动发动机。

（2）设备器材：如图 3-27 所示。

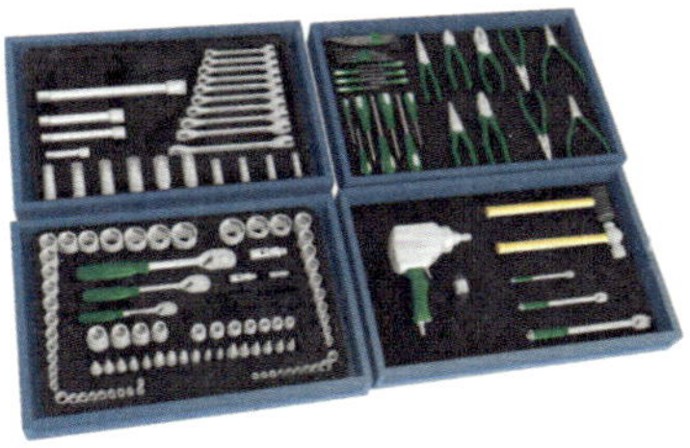

(a) 常用工具（一套）

(b) SST 09032-00100油底壳密封刮刀

图 3-27　设备器材

（3）场地设施：带消防设施的场地。

（4）设备设施：2007 款卡罗拉 1.6L/AT 轿车 1ZR-FE 发动机一台、发动机台架、工具车、标保工具车、零件车、垃圾桶。

（5）耗材：干净抹布、泡沫清洁剂。

（二）操作步骤

1. 拆卸油底壳

（1）用 10 mm 双六角套筒、接杆、棘轮扳手，按图 3-28 所示顺序拆下 10 个螺栓两个螺母。

（2）如图 3-29 所示，将专用工具油底壳密封刮刀的刃片插入曲轴箱和油底壳之间，切断密封胶并拆下油底壳。

注意事项

◇小心不要损坏曲轴箱、链条盖和油底壳的接触面。

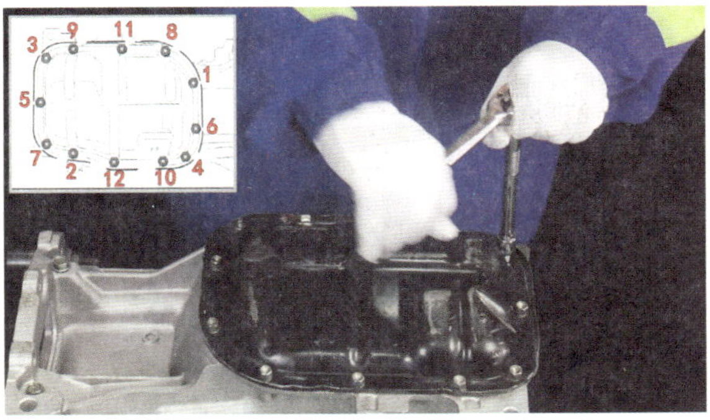

图 3-28　拆卸螺栓和螺母

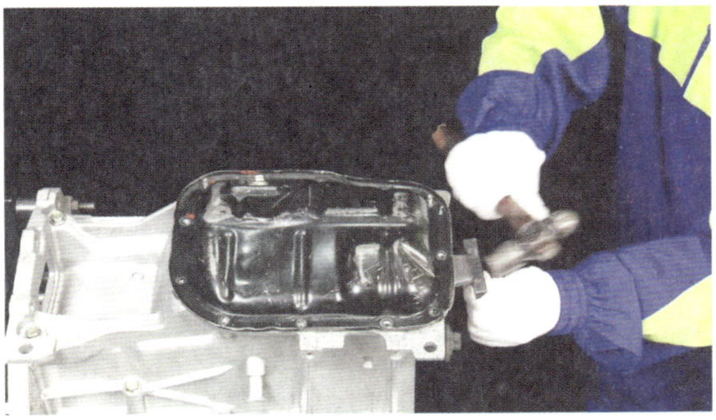

图 3-29　拆下油底壳

2. 安装油底壳

(1) 如图 3-30 所示，使用铲刀，清除油底壳接触面上所有旧的填料。清除后用抹布将接触面擦拭干净。

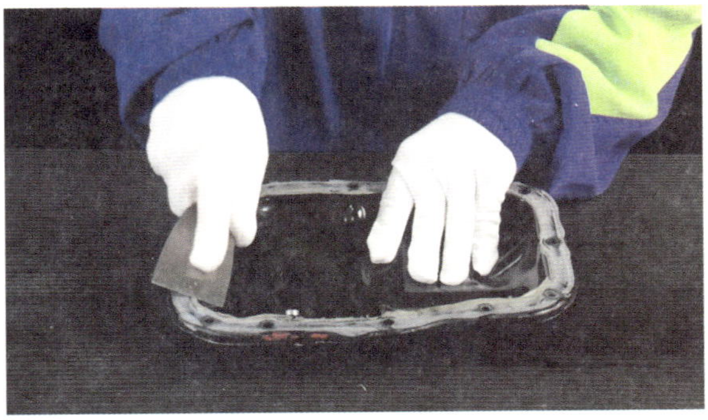

图 3-30　清除旧填料

注意事项

◇不要将机油滴在气缸体和油底壳的接触面上。

(2) 如图 3-31 所示，在油底壳上涂抹一条连续的密封胶。(如黑密封胶、Three Bond

1207B 或同等产品）。

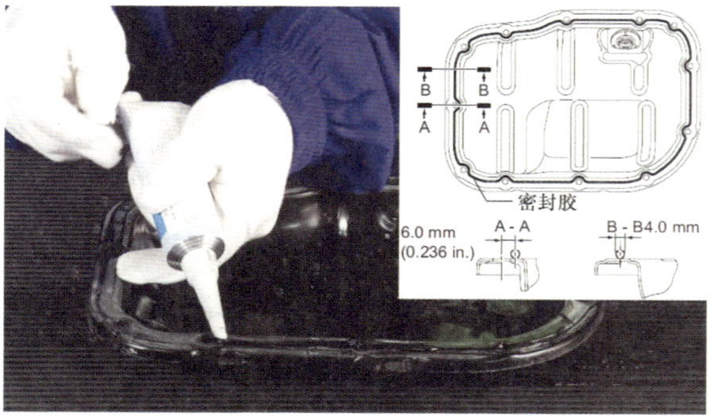

图 3-31　涂抹密封胶

注意事项

◇涂抹密封胶后 3 分钟内安装油底壳。

（3）用 10 mm 双六角套筒、接杆、棘轮扳手和定扭扳手，按图 3-32 所示顺序将 10 个螺栓和两个螺母分次拧紧并紧固至 10 N·m，完成油底壳安装。

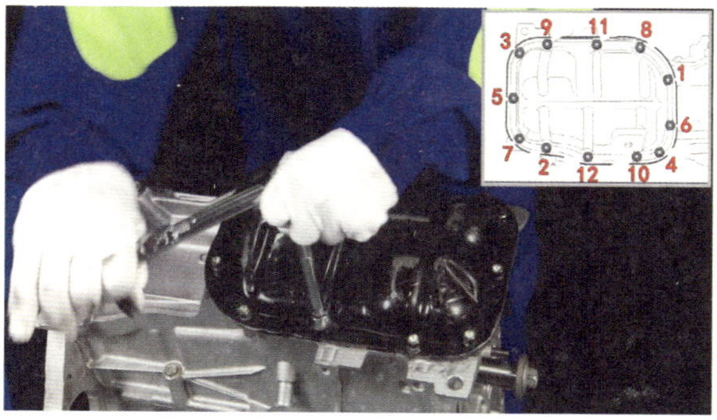

图 3-32　拧螺栓和螺母

四、学习小结

1. 油底壳

油底壳中部或后部做得较深，在油底壳中还设有挡油板，底部装有磁性的放油螺栓。

2. 油底壳作用

油底壳的作用是储存机油并封闭曲轴箱。磁性放油螺栓用以吸附机油中的金属杂质。

3. 拆装油底壳时注意事项

（1）拆卸油底壳螺栓时，需按对角的顺序进行拆卸。

（2）安装油底壳螺栓时，需按由内向外对角的顺序，分次紧固螺栓。

（3）拆卸油底壳时，用专用工具（油底壳密封刮刀）切开密封胶。

（4）安装油底壳时，涂抹密封胶 3 分钟内完成。

五、任务评价

(一) 理论评价

1. 判断题

(1) 油底壳底部装有磁性放油螺栓可吸附机油中的铁屑，减少发动机磨损。　(　　)

(2) 卡罗拉发动机的油底壳是通过垫圈进行密封的。　(　　)

(3) 拆卸和安装油底壳螺栓时，可以任意顺序拆卸。　(　　)

(4) 拆卸油底壳固定螺栓时，应按照从外到内对角线的形式拆卸。　(　　)

2. 单选题

(1) 以下哪项不是描述油底壳的功用？(　　)

A. 储存机油　B. 吸附金属杂质　C. 形成燃烧室　D. 封闭曲轴箱

(2) 在涂抹密封胶后，装上油底壳应在几分钟内？(　　)

A. 1 分钟内　B. 3 分钟内　C. 5 分钟内　D. 10 分钟内

(二) 技能评价

表 3-3　油底壳拆装技能评价

序号	内容	分值	得分
1	使用棘轮扳手按规定顺序拆卸油底壳固定螺栓和螺母。	10	
2	取下油底壳固定螺栓。	5	
3	使用油底壳密封刮刀切开油底壳密封胶。	10	
4	用铲刀清除油底壳上的旧涂料。	10	
5	用抹布清洁油底壳与气缸体接触面。	10	
6	按照工艺标准涂抹油底壳密封胶。	10	
7	涂抹密封胶 3 分钟内，安装完油底壳。	10	
8	安装油底壳固定螺栓。	5	
9	使用棘轮扳手按规定顺序预紧油底壳固定螺栓和螺母。	10	
10	调整定扭扳手扭矩：10 N·m。	10	
11	使用定扭扳手按照规定顺序紧固油底壳固定螺栓和螺母。	10	
总分		100	

(注：操作正确即得分，操作错误或未进行操作即得 0 分)

学习任务 4　活塞连杆组拆装

一、任务目标

通过本任务学习，应能：

(1) 描述活塞连杆组组成。

（2）描述活塞、活塞环、活塞销、连杆与连杆轴承的结构和功能。

（3）依据汽车维修操作要求，规范、熟练地对活塞连杆组进行拆装。

二、知识准备

1. 活塞连杆组组成

如图 3-33 所示，活塞连杆组安装在气缸体内，主要由活塞、活塞环、活塞销、连杆等机件组成。活塞连杆组将活塞的往复运动转变为曲轴的旋转运动，同时将作用于活塞上的力转变为曲轴对外输出的扭矩。

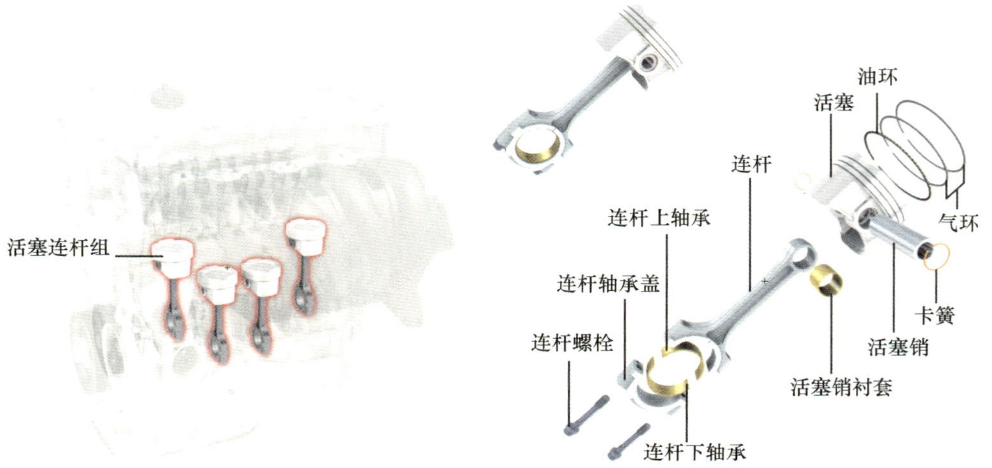

图 3-33　活塞连杆组安装位置及结构

2. 活塞结构

如图 3-34 所示，活塞可分为三部分：活塞顶部、活塞头部和活塞裙部。

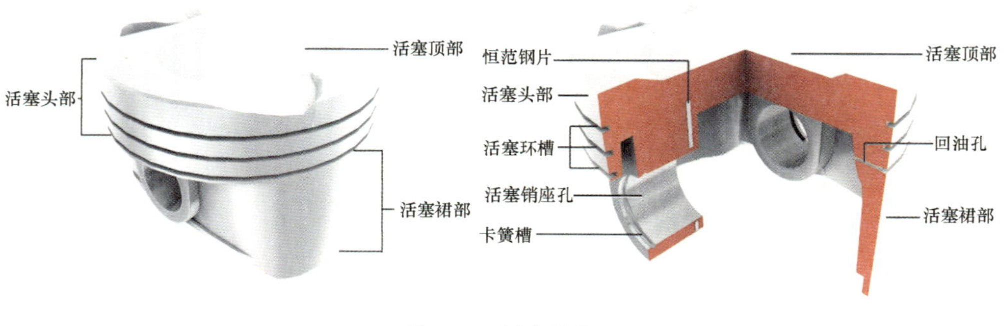

图 3-34　活塞结构

（1）活塞顶部是燃烧室的组成部分，常制成不同的形状。汽油机活塞顶部多采用平顶或凹顶。有的活塞顶部有装配标记，装配时要指向发动机前端。

（2）活塞头部上面一般有 2～3 道槽用来安装气环，最下面一道用来安装油环。油环槽的底部钻有很多径向小孔被称为回油孔，使油环从气缸壁上刮下的多余润滑油经此流回油底壳。

（3）活塞裙部上开有圆孔用来安装活塞销，圆孔上有卡簧槽。活塞裙部用来引导活塞在气缸中做往复运动。

3. 活塞功用

如图 3-35 所示，活塞的主要作用是承受气缸中的气体压力，并将此压力通过活塞销传递给连杆，以推动曲轴旋转。活塞顶部还与气缸盖、气缸壁等共同组成燃烧室。

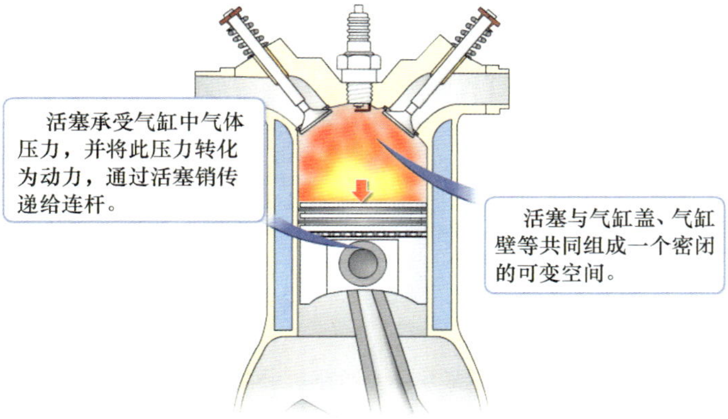

图 3-35　活塞功用

4. 活塞环

如图 3-36 所示，活塞环是中间断开的弹性金属环，它包括气环和油环两种。活塞上部安装气环，下部为油环。活塞环装在活塞上时，环的开口相互错开，以卡罗拉为例三道环之间相互错开 120°。

图 3-36　活塞环

（1）气环

如图 3-37 所示，气环用于保证活塞与气缸壁间的密封，防止气缸中的高温、高压燃气大量漏入曲轴箱，同时还将活塞顶部的大部分热量传给气缸壁，起到导热作用。

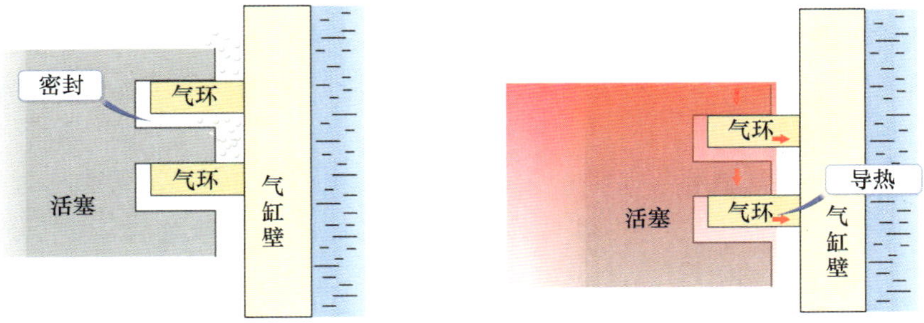

图 3-37　气环功用

(2) 油环

如图 3-38 所示,油环在活塞下行时,刮除气缸壁上多余的机油;在活塞上行时,将机油均匀涂布在气缸壁上。这样既可以防止机油窜入气缸燃烧,又可以减小活塞、活塞环与气缸壁的磨损与摩擦阻力。

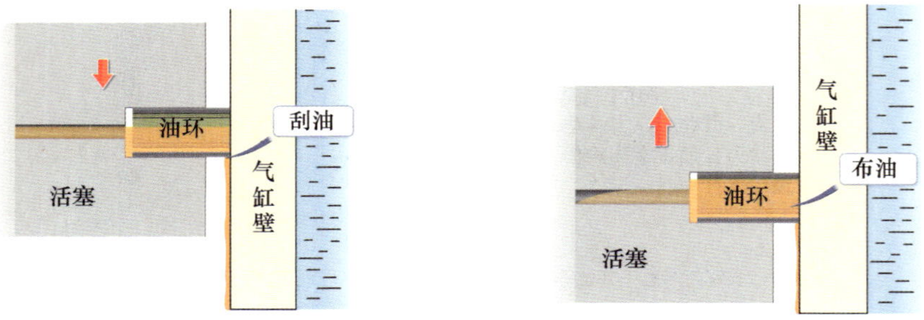

图 3-38　油环功用

5. 活塞销

活塞销通常用低碳钢或低碳合金钢做成空心圆柱体,它的作用是连接活塞和连杆,将活塞承受的气体作用力传给连杆。

6. 连杆与连杆轴承

如图 3-39 所示,连杆分为连杆小头、杆身和连杆大头三部分。

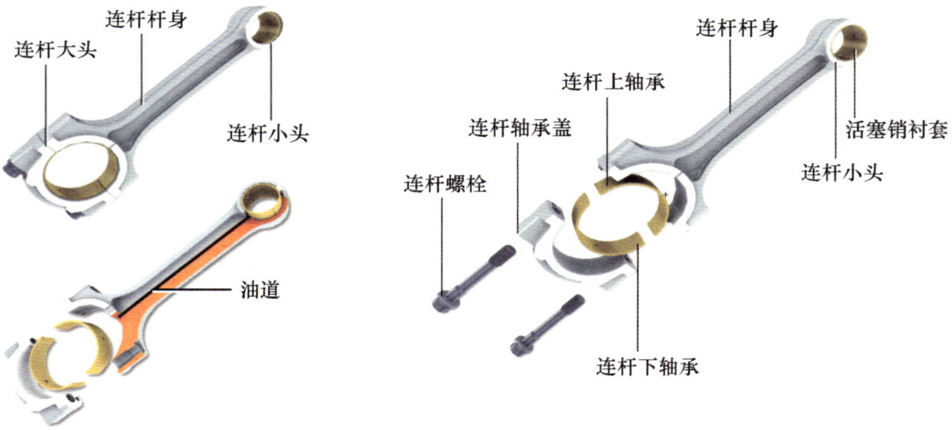

图 3-39　连杆结构

(1) 连杆小头用于安装活塞销,连接活塞。全浮式连杆小头内压有润滑衬套。

(2) 杆身多采用"工"字形断面,以提高其抗弯刚度。杆身内有纵向的压力油通道,以对活塞销进行压力润滑。

(3) 连杆大头通过轴承与曲轴的连杆轴颈相连。为便于安装,通常将连杆大头做成剖分式,上半身与杆身一体,下半部即为连杆盖,两者通过螺栓装合,其中有油道通向活塞销。

连杆轴承采用钢背和减磨层组成的分开式薄壁滑动轴承,内表面有油槽,用以储油和保证润滑。

7. 连杆与轴承功用

如图 3-40 所示，连杆与轴承的功用是连接活塞和曲轴，把活塞的往复运动转变为曲轴的旋转运动，并将活塞承受的力传给曲轴。

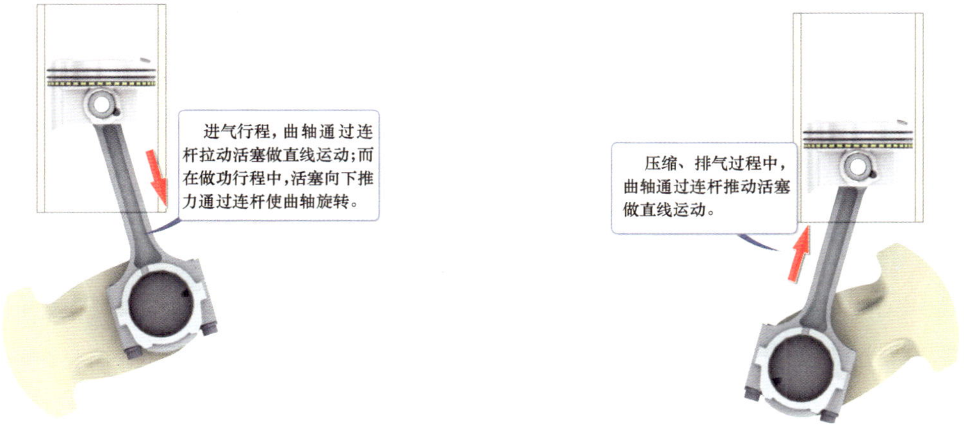

图 3-40 连杆与轴承功用

三、 任务实施

(一) 实施方案

1. 质量要求

参照厂家的质量标准要求。

2. 组织方式

每四位同学一组，按照企业岗位操作规范识别 2007 款卡罗拉 1.6L/AT 轿车 1ZR-FE 发动机上曲柄连杆机构结构中的活塞连杆组的外形结构，并对活塞连杆组进行拆装作业。每组作业时间为____分钟。

3. 作业准备

(1) 技术要求与标准：

① 拆装活塞连杆组件时，应处于下止点位置。

② 装配零部件前需对部件进行清洗与检查。

③ 轴承边缘到连杆边缘、轴承边缘到轴承盖边缘的距离为 0.7 mm。

④ 安装连杆螺栓时扭矩为：10 N·m。

(2) 设备器材：如图 3-41 所示。

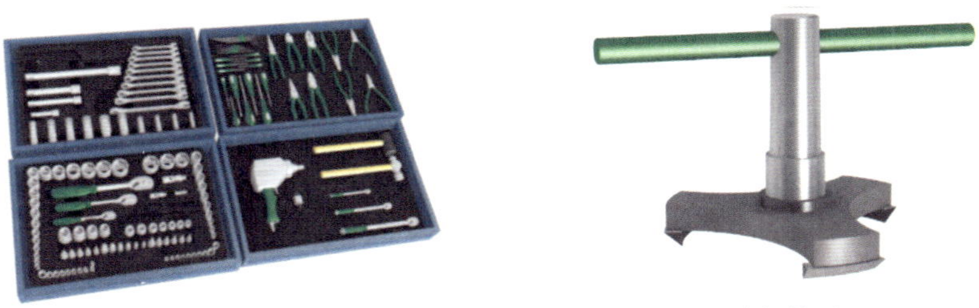

(a) 常用工具（一套） (b) 铰刀

图 3-41 设备器材

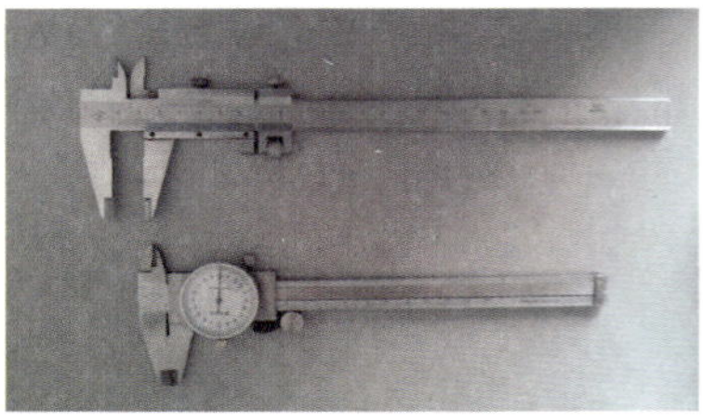
(c) 游标卡尺

(d) 活塞环压缩器

图 3-41 设备器材(续)

(3) 场地设施:带消防设施的场地。

(4) 设备设施:2007 款卡罗拉 1.6L/AT 轿车 1ZR-FE 发动机一台、发动机台架、工具车、标保工具车、零件车、垃圾桶。

(5) 耗材:干净抹布、泡沫清洁剂。

(二) 操作步骤

1. 拆卸活塞连杆组

(1) 拆卸带连杆的活塞分总成

① 如图 3-42 所示,用铰刀去除气缸顶部的所有积碳。

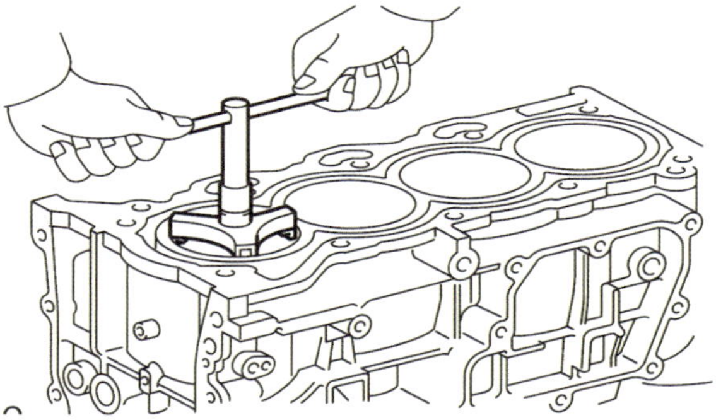

图 3-42 去除积碳

② 如图 3-43 所示,检查并确认连杆和连杆盖上的装配标记相互对准以确保正确的重新装配。

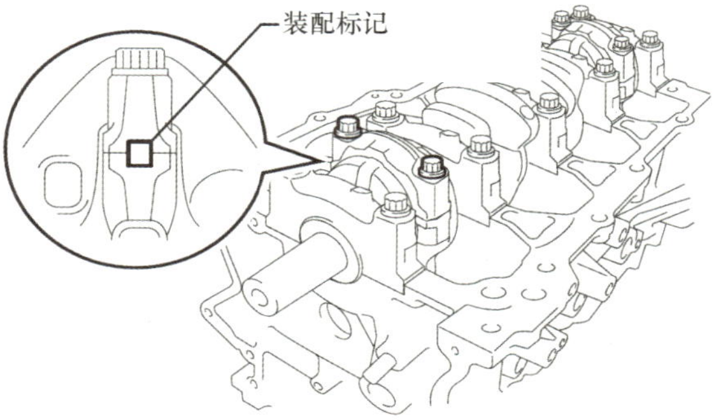

图 3-43 对准装配标记

注意事项

◇连杆和连杆盖的装配标记是为了确保正确地重新安装。
◇若没有装配标记，用号码钢印在连杆盖侧面做好标记。

③ 如图 3-44 所示，用连杆螺栓套筒和棘轮扳手均匀松开两个连杆螺栓。

图 3-44　松开螺母

④ 如图 3-45 所示，用两个已拆下的连杆盖螺栓，通过左右摇动连杆盖，拆下连杆盖和下轴承。

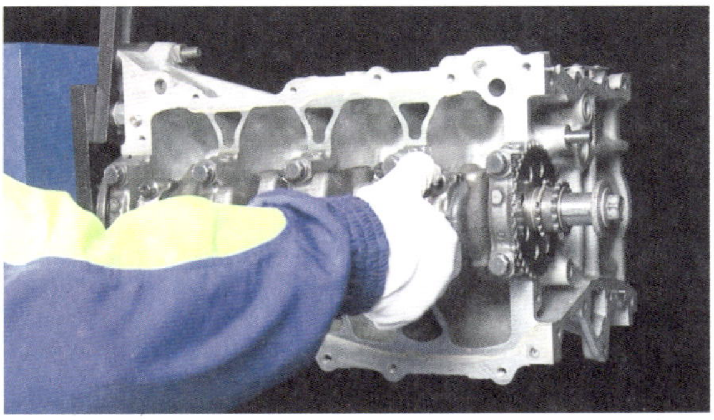

图 3-45　拆下连杆盖和下轴承

注意事项

◇连杆轴承应保持在连杆盖中。

⑤ 如图 3-46 所示，从气缸体的上部推出活塞连杆总成和上轴承。

注意事项

◇使轴承、连杆和连杆盖连在一起。
◇拆下后按正确的顺序摆放活塞和连杆总成。

（2）拆卸活塞环组件

① 如图 3-47 所示，用活塞环扩张器拆卸两个压缩环。

图 3-46　推出活塞连杆

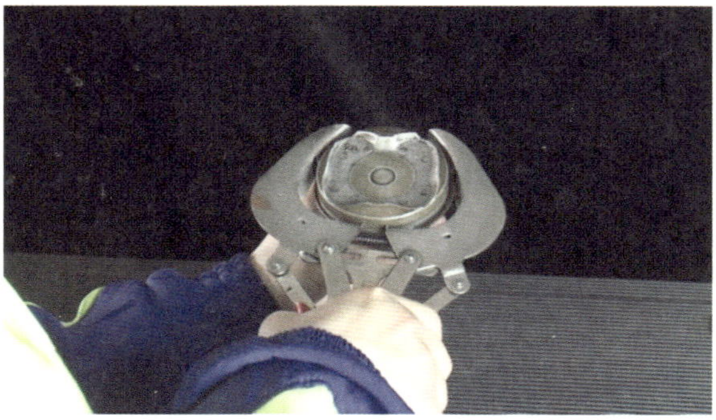

图 3-47　拆卸活塞环组件

② 用手拆下油环刮片和油环胀圈。

(3) 拆卸连杆轴承

① 如图 3-48 所示,若需更换连杆轴承,从下连杆轴承盖上拆下连杆下轴承。

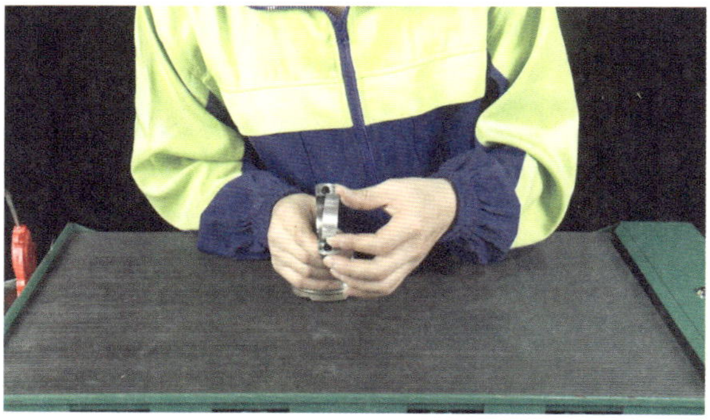

图 3-48　查看连杆轴承

② 如图 3-49 所示,从连杆上拆下连杆上轴承。

2. 安装活塞连杆组

(1) 安装连杆轴承

① 若更换了连杆轴承,则先将连杆轴承安装到连杆和轴承盖上。

② 用游标卡尺测量连杆边缘和轴承盖边缘与连杆轴承边缘间的距离。

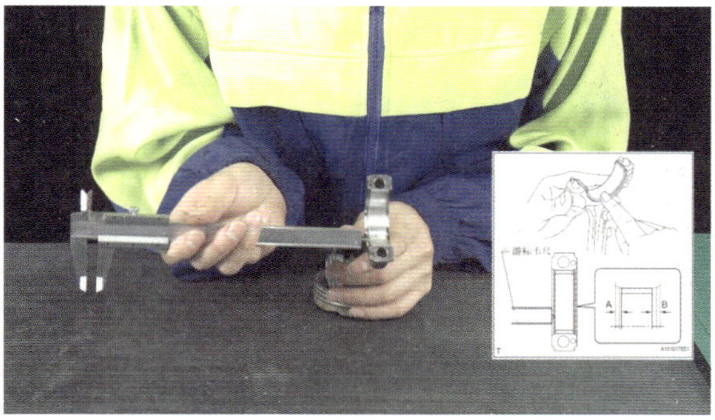

图 3-49　拆下连杆盖和下轴承

尺寸（*A*-*B*）：0.7 mm 或更小。

注意事项

◇不要在轴承背面和连杆大头接触表面上涂抹发动机机油。

（2）安装活塞环组件

① 如图 3-50 所示，用手安装油环胀圈和油环刮片。

图 3-50　安装油环胀圈

注意事项

◇安装胀圈和油环，使其环端处于相反的两侧。

◇将胀圈牢固的安装至油环的内槽。

② 用活塞环扩张器安装两个压缩环，使油漆标记处于如图 3-51 所示位置。

注意事项

◇安装 1 号压缩环，使代码标记 A1 朝上。

◇安装 2 号压缩环，使代码标记 A2 朝上。

◇油漆标记仅在新活塞上检查到。重新使用活塞环时，检查各活塞环外形，已将其安装到正确位置。

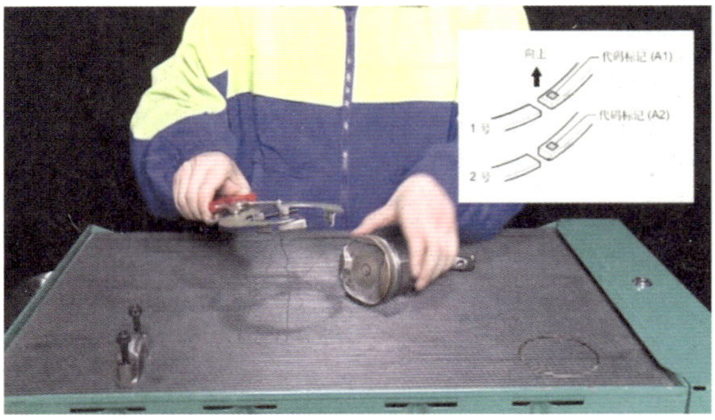

图 3-51　对准油漆标记

③ 放置活塞环以使活塞环端处于如图 3-52 所示位置。

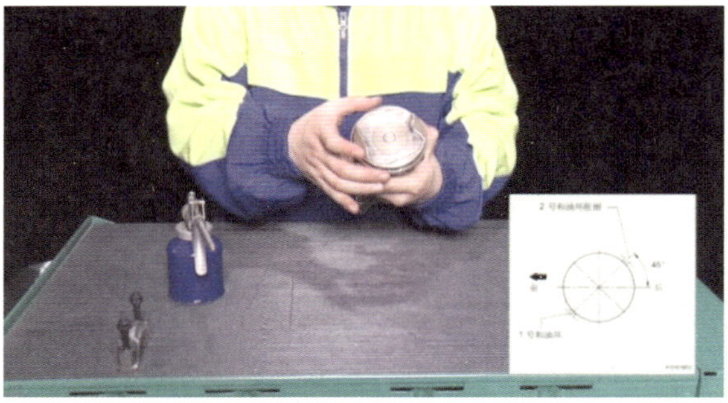

图 3-52　放置活塞环

注意事项

◇各活塞环端必须错开。

(3) 安装带连杆的活塞分总成

① 如图 3-53 所示，在气缸壁、活塞、连杆轴承表面上涂抹发动机机油。

图 3-53　涂抹发动机油

② 如图 3-54 所示，先把曲轴的连杆轴颈转到下止点；活塞环开口按要求错开布置；使活塞标记朝前，用活塞环压缩器将活塞环压缩后的活塞连杆总成放入对应气缸内。

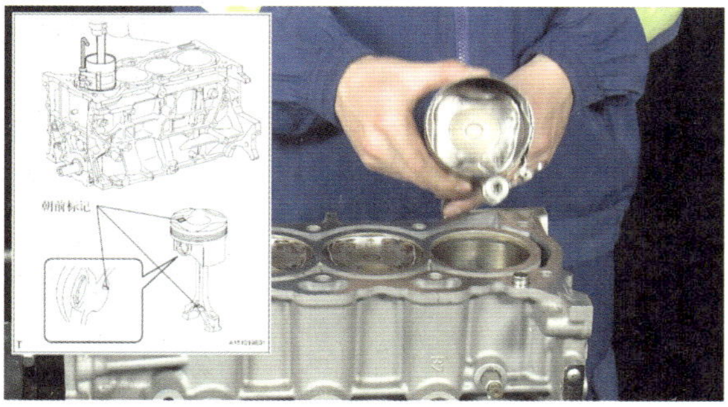

图 3-54　安装活塞连杆

③ 如图 3-55 所示，用手锤木柄将活塞连杆轴承推入气缸。

图 3-55　推入活塞连杆轴承

注意事项

◇如图 3-56 所示，将活塞连杆组装入气缸时，应使记号朝向机体前方。
◇使连杆盖与连杆的编号（或记号）相匹配。

④ 检查并确认连杆盖的凸起部分朝向正确的方向。

⑤ 在连杆盖螺栓的螺纹上和螺栓头下部涂抹一薄层发动机机油。

（4）安装连杆盖螺栓

① 如图 3-57 所示，用连杆螺栓套筒和棘轮扳手分几次交替拧紧连杆盖螺栓，再用定扭扳手将连杆盖螺栓紧固至 20 N·m。

② 如图 3-58 所示，用油漆在连杆螺栓前端做标记。

③ 如图 3-59 所示，将连杆螺栓再次旋转紧固 90°。

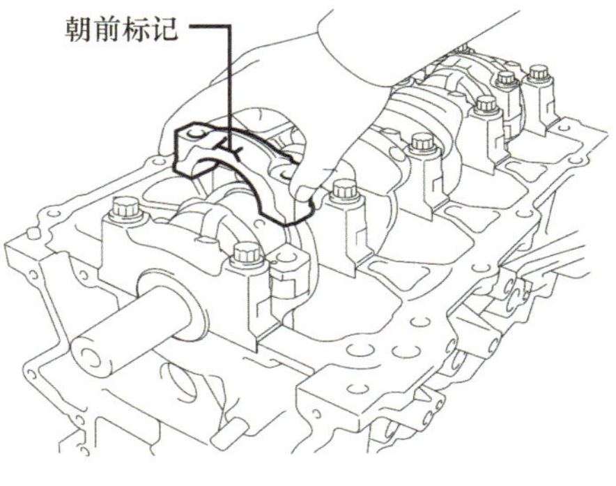

图 3-56　注意朝前标记

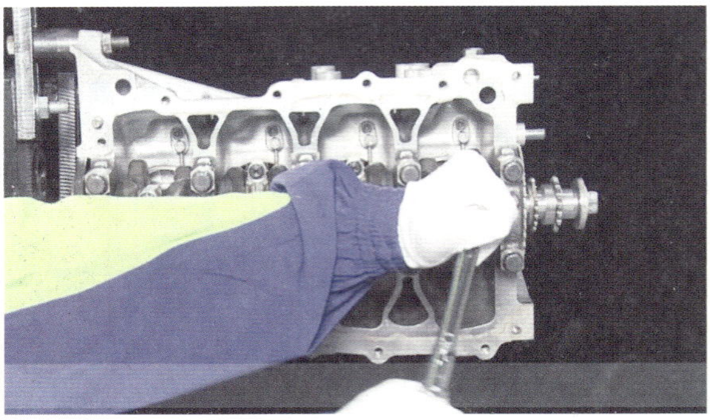

图 3-57　拧紧连杆盖螺栓

图 3-58　用油漆做标记

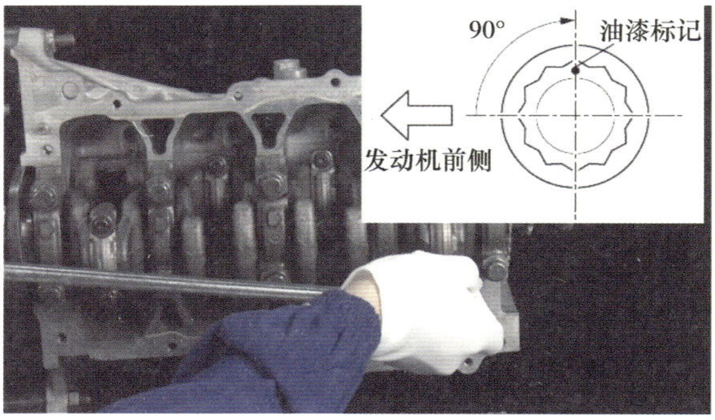

图 3-59　紧固连杆螺栓

四、任务小结

1. 活塞组成

活塞连杆组由活塞、活塞环、活塞销、连杆等主要机件组成。

2. 活塞连杆拆卸的主要步骤

拆卸带连杆的活塞分总成、拆卸活塞组件、拆卸连杆轴承。(安装时按照相反顺序进行。)

3. 活塞连杆组拆卸作业中需注意以下几点:

(1) 拆卸活塞连杆组前必须先用铰刀清除气缸上部积碳。

（2）用两个已拆下的连杆盖螺栓，通过左右摇动连杆盖有助于拆卸连杆盖。

（3）安装连杆轴承需要用游标卡尺测量连杆大端和轴承盖边缘与连杆轴承边缘间的距离（边距之差≤0.7 mm）。

（4）安装连杆螺栓时，用定扭扳手安装规定扭矩紧固后，需要再旋转拧紧 90°。

五、任务评价

（一）理论评价

1. 判断题

（1）活塞连杆组由活塞、活塞环和连杆 3 部分组成。（　　）

（2）拆卸了连杆盖螺栓后，可以轻松地将连杆盖取下。（　　）

（3）安装连杆盖螺栓，只要用扭力扳手用 20 N·m 的扭矩固定。（　　）

2. 单选题

（1）拆卸活塞连杆组之前，清除积碳使用的是（　　）。

A. 铲刀　　B. 铰刀　　C. 刮刀　　D. 螺丝刀

（2）安装连杆轴承后，需要用游标卡尺测量连杆大端和轴承盖边缘与连杆轴承边缘间的距离，其值应小于（　　）。

A. 1.5 毫米　　B. 1.0 毫米　　C. 0.7 毫米　　D. 0.4 毫米

（3）安装连杆盖螺栓时，需要按规定扭矩紧固后，再旋转紧固多少？（　　）

A. 45°　　B. 90°　　C. 135°　　D. 180°

（4）以下哪项不是活塞连杆组的组成部件之一？（　　）

A. 活塞环　　B. 活塞销　　C. 凸轮　　D. 连杆

（5）安装活塞连杆组时，以下哪句描述是不正确的？（　　）

A. 将连杆插入活塞时，不要使其接触机油喷嘴

B. 使连杆盖与连杆的号相匹配

C. 连杆盖螺栓的紧固分 3 步完成

D. 不要在连杆轴承表面涂抹机油

（二）技能评价

表 3-4　活塞连杆组拆装技能评价

序号	内容	分值	得分
1	拆装带连杆的活塞分总成。	25	
2	拆卸活塞环组件。	10	
3	拆卸连杆轴承。	10	
4	安装连杆轴承。	10	
5	安装活塞环组件。	10	
6	安装带连杆的活塞分总成 。	25	
7	安装连杆盖螺栓。	10	
总分		100	

（注：操作正确即得分，操作错误或未进行操作得 0 分）

学习任务5　曲轴飞轮组拆装

一、任务目标

通过本任务学习,应能:

1. 描述曲轴飞轮组的组成、结构、功用。
2. 依据汽车维修操作要求,规范、熟练地对曲轴飞轮组进行拆装。

二、知识准备

1. 曲轴飞轮组组成

如图3-60、图3-61所示,曲轴飞轮组主要由曲轴和飞轮以及其他具有不同作用的零件和附件组成,其零件和附件的种类和数量取决于发动机的结构和性能要求。

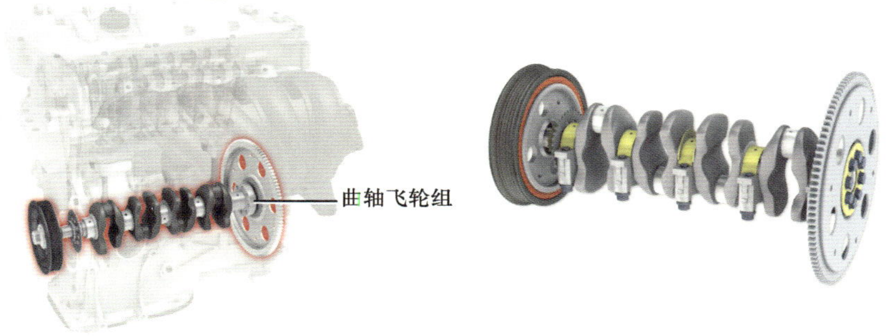

图3-60　曲轴飞轮组安装位置及外观展示图

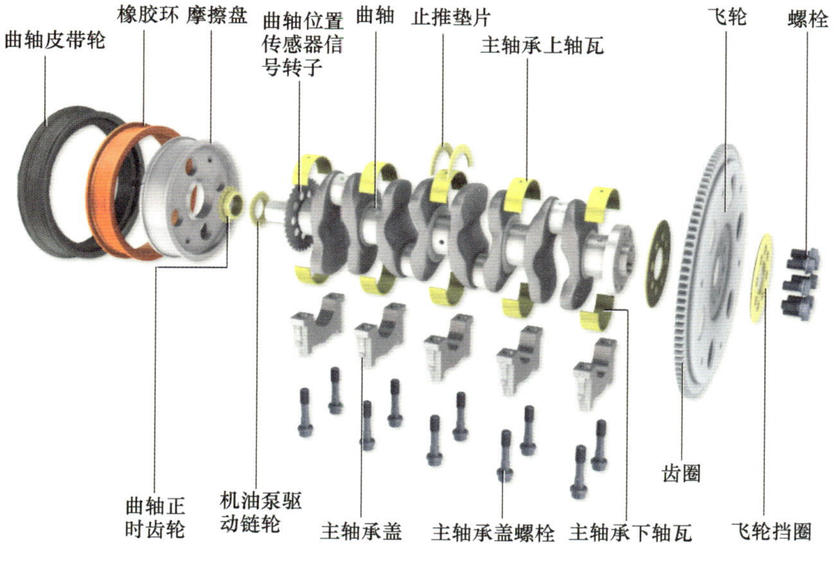

图3-61　曲轴飞轮组结构分解图

2. 曲轴结构

如图 3-62 所示，曲轴主要由前端轴、平衡重、连杆轴颈、主轴颈、曲柄臂和后端凸缘等部件组成。在发动机工作中，曲轴要承受弯曲与扭转载荷，要求曲轴要具有足够的刚度、强度和耐磨性。

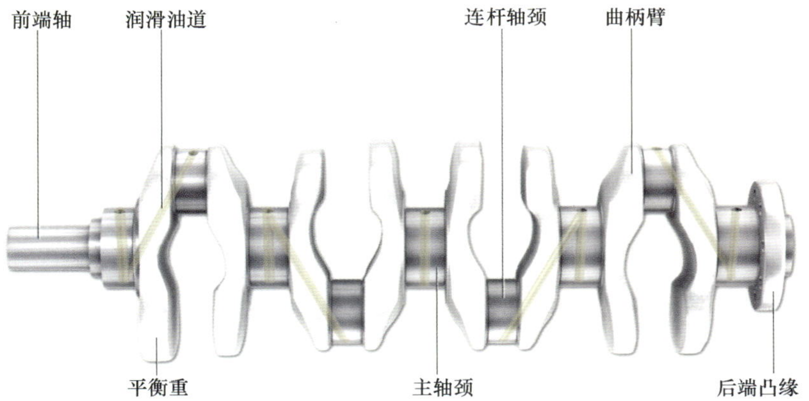

图 3-62　曲轴结构

（1）曲拐的布置

如图 3-63 所示，一个连杆轴颈与它两端的曲柄及主轴颈构成一个曲拐。曲轴的曲拐数取决于气缸的数目及其排列方式。直列式发动机曲轴的曲拐数等于气缸数，V 形发动机曲轴的曲拐数等于气缸数的一半。

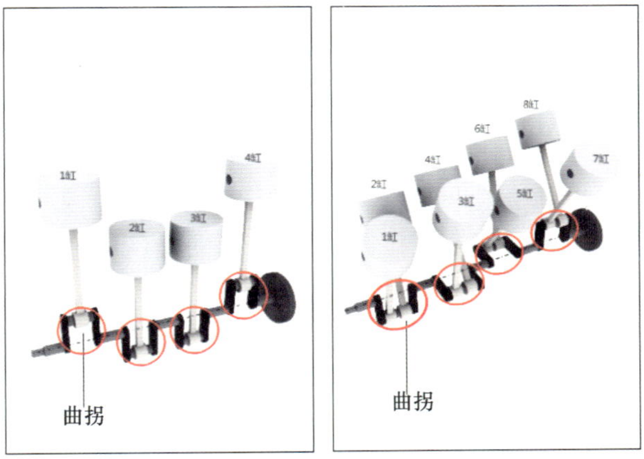

(a) 直列四缸发动机曲拐布置　(b) V型八缸发动机曲拐布置

图 3-63　曲拐数

（2）平衡重

如图 3-64 所示，平衡重在曲拐的对面，用来平衡发动机不平衡的离心力和离心力矩，有时还用来平衡一部分往复惯性力。

3. 曲轴功用

如图 3-65 所示，曲轴的功用是承受活塞连杆组传来的力，并由此产生绕其本身轴线的力矩，并将转矩对外输出。同时，曲轴还为活塞连杆组的上行运动提供动力。

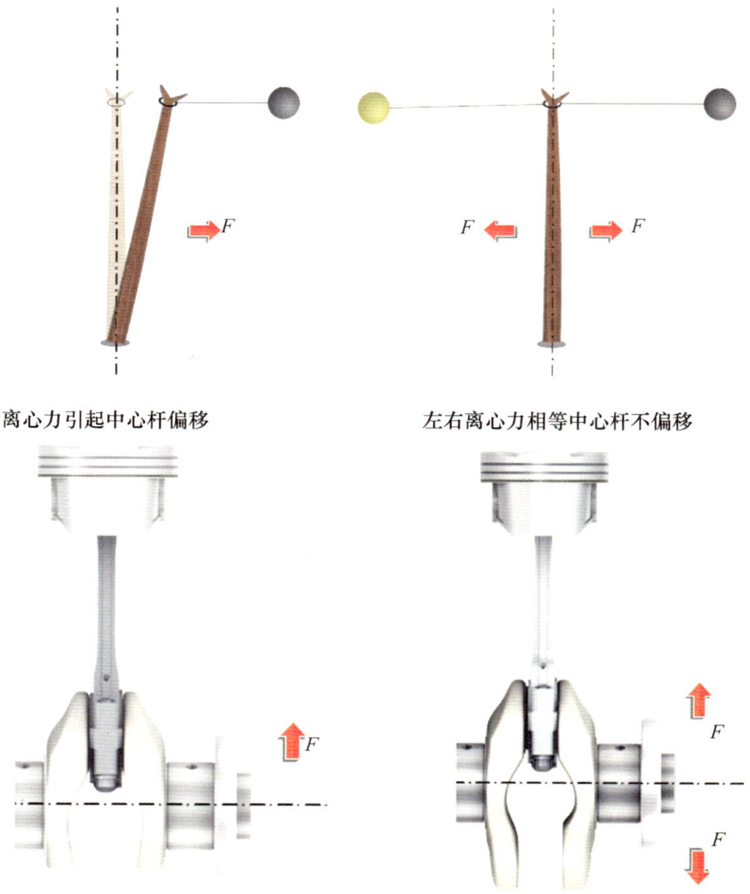

图 3-64　平衡重功用

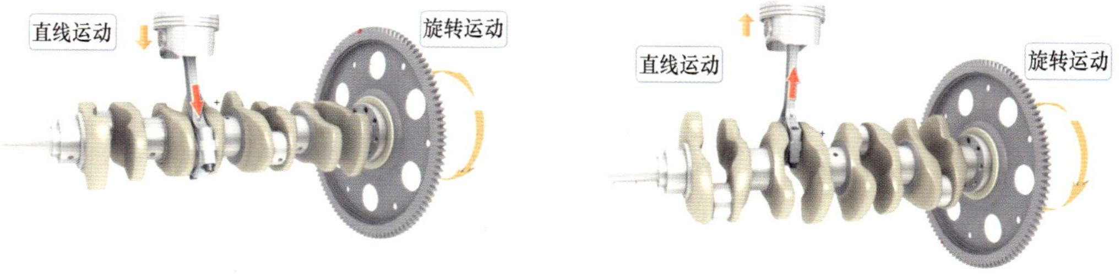

图 3-65　曲轴功用

4. 飞轮结构

如图 3-66 所示，飞轮是一个转动惯量很大的圆盘，外缘上压有一个齿圈，与起动机的驱动齿轮啮合，供起动机起动发动机时使用。为了保证足够的转动惯量，飞轮轮缘通常做得宽而厚。

5. 飞轮功用

飞轮的主要作用是储存做功行程的一部分动能，以克服其他行程中的阻力，使曲轴均匀旋转，使发动机具有克服短时超载的能力。

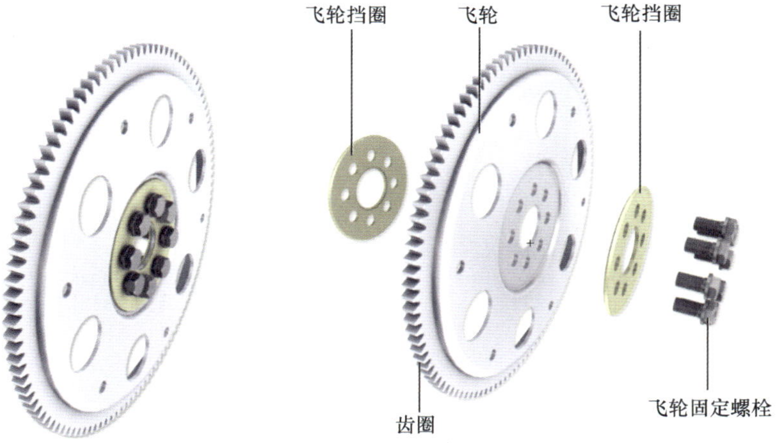

图 3-66　飞轮结构

三、任务实施

（一）实施方案

1. 质量要求

参照厂家的质量标准要求。

2. 组织方式

每四位同学一组，按照企业岗位操作规范识别 2007 款卡罗拉 1.6L/AT 轿车 1ZR-FE 发动机上曲柄连杆机构中的曲轴飞轮组的外形结构，并对曲轴飞轮组进行拆装作业。每组作业时间为____分钟。

3. 作业准备

(1) 技术要求与标准：

① 气缸体边缘和上轴承边缘间的距离、轴承盖边缘和下轴承边缘间的距离小于0.7 mm。

② 按规定扭矩紧固各部件固定螺栓。

③ 安装前要对相关部件进行清洗与检查。

(2) 设备器材：如图 3-67 所示。

(3) 场地设施：带消防设施的场地。

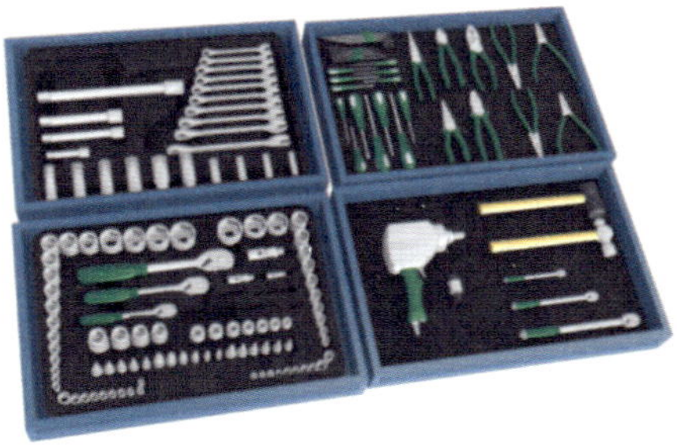

(a) 常用工具（一套）

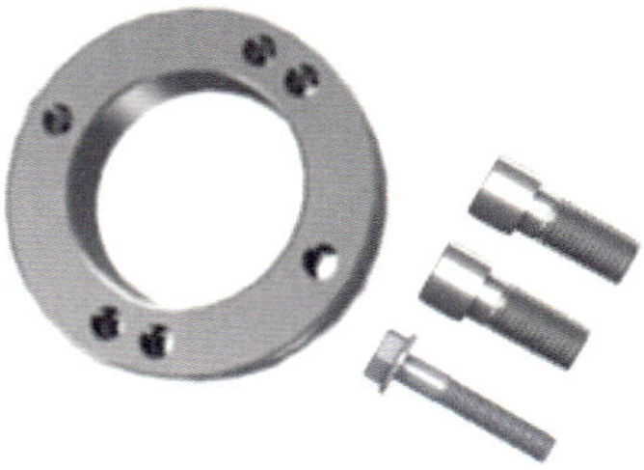

(b) SST 09213-58013
曲轴皮带轮固定工具

图 3-67　设备器材

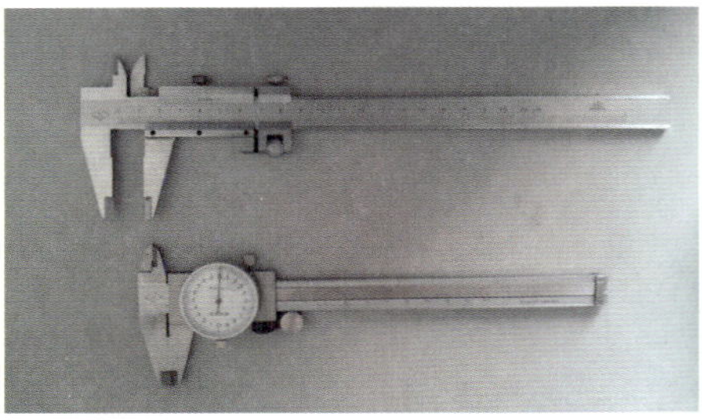

(c) 游标卡尺

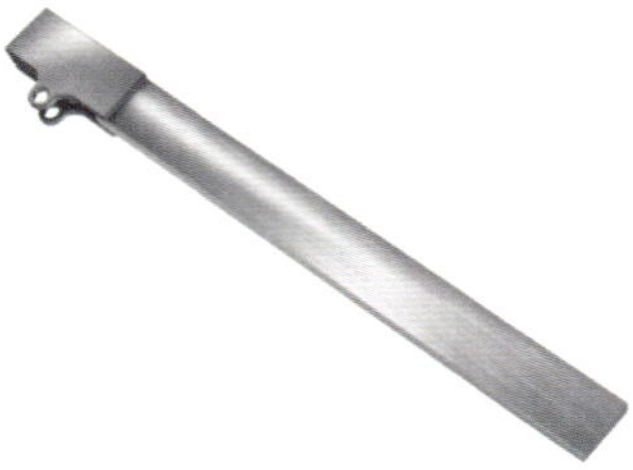

(d) SST 09330-00021
结合法兰固定工具

图 3-67 设备器材(续)

(4) 设备设施:2007 款卡罗拉 1.6L/AT 轿车 1ZR-FE 发动机一台、发动机台架、工具车、标保工具车、零件车、垃圾桶。

(5) 耗材:干净抹布、泡沫清洁剂。

(二) 操作步骤

1. 拆卸曲轴飞轮组

(1) 拆卸飞轮分总成

① 如图 3-68 所示,用曲轴皮带轮固定工具和结合法兰固定工具固定住曲轴。

② 如图 3-69 所示,按对角顺序拆下 8 个飞轮螺栓和飞轮分总成。

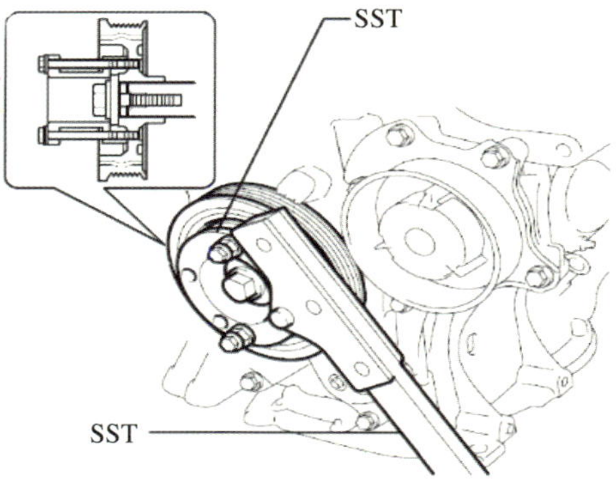

图 3-68 固定住曲轴

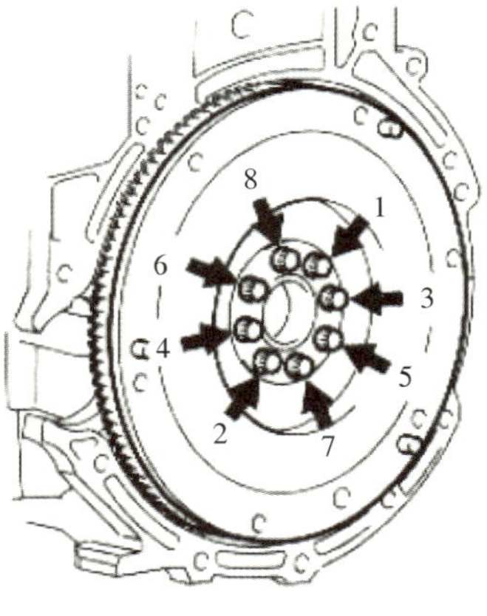

图 3-69 按顺序拆卸飞轮螺栓

(2) 拆卸曲轴

① 如图 3-70 所示,按由两边向中间的顺序,均匀分次地拧松并拆下 10 个主轴承盖螺栓。

② 如图 3-71 所示,用两个已拆下的主轴承盖螺栓依次插入轴承盖,左右摇动并向上用力将轴承盖拉出。同样方法拆卸 5 个主轴承盖和下主轴承。

注意事项

◇小心不要损坏轴承盖和气缸体的接触面。

◇将下轴承和主轴承盖作为一个组件保存,并按正确的顺序摆放。

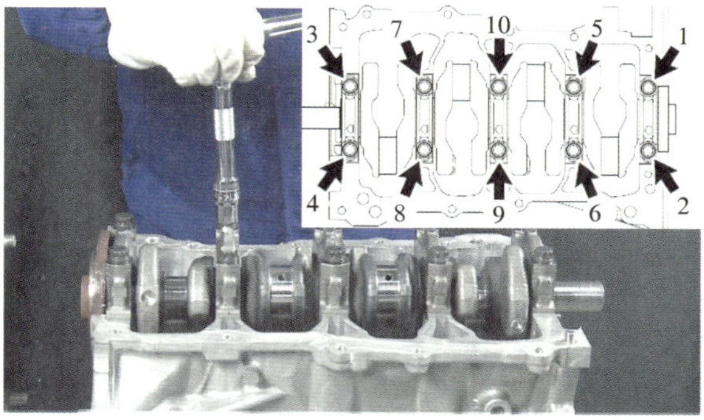

图 3-70　按顺序拧松并拆下主轴承盖螺栓

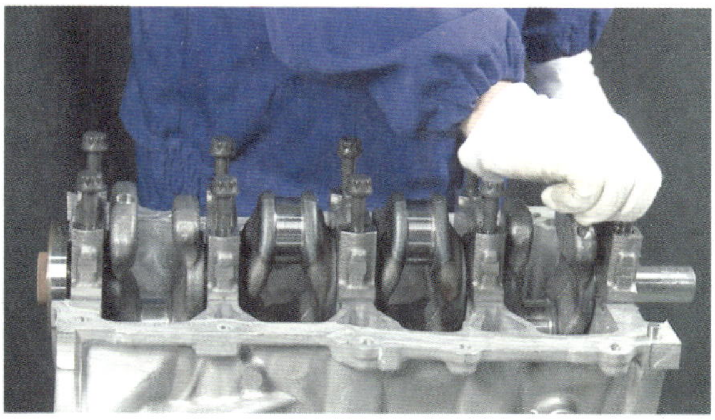

图 3-71　拆卸主轴承盖和小主轴承

③ 如图 3-72 所示，取出曲轴。

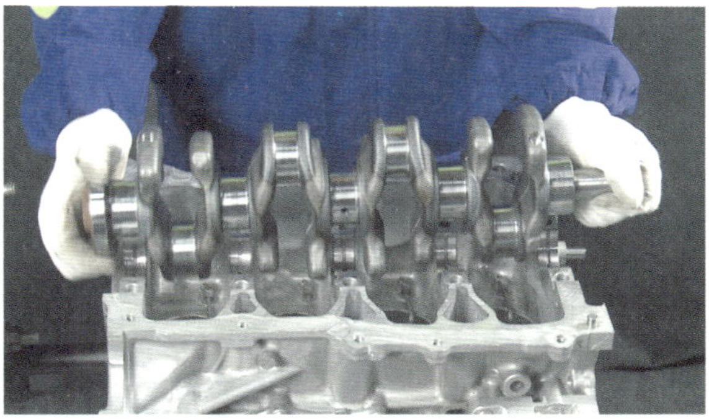

图 3-72　取出曲轴

(3) 拆卸曲轴上止推垫圈

如图 7-73 所示，从气缸体上拆下曲轴上止推垫圈。

(4) 拆卸曲轴主轴承

① 如图 3-74 所示，从气缸体上拆下 5 个上主轴承。

② 如图 3-75 所示，从 5 个主轴承盖上拆下 5 个下主轴承。

注意事项

◇按正确的顺序摆放轴承。

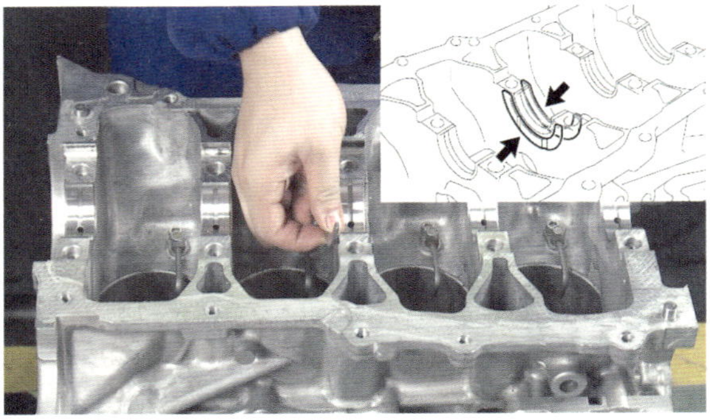

图 3-73　拆下曲轴上止推垫圈

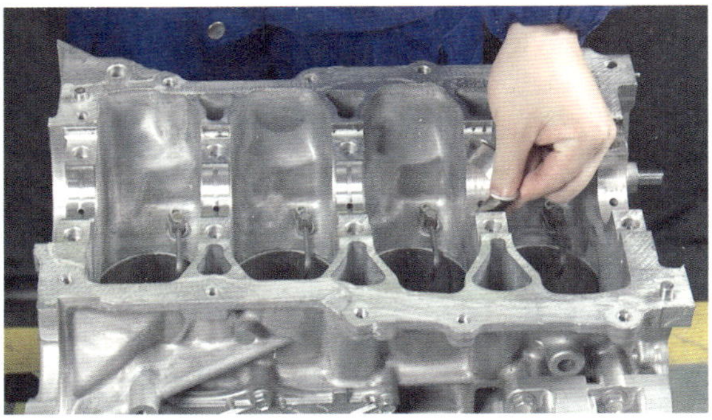

图 3-74　从气缸体上拆下主轴承

2. 安装曲轴飞轮组

(1) 安装曲轴轴承

① 将带机油槽的上主轴承安装到气缸体上。

② 如图 3-76 所示，用游标卡尺测量气缸体边缘和上主轴承边缘间的距离。

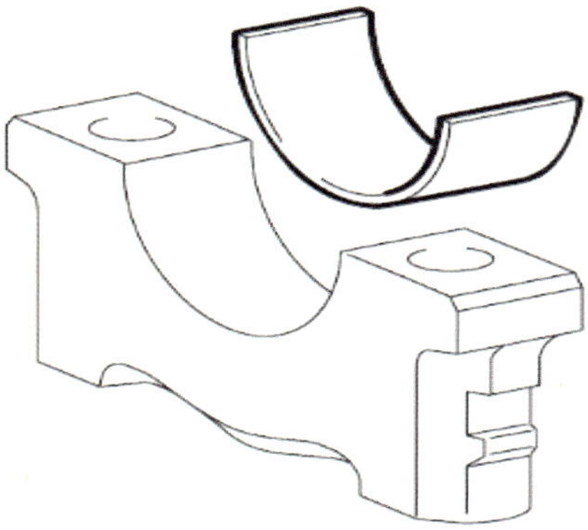

图 3-75　从主轴承盖上拆下主轴承

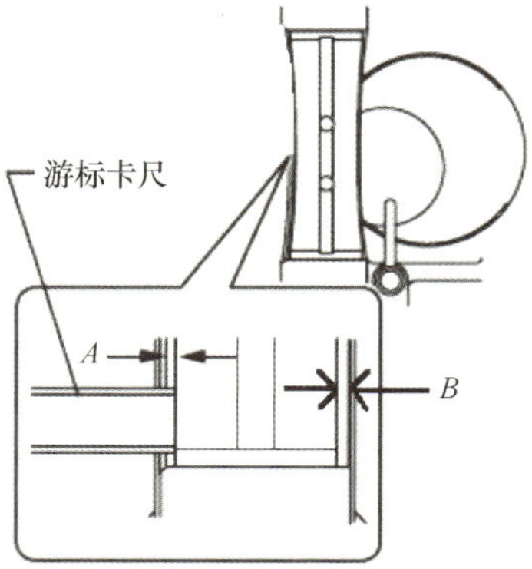

图 3-76　用游标卡尺测量距离

尺寸(A-B)：0.7 mm 或更小。

注意事项

◇不要在主轴承背面和主轴承接触表面上涂抹发动机机油。

③ 将下主轴承安装到主轴承盖上。

④ 如图 3-77 所示，用游标卡尺测量主轴承盖边缘和下主轴承边缘间的距离。

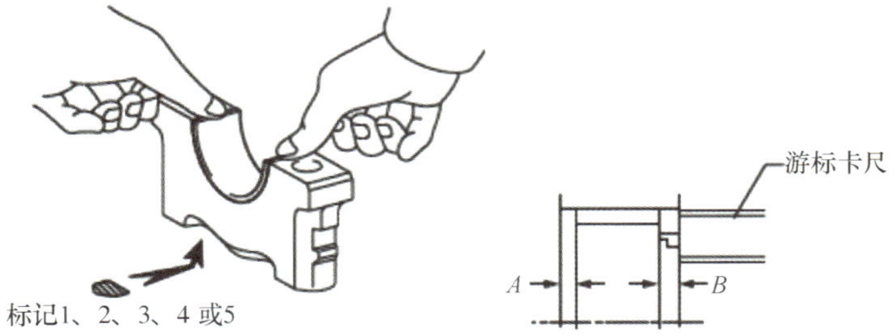

图 3-77　用游标卡尺测量距离

尺寸(A-B)：0.7 mm 或更小。

(2) 安装曲轴上止推垫圈

① 如图 3-78 所示，使机油槽向外，将两个止推垫圈安装到气缸体的 3 号轴颈下方。

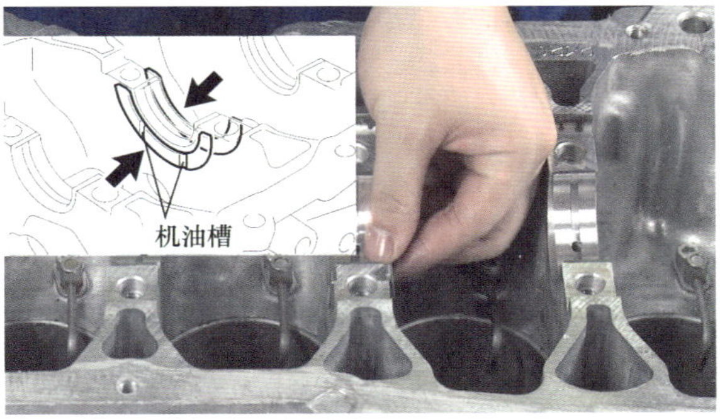

图 3-78　安装止推垫圈

② 在曲轴止推垫圈上涂抹发动机机油。

(3) 安装曲轴

① 在上主轴承上涂抹发动机机油，并将曲轴安装到气缸体上。

② 在下主轴承上涂抹发动机机油。

③ 如图 3-79 所示，检查数字标记，并将主轴承盖安装到气缸体上。

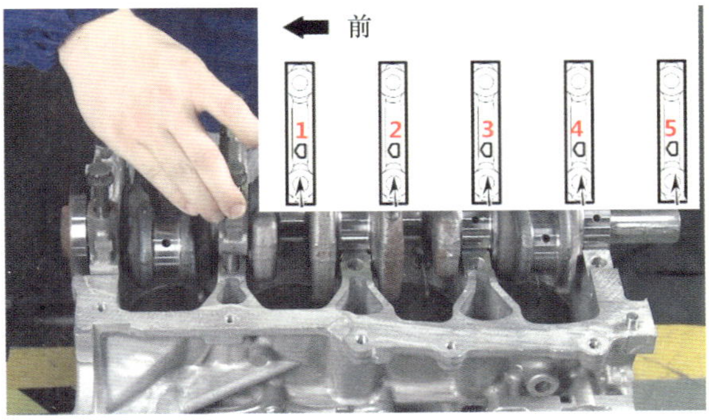

图 3-79　检查数字标记

④ 在主轴承盖螺栓的螺纹上涂抹一薄层发动机机油。

⑤ 如图 3-80 所示，随手稍拧 10 个主轴承盖螺栓。

⑥ 如图 3-81 所示，以主轴承盖螺栓为导向，用手按下主轴承盖，直到主轴承盖和气缸体间的间隙小 5 mm。

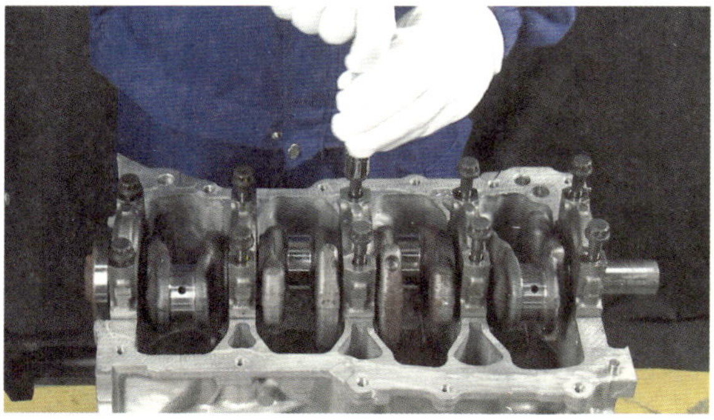

图 3-80　稍拧螺栓

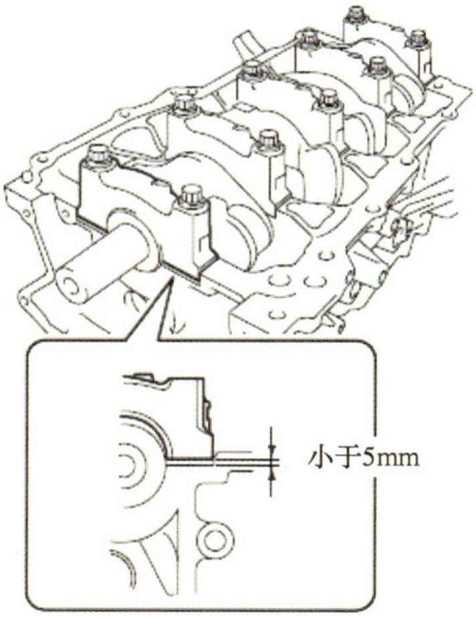

图 3-81　用手按下主轴承盖让间隙小 5 mm

⑦ 如图 3-82 所示，用塑料锤轻轻敲击主轴承盖以确保正确安装。

⑧ 如图 3-83 所示，安装曲轴轴承盖螺栓，然后按由中间向两边的顺序，均匀分次拧紧 10 个主轴承盖螺栓，再用定扭扳手紧固至 40 N·m。

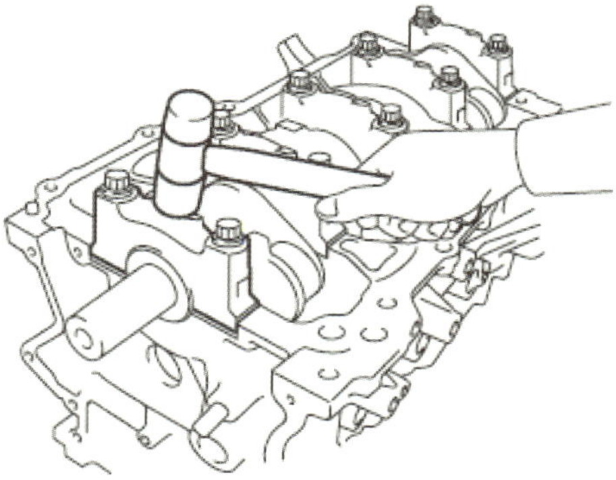

图 3-82　用塑料锤敲击主轴承盖

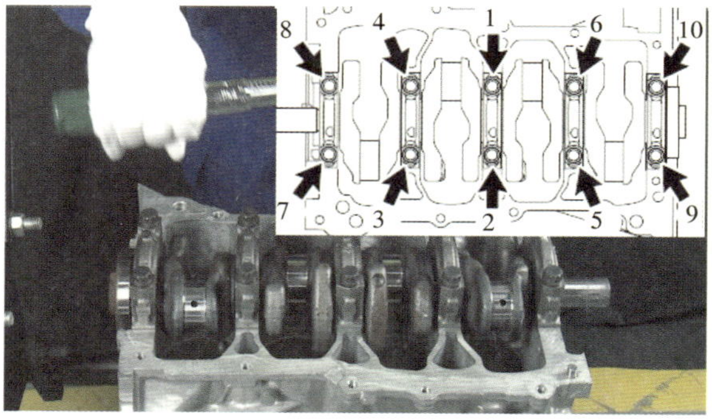

图 3-83　按照顺序拧紧主轴承盖螺栓

⑨ 如图 3-84 所示，用油漆在主轴承盖螺栓前端做标记。

⑩ 按由中间向两边顺序，将主轴承盖螺栓再旋转紧固 90°。

（4）安装飞轮分总成

① 如图 3-85 所示，用曲轴皮带轮固定工具和结合法兰固定工具固定住曲轴。

注意事项

◇安装曲轴皮带轮固定工具时要检查其安装位置，以防止固定工具安装螺栓接触正时链条盖分总成。

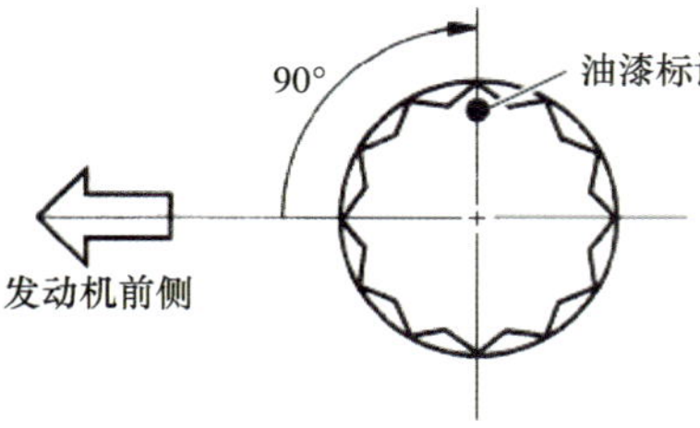

图 3-84　用油漆做标记

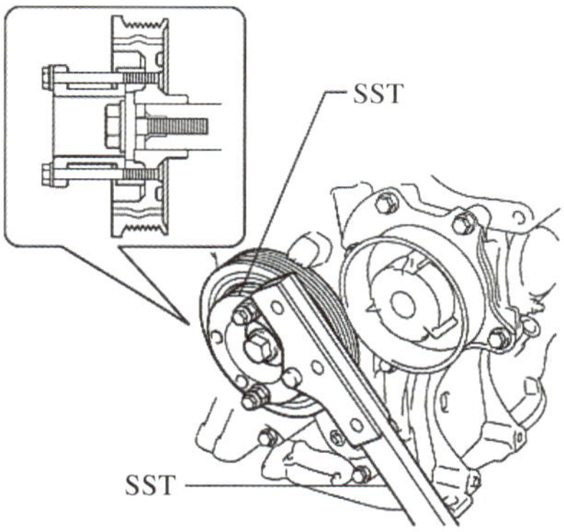

图 3-85　用工具固定住曲轴

② 如图 3-86 所示，在新飞轮螺栓末端的 2 或 3 个螺纹上涂抹黏合剂。

黏合剂：丰田原厂黏合剂 1324、THREE BOND1324 或同等产品。

③ 如图 3-87 所示，用 8 个飞轮螺栓将飞轮安装至曲轴凸缘上，按对角的顺序，分次均匀地预紧 8 个飞轮螺栓，再用定扭扳手将 8 个飞轮螺栓紧固至 49 N·m。

图 3-86　涂抹黏合剂

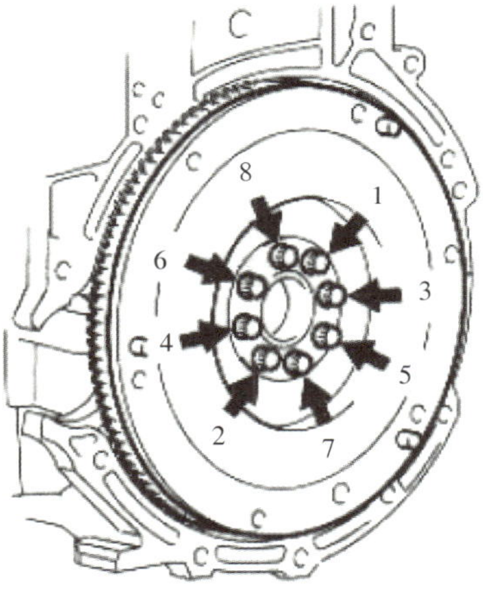

图 3-87　预紧螺栓

④ 用油漆在螺栓前端做标记。

⑤ 如图 3-88 所示，按对角的顺序，将 8 个螺栓再旋转紧固 90°。

四、任务小结

1. 曲轴组成

曲轴主要由前端轴、平衡重、主轴颈、连杆轴颈、曲柄臂和后端凸缘等部件组成。

2. 飞轮

飞轮是一个转动惯量很大的圆盘，外缘上压有一个齿圈，与起动机的驱动齿轮啮合，供起动发

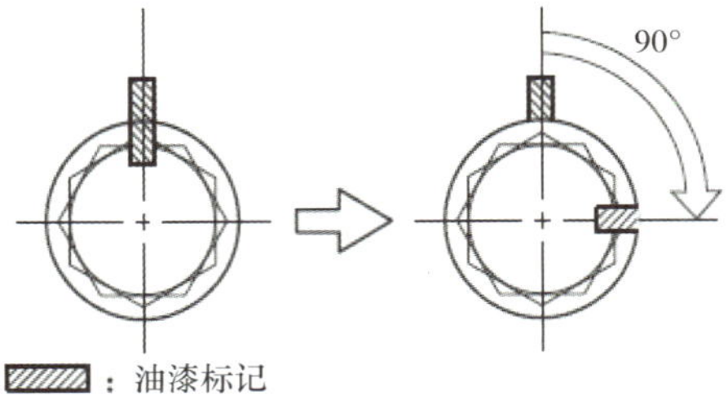

图 3-88　按顺序紧固螺栓

动机时使用。

3. 飞轮的作用

飞轮的主要作用是储存做功行程的一部分能量，以克服各辅助行程的阻力，使曲轴均匀旋转，使发动机具有克服短时超载的能力。

4. 拆卸曲轴飞轮组的注意事项

(1) 气缸体上主轴承座边缘和上主轴承边缘间的距离、主轴承盖边缘和下主轴承边缘间的距离应小于或等于 0.7 mm。

(2) 拆卸曲轴主轴承盖螺栓时，需要按照由两边到中间的顺序进行拆卸。

五、任务评价

(一) 理论评价

1. 判断题

(1) 飞轮是一个转动惯量很大的圆盘，外缘上压有一个齿圈，与起动机的驱动齿轮啮合，供启动发动机时使用。 ( )

(2) 拆卸飞轮时，需要用专用工具固定住曲轴。 ( )

(3) 拆卸了两个主轴承盖螺栓后，即可将主轴承盖取下。 ( )

(4) 安装飞轮固定螺栓时，只要连续安装相邻螺栓即可。 ( )

(5) 安装曲轴轴承盖螺栓时，按顺序由中间向两边安装并均匀紧固。 ( )

2. 单选题

(1) 以下哪项不是曲轴组成部件？( )

A. 曲柄　B. 平衡重　C. 主轴颈　D. 连杆

(2) 拆卸曲轴主轴承盖螺栓时，应按照什么顺序？( )。

A. 由两边向中间　B. 由中间向两边　C. 顺序循环　D. 任意

(3) 安装曲轴上止推垫圈时，机油槽放置方向是：( )。

A. 向内　B. 向外　C. 根据标记　D. 任意

(4) 安装曲轴轴承盖时，以两个轴承盖螺栓为导向，插入主轴承座，直到主轴承盖和气缸体主轴承座间的间隙小于( ) mm。

A. 3　B. 5　C. 7　D. 10

(二) 技能评价

表 3-5 曲轴飞轮组拆装技能评价

序号	内容	分值	得分
1	使用曲轴皮带轮固定工具固定曲轴皮带轮。	5	
2	使用指针式扭力扳手对角线形式拧松飞轮螺栓并拆卸飞轮。	10	
3	使用棘轮扳手按从外向内的顺序拆卸主轴承盖螺栓。	10	
4	用螺栓晃动主轴承盖并拆下，提出曲轴。	5	
5	拆卸曲轴止推垫圈、主轴承和盖。	5	
6	安装曲轴上主轴承，使用游标卡尺测量上主轴承与气缸体主轴承座边距。	10	

续表

序号	内容	分值	得分
7	对上主轴承涂抹机油，安装止推垫圈并涂抹机油。	5	
8	安装曲轴，下主轴承，使用游标卡尺测量下主轴承与主轴承盖边距。	10	
9	对下主轴承涂抹机油，安装主轴承盖。	5	
10	对主轴承盖螺栓涂抹机油，安装主轴承盖螺栓。	5	
11	使用塑料锤敲击主轴承盖。	5	
12	使用扭力扳手按从内向外的顺序安装主轴承盖螺栓，拧紧扭矩：40 N·m+90°。	10	
13	使用皮带轮固定工具固定曲轴皮带轮。	5	
14	使用扭力扳手以对角线的顺序安装飞轮螺栓，拧紧扭矩 49 N·m+90°。	10	
总分		100	

（注：操作正确即得分，操作错误或未进行操作得 0 分）

学习拓展

1. 带扭转减振器的皮带轮结构

如图 3-89 所示，带扭转减振器的皮带轮主要由曲轴皮带轮、壳体、曲轴皮带轮轮毂、橡胶环等组成。

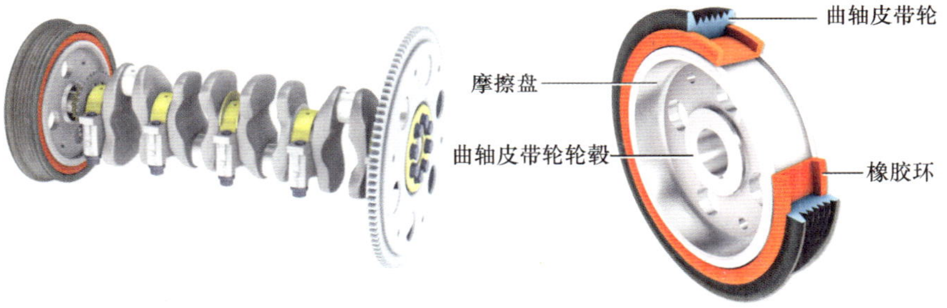

图 3-89　带扭转减振器的皮带轮结构

2. 扭转减振器功用

如图 3-90 所示，曲轴扭转减振器用来消减曲轴转动时产生的扭转振动。连杆作用于曲轴上的力是呈周期性变化的，造成曲轴的扭转振动。汽车发动机常用的曲轴扭转减振器为橡胶式扭转减振器。

3. 干式缸套与湿式缸套

气缸套有干式和湿式两种形式，如图 3-91 所示。

干式缸套不直接与冷却液接触，壁厚一般为 1～3 mm。不易漏水、漏气，刚体结构刚度大。但是修理更换不便，散热效果差。

湿式缸套不直接与冷却液接触，壁厚一般为 5～9 mm。缸体上没有封闭的水套，铸造较容易，又便于修理更换，且散热效果较好。但是易漏水、漏气，缸体刚度较差。

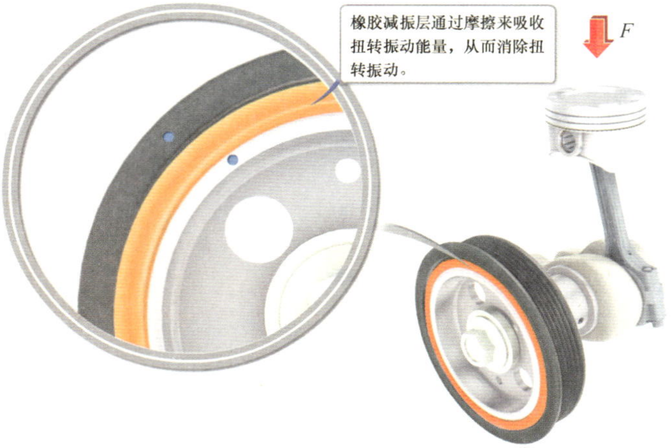

图 3-90　扭转减振器功用

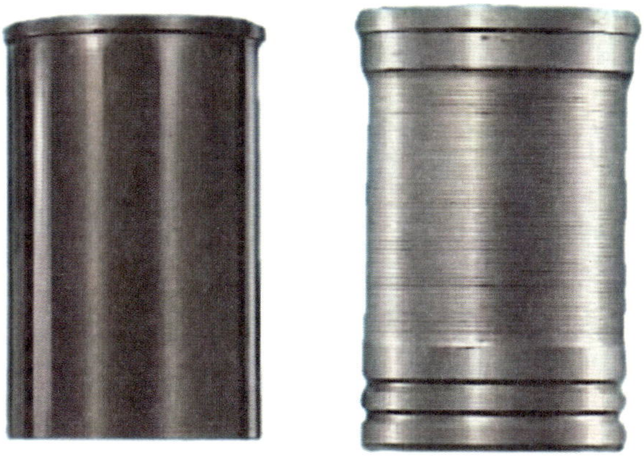

图 3-91　干式缸套与湿式缸套结构

4. 活塞顶部的结构与类型

根据不同的目的与要求，活塞顶部制成各种不同的形状，它的选用与燃烧室形式有关。汽油机活塞顶部多采用如图 3-92 所示几种形式。

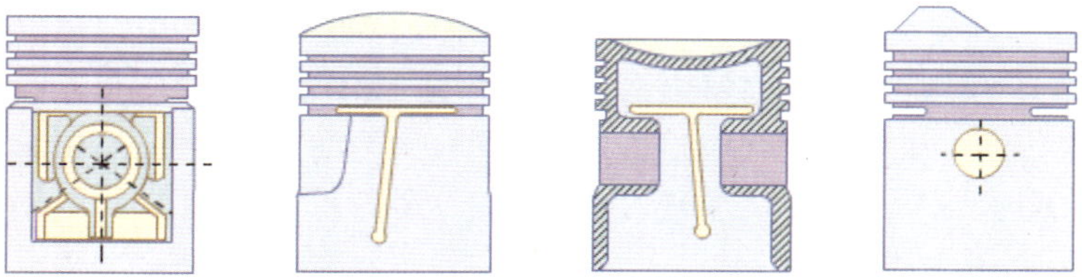

图 3-92　活塞顶部形式

(1) 平顶活塞。结构简单，加工方便，受热面积小，在汽油机上广泛采用。

(2) 凸顶活塞。顶部刚度较大，制造时可减薄顶部的厚度，因而质量较小，但顶部温度较高，主要适用于二冲程发动机。

（3）凹顶活塞。可以用来调节发动机的压缩比，且可以改善燃烧室形状，但顶部受热量大，易形成积碳，加工制造比较困难。

（4）成型顶活塞。一般适用于二冲程汽油机，特殊的顶部形状可满足燃烧过程中的不同要求。

5. 活塞环的结构类型

发动机工作时，活塞和活塞环都会发生热膨胀，并且，活塞环随活塞在气缸内作往复运动时，有径向张缩变形现象。因此，活塞环在气缸内应有端隙、侧隙和背隙，如图 3-93 所示。

（1）端隙又称开口间隙，是活塞冷状态下装入气缸后开口处的间隙。

（2）侧隙又称边隙，是环高方向上与环槽之间的间隙。

（3）背隙是活塞和活塞环装入气缸后，活塞环背面与环槽底部间的间隙。

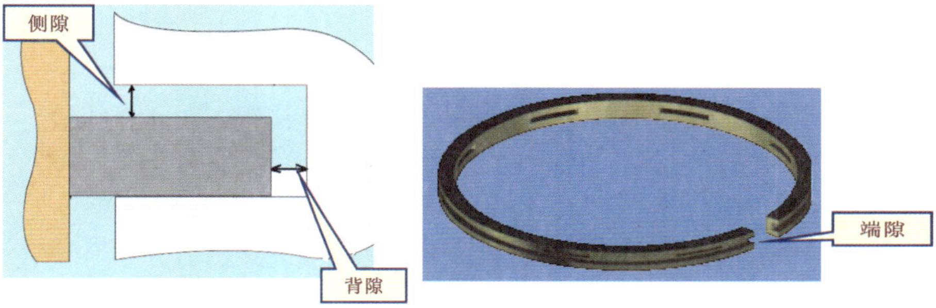

图 3-93　活塞环“三隙”

6. 活塞与连杆的连接方式

活塞销、活塞销座孔、连杆小头的连接方式有全浮式和半浮式两种，如图 3-94 所示。

（1）全浮式活塞销：在发动机正常工作温度下，活塞销在连杆小头孔和活塞销座孔中都能转动。

（2）半浮式活塞销：销与销座孔和连杆小头两处，一处固定，一处浮动（一般固定连杆小头）。

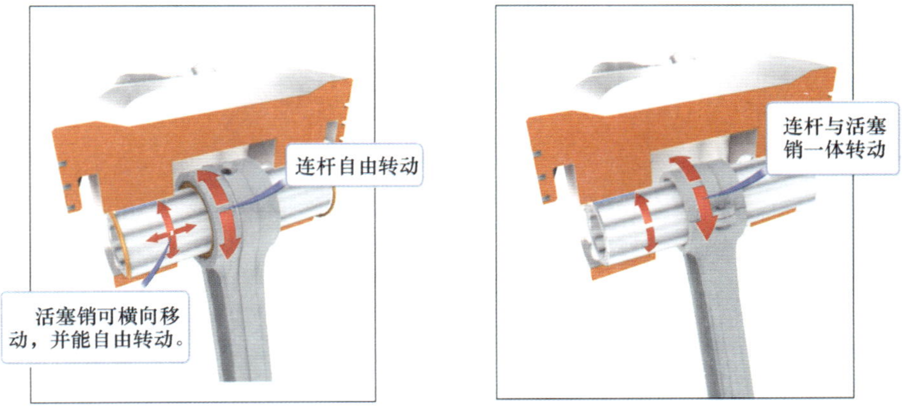

图 3-94　活塞与连杆的连接形式

7. 曲轴的支承形式

主轴颈是曲轴的支承部分。曲轴的支承分两种，如图 3-95 所示。

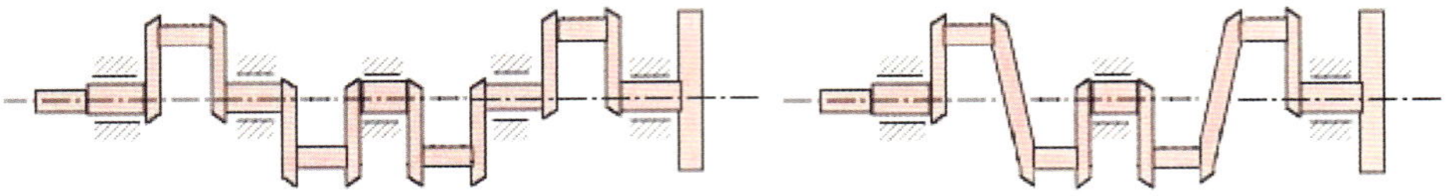

(a) 全支承曲轴　　(b) 非全支承曲轴

图 3-95　曲轴的支承

(1) 全支承曲轴：每个连杆轴颈两边都有一个主轴颈者。

(2) 非全支承曲轴：主轴颈数等于或少于连杆轴颈数者。

项目四

配气机构结构与拆装

项目描述

配气机构决定着发动机中进、排气的开始及持续时间，它影响着发动机的工作性能。

本任务主要通过配气机构的拆装作业，使学生认识以及理解其主要机件的结构和原理。

学习目标

通过本项目的学习，应能够：

(1) 描述配气机构的组成、功用、各零部件之间的连接关系。

(2) 叙述配气机构主要部件的结构及其工作原理。

(3) 按照汽车维修操作流程，规范、熟练地完成配气机构正时链条、凸轮轴、气门组等拆装作业。

项目任务

(1) 认识配气机构

(2) 正时链条拆装

(3) 凸轮轴拆装

(4) 气门组拆装

学习任务1　认知配气机构

一、任务目标

通过本任务学习，应能：

(1) 指出配气机构在发动机上所处的位置，识别各组成部件的外形结构及其位置。

(2) 描述配气机构的作用、组成、工作原理。

二、 知识描述

1. 配气机构的作用

如图 4-1 所示，配气机构的作用是按照发动机每一气缸内所进行的工作循环和点火顺序的要求，定时开启和关闭各气缸的进、排气门，使新鲜充量得以及时进入气缸，废气得以及时从气缸排出；在压缩与做功行程中，保证燃烧室的密封。新鲜充量对于汽油机而言是汽油和空气的混合气，对于柴油机而言是纯空气。

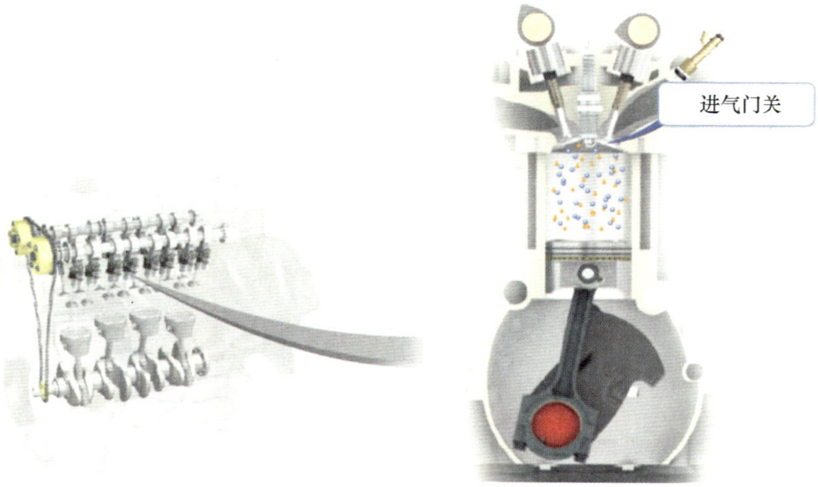

图 4-1 配气机构作用

2. 配气机构组成

如图 4-2 所示，配气机构主要由三大部分组成：气门组、气门传动组及气门驱动组。

· 气门组由气门、气门导管、气门弹簧、气门锁片及气门弹簧等组成；

· 气门传动组由凸轮轴、摇臂等组成；

· 气门驱动组由正时链条、凸轮轴正时齿轮及曲轴正时齿轮等组成。

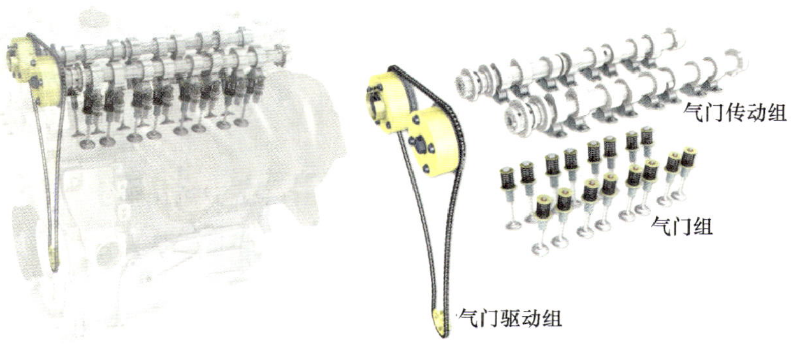

图 4-2 配气结构安装位置及组成

3. 配气机构的工作原理

凸轮轴通过正时齿轮由曲轴驱动。四冲程发动机完成一个工作循环曲轴转两圈(720°),各缸进、排气门各开启一次,凸轮轴只需转一圈,因此曲轴转速与凸轮轴转速之比为2∶1。

当凸轮(下置式)凸起部分与挺柱接触时,将挺柱顶起,挺柱通过推杆、调整螺钉使摇臂绕摇臂轴顺时针摆动,摇臂的长臂端向下推动气门,压缩气门弹簧,将气门头部推离气门座而打开。当凸轮凸起部分的顶点转过挺柱后,便逐渐较少了对挺柱的推力,气门在其弹簧张力的作用下,开度逐渐减少,直至最后关闭,使气缸密封。

从上述工作过程可以看出,气门的开启是通过气门传动组的作用完成的,而气门的关闭则是由气门弹簧来完成的。气门的开闭时刻与规律完全取决于凸轮的轮廓曲线形状。每次气门打开时,压缩弹簧,为气门关闭积蓄能量。

三、任务实施

(一) 实施方案

1. 质量要求

参照厂家的质量标准要求。

2. 组织方式

每四位同学一组,按照企业岗位操作规范在2007款卡罗拉1.6L/AT轿车1ZR-FE发动机上找到配气机构所处的位置,查看配气机构及其主要部件的外形结构。每组作业时间为____分钟。

3. 作业准备

(1) 技术要求与标准:

① 进入场地前根据工作安全操作手册的要求穿好工衣。

② 养成工具、零部件、油液"三不落地"的职业习惯,工具及拆下的零部件等都应整齐地放置在工具车及零件盘中。

(2) 设备器材:如图4-3所示。

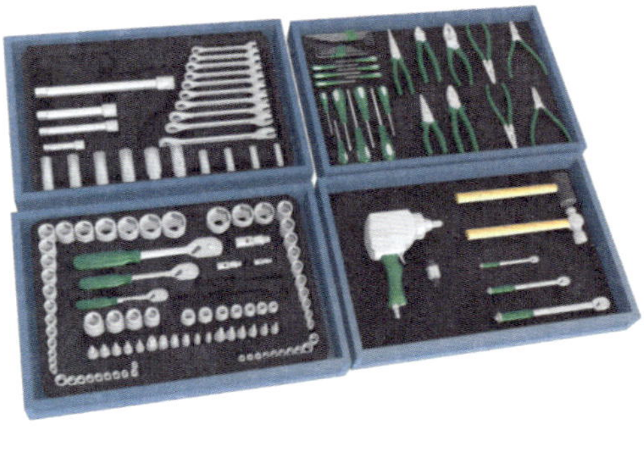

常用工具(一套)

图4-3　设备器材

(3) 场地设施:带消防设施的场地。

(4) 设备设施:2007 款卡罗拉 1.6L/AT 轿车 1ZR-FE 发动机一台、发动机台架、工具车、标保工具车、零件车、垃圾桶。

(5) 耗材:干净抹布、泡沫清洁剂。

(二) 实施步骤

识别发动机配气机构的组成部件

(1) 如图 4-4 所示,在卡罗拉发动机(1ZR-FE)上,找到配气机构所在的位置,识别其外形结构。

图 4-4　配气机构所在的位置

(2) 如图 4-5 所示,找出配气机构的气门组,观察其外形结构及安装位置。

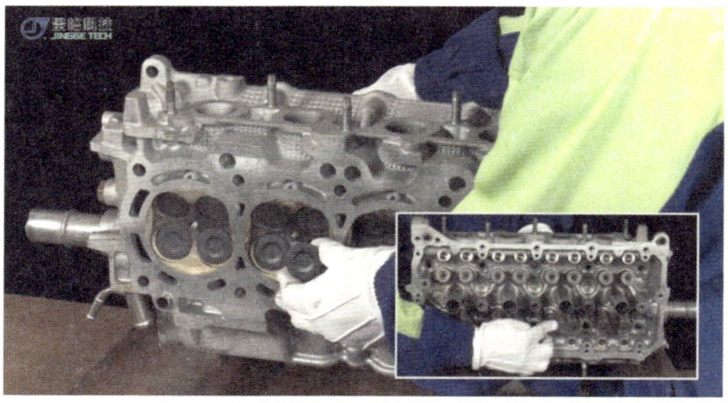

图 4-5　配气机构气门组

(3) 如图 4-6 所示,找出配气机构的气门传动组,观察其外形结构及安装位置。

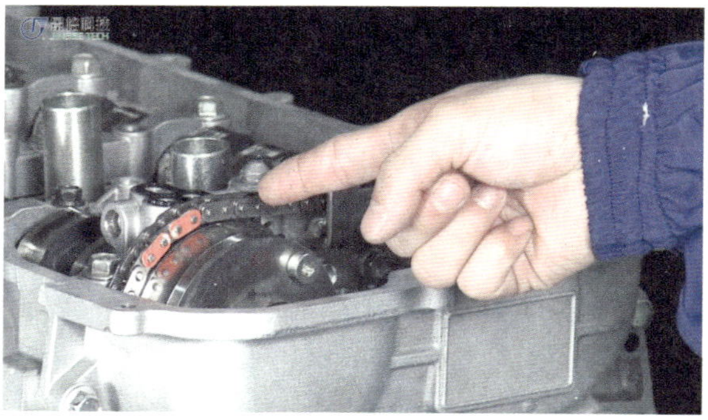

图 4-6　配气机构气门传动组

（4）如图 4-7 所示，找出配气机构的气门驱动组，观察其外形结构及安装位置。

图 4-7　配气机构气门驱动组

四、任务小结

1. 配气机构的作用

配气机构的作用是按照发动机各缸的做功次序、工作循环和配气相位的要求，定时地开启和关闭进、排气门，以便发动机进行进气、压缩、做功和排气等工作行程。

2. 配气机构的组成

配气机构主要由气门组、气门传动组及气门驱动组组成。

3. 配气机构的工作原理

当凸轮（下置式）凸起部分与挺柱接触时，将挺柱顶起，挺柱通过推杆、调整螺钉使摇臂绕摇臂轴顺时针摆动，摇臂的长臂端向下推动气门，压缩气门弹簧，将气门头部推离气门座而打开。当凸轮凸起部分的顶点转过挺柱后，便逐渐较少了对挺柱的推力，气门在其弹簧张力的作用下，开度逐渐减少，直至最后关闭，使气缸密封。

五、任务评价

（一）理论评价

1. 判断题

（1）配气机构由气门组和气门传动组两大部分组成。　　　（　　）

（2）四冲程发动机每完成一个工作循环，曲轴旋转一周，各缸的进、排气门各开启两次，此时凸轮轴旋转两周。　　　（　　）

（3）气门驱动组由凸轮轴、摇臂等组成。　　　（　　）

2. 单选题

（1）下述各零件不属于气门传动组的是（　　）。

A. 气门弹簧　　B. 挺柱　　C. 摇臂轴　　D. 凸轮轴

（2）气门的开启是通过（　　）来完成。

A. 气门弹簧　　B. 气门传动组　　C. 气门驱动组　　D. 凸轮轴

（3）对于大多数汽车来说，每缸各有（　　）进气门和排气门。

A. 1 个　　B. 2 个　　C. 3 个　　D. 没有

（二）技能评价

表 4-1　认知配气机构技能评价

序号	内容	分值	得分
1	在卡罗拉发动机(1ZR-FE)上，找到配气机构所在的位置，识别其外形结构。	25	
2	找出配气机构的气门组，观察其外形结构及安装位置。	25	
3	找出配气机构的气门传动组，观察其外形结构及安装位置。	25	
4	找出配气机构的气门驱动组，观察其外形结构及安装位置。	25	
总分		100	

（注：操作正确即得分，操作错误或未进行操作得 0 分）

学习任务 2　正时链条拆装

一、任务目标

通过本任务学习，应能：

（1）描述气门驱动组的组成。

（2）描述正时链条的功用。

（3）描述正时链条张紧器的结构。

（4）依据汽车维修安全规范操作要求，规范、熟练地对正时链条进行拆装作业。

二、知识描述

1．气门驱动组的组成

以卡罗拉为例，气门驱动为链式驱动。如图 4-8 所示，气门驱动组主要由正时链条、凸轮轴正时齿轮及曲轴正时齿轮等组成。气门驱动组通过正时链条及正时齿轮使曲轴驱动凸轮轴转动。

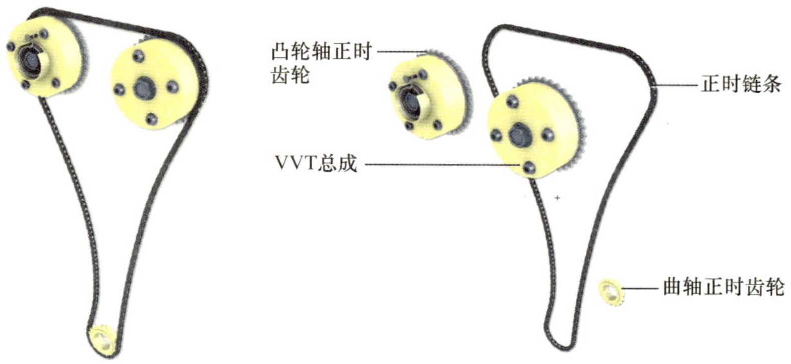

图 4-8　气门驱动组的组成

2. 正时链条的功用

如图 4-9 所示，正时链条的功用是将曲轴正时齿轮的动力传递给凸轮轴正时齿轮，并且保证了曲轴正时齿轮与凸轮轴正时齿轮正确的相对位置。

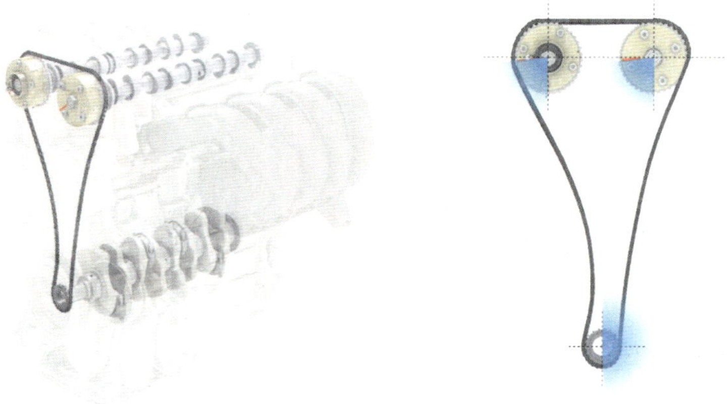

图 4-9　正时链条的功用

3. 正时链条张紧器的结构

配气机构采用链条式驱动时，为使链条在工作时具有一定的张力而不致脱链，在正时链条上装有张紧器和导链板。如图 4-10 所示，正时链条张紧器主要由张紧器壳体、单向阀、减容器、导向销、柱塞、张紧滑轨等组成。

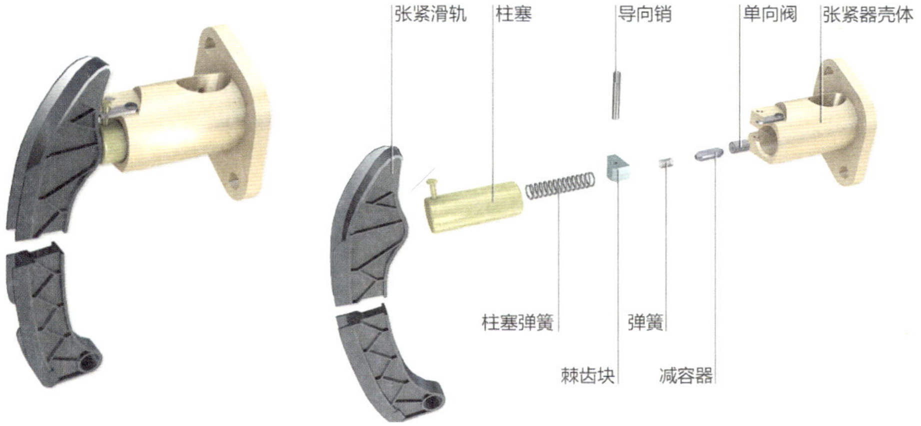

图 4-10　正时链条张紧器的结构

三、任务实施

（一）实施方案

1. 质量要求

参照厂家的质量标准要求。

2. 组织方式

每四位同学一组，按照企业岗位操作规范认识 2007 款卡罗拉 1.6L/AT 轿车 1ZR-FE 发动机上配气机构结构的正时链条，对正时链条进行拆装作业。每组作业时间为____分钟。

3. 作业准备

(1) 技术要求与标准：

① 禁止在不使用链条张紧器的情况下转动曲轴。

② 安装完正时链条后，应涂密封胶，2 小时内不能起动发动机。

(2) 设备器材：如图 4-11 所示。

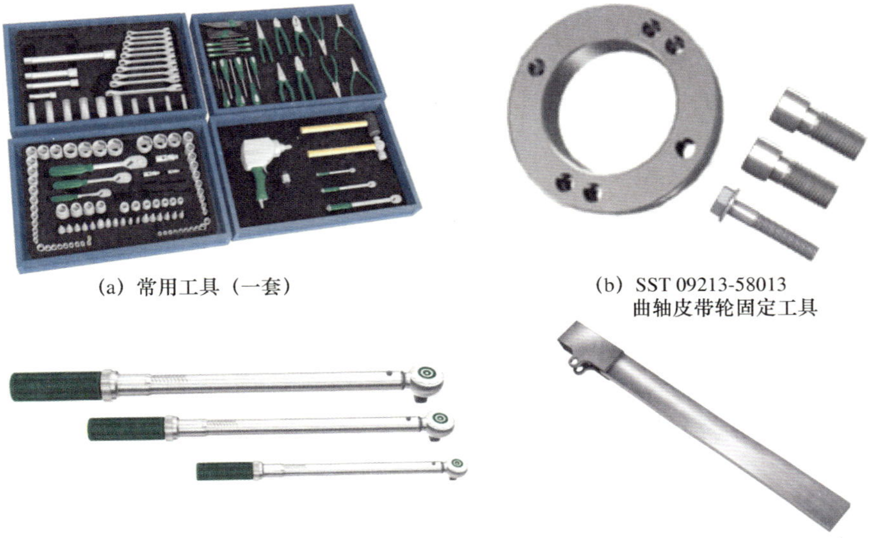

(a) 常用工具（一套）

(b) SST 09213-58013 曲轴皮带轮固定工具

(c) 定扭扳手

(d) SST 09330-00021 结合法兰固定工具

图 4-11 设备器材

(3) 场地设施：带消防设施的场地。

(4) 设备设施：2007 款卡罗拉 1.6L/AT 轿车 1ZR-FE 发动机一台、发动机台架、工具车、标保工具车、零件车、垃圾桶。

(5) 耗材：干净抹布、泡沫清洁剂。

(二) 操作步骤

1. 拆卸正时链条

(1) 拆卸气缸盖罩

① 如图 4-12 所示，拆下 13 个螺栓、密封垫圈和气缸盖罩。

② 如图 4-13 所示，从凸轮轴轴承盖上拆下 3 个衬垫。

(2) 拆卸气缸盖罩衬垫

拆下气缸盖罩衬垫。

(3) 将 1 号气缸活塞设置到压缩上止点

① 如图 4-14 所示，转动曲轴皮带轮，使其凹槽与正时链条盖上的正时标记“0”对准。

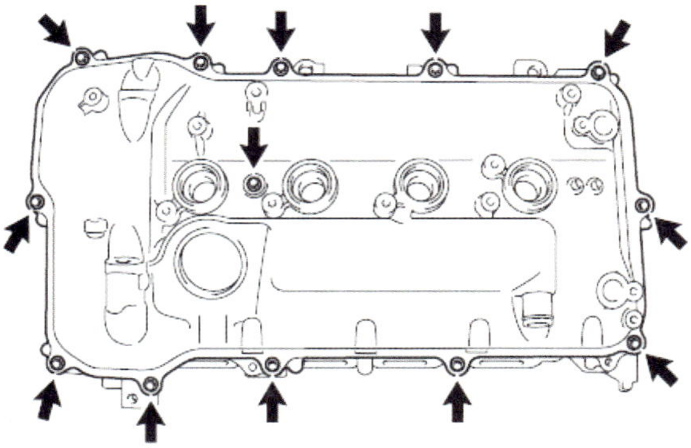

图 4-12　拆下螺栓

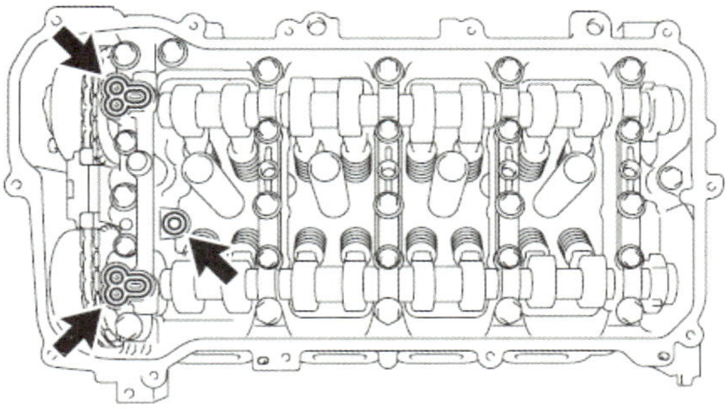

图 4-13　拆下衬垫

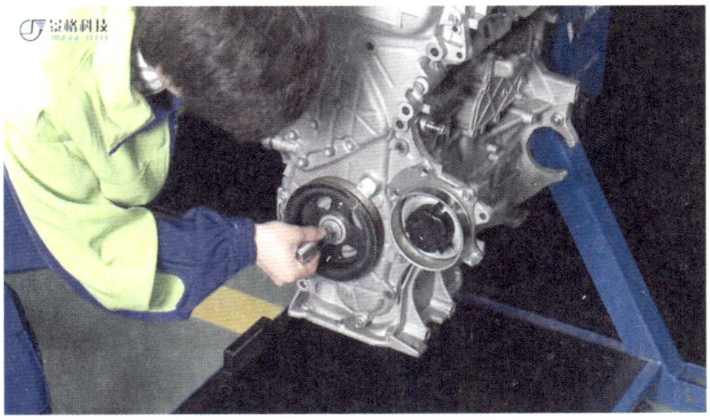

图 4-14　对准标记

② 如图 4-15 所示，检查并确认凸轮轴正时齿轮和链轮的各正时标记和位于 1 号、2 号轴承盖上的正时标记对准。若没有对准，则需转动曲轴一圈，使上述正时标记对准。

（4）拆卸曲轴皮带轮

① 如图 4-16 所示，安装曲轴皮带轮拆装专用工具，并用螺栓固定。

② 如图 4-17 所示，使用 19 mm 套筒、接杆、指针式扭力扳手拧松皮带轮固定螺栓。

③ 拆下曲轴皮带轮拆装专用工具，并按顺序摆放。同时取下曲轴皮带轮固定螺栓，如图 4-18 所示。

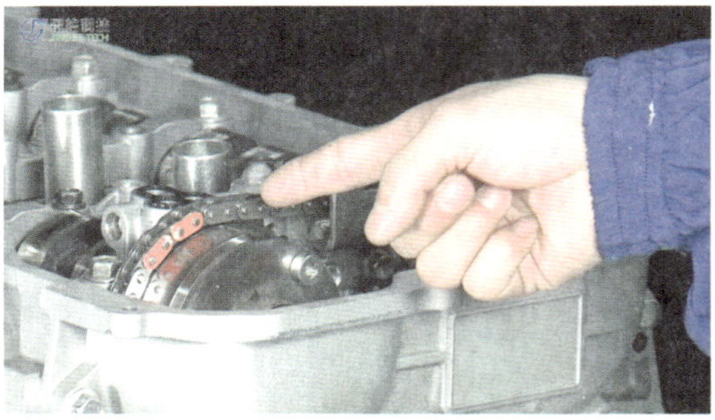

图 4-15　确认标记位置

图 4-16　用螺栓固定

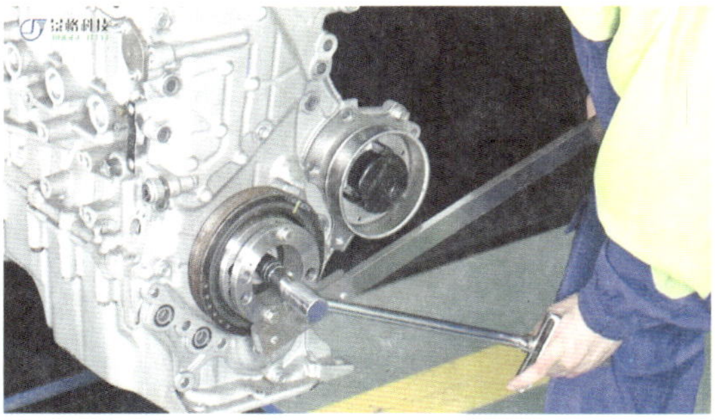

图 4-17　拧松固定螺栓

图 4-18　取下固定螺栓

④ 安装曲轴皮带轮取出器，使用工具转动曲轴皮带轮取出器的推杆。曲轴皮带轮被拉出后，取下曲轴皮带轮取出器，并拆下曲轴皮带轮，如图 4-19 所示。

(5) 拆卸 1 号链条张紧器

如图 4-20 所示，拆下两个螺母、托架、张紧器和衬垫。

图 4-19　拆下曲轴皮带轮

图 4-20　拆下螺母

注意事项

◇禁止在不使用链条张紧器的情况下转动曲轴。

(6) 拆卸正时链条盖

① 如图 4-21 所示，使用指针式扭力扳手依次拆下链条盖固定螺栓。

② 如图 4-22 所示，使用头部缠有胶带的螺丝刀撬动正时链条盖和气缸盖或气缸体之

图 4-21　拆下链条盖固定螺栓

间的部位，拆下正时链条盖。

图 4-22　拆下正时链条盖

(7) 拆卸正时链条张紧器导板

如图 4-23 所示，拆卸正时链条张紧器导板。

图 4-23　拆卸正时链条张紧器导板

(8) 拆卸 1 号链条振动阻尼器

如图 4-24 所示，拆下两个螺栓和 1 号链条振动阻尼器。

(9) 拆卸正时链条

① 如图 4-25 所示，用扳手固定住凸轮轴的六角头部分，并逆时针旋转凸轮轴正时齿轮总成，以松弛凸轮轴正时齿轮之间的链条。

图 4-24　拆下振动阻尼器

图 4-25　松弛链条

② 如图 4-26 所示，在链条松弛时，将链条从凸轮轴正时齿轮上松开，错开若干齿后仍放置在凸轮轴正时齿轮上。

图 4-26　链条放置在凸轮轴正时齿轮上

注意事项

◇确保链条从链轮上完全松开。

③ 如图 4-27 所示，顺时针转动凸轮轴，使其回到原来位置，并拆下链条。

(10) 拆卸 2 号链条振动阻尼器

如图 4-28 所示，拆下两个螺栓和 2 号链条振动阻尼器。

图 4-27 顺时针转动凸轮轴并拆下链条

图 4-28 拆下链条振动阻尼器

(11) 拆卸曲轴正时链轮

如图 4-29 所示,拆卸曲轴正时链轮。

图 4-29 拆卸曲轴正时链轮

2. 安装正时链条

(1) 安装 1 号链条振动阻尼器

如图 4-30 所示,用两个螺栓安装 1 号振动阻尼器,并用定扭扳手紧固螺栓至 21 N·m。

(2) 安装 2 号链条振动阻尼器

如图 4-31 所示,用两个螺栓安装 2 号链条振动阻尼器,并用定扭扳手紧固螺栓至 10 N·m。

(3) 安装曲轴正时齿轮

如图 4-32 所示。

图 4-30　安装 1 号链条振动阻尼器

图 4-31　安装 2 号链条振动阻尼器

图 4-32　安装曲轴正时齿轮

注意事项

◇安装时曲轴正时齿轮上的键槽要对准曲轴上的正时齿轮键，并确保安装可靠。

(4) 安装正时链条

① 如图 4-33 所示，将链条上橙色标记板和正时标记对准并安装链条，使正时链条穿过 1 号振动阻尼器。

注意事项

◇确保标记板位于发动机前侧。

◇禁止使链条缠绕在凸轮轴正时齿轮的链轮周围，只将其放置在链轮上。

图 4-33　对准标记

② 如图 4-34 所示，用扳手固定住凸轮轴的六角头部分，并逆时针旋转凸轮轴正时齿轮，使橙色标记板和正时标记对准。

图 4-34　橙色标记板和正时标记对准

③ 如图 4-35 所示，用扳手固定住凸轮轴的六角头部分，并顺时针旋转凸轮轴正时齿轮，以张紧链条，缓慢地顺时针旋转凸轮轴正时齿轮，防止链条错位。

图 4-35　固定正时链条

④ 如图 4-36 所示，将正时链条黄色标记板和正时标记对准，并将链条安装至曲轴正时齿轮。

注意事项

◇在第一缸活塞压缩上止点时，重新检查每个正时标记。

图 4-36　安装正时齿轮

(5) 安装正时链条张紧器导板

如图 4-37 所示。

图 4-37　安装正时链条张紧器导板

(6) 安装正时链条盖

如图 4-38 所示，对准正时链条盖的安装位置，用 26 个螺栓安装正时链条盖。使用定扭扳手将螺栓 A、E 紧固至 26 N · m，螺栓 B、C 紧固至 51 N · m，螺栓 D 紧固至 10 N · m。

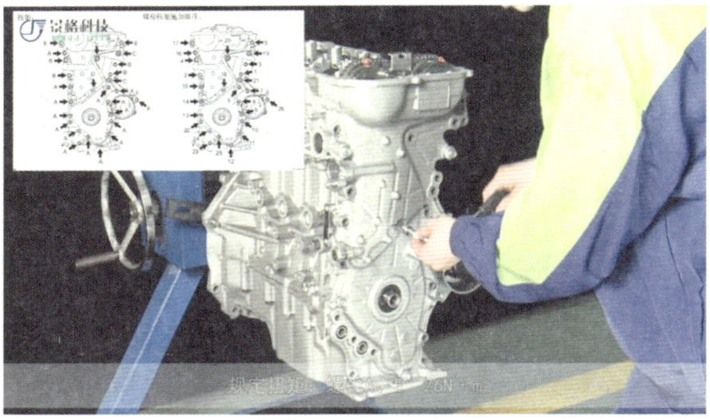

图 4-38　安装正时链条

(7) 安装 1 号链条张紧器

① 如图 4-39 所示，松开棘轮爪，然后完全推入柱塞，将挂钩固定在销上以使柱塞位于压缩位置。

图 4-39　将挂钩固定在销上

注意事项

◇确保凸轮固定在柱塞的第一个齿上，并使挂钩穿过销。

② 如图 4-40 所示，用两个螺母安装 1 号链条张紧器，并用定扭扳手紧固螺母至10 N·m。如果安装链条张紧器时挂钩松开柱塞，则需重新固定挂钩。

图 4-40　固定挂钩

③ 逆时针转动曲轴，然后从挂钩上断开柱塞锁销。

④ 顺时针转动曲轴，然后检查并确认柱塞伸出。

(8) 安装曲轴皮带轮

① 如图 4-41 所示，将曲轴皮带轮定位键对准皮带轮上的键槽。

图 4-41　对准键槽

② 如图 4-42 所示，用 SST 固定皮带轮就位并拧紧螺栓至 190 N·m。

图 4-42　用 SST 固定皮带轮就位

(9) 安装气缸盖罩衬垫及气缸盖罩

① 如图 4-43 所示，清除接触面所有机油，将衬垫安装至气缸盖罩。

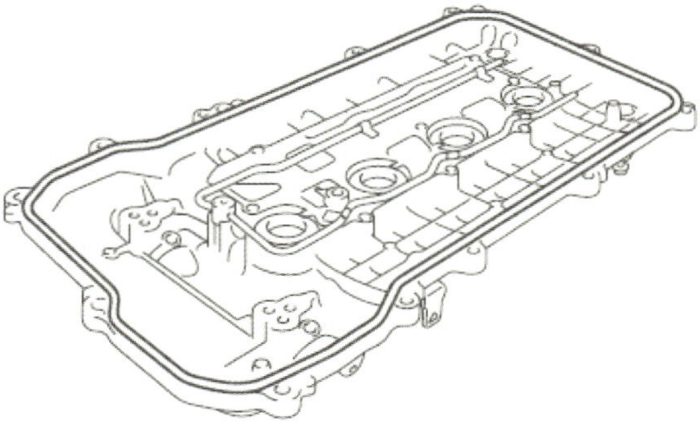

图 4-43　清除机油

② 如图 4-44 所示，将 3 个新衬垫安装至 1 号凸轮轴轴承盖。

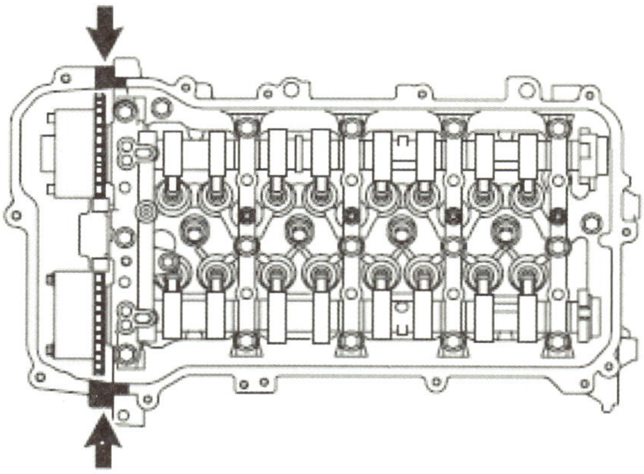

图 4-44　将新衬垫安装至轴承盖

③ 在如图 4-45 所示区域，涂抹密封胶。

④ 用 1 个新密封垫圈和 13 个螺栓安装气缸盖罩。

螺栓紧固扭矩：10 N·m。

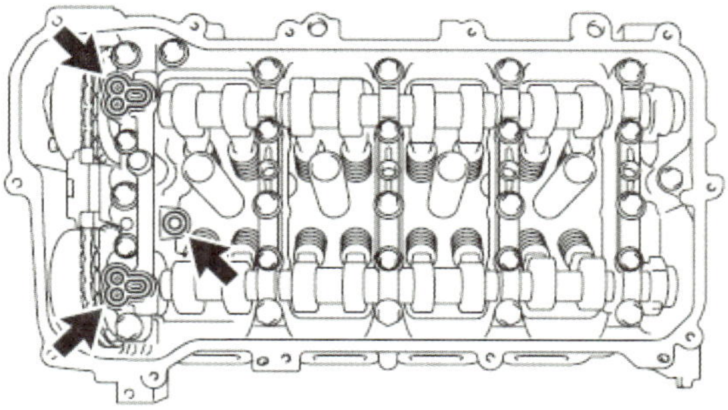

图 4-45　涂抹密封胶

四、任务小结

1. 气门驱动组组成

气门驱动组主要由正时链条、凸轮轴正时齿轮及曲轴正时齿轮等组成。

2. 正时链条的功用

正时链条的功用是将曲轴正时齿轮的动力传递给凸轮轴正时齿轮，并且保证了曲轴正时齿轮与凸轮轴正时齿轮正确的相对位置。

3. 正时链条拆卸作业的主要步骤

拆卸气缸盖罩→拆卸气缸盖罩衬垫→将 1 号气缸活塞设置到压缩上止点→拆卸曲轴皮带轮→拆卸 1 号链条张紧器→拆卸正时链条盖→拆卸正时链条张紧器导板→拆卸 1 号链条振动阻尼器→拆卸正时链条→拆卸 2 号链条振动阻尼器→拆卸曲轴正时链条。（安装时按照相反的顺序。）

4. 正时链条拆装作业注意事项

(1) 禁止在不使用链条张紧器的情况下转动曲轴。

(2) 安装时曲轴正时齿轮上的键槽要对准曲轴上的正时齿轮键，并确保安装可靠。

(3) 确保正时链条上橙色标记板和正时标记对准，并使标记板位于发动机前侧。

(4) 在第一缸活塞压缩上止点时，重新检查每个正时标记。

五、任务评价

(一) 理论评价

1. 判断题

(1) 正时链条的功用是驱动发动机的配气机构。　(　　)

(2) 正时链条寿命与发动机相同。　(　　)

(3) 拆下正时链条张紧器后，不能转动曲轴。　(　　)

(4) 安装正时链条时必须将正时标记对准。　(　　)

(5) 正时链条盖安装后，1 小时内可以起动发动机。　(　　)

2. 单选题

(1) 卡罗拉中气门组采用哪种驱动方式？(　　)

A. 齿形带传动式　B. 链条传动式　C. 齿轮传动式　D. 液压传动式

(2) 下述各零件不属于气门驱动组的是(　　)?

A. 正时链条　　B. 凸轮轴正时齿轮　C. 曲轴正时齿轮　　D. 凸轮轴

(二) 技能评价

表 4-2　正时链条拆装技能评价

序号	内容	分值	得分
1	转动曲轴皮带轮,对准正时标记。	5	
2	检查凸轮轴正时齿轮、链轮上的正时标记与 1 号、2 号轴承盖上的正时标记对准。	5	
3	使用专用工具拆卸曲轴皮带轮。	15	
4	拆卸 1 号链条张紧器。	5	
5	拆卸正时链条盖。	10	
6	拆卸正时链条。	5	
7	调整定扭扳手扭矩至 21 N·m,并用定扭扳手紧固两个 1 号链条振动阻尼器固定螺栓。	5	
8	调整定扭扳手扭矩至 10 N·m,并用定扭扳手紧固两个 2 号链条振动阻尼器固定螺栓。	5	
9	正确安装正时链条。	15	
10	对准正时链条盖的安装位置,用 26 个螺栓安装正时链条盖。使用定扭扳手将螺栓 A、E 紧固至 26 N·m,螺栓 B、C 紧固至 51 N·m,螺栓 D 紧固至 10 N·m。	15	
11	调整定扭扳手扭矩至 10 N·m,并用定扭扳手紧固两个 1 号链条张紧器固定螺母。	5	
12	使用专用工具安装曲轴皮带轮,并紧固曲轴皮带轮固定螺栓至 190 N·m。	10	
总分		100	

(注:操作正确即得分,操作错误或未进行操作得 0 分)

学习任务 3　凸轮轴拆装

一、任务目标

通过本任务学习,应能:

(1) 描述气门传动组组成。

(2) 描述凸轮轴结构和功用。

(3) 描述摇臂的结构和功用。

(4) 依据汽车维修安全规范操作要求,规范、熟练地完成配气机构的凸轮轴拆装作业。

二、知识描述

1. 气门传动组组成

如图 4-46 所示,气门传动组主要由排气凸轮轴、进气凸轮轴、摇臂、液压挺柱等组成。气门传动组的作用是使进、排气门能按发动机工作需求在规定的时刻开闭,并且保证有足够的开度。

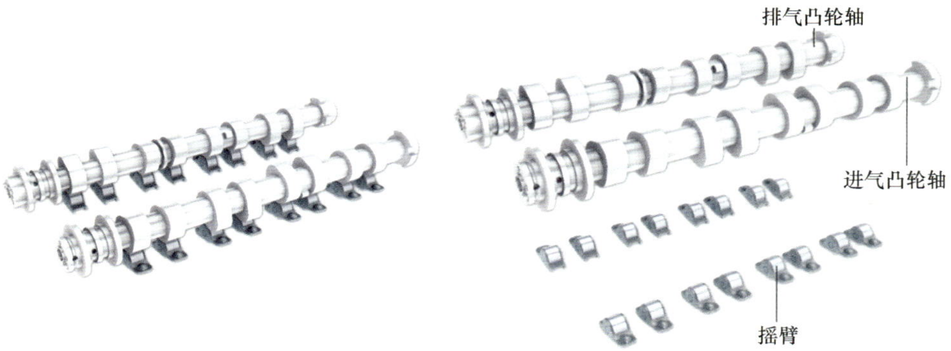

图 4-46　气门传动组组成

2. 凸轮轴

(1) 凸轮轴功用

如图 4-47 所示，凸轮轴的作用是使气门按一定的工作次序和配气相位及时开闭，并保证气门有足够的升程。凸轮轴是由发动机曲轴驱动旋转，并将力传递给摇臂。

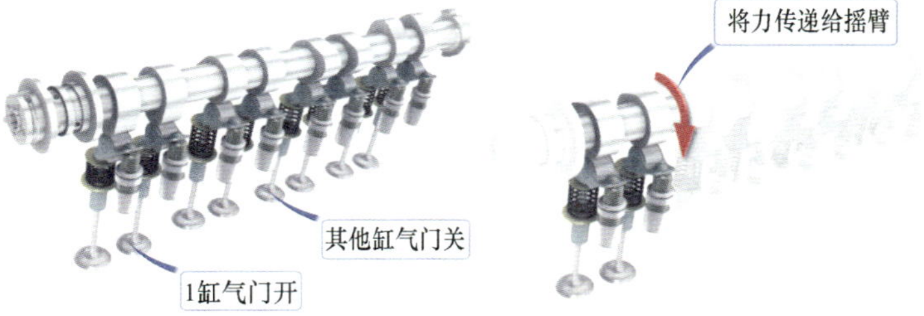

图 4-47　凸轮轴功用

(2) 凸轮轴结构

如图 4-48 所示，凸轮轴上有进、排气凸轮，前端轴，凸轮轴轴颈以及凸轮轴位置传感器信号盘等。现代发动机多采用凸轮轴顶置式配气机构，即凸轮轴安装在气缸盖上。

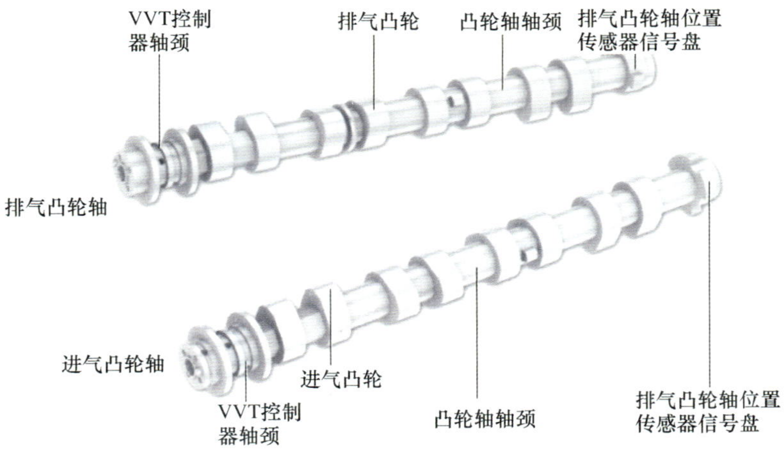

图 4-48　凸轮轴结构

3. 摇臂功用与结构

摇臂的功用是通过将凸轮轴的旋转运动转变为摇臂的上下摆动，从而控制气门的开启。

如图 4-49 所示，摇臂主要由摇臂支架、衬套、滚轮、滚针、滚轮轴组成。摇臂的实质是杠杆，凸轮轴顶置式配气机构采用的摇臂为单臂杠杆。摇臂的支点为摇臂支座。

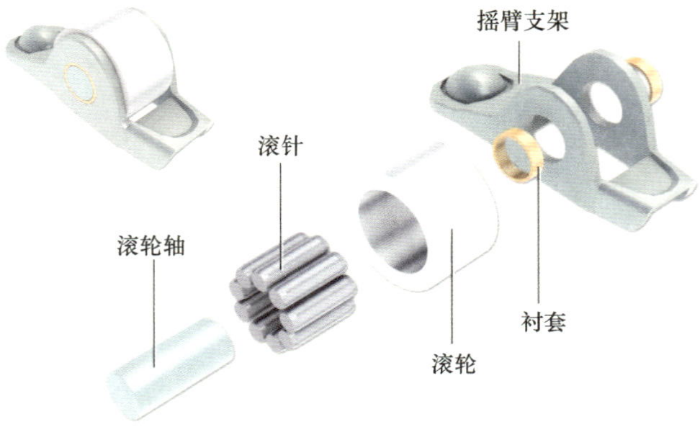

图 4-49 摇臂结构

4. 挺柱

(1) 挺柱功用

挺柱是凸轮的从动件，其功用是将来自凸轮的运动和作用力传给推杆或气门，同时还承受凸轮所施加的侧向力并将其传给机体或气缸盖。

(2) 挺柱常见形式

挺柱工作时，其底面与凸轮接触。由于接触面积小，接触应力较大，因此摩擦和磨损都相当严重。此外，在凸轮不变方向的侧向力作用下，还加重了起导向作用的挺柱侧表面与挺柱口的偏磨。因此，挺柱工作面应该耐摩擦并应得到良好的润滑。

常见的挺柱可分为机械式和液压式，如图 4-50 所示。

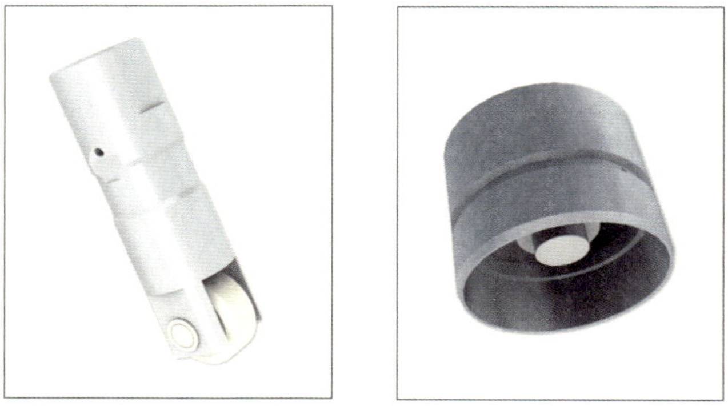

(a) 机械式　(b) 液压式

图 4-50 挺柱的常见形式

机械式挺柱可以减小摩擦造成的对挺柱的侧向力，但是需设置气门间隙调节装置；液压式挺柱消除了配气机构在工作时产生的冲击力，并且可实现无间隙传动，无须气门间隙调节装置。

（3）挺柱结构

液压挺柱主要由挺柱体、键型槽、柱塞、低压油腔、液压缸、球阀、挺柱导向孔、进油口、高压油腔等组成，如图 4-51 所示。

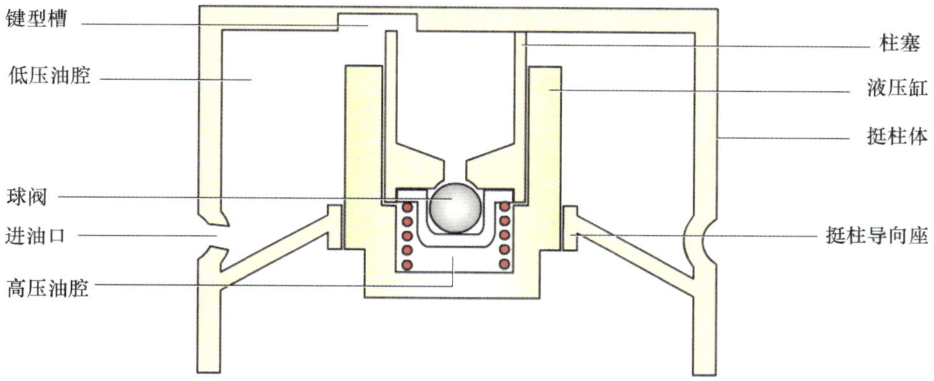

图 4-51　液压挺柱结构

（4）挺柱工作原理

在气门打开过程，凸轮推动挺柱体和柱塞下移，油缸受到气门弹簧的阻力而不能马上下移，导致油压升高，球阀将阀门关闭。由于油液的不可压缩性，整个挺柱如同一个刚体一样下移，将气门打开。

在气门关闭过程，挺柱上移，由于仍受到凸轮和气门弹簧两方面的顶压，高压油腔仍保持高压，球阀仍处于关闭状态，液力挺柱仍是一个刚性体，直至气门完全关闭为止。

气门杆受热膨胀缓慢伸长时，通过柱塞与油缸之间的间隙，高压油腔内的油向低压油腔泄漏一部分，柱塞与油缸产生相对运动，从而使挺柱自动“缩短”，保证气门关闭紧密，如图 4-52所示。

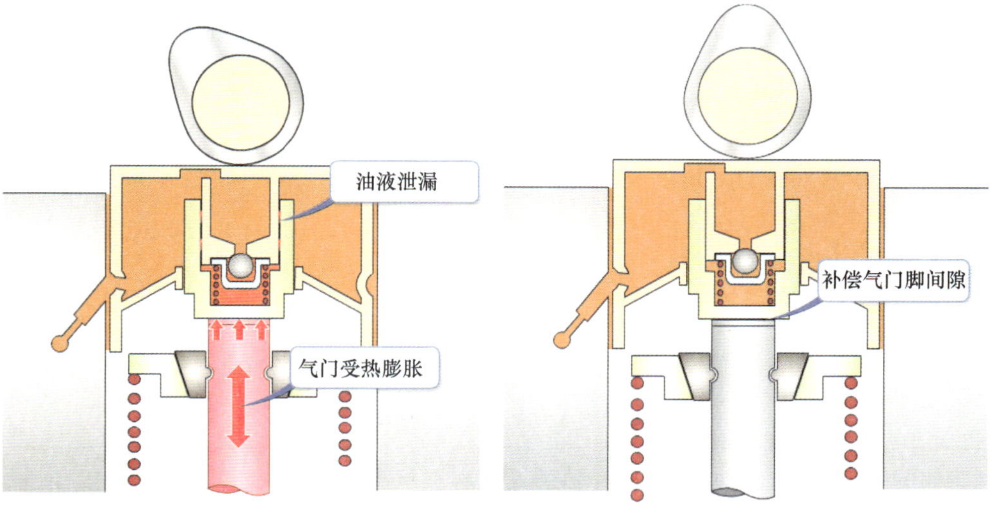

(a) 冷补偿作用　　(b) 热调节作用

图 4-52　液压挺柱的工作原理

发动机温度降低时，气门杆身长度缩短，高压腔内压力减小，低压油腔油液通过柱塞和液压缸之间的间隙向高压腔补充流动，挺柱自动“升长”，自动调节了由于气门杆的变形带来的气门间隙变化，如图 4-52 所示。

三、任务实施

（一）实施方案

1. 质量要求

参照厂家的质量标准要求。

2. 组织方式

每四位同学一组，按照企业岗位操作规范认识 2007 款卡罗拉 1.6L/AT 轿车 1ZR-FE 发动机上配气机构的凸轮轴，对凸轮轴进行拆装作业。每组作业时间为____分钟。

3. 作业准备

（1）技术要求与标准：

① 安装进、排气凸轮轴时，需确保凸轮轴的锁销位置正确。

② 安装凸轮轴轴承盖时，需确保凸轮轴轴承盖的标记和位置正确。

（2）设备器材：如图 4-53 所示。

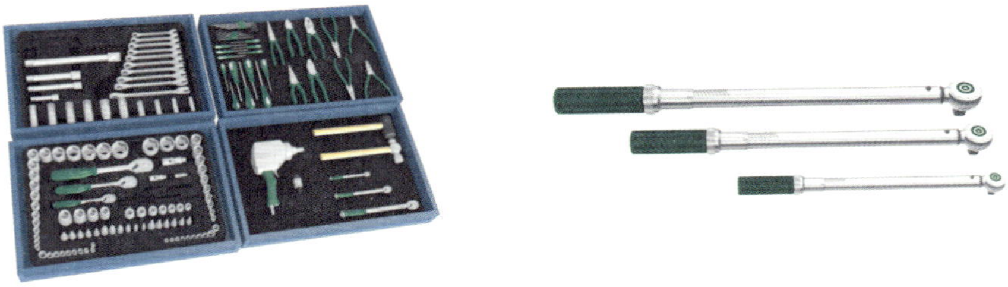

(a) 常用工具（一套）　　(b) 定扭扳手

图 4-53　设备器材

（3）场地设施：带消防设施的场地。

（4）设备设施：2007 款卡罗拉 1.6L/AT 轿车 1ZR-FE 发动机一台、发动机台架、工具车、标保工具车、零件车、垃圾桶。

（5）耗材：干净抹布、泡沫清洁剂。

（二）实施步骤

1. 拆卸凸轮轴

（1）拆卸凸轮轴轴承盖

① 如图 4-54 所示，使用 10 mm 套筒、接杆、棘轮扳手按从两边到中间的顺序，均匀地拧松并拆下 10 个轴承盖螺栓。

② 如图 4-55 所示，在曲轴的连杆轴颈处于水平状态时，使用 12 mm 套筒、接杆、棘轮扳手按从两边到中间的顺序，均匀拧松并拆下 15 个轴承盖螺栓。

③ 如图 4-56 所示，拆下轴承盖，并按正确的顺序摆放拆下的零件。

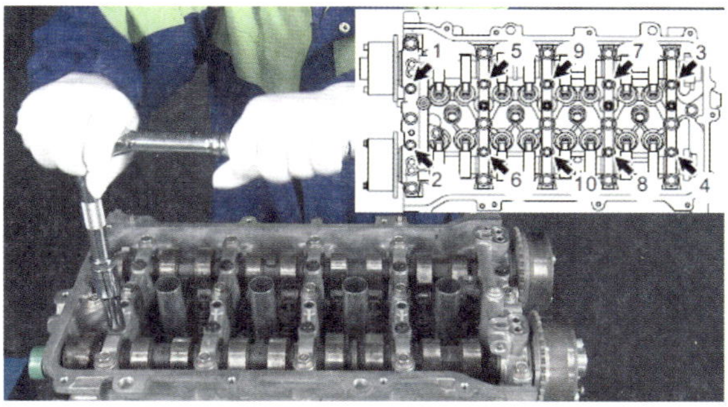

图 4-54　拆下轴承盖螺栓

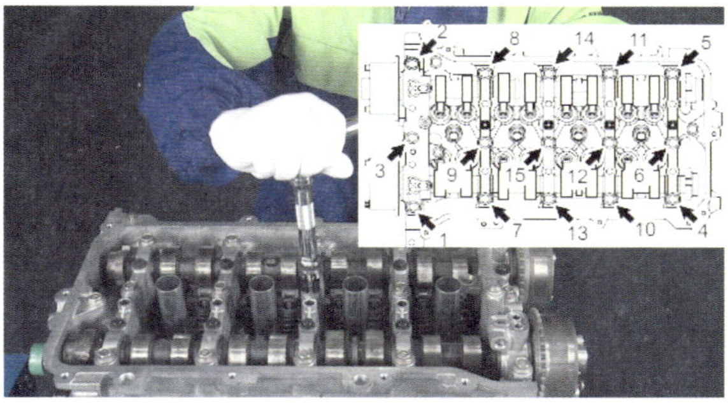

图 4-55　拧松并拆下轴承盖螺栓

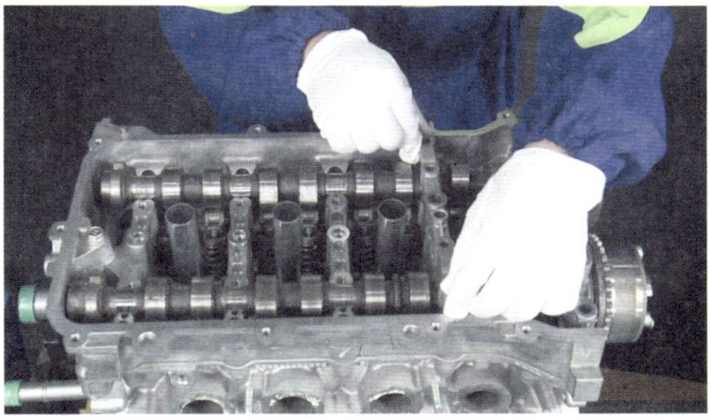

图 4-56　拆下轴承盖

(2) 拆卸凸轮轴

如图 4-57 所示,用手取下进、排气凸轮轴。

注意事项

◇取下凸轮轴时要小心,避免碰到气缸盖上的其他零件。

2. 安装凸轮轴

(1) 安装凸轮轴

① 使用压缩空气清洁凸轮轴接触面。

图 4-57　拆卸凸轮轴

② 如图 4-58 所示，安装进、排气凸轮轴，并确保凸轮轴的锁销位置正确。

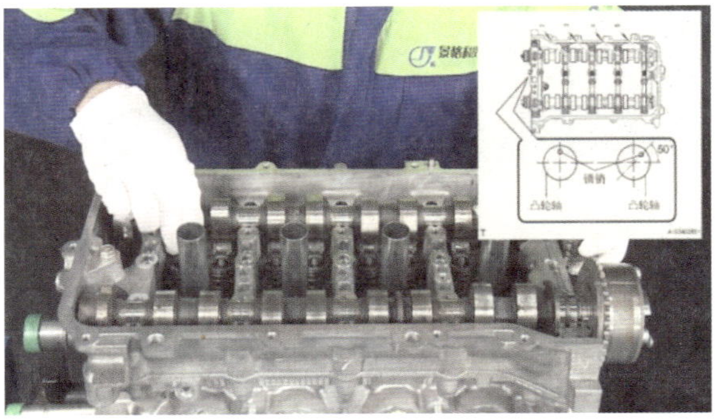

图 4-58　安装凸轮轴

(2) 安装凸轮轴轴承盖

① 使用压缩空气清洁凸轮轴轴承盖。

② 如图 4-59 所示，依次安装 5 个凸轮轴轴承盖，并确保凸轮轴轴承盖的标记和位置正确。

图 4-59　安装凸轮轴轴承盖

③ 如图 4-60 所示，安装 10 个凸轮轴轴承盖螺栓，使用 10 mm 套筒、接杆、定扭扳手按照从中间到两边的顺序将螺栓紧固至 16 N·m。

④ 如图 4-61 所示，安装 15 个轴承盖固定螺栓，使用 12 mm 套筒、接杆、定扭扳手按照从中间到两边的顺序将螺栓紧固至 27 N·m。

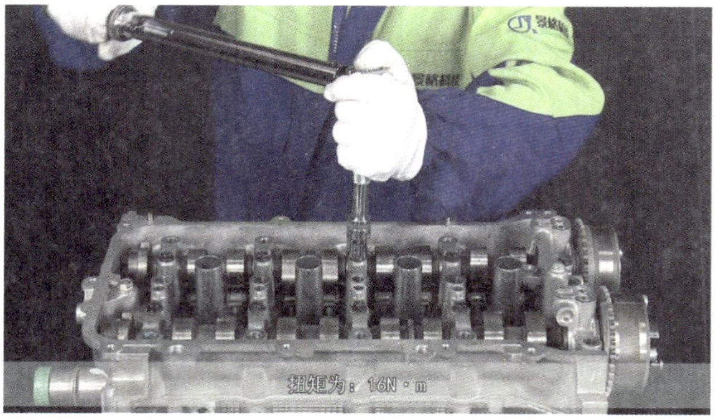

图 4-60　安装螺栓

图 4-61　安装固定螺栓

四、任务小结

1. 气门传动组组成

气门传动组主要由进/排气凸轮轴、摇臂、液压挺柱等组成。

2. 凸轮轴作用

进/排气凸轮轴上有进/排气凸轮、前端轴、凸轮轴轴颈以及凸轮轴位置传感器信号盘等。它的作用是使气门按一定的工作次序和配气定时及时开闭，并保证气门有足够的升程。凸轮轴是由发动机曲轴驱动而旋转的，并将力传递给摇臂。

3. 凸轮轴拆卸作业的主要步骤

拆卸凸轮轴轴承→拆卸进→排气凸轮轴。（安装时按照相反的顺序）

4. 凸轮轴拆装作业注意事项

（1）拆卸凸轮轴轴承盖固定螺栓时，需按照从两边到中间顺序。

（2）安装进/排气凸轮轴时，需确保凸轮轴的锁销位置正确。

（3）安装凸轮轴轴承盖时，确保凸轮轴轴承盖的标记和位置正确。

（4）安装凸轮轴轴承盖固定螺栓时，需按照从中间到两边的顺序。

五、任务评价

（一）理论评价

1. 判断题

(1) 凸轮轴的功用是控制气门的开启和闭合动作。（ ）

(2) 现在大多数汽车的发动机配备的是顶置式凸轮轴。（ ）

(3) 安装凸轮轴轴承盖时可不按顺序紧固螺栓。（ ）

(4) 卡罗拉配气机构中凸轮轴传动采用齿形带传动。（ ）

(5) 卡罗拉配气机构中凸轮轴为上置式，安装在气缸盖上。（ ）

(6) 安装凸轮轴轴承盖时，需确保凸轮轴轴承盖的标记和位置正确。（ ）

2. 单选题

(1) 卡罗拉配气机构中凸轮轴布置形式为（ ）。

A. 凸轮轴上置式　B. 凸轮轴中置式　C. 凸轮轴后置式　D. 凸轮轴下置式

(2) 下述各零件不属于气门传动组的是（ ）。

A. 气门弹簧　B. 挺柱　C. 摇臂轴　D. 凸轮轴

(3) 卡罗拉凸轮轴轴承盖的固定螺栓有几种规格？（ ）

A. 1 种　B. 2 种　C. 3 钟　D. 4 种

(4) 卡罗拉中，凸轮轴数量为（ ）。

A. 1　B. 2　C. 3　D. 4

(5) 拆卸凸轮轴轴承盖固定螺栓时，应按照以下哪种顺序要求进行操作？（ ）

A. 无要求　B. 从中间向两边　C. 从两边向中间　D. 对角顺序

(6) 凸轮轴拆装过程中，拆下凸轮轴壳需用到以下哪个工具？（ ）

A. 一字螺丝刀(头部缠有胶带)　B. 空气喷枪

C. 指针式扭力扳手　D. 铲刀

（二）技能评价

表 4-3　凸轮轴拆装技能评价

序号	内容	分值	得分
1	使用 10 mm 套筒、接杆、棘轮扳手按从两边到中间的顺序，依次拆下 10 个凸轮轴轴承盖固定螺栓。	10	
2	使用 12 mm 套筒、接杆、棘轮扳手按从两边到中间的顺序，依次拆下 15 个凸轮轴轴承盖固定螺栓。	10	
3	拆卸凸轮轴轴承盖，并按顺序摆放。	10	
4	拆卸进/排气凸轮轴。	20	
5	清洁并润滑摇臂、气门间隙调节器及进/排气凸轮轴。	10	
6	检查凸轮轴正时位置。	20	
7	将 5 个凸轮轴轴承盖安装至正确位置。	10	
8	用 10 mm 套筒、接杆、定扭扳手将 10 个凸轮轴轴承盖固定螺栓按照从中间到两边的顺序紧固至 16 N·m。	10	

续表

序号	内容	分值	得分
9	用 12 mm 套筒、接杆、定扭扳手将 15 个凸轮轴轴承盖固定螺栓按照从中间到两边的顺序紧固至 27 N·m。	10	
总分		100	

（注：操作正确即得分，操作错误或未进行操作得 0 分）

学习任务 4　气门组拆装

一、任务目标

通过本任务学习，应能：

（1）描述气门组的结构组成。

（2）描述气门、气门导管、气门弹簧、气门锁片的功用。

（3）依据汽车维修操作要求，规范、熟练地完成配气机构的气门组拆装作业。

二、知识描述

1. 气门组组成

如图 4-62 所示，气门组主要由气门、气门导管、气门油封、气门弹簧、弹簧座、气门锁片组成。气门组件应保证气门与气门座在活塞压缩、做功行程中实现气缸的密封。

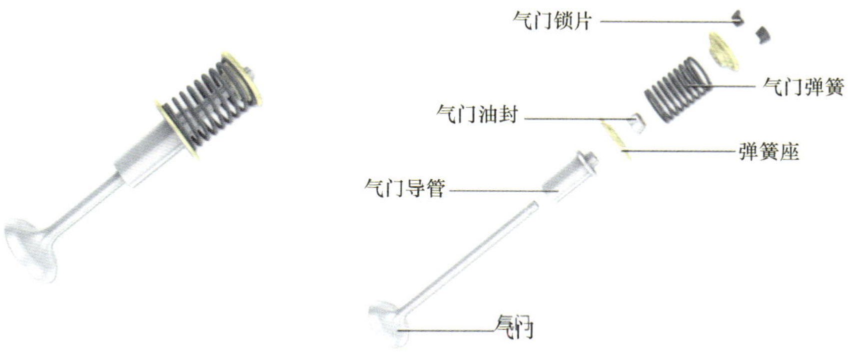

图 4-62　气门组组成

2. 气门结构及功用

如图 4-63 所示，气门由头部、杆部和锁止部分组成，包括气门头部、气门杆、锁片环槽等。气门密封锥面的锥角，称为气门锥角，一般为 45°或 30°。气门边缘应保持一定的厚度，一般为 1～3 mm。气门杆为圆柱形，在气门导管中不断进行往复运动。

如图 4-64 所示，气门是燃烧室的组成部分，在活塞压缩、做功过程中密封气缸。同时，气门在进气、排气行程中打开或关闭进/排气道。

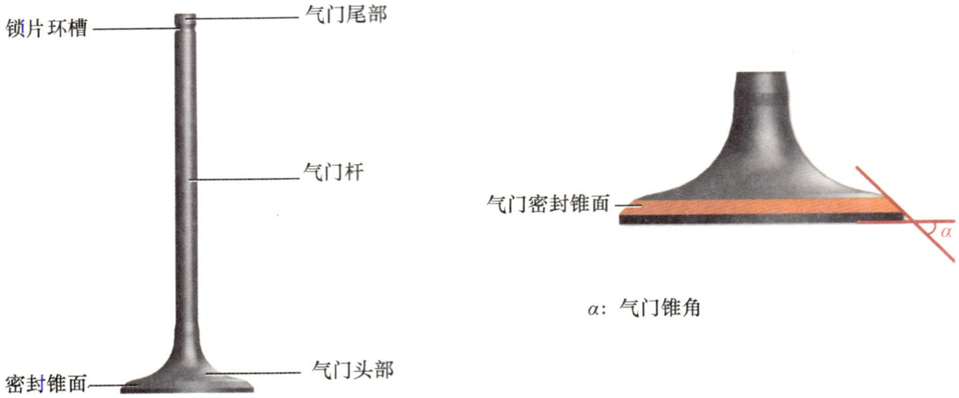

图 4-63　气门结构

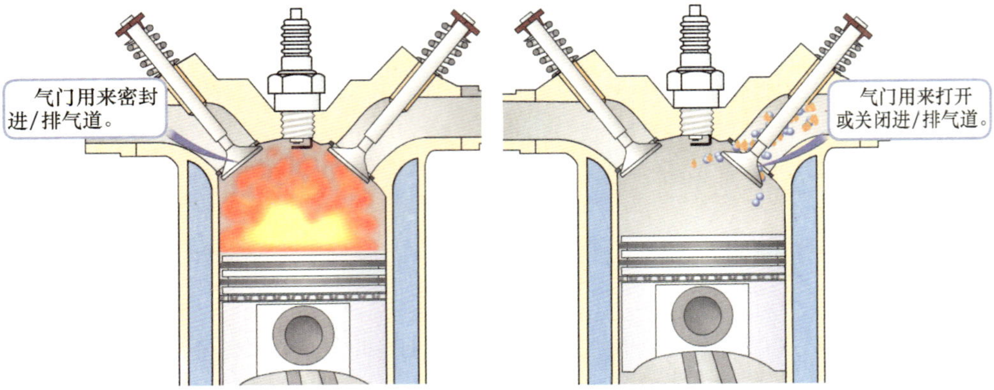

图 4-64　气门功用

3. 气门导管功用

如图 4-65 所示，气门导管的功用是导向，保证气门做直线往复运动，使气门与气门座能正确贴合。此外，气门导管还在气门杆与气缸盖之间起导热作用。

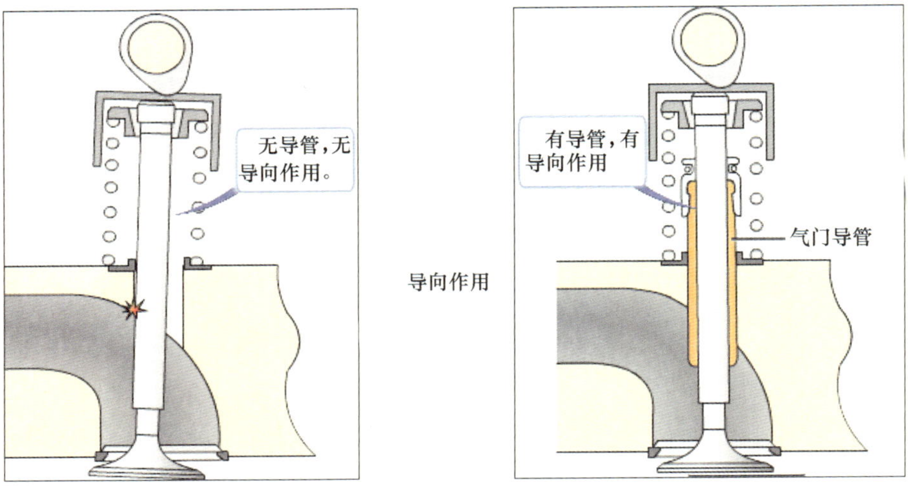

图 4-65　气门导管功用

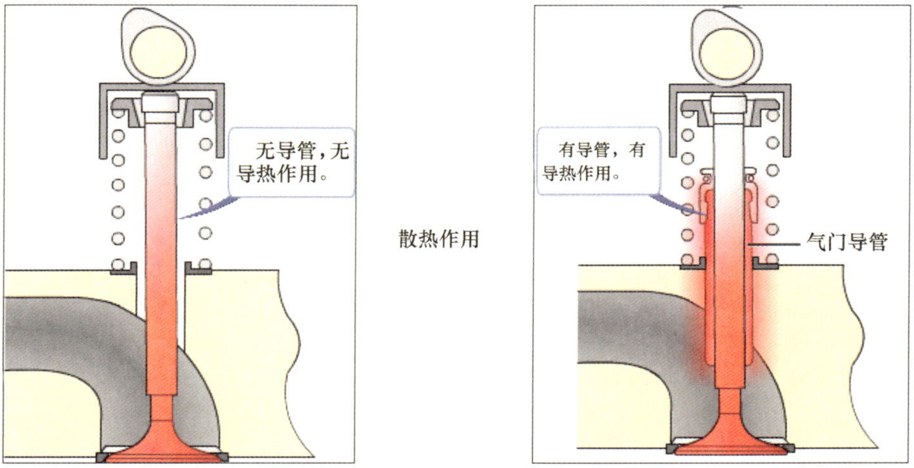

图 4-65　气门导管功用(续)

4. 气门油封结构和功用

如图 4-66 所示，气门油封由金属外壳和锁紧弹簧组成，金属外壳的油封唇部与气门导管咬合在一起，用于发动机气门导管的密封。气门油封有两大作用：一是防止汽油、空气的混合气体以及排放废气泄漏；二是防止发动机机油进入燃烧室。

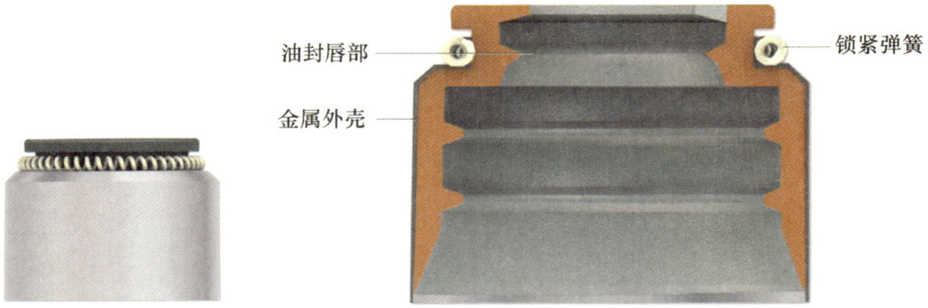

(a) 气门油封外观　　(b) 气门油封剖面

图 4-66　气门油封结构

5. 气门弹簧功用

如图 4-67 所示，气门弹簧的功用是克服在气门关闭过程中气门及传动件的惯性力，防止各传动件之间因惯性力的作用而产生间隙，保证气门及时落座并紧紧贴合，防止气门发生跳动，破坏其密封性。

6. 气门锁片功用

如图 4-68 所示，气门锁片的功用是使气门与气门弹簧座紧密贴合，防止气门在运动过程中脱落。

三、任务实施

(一) 实施方案

1. 质量要求

参照厂家的质量标准要求。

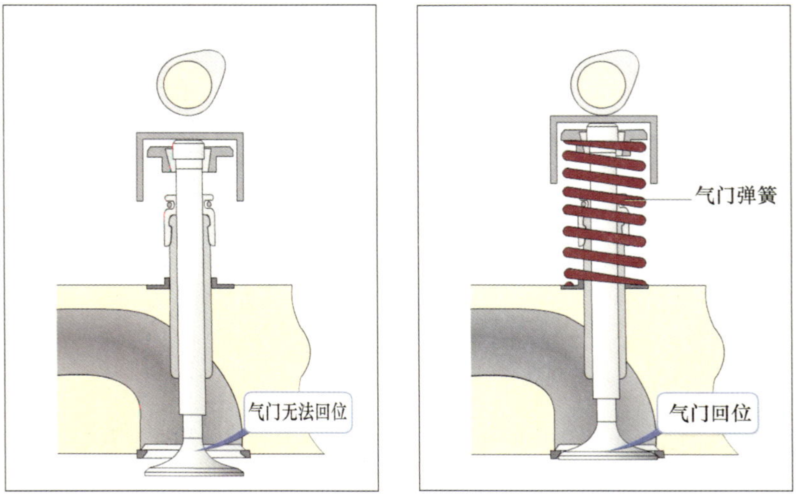

(a) 无气门弹簧　　(b) 有气门弹簧

图 4-67　气门弹簧功用

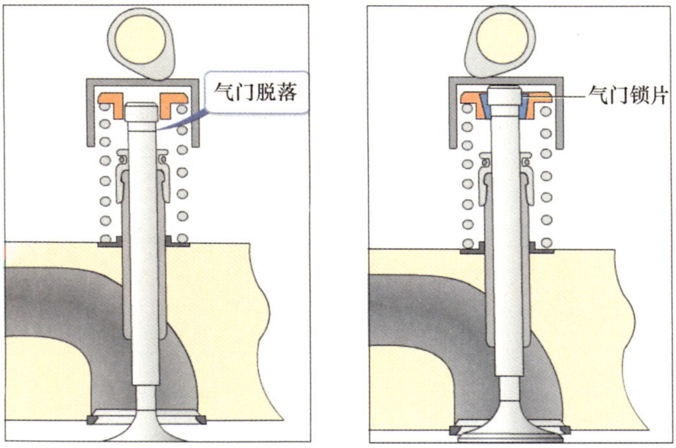

图 4-68　气门锁片功用

2. 组织方式

每四位同学一组，按照企业岗位操作规范认识 2007 款卡罗拉 1.6L/AT 轿车 1ZR-FE 发动机上配气机构的气门组，对气门组进行拆装作业。每组作业时间为____分钟。

3. 作业准备

(1) 技术要求与标准：

① 拆下气门油封后需更换新的气门油封。

② 安装前要对相关部件进行清洁和润滑。

(2) 设备器材：如图 4-69 所示。

(3) 场地设施：带消防设施的场地。

(4) 设备设施：2007 款卡罗拉 1.6L/AT 轿车 1ZR-FE 发动机一台、发动机台架、工具车、标保工具车、零件车、垃圾桶。

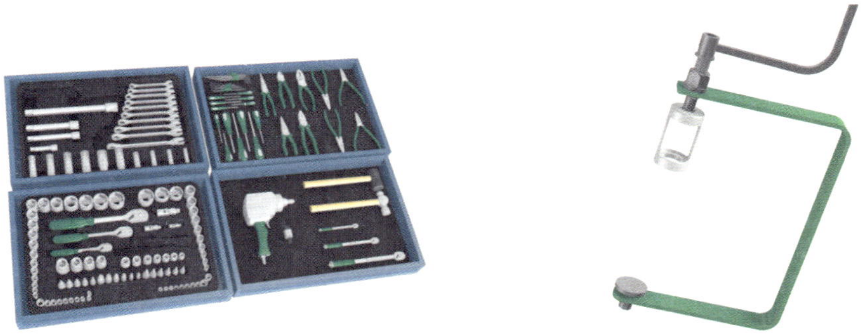

(a) 常用工具（一套）　　(b) 气门拆装专用工具

图 4-69　设备器材

（5）耗材：干净抹布、泡沫清洁剂。

（二）操作步骤

1. 拆卸气门组

（1）拆卸气缸盖

① 从气缸盖两边到中间，按对角的顺序，用 10 mm 双六角套筒、接杆、指针式扭力扳手，分步均匀地松开 10 个气缸盖螺栓，如图 4-70 所示。用棘轮扳手拆下螺栓，用磁力吸棒吸取 10 个平垫圈，如图 4-71 所示。

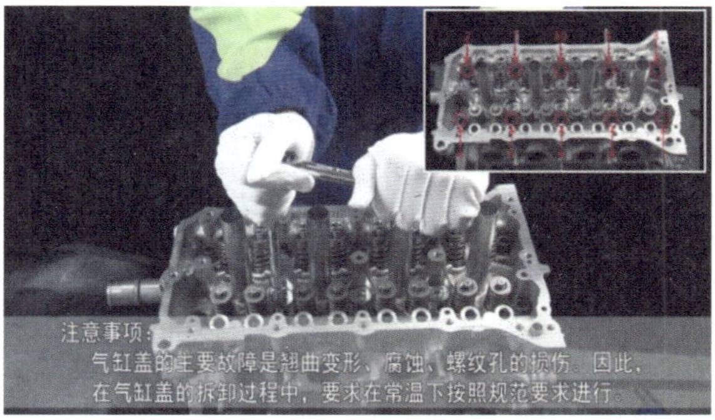

图 4-70　松开螺栓

图 4-71　使用磁力吸棒

注意事项

◇螺栓拆卸顺序不正确可导致气缸盖翘曲或开裂。

② 如图 4-72 所示，使用头部缠有胶带的螺丝刀，撬动气缸盖和气缸体之间的部位，拆下气缸盖。

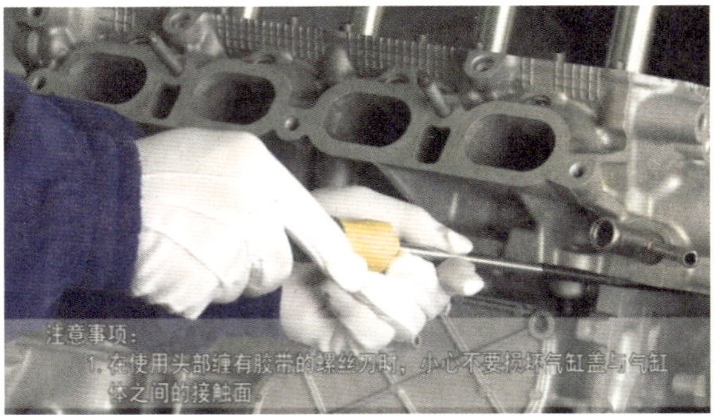

图 4-72　使用缠有胶带的螺丝刀

注意事项

◇按照维修手册规定位置进行撬动。

③ 如图 4-73 所示，用铲刀将气缸垫从气缸体上铲下。

图 4-73　拆卸气缸盖衬垫

(2) 拆卸气门弹簧

① 如图 4-74 所示，将拆下的气缸盖平放在垫木上，使用气门拆装钳逐步压紧气门弹簧使气门锁片露出。

② 如图 4-75 所示，使用磁力吸棒依次取出每个气门中的两个气门锁片。

③ 如图 4-76 所示，拆卸气门拆装钳，并依次取下气门弹簧座和气门弹簧。

(3) 拆卸气门

如图 4-77 所示，将气缸盖侧立放置在垫木上，取下进、排气门。

(4) 拆卸气门油封

如图 4-78 所示，将气缸盖平放在垫木上，选择油封拆卸专用尖嘴钳拆下气门油封。

图 4-74　使用气门拆装钳压紧弹簧

图 4-75　使用磁力吸棒去除气门锁片

图 4-76　取下弹簧座和气门弹簧

图 4-77　取下进、排气门

2. 安装气门组

(1) 安装气门油封

① 如图 4-79 所示，使用压缩空气清洁新的气门油封。

图 4-78　拆卸气门油封

图 4-79　清洁气门油封

② 如图 4-80 所示，在新的气门油封上涂抹一薄层发动机机油。

③ 如图 4-81 所示，使用导管将气门油封压紧在各气门导管上。

(2) 安装气门

① 如图 4-82 所示，将气缸盖侧立在垫木上，使用压缩空气清洁表面及气门导管。

② 如图 4-83 所示，依次在进、排气门的气门杆端处涂抹一薄层发动机机油，并按顺序装入。

(3) 安装气门弹簧

① 如图 4-84 所示，将气缸盖平放在垫木上，依次安装气门弹簧及弹簧座。

② 如图 4-85 所示，用气门拆装钳压紧气门弹簧，使气门端部环槽露出。

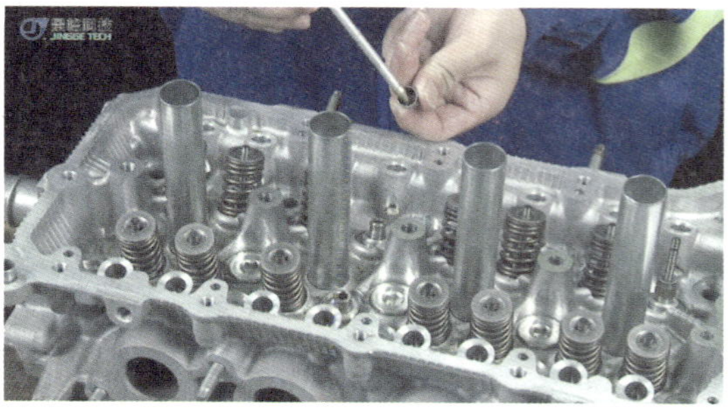

图 4-80　涂抹发动机机油

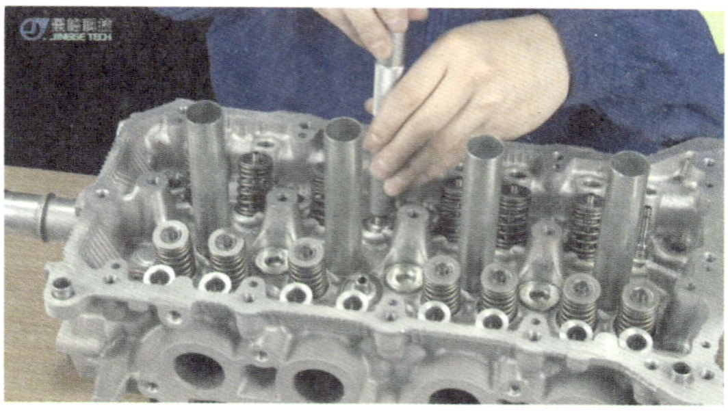

图 4-81　使用导管

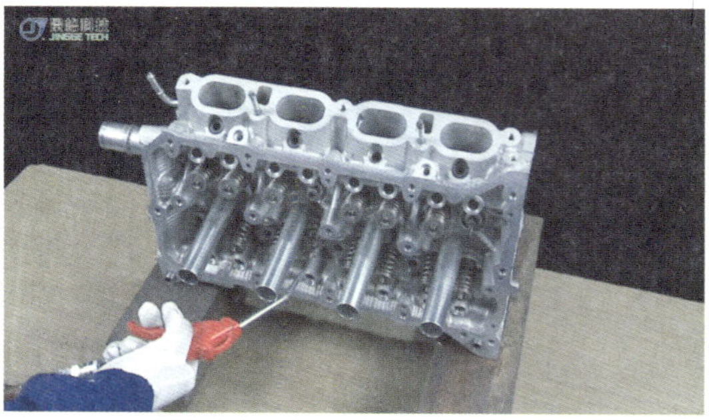

图 4-82　清洁气门导管

图 4-83　涂抹发动机机油并按顺序装入

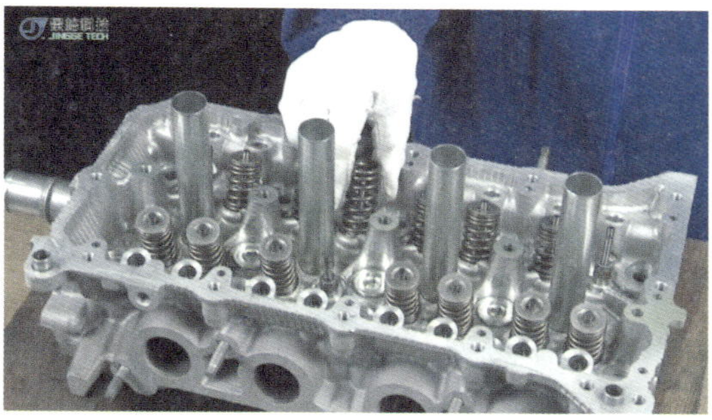

图 4-84　安装弹簧座

图 4-85　使用气门拆卸钳子

③ 如图 4-86 所示，安装气门锁片，缓慢松开气门拆装钳使两个气门锁片可靠落座。取下气门拆装钳。

图 4-86　安装气门锁片

④ 如图 4-87 所示，使用塑料锤轻敲气门杆顶部，以确保气门锁片、气门弹簧等安装到位。

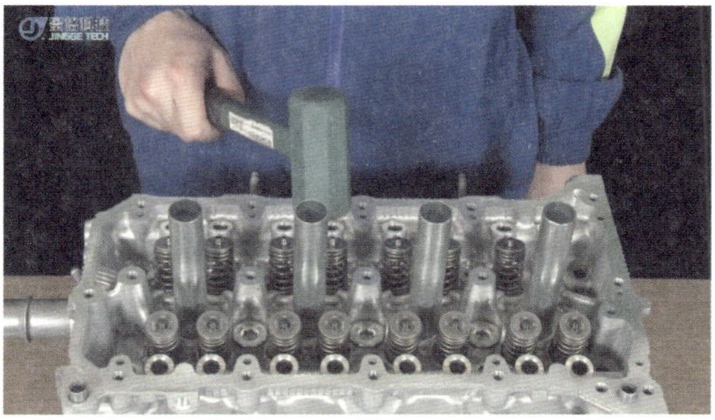

图 4-87　用塑料锤轻敲气门杆

（4）安装气缸盖

① 如图 4-88 所示，将衬垫放在气缸体表面上，并使印有批次号的一面朝上。

图 4-88　安装气缸盖衬垫

注意事项

◇清除接触面的所有机油。

◇确保衬垫按正确的方向安装。

② 如图 4-89 所示，对准定位销，将气缸盖平稳放到气缸体上。

图 4-89　对准定位销

③ 在螺栓的螺纹和与垫圈相接触的螺栓头下的部位，涂抹一薄层发动机机油。

注意事项

◇在对准定位销时注意气缸盖不要滑动，以免定位销损坏气缸盖下平底面。

④ 如图 4-90 所示，将螺栓和平垫圈安装至气缸盖。

注意事项

◇不要将垫圈掉到气缸盖里。

⑤ 如图 4-91 所示，从气缸盖中间到两边按对角线的顺序，用 10 mm 双六角套筒、接杆、棘轮扳手，分步均匀对 10 个气缸盖固定螺栓和平垫圈进行预紧。再选用扭力扳手进行紧固，将螺栓紧固至 49 N·m。

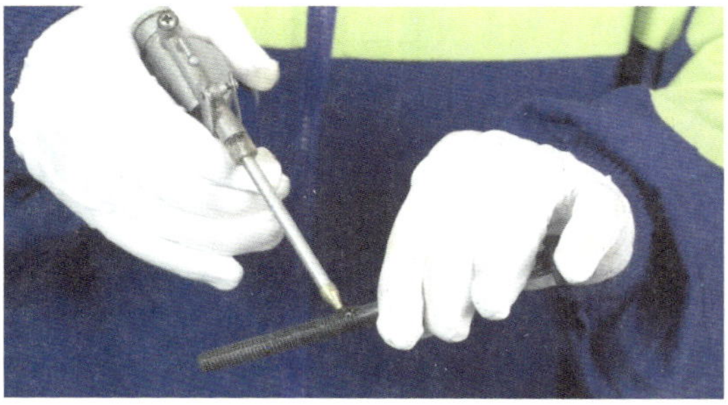

图 4-90　安装平垫

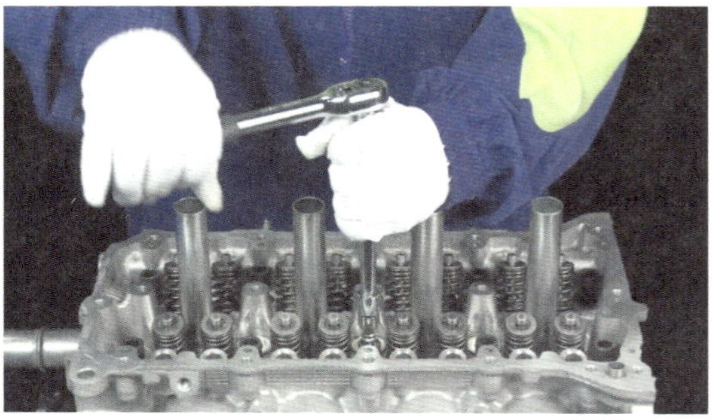

图 4-91　预紧螺栓

⑥ 用油漆在气缸盖螺栓前端做标记。

⑦ 如图 4-92 所示，将气缸盖螺栓再次用指针式扭力扳手旋转紧固 90°，然后再旋转紧固 45°。

图 4-92　紧固螺栓

四、知识小结

1. 气门组组成

气门组主要由气门、气门导管、气门油封、气门弹簧、弹簧座、气门锁片组成。

2. 气门作用

气门由气门头部、气门杆、锁片环槽等组成。它的作用是在活塞压缩、做功过程中密封气缸，在进气、排气行程中打开或关闭进排气通道。

3. 气门弹簧的功用

气门组中气门导管为气门的运动导向，同时还为气门杆散热；气门弹簧的功用是使气门及时关闭，并保证气门与气门座紧密贴合，防止气门发生跳动；气门锁片用来保证气门与气门弹簧紧密贴合，防止气门在运动过程中发生脱落。

4. 气门组件拆卸作业的主要步骤

拆卸气缸盖、拆卸气门弹簧、拆卸气门、拆卸气门油封。（安装时按照相反的顺序。）

五、任务评价

（一）理论评价

1. 判断题

（1）气门的作用是专门负责向发动机内输入燃料并排出废气。（　　）

（2）拆卸气门弹簧座时，用空气喷枪吹入空气，用磁棒拆下气门弹簧座。（　　）

（3）将进气门油封安装至排气侧，不会产生影响。（　　）

（4）气门锥角一般为 30°或 45°。（　　）

（5）配气机构由气门组、气门传动组和气门驱动组组成。（　　）

2. 单选题

（1）下述各零件不属于气门组的是（　　）。

A. 气门弹簧　　B. 气门座　　C. 摇臂轴　　D. 气门导管

（2）以下哪个步骤不是安装进气门步骤？（　　）

A. 在进气门的底部涂抹足量发动机机油

B. 将气门、气门弹簧和弹簧座圈安装到气缸盖上

C. 用 SST 和木块压缩弹簧并安装 2 个座圈锁片

D. 用塑料锤轻敲气门杆顶部以确保安装到位

（3）四冲程发动机在压缩行程时，进气门和排气门分别处于什么状态？（　　）

A. 开，开　　B. 开，关　　C. 关，关　　D. 关，开

（4）卡罗拉采用的顶置式气门关闭时靠以下哪个部件来实现？（　　）

A. 气门弹簧　　B. 气门导管　　C. 气门油封　　D. 气门杆

（5）气门组件拆装过程中，拆卸气门锁片需用到以下哪个工具？（　　）

A. 密封胶　　B. 机油壶　　C. 磁力吸棒　　D. 一字螺丝刀

（二）技能评价

表 4-4　气门组拆装技能评价

序号	内容	分值	得分
1	拆卸气缸盖。	10	
2	使用气门拆装钳逐步压紧气门弹簧使气门锁片露出，并使用磁力吸棒取出气门锁片。	5	

续表

序号	内容	分值	得分
3	拆卸气门弹簧座和气门弹簧。	5	
4	拆卸进、排气门。	10	
5	使用油封拆卸专用尖嘴钳拆下气门油封。	10	
6	更换新的气门油封，并对其涂抹一层薄的发动机机油。	10	
7	使用气门导管安装新的气门油封。	10	
8	清洁气门，并在气门杆端处涂抹一薄层发动机机油。	10	
9	按顺序依次安装进、排气门。	10	
10	用气门拆装钳压紧气门弹簧，使气门弹簧端部环槽露出，安装气门锁片。	5	
11	使用塑料锤轻敲气门杆顶部，以确保气门锁片、气门弹簧等安装到位。	5	
12	安装气缸盖。	10	
总分		100	

（注：操作正确即得分，操作错误或未进行操作得 0 分）

学习拓展

1. 配气机构类型

如图 4-93～图 4-96 所示，配气机构可以从以下不同的角度进行分类：

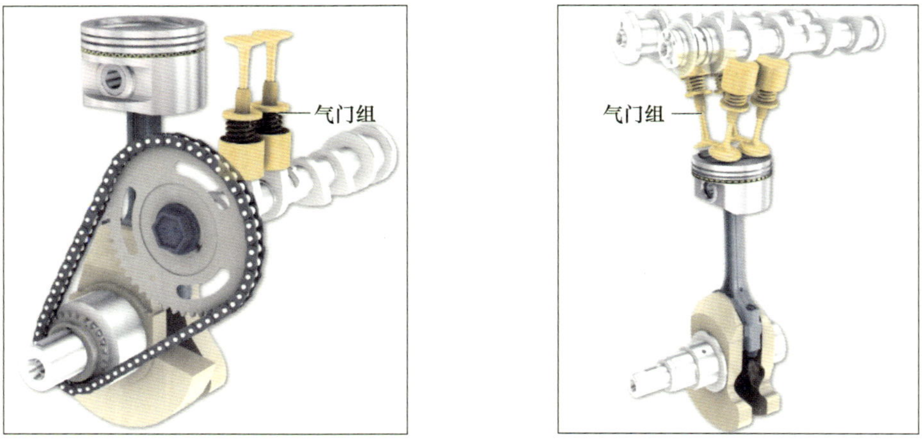

(a) 气门侧置式　　(b) 气门顶置式

图 4-93　配气机构类型（按气门布置位置分类）

（1）根据气门布置位置不同分为气门侧置式和气门顶置式。现代汽车发动机均采用气门顶置式。

（2）根据凸轮轴布置形式不同分为凸轮轴上置式、凸轮轴中置式和凸轮轴下置式。凸轮上置式多适用于高速发动机。

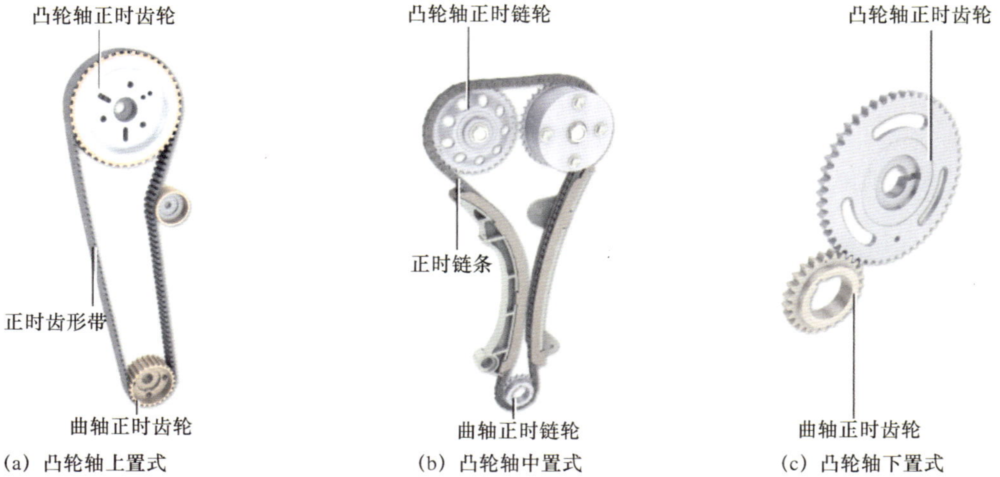

图 4-94　配气机构类型(按凸轮轴布置形式分类)

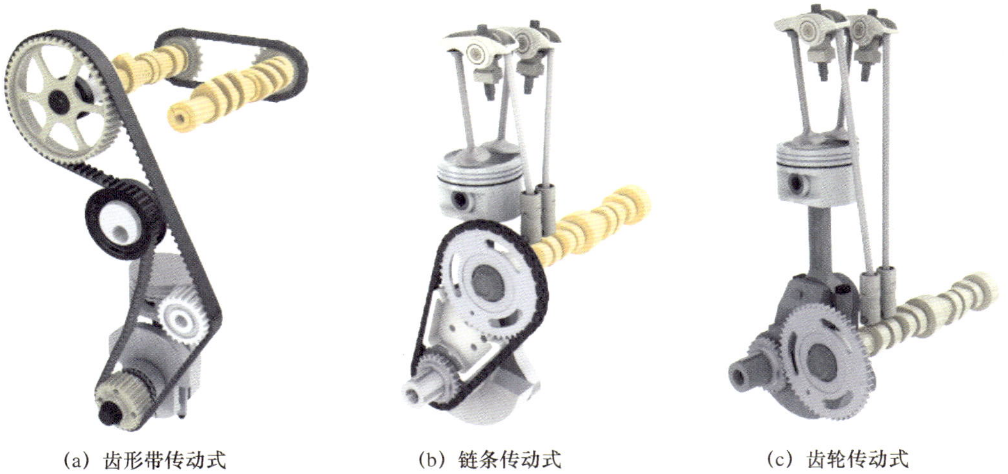

图 4-95　配气机构类型(按凸轮轴传动方式分类)

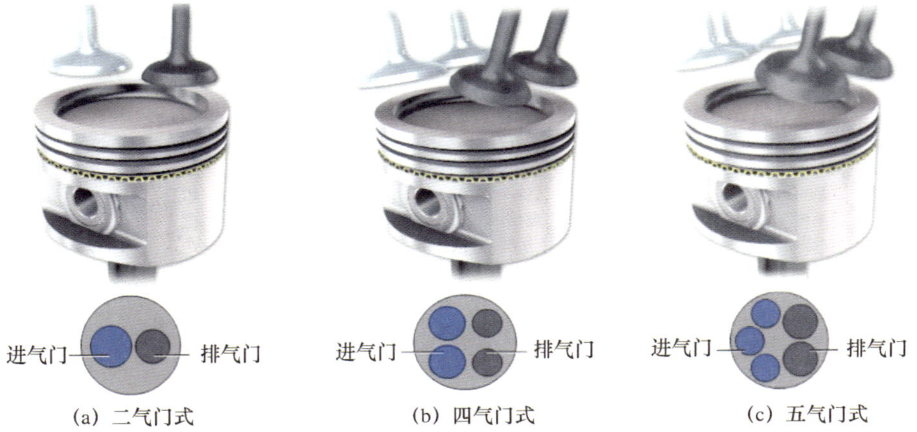

图 4-96　配气机构类型(按每缸气门数目分类)

(3) 根据凸轮轴传动方式不同分为齿形带传动式、链条传动式和齿轮传动式。凸轮中置或下置的配气机构多采用圆柱形定时齿轮传动。凸轮轴上置式多选择链条或链轮传动。高速汽车发动机上广泛采用传动带来代替链轮。

(4) 根据每缸气门数目不同分为二气门式、四气门式和五气门式。

2. 气门顶部形状

气门顶部有平顶型、凹面型及球面型,如图 4-97 所示。平顶型气门吸热面小,质量小,进、排气门都可采用,目前使用最多的是平顶式。凹面型气门流动阻力小,但受热面积大,适合做进气门。球面型气门排气阻力小,废气清除效果好,适合做排气门。

(a) 平顶型　(b) 凹面型　(c) 球面型

图 4-97　气门顶部形状

3. 气门弹簧结构形式

气门弹簧根据其结构形态不同分为圆柱形螺旋弹簧、双弹簧和变螺距弹簧,如图 4-98 所示。圆柱形螺旋弹簧上、下螺距及直径相等;双弹簧内外弹簧旋向相反,当一个弹簧发生共振时,另一弹簧起减振作用;变螺距弹簧上、下螺距不等,在弹簧压缩时,螺距较小的弹簧两端逐渐贴合,使有效圈数逐渐减少,为了防止弹簧发生共振。

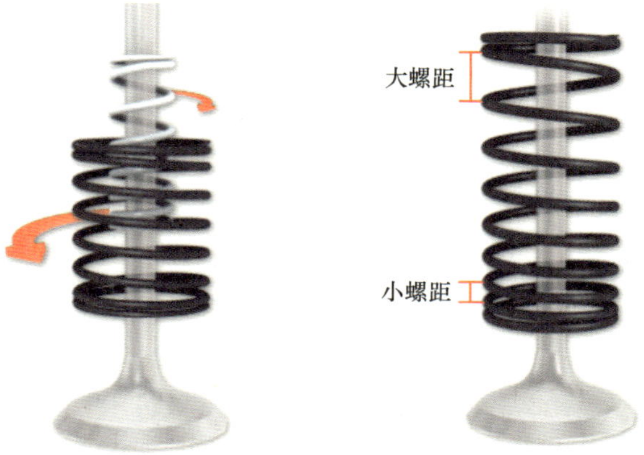

(a) 圆柱形螺旋弹簧　(b) 双弹簧　(c) 变螺距弹簧

图 4-98　气门弹簧结构形式

4. 气门弹簧座固定方式

气门弹簧座两种固定方式为锁销式固定和锁片式固定，如图 4-99 所示。

(a)锁片式　　(b)锁销式

图 4-99　气门弹簧座固定方式

5. 配气相位

配气相位是指用曲轴转角来表示进、排气门实际开闭时间和开启持续时间。通常用相对于上、下止点曲拐位置的曲轴转角的环形图来表示，环形图被称为配气相位图，如图 4-100 所示。

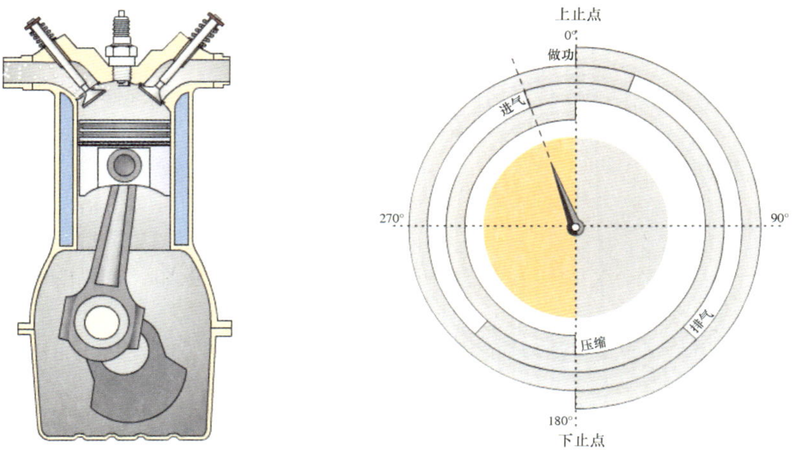

图 4-100　配气相位图

发动机气门实际开闭时刻是早开迟闭，延长进、排气时间，以保证进气充足，废气排放完全。

进气门提前角一般为 10°～30°，进气门延迟角一般为 40°～80°，如图 4-101 所示。排气门提前角一般为 40°～80°，排气门延迟角一般为 10°～30°，如图 4-102 所示。

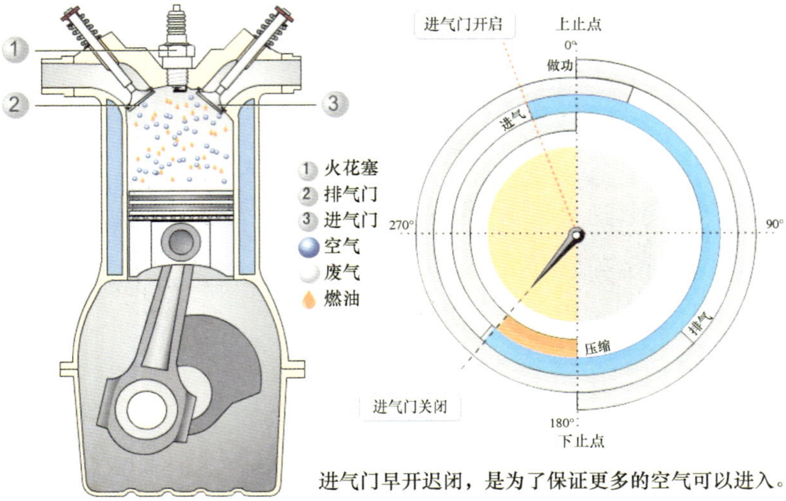

图 4-101 进气相位图

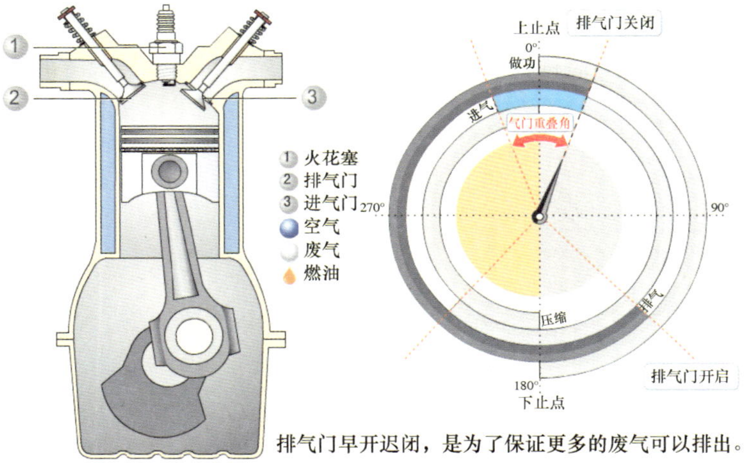

图 4-102 排气

项目五

冷却系统构造与拆装

项目描述

发动机工作时，燃烧室和气缸内混合气燃烧温度高达 2 200 ℃，冷却系统能将发动机零部件在混合气燃烧过程中所吸收的热量通过冷却介质排放到大气中去，从而维持发动机正常工作温度，保证发动机正常运行。如果发动机不在正常的工作温度下运行，即过冷或过热，对发动机均有不利影响。

本任务主要通过冷却系统的拆装作业，使学生认识以及理解其主要机件的结构和原理。

学习目标

通过本项目的学习，应能够：

(1) 描述发动机冷却系统的组成、作用和工作原理。

(2) 识别发动机冷却系统的主要零配件并描述出其工作原理。

(3) 依据汽车维修操作流程，规范、熟练地完成冷却系统的拆装作业。

项目任务

(1) 认识冷却系统

(2) 电子风扇和散热器拆装

(3) 水泵和节温器拆装

学习任务 1　认知冷却系统

一、任务目标

通过本活动学习，学习者应能：

(1) 描述发动机冷却系统的组成、功用。

(2) 描述冷却液的循环路线。

(3) 查看冷却系统在发动机上所处的位置，并识别冷却系统主要部件的外形结构。

二、 知识准备

1. 发动机冷却系统的组成

发动机冷却系统有水冷和风冷之分，汽车发动机上多采用水冷却系统。水冷却系统以水为冷却介质，它主要由散热器、水泵、节温器、冷却风扇、补偿水桶、发动机机体和气缸盖中的水套以及其他附属装置组成，如图 5-1 所示。

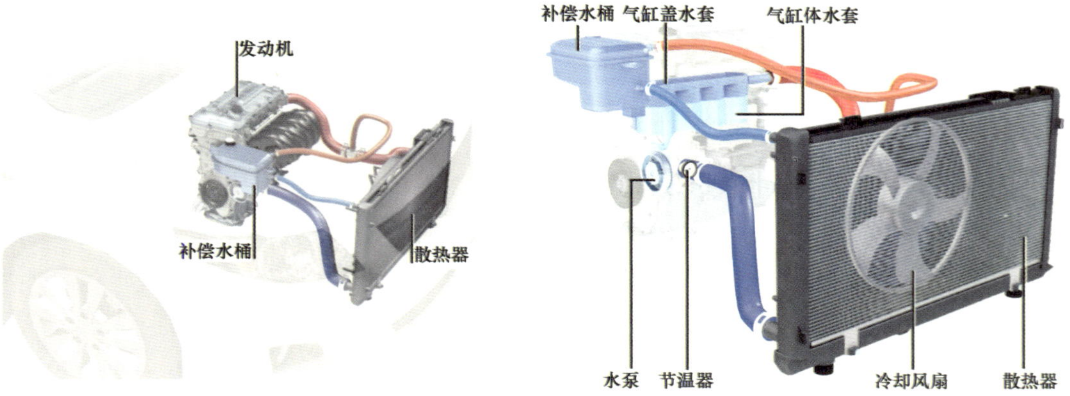

图 5-1　冷却系统安装位置及组成

2. 冷却系统的功用

(1) 混合气在气缸中燃烧后所产生的大量热能，约有 70%不能转为发动机的机械动能，且燃烧温度可达到 2 600 ℃，这些热量约有一半随着废气排出发动机外，另一半则直接加在发动机机件上。

(2) 发动机必须保持一定的工作温度(80～90 ℃)，各机件才能维持正常的膨胀及间隙，燃料及润滑系统也才能正常作用，因此必须装设冷却系统，使发动机迅速达到工作温度，并一直保持工作温度。

(3) 冷却不良导致发动机过热，各部机件过度膨胀而加速磨损，甚至咬死；过度冷却，会造成燃油消耗及发动机功率输出降低。

3. 冷却液的循环路线

汽车发动机冷却系统为强制循环水冷系统，即利用水泵提高冷却液的压力，强制冷却液在发动机中循环流动。冷却液的循环路径受节温器的控制，根据发动机工作温度由低到高地变化，冷却液的循环路径分为：小循环、大循环。

(1) 所谓小循环，就是当冷却水或冷却温度低于规定值时(一般为 80 ℃左右)，受节温器控制，循环的水或冷却液不经过散热器。即水或冷却液从缸盖水套流出，经节温器直接进入水泵进水口，再由水泵送入缸体和缸盖的水套。由于水或冷却液不经过散热器，可使发动机温度迅速升高。

小循环路径如图 5-2 所示。

(2) 所谓大循环，就是当水或冷却液温度超过规定值时(一般为 90 ℃左右)，节温器主

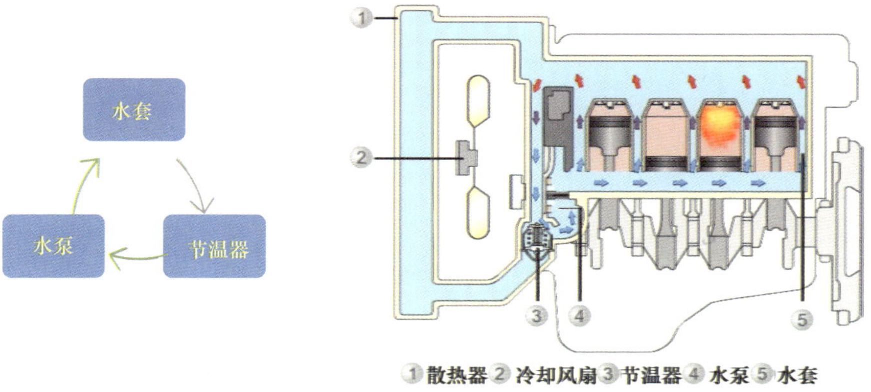

图 5-2　冷却系统小循环示意图

阀门开启，副阀门关闭，循环水或冷却液全部经过散热器。散热后的冷却水或冷却液在水泵的抽吸使回到缸体水套内，经缸体上平面上的水孔流入缸盖的水套中，然后从缸盖出水管再流入散热器，形成一个循环系统。由于水或冷却液流动线路长，冷却强度大，故称为大循环。

大循环路径如图 5-3 所示。

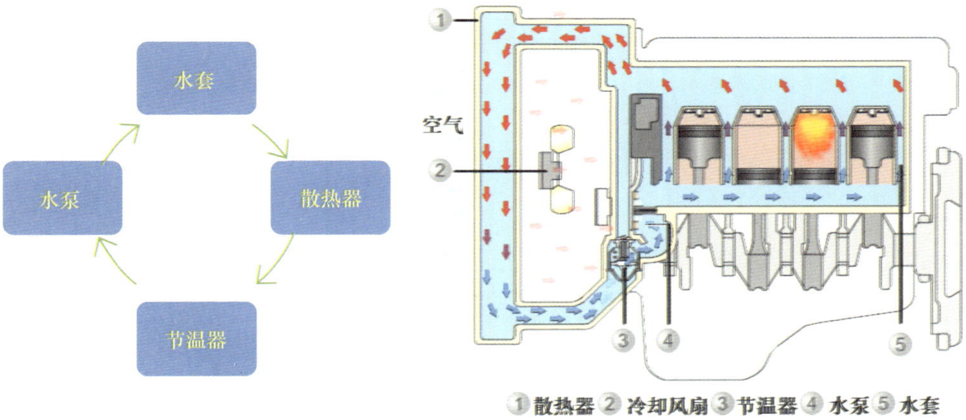

图 5-3　冷却系统大循环示意图

三、任务实施

(一) 实施方案

1. 质量要求

参照厂家的质量标准要求。

2. 组织方式

每四位同学一组，按照企业岗位操作规范在 2007 款卡罗拉 1.6L/AT 轿车 1ZR-FE 发动机上查看冷却系统，并识别冷却系统主要部件的外形结构。每组作业时间为____分钟。

3. 作业准备

(1) 技术要求与标准:

① 习惯性使用“三件套”、汽车防护物品,养成良好职业习惯。

② 养成工具、零部件、油液“三不落地”的职业习惯,工具及拆下的零部件等都应整齐地放置在工具车及零件盘中。

(2) 设备器材:如图 5-4 所示。

(a) 工具车

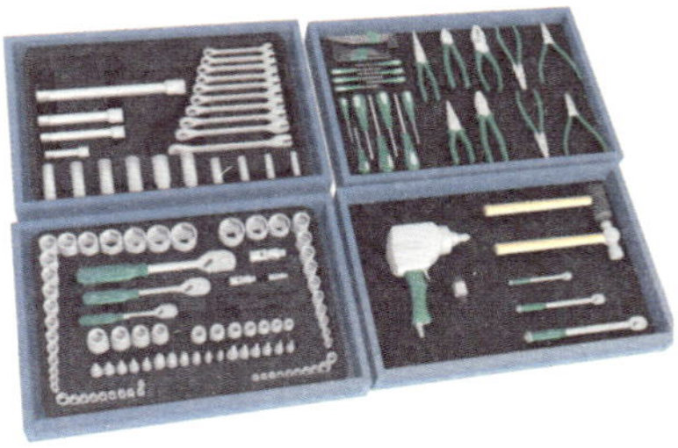

(b) 常用工具(一套)

图 5-4 设备器材

(3) 场地设施:带消防设施的场地。

(4) 设备设施:2007 款卡罗拉 1.6L/AT 轿车 1ZR-FE 发动机一台、发动机台架、工具车、标保工具车、零件车、垃圾桶。

(5) 耗材:干净抹布、泡沫清洁剂。

(二) 操作步骤

识别发动机冷却系统主要配件的外形结构及安装位置操作步骤如下:

(1) 如图 5-5 所示,找出冷却系统在发动机上所处的位置,观察其整体外形结构。

图 5-5 找出冷却系统

(2) 如图 5-6 所示,找出冷却系统的散热器,观察其外形结构及安装位置。

(3) 如图 5-7 所示,找出冷却系统的水泵,观察其外形结构及安装位置。

(4) 如图 5-8 所示,找出冷却系统的节温器,观察其外形结构及安装位置。

(5) 如图 5-9 所示,找出冷却系统的电子风扇,观察其外形结构及安装位置。

图 5-6　找出冷却系统的散热器

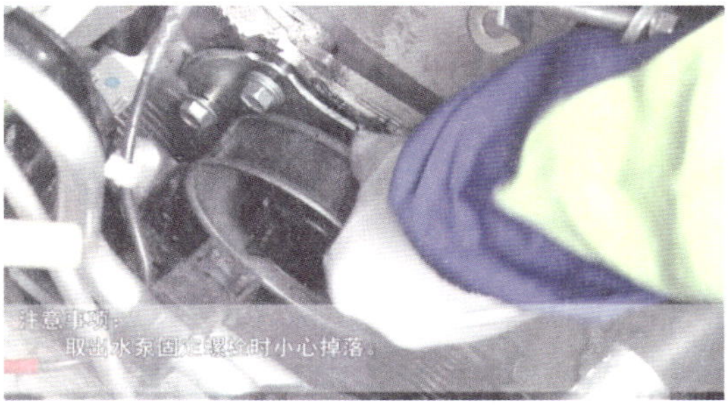

图 5-7　找出冷却系统的水泵

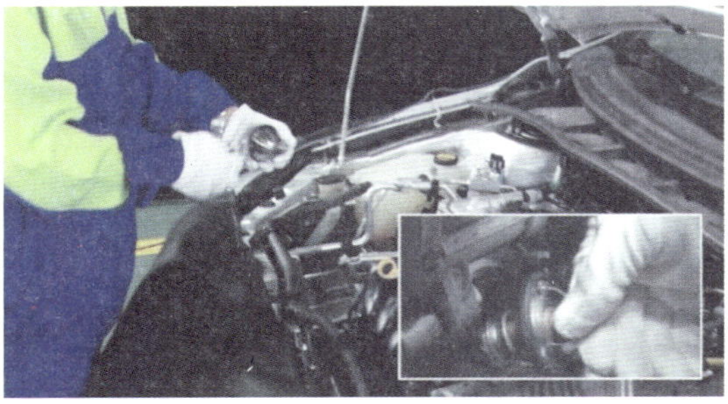

图 5-8　找出冷却系统的节温器

图 5-9　找出冷却系统的电子风扇

(6) 如图 5-10 所示，找出冷却系统的补偿水桶，观察其外形结构及安装位置。

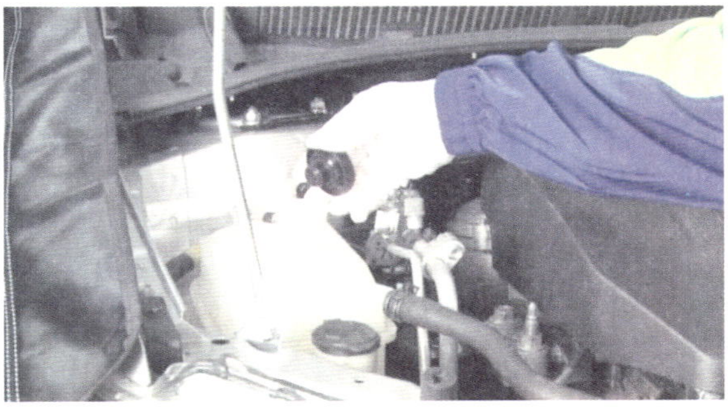

图 5-10　找出冷却系统的补偿水桶

四、任务小结

1. 冷却系统的组成

发动机冷却系统有水冷和风冷之分，汽车发动机上多采用水冷却系统。水冷却系统以水为冷却介质，它主要由散热器、水泵、节温器、冷却风扇、补偿水桶、发动机机体和气缸盖中的水套以及其他附属装置等组成。

2. 冷却系统的功用

冷却系统的功用是使发动机在所有工作状况下都保持在适当的温度范围内。同时，还要保证发动机在冷态下起动后能迅速升温，尽快达到正常的工作温度。

五、任务评价

(一) 理论评价

1. 判断题

(1) 防冻液可提高发动机冷却系统的沸点。 ( )

(2) 发动机冷却系统有水冷和风冷之分,汽车发动机上多采用风冷却系统。 ( )

(3) 冷却系统最常见的故障现象是发动机过冷。 ( )

(4) 以空气为冷却介质的冷却系统称风冷系统,以冷却液为冷却介质的称水冷系统。 ( )

2. 选择题

(1) 一般汽油发动机工作温度为( )。

A. 45～55 ℃ B. 55～65 ℃ C. 80～90 ℃ D. 100～110 ℃

(2) 冷却系统既要防止发动机过热,也要防止发动机过冷,发动机启动后首先要由( )控制使用小循环散热,温度升高后开启大循环。

A. 副水箱 B. 水泵 C. 节温器 D. 压力盖

(3) 加注冷却水时,最好选择( )。

A. 井水 B. 泉水 C. 雨雪水 D. 蒸馏水

(二) 技能测评

表 5-1 认知冷却系统技能测评

序号	内容	分值	得分
1	找出冷却系统在发动机上所处的位置,观察其整体外形结构。	10	
2	找出冷却系统的散热器,观察其外形结构。	20	
3	找出冷却系统的水泵,观察其外形结构。	20	
4	找出冷却系统的节温器,观察其外形结构。	20	
5	找出冷却系统的电子风扇,观察其外形结构。	20	
6	找出冷却系统的补偿水桶,观察其外形结构。	10	
总分		100	

(注:操作正确即得分,操作错误或未进行操作得 0 分)

学习任务 2 电子风扇和散热器拆装

一、任务目标

通过本任务学习,学习者应能:

(1) 描述电子风扇和电子风扇电机的结构、功用、工作原理。

(2) 描述散热器的结构、功用和工作原理。

(3) 描述补偿水桶的结构和功用。

(4) 描述散热器盖的工作原理。

(5) 依据汽车维修操作要求，规范、熟练地完成电子风扇和散热器的拆装作业。

二、知识准备

1. 电子风扇

(1) 电子风扇的结构

现代汽车已广泛使用电子风扇，电子风扇通常安装在散热器后方，它由电动机、风扇叶片、导风罩等组成，如图 5-11 所示。风扇的扇风量主要与风扇直径、转速、叶片形状、叶片安装角度及叶片数有关。

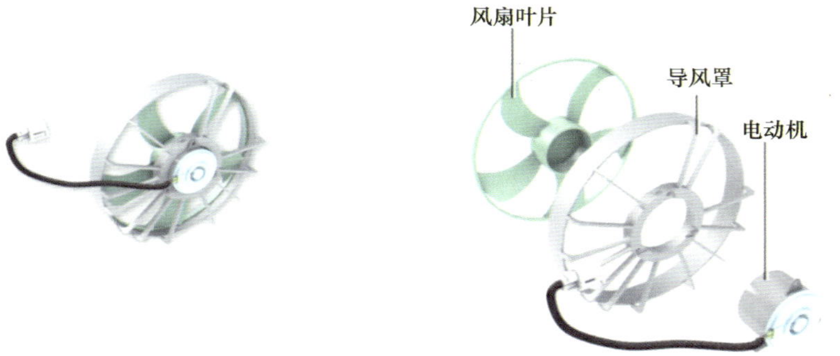

图 5-11　电子风扇安装位置及结构

(2) 电子风扇功用

电子风扇的作用是增加流过散热器芯的空气量，增强散热器的散热能力。

2. 电子风扇电机

(1) 电子风扇电机结构

电子风扇电动机安装在电子风扇上，它由定子和转子两大部分组成，如图 5-12 所示。定子由机座、主磁极、换向极、端盖、轴承和电刷装置等组成。

(2) 电子风扇电机功用

如图 5-13 所示，电子风扇电机能实现直流电能(由蓄电池提供)转换为风扇叶片转动的机械能。

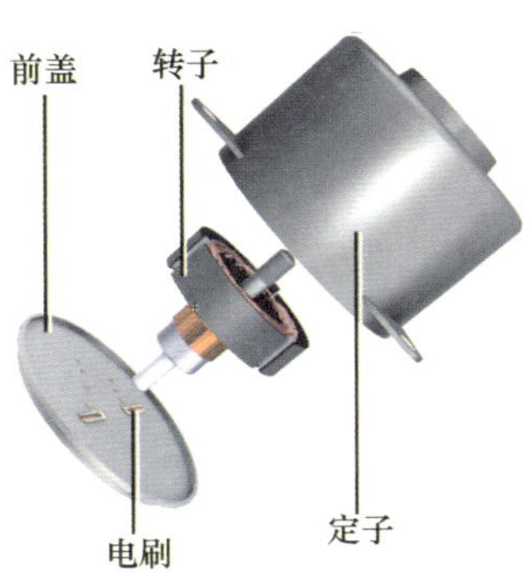

图 5-12　电子风扇电机结构

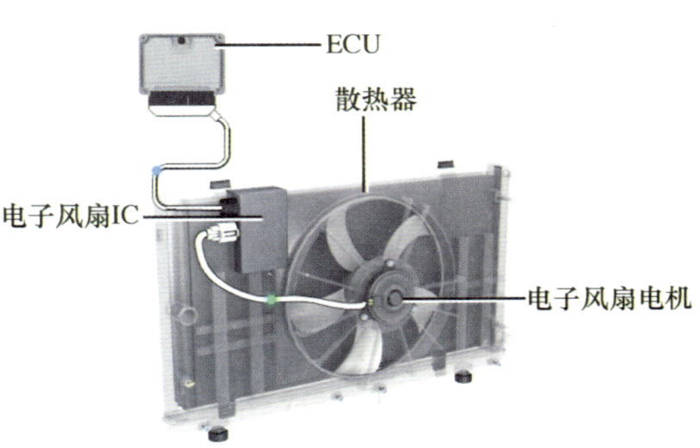

图 5-13　电子风扇电机功用

(3) 电子风扇电机工作原理

如图 5-14 所示，当电子风扇 IC(集成电路调节器)通过电刷在线圈中形成电流流动，产生电磁力，线圈在电磁力作用下产生旋转运动，实现了将电能转换为机械能。

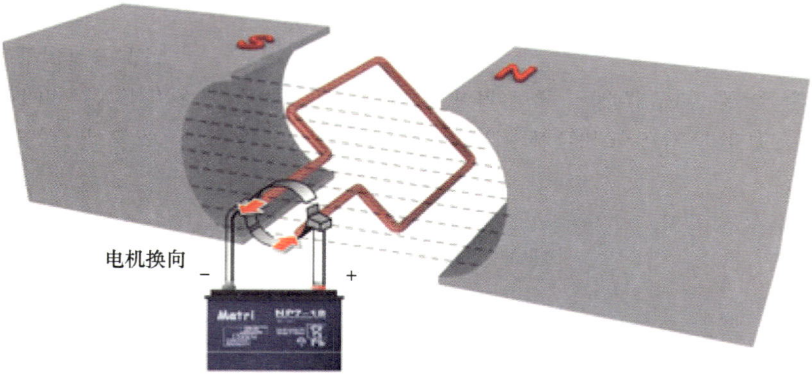

图 5-14　电子风扇电机工作原理

3. 散热器

(1) 散热器结构

散热器安装在保险杠后方，它主要由左储水室、右储水室、放水螺塞、散热器片、散热器芯等组成，如图 5-15 所示。

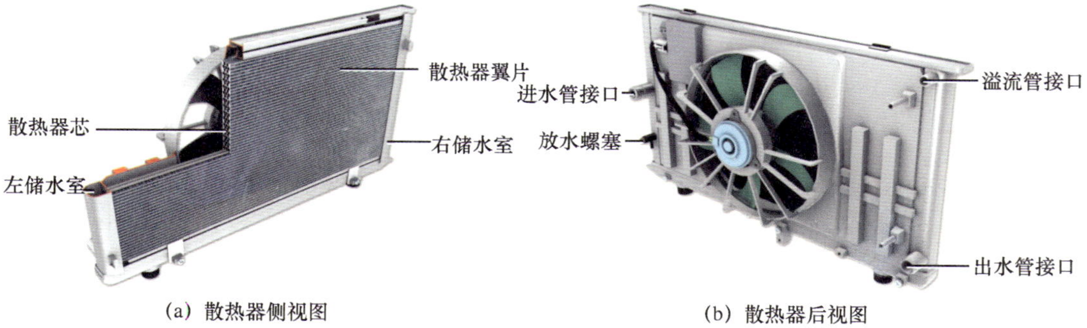

图 5-15　散热器结构

(2) 散热器功用

散热器通过增大散热面积将冷却液的热量由空气带走，加速冷却。

(3) 散热器工作原理

如图 5-16 所示，冷却液在散热器芯内流动，空气从散热器芯外通过。热的冷却液由于向空气散热而变冷，冷空气则因为吸收冷却液散出的热量而升温。散热器通过加大冷却液与空气的接触面积，利用空气流动降低冷却液热量，达到散热效果。

4. 补偿水桶

(1) 补偿水桶结构

补偿水桶又名膨胀水箱，多用塑料制造并用软管与溢流管和补偿管相连接。如图 5-17 所示，补偿水桶主要由补偿水桶盖、溢流管接口、补偿管接口、壳体等组成。在补偿水桶的外表面上刻有两条标记线："低"线和"高"线，补偿水桶内冷却液面应位于两条标记线之间。

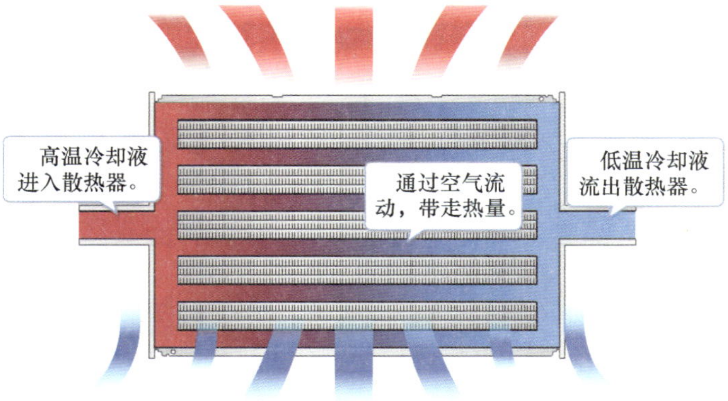

图 5-16　散热器工作原理

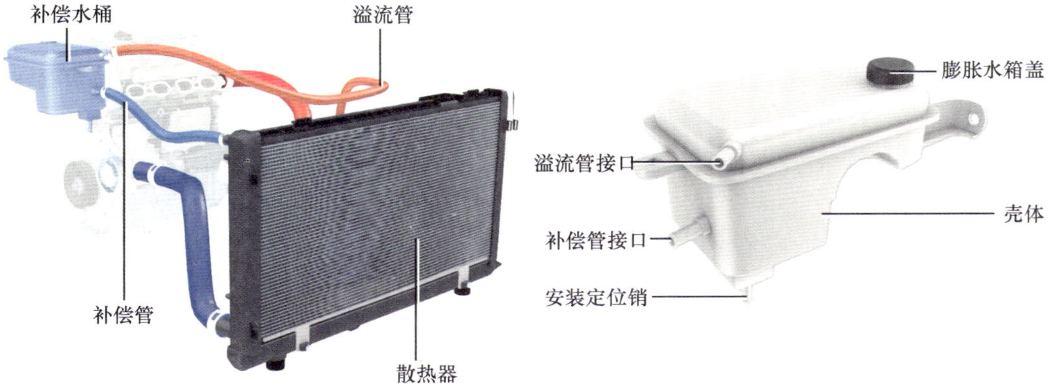

图 5-17　补偿水桶安装位置及结构

（2）补偿水桶功用

如图 5-18 所示，补偿水桶有溢流和补偿的作用。溢流即当冷却液受热膨胀时，部分冷却液通过溢流管从散热器中流入补偿水桶；补偿即当冷却液降温后，散热器内冷却液体积变小，补偿水桶内冷却液经补偿管被吸回散热器。补偿水桶还可消除水冷系统中的所有气泡。

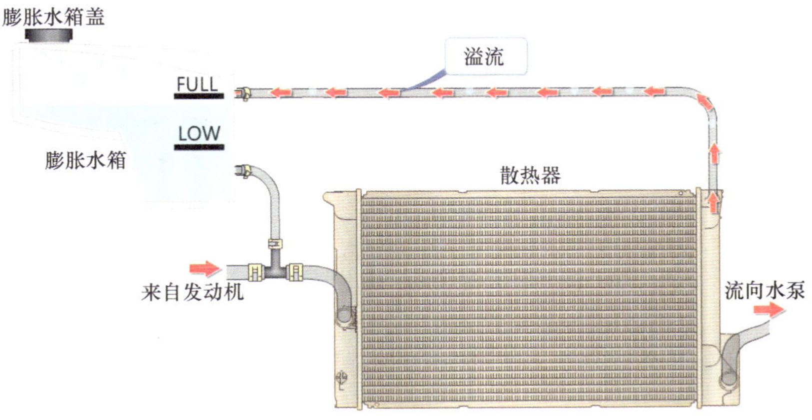

(a) 溢流作用

图 5-18　补偿水桶功用

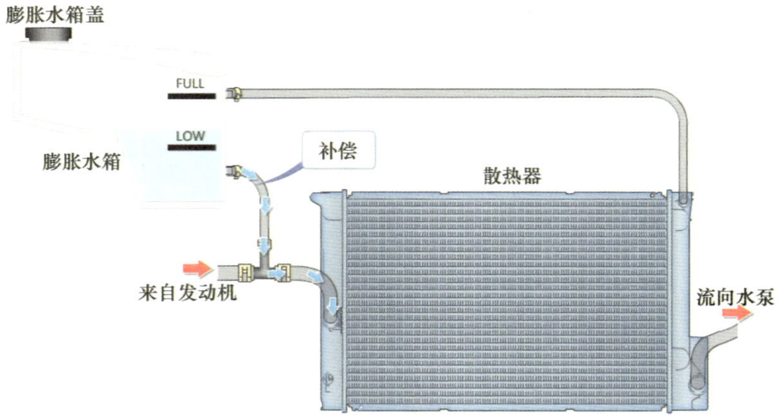

(b) 补偿作用

图 5-18　补偿水桶功用(续)

5. 散热器盖工作原理

散热器盖严密地盖在散热器加注口上。如图 5-19(a)所示,发动机工作时,冷却液温度逐渐升高,容积膨胀使冷却系统内的压力增大。当压力超过预定值时,散热器盖压力阀开启,部分冷却液流入补偿水桶。

如图 5-19(b)所示,发动机停机后,冷却液温度下降,水冷却系统内压力随之减小。当压力降到大气压力以下出现真空时,真空阀开启,部分冷却液被吸回散热器。

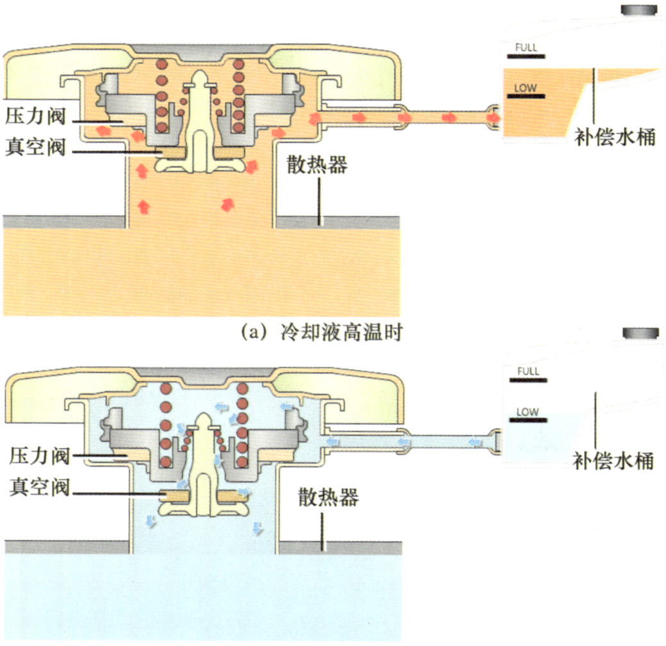

图 5-19　散热器盖工作原理

三、任务实施

(一) 实施方案

1. 质量要求

参照厂家的质量标准要求。

2. 组织方式

每四位同学一组，按照企业岗位操作规范对2007款卡罗拉1.6L/AT轿车1ZR-FE发动机上冷却系统的电子风扇和散热器进行拆装作业。

3. 作业准备

(1) 技术要求与标准：

① 断开散热器进、出水管前，需在管口下方放置液体收集器。

② 排放出的冷却液需按所在地区规定进行处理。

③ 断开后的散热器软管管口需用塑料袋套住或用塞子塞住。

(2) 设备器材：如图5-20所示。

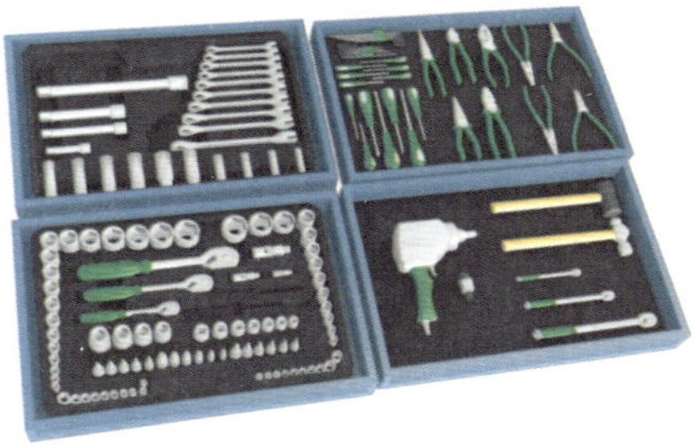

常用工具（一套）

图5-20　设备器材

(3) 场地设施：带消防设施的场地。

(4) 设备设施：2007款卡罗拉1.6L/AT轿车、发动机台架、工具车、标保工具车、零件车、垃圾桶。

(5) 耗材：干净抹布、泡沫清洁剂。

(二) 操作步骤

1. 拆卸散热器

(1) 拆卸散热器外围件

① 拆卸散热器上空气导流板。

② 如图5-21所示，拆卸散热器格栅防护罩。

③ 如图5-22所示，拆卸前保险杠总成。

④ 如图5-23所示，拆卸发动机1号底罩。

⑤ 如图5-24所示，拆卸蓄电池。

⑥ 如图5-25所示，分离温度传感器。

图 5-21　拆卸散热器格栅防护罩

图 5-22　拆卸前保险杠总成

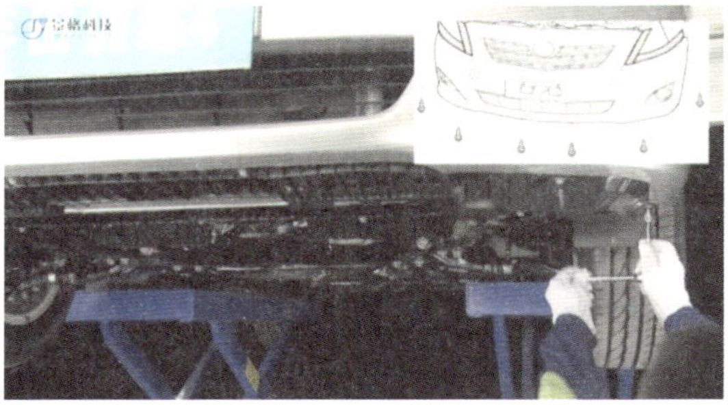

图 5-23　拆卸发动机 1 号底罩

图 5-24　拆卸蓄电池

(2) 排空冷却液

排空冷却液如图 5-26 所示。

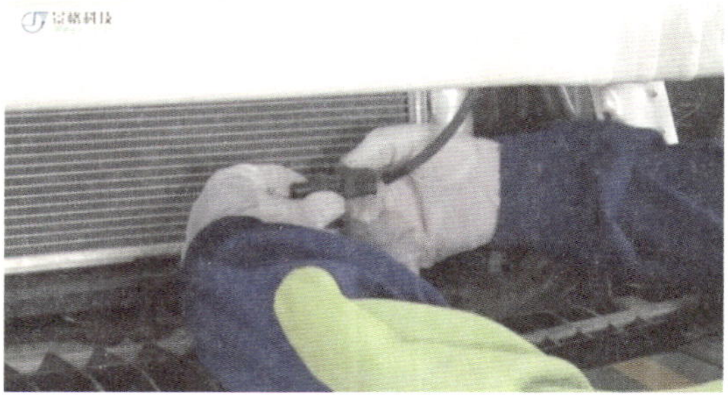

图 5-25　分离温度传感器

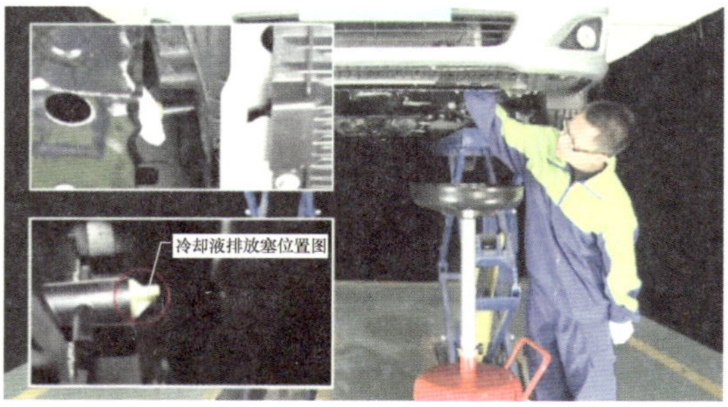

图 5-26　排空冷却液

① 松开散热器放水螺塞。

② 拆下散热器储液罐盖。

③ 松开气缸体放水螺塞(螺塞在排气歧管侧的发电机后面)。

注意事项

◇发动机或散热器还没有冷却下来时,不要拆卸散热器盖,以免烫伤。

(3) 断开散热器储液罐软管

① 如图 5-27 所示,用 10 mm 套筒、棘轮扳手从散热器上支架上拆下两个散热器储液罐回水软管固定螺栓,并用手将软管和两个卡夹分开。

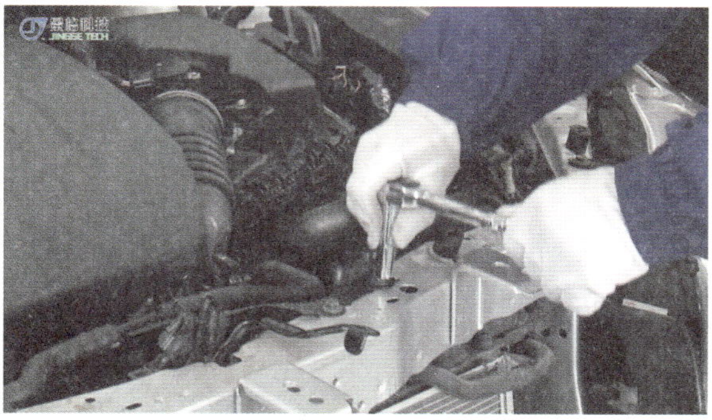

图 5-27　拆下螺栓

② 如图 5-28 所示，用鲤鱼钳移出储液罐出水软管锁紧卡子，将散热器储液罐软管从散热器总成上断开。

图 5-28　鲤鱼钳移出卡子

注意事项

◇断开的储液罐软管管口应采用塑料袋套住(或用塞子塞住)，防止残液滴漏污染和异物进入软管内。

(4) 断开散热器进、出水软管

如图 5-29 所示，用鲤鱼钳移出软管的锁紧卡子，并将散热器软管从散热器总成上断开。用塑料袋套住断开的软管管口。

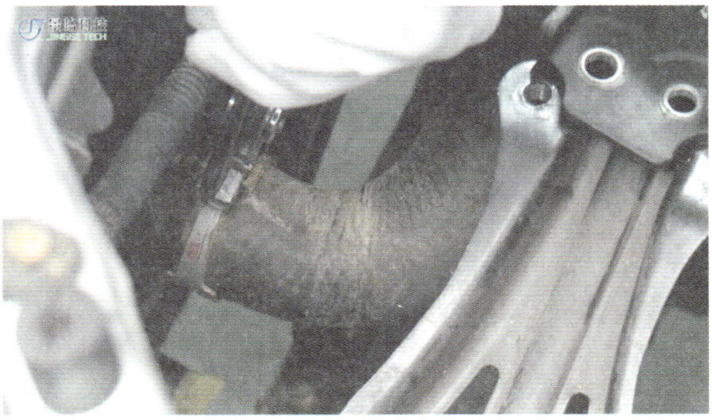

图 5-29　断开散热器进、出水软管

注意事项

◇散热器内可能还有残留的冷却液，操作时应在软管下方放置液体收集器。

(5) 断开机油冷却器管(自动传动桥)

如图 5-30 所示，将 4 根机油冷却器管从散热器总成上断开。

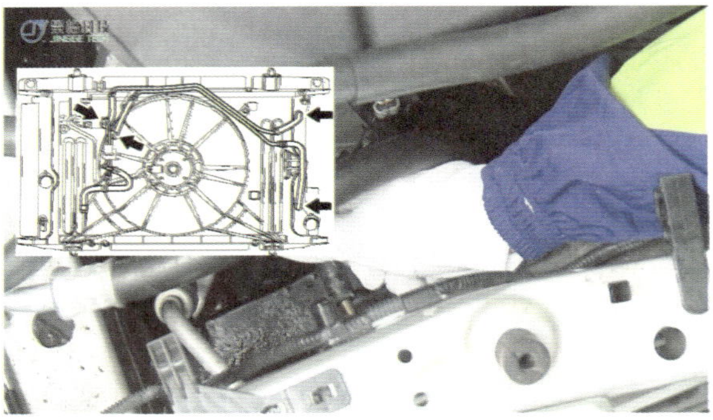

图 5-30　断开机油冷却器管

(6) 断开发动机盖锁总成

如图 5-31 所示，分离发动机盖锁线束连接器，并断开发动机盖锁控制拉索。

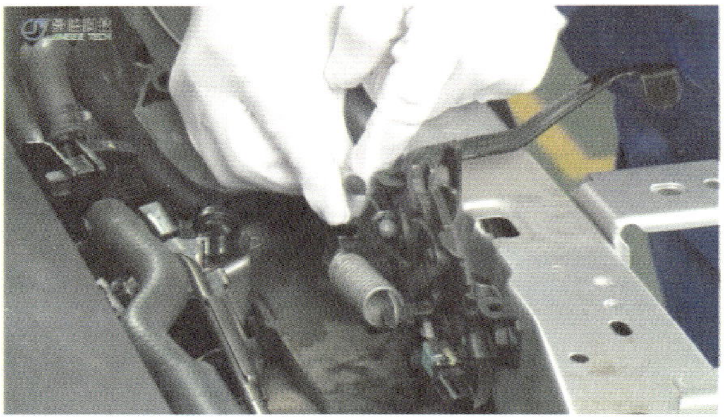

图 5-31　断开发动机盖锁总成

(7) 拆卸 2 号风扇罩

① 断开喇叭连接器。

② 如图 5-32 所示，用 10 mm 套筒、棘轮扳手分次拧松并拆下 4 个支架固定螺栓，取下散热器上支架。

③ 如图 5-33 所示，将散热器储液罐回水软管从软管卡夹上断开，用尖嘴钳将回水软管的锁紧卡子移开。

④ 如图 5-34 所示，将散热器储液罐回水软管从散热器总成上断开。

⑤ 如图 5-35 所示，用 10 mm 套筒、接杆、棘轮扳手从散热器总成上拆下两个螺栓，并将两个散热器支架缓冲垫从 2 号风扇罩上拆下。

⑥ 如图 5-36 所示，用一字螺丝刀松开两个卡爪，并拆下 2 号风扇罩。

图 5-32　拧松拆下固定螺栓

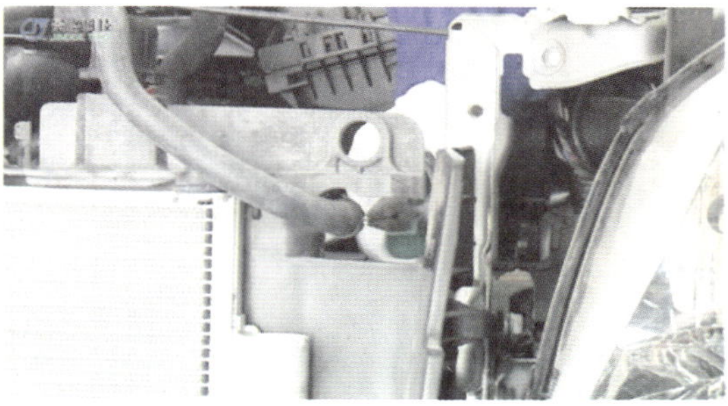

图 5-33　移开锁紧卡子

图 5-34　断开软水管

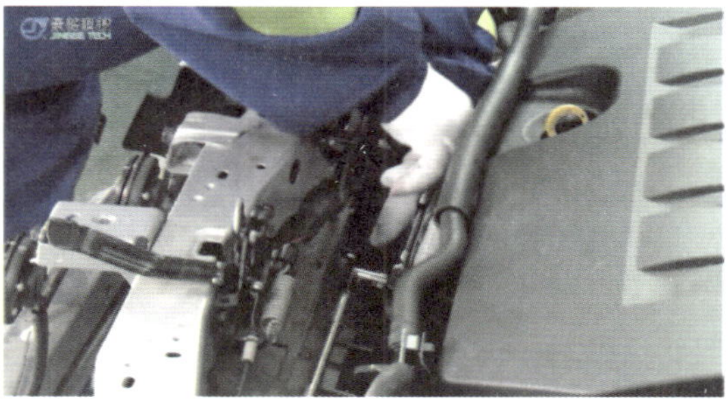

图 5-35　拆下缓冲垫

（8）拆卸散热器总成

① 如图 5-37 所示，断开冷却风扇电动机连接器和线束卡夹。

图 5-36　拆下风扇罩

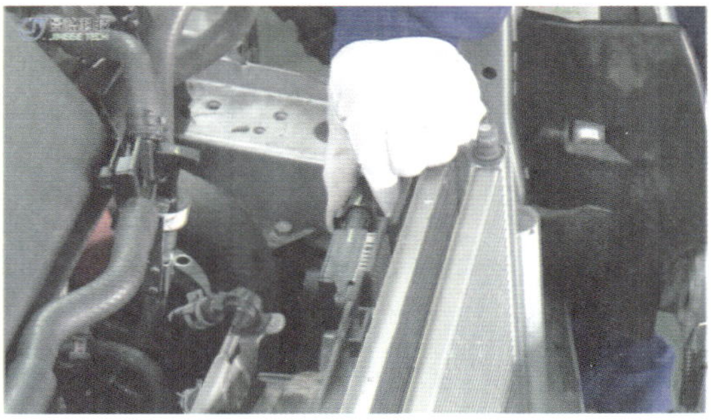

图 5-37　断开线束卡夹

② 如图 5-38 所示，将散热器总成和风扇罩一起拆下。

注意事项

◇拆下散热器总成时，不要对冷却器和冷凝器总成或冷却器管过度用力。

③ 拆下 2 个散热器下支架缓冲垫。

（9）拆卸风扇罩

如图 5-39 所示，拆下两个螺栓，并将风扇罩从散热器总成上拆下。

图 5-38　拆下散热器总成和风扇罩

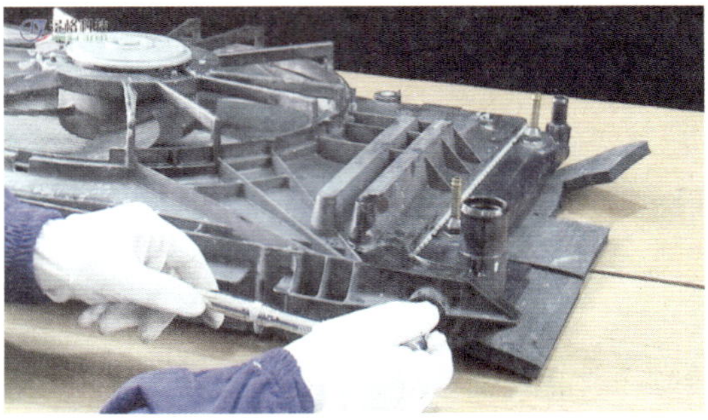

图 5-39　拆下螺栓

2. 拆卸电子风扇电机

(1) 拆卸电子风扇叶片

如图 5-40 所示，用 10 mm 套筒、接杆、棘轮扳手拆卸电子风扇叶片固定螺母，并拆下电子风扇叶片。

(2) 拆卸电子风扇电机

① 如图 5-41 所示，将电子风扇翻转至另一面，从风扇罩上断开连接器和两个卡夹。

图 5-40　拆卸固定螺母

图 5-41　拆卸卡夹

② 如图 5-42 所示，用十字螺丝刀拆下电子风扇电机的 3 个固定螺钉，然后拆下电子风扇电动机。

3. 安装电子风扇电机

(1) 安装电子风扇电机

① 如图 5-43 所示，将风扇罩对准电机装配孔，用 3 个螺钉安装电子风扇电动机并依次分步紧固。

图 5-42　月螺丝刀拆下固定螺钉

图 5-43　安装螺钉

② 如图 5-44 所示，将连接器和两个卡夹连接至风扇罩上。

图 5-44　安装连接器和卡夹

注意事项

◇禁止损坏连接器。

（2）安装风扇叶片

如图 5-45 所示，将风扇叶片中心孔的半圆部分对准电机轴的半圆部分后推入，然后用螺母安装风扇叶片，安装扭矩：6.3 N·m。

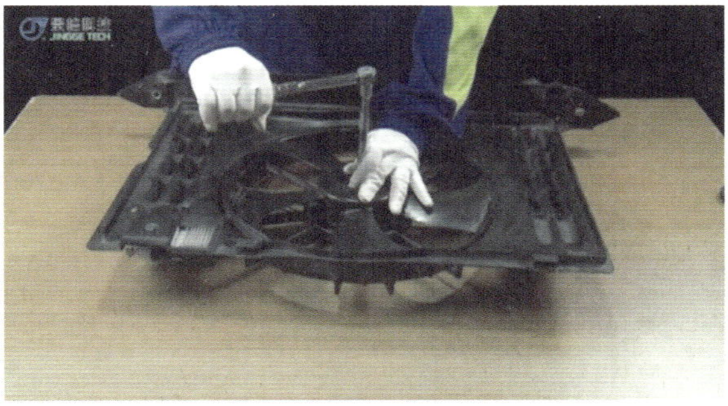

图 5-45　安装风扇叶片

注意事项

◇安装完螺母后，转动风扇叶片，检查风扇是否有卡滞、碰擦等现象。

4. 安装散热器

（1）安装风扇罩

如图 5-46 所示，将风扇罩和散热器正确结合在一起。用 10 mm 套筒、定扭扳手将风扇罩固定螺栓紧固至 7.0 N·m。

（2）安装散热器总成

① 如图 5-47 所示，安装两个散热器下支架缓冲垫。

② 如图 5-48 所示，将散热器总成和风扇罩一起安装至车上，确保对正安装位置。

（3）安装 2 号风扇罩

① 如图 5-49 所示，将散热器储液罐回水软管安装到软管卡夹上。

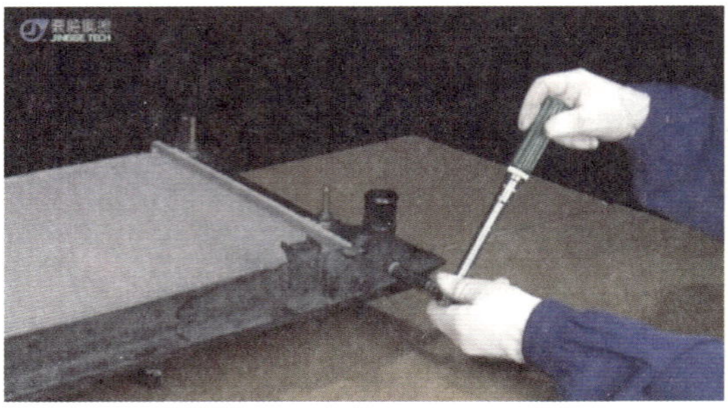

图 5-46　紧固固定螺栓

图 5-47　安装散热器下支架缓冲垫

图 5-48　将散热器总成和风扇罩安装在车上

图 5-49　将软管安装到软管卡夹上

② 如图 5-50 所示，将散热器储液罐回水软管安装到散热器总成上。

③ 如图 5-51 所示，接合两个卡爪，并用两个螺栓将 2 号风扇罩安装到散热器总成上，安装扭矩：7.0 N・m。

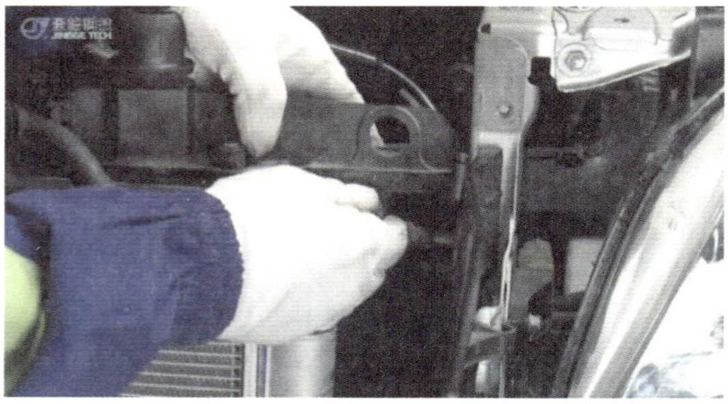

图 5-50　将软管安装到散热器总成上

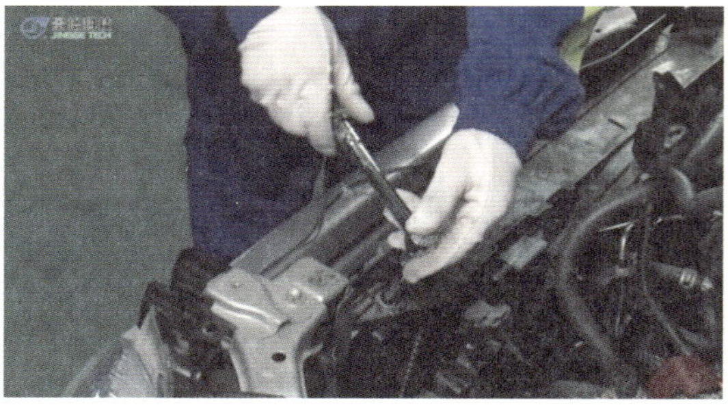

图 5-51　安装螺栓

④ 如图 5-52 所示，将两个散热器支架缓冲垫安装到 2 号风扇罩上。

⑤ 如图 5-53 所示，连接冷却风扇电动机连接器和线束卡夹。

⑥ 如图 5-54 所示，用 4 个螺栓安装散热器上支架，安装扭矩：13 N・m。

⑦ 如图 5-55 所示，连接喇叭连接器。

(4) 安装发动机盖锁总成

如图 5-56 所示，安装发动机盖锁控制拉索，并连接发动机盖锁线束连接器。

(5) 连接散热器进、出水软管

如图 5-57 所示，用卡夹将散热器软管连接到散热器总成上。

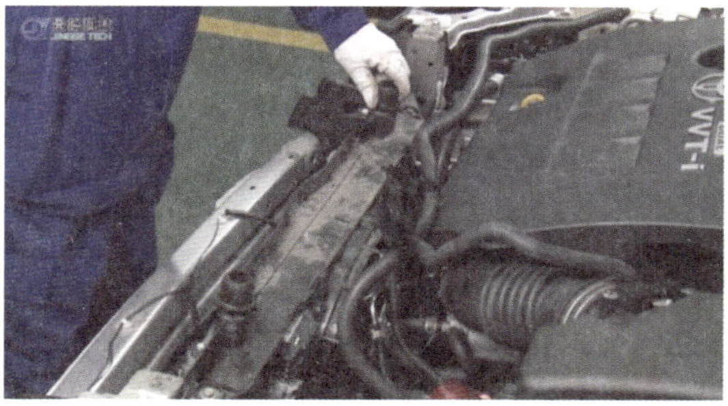

图 5-52　将缓冲垫安装到风扇罩

图 5-53　连接连接器

图 5-54　用螺栓安装散热器上支架

图 5-55　连接喇叭连接器

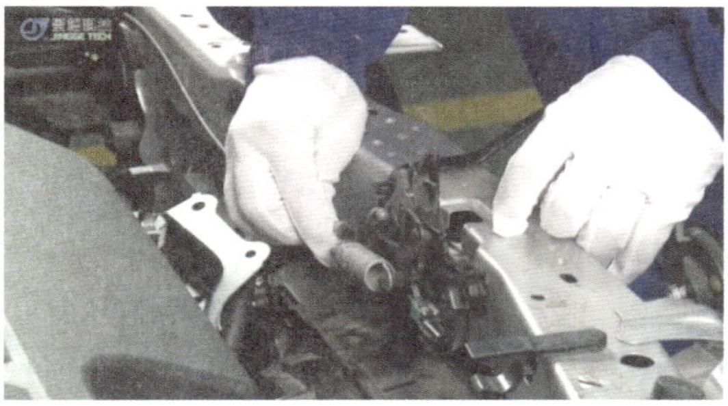

图 5-56　安装发动机盖锁总成

图 5-57　连接散热器进、出水管

注意事项

◇安装散热器软管时，如果软管内没有残留的冷却液，那么先要在安装部位涂抹一层薄薄的冷却液，然后再安装软管。

(6) 连接机油冷却器管(自动传动桥)

如图 5-58 所示，将 4 根机油冷却器管连接到散热器总成上。

(7) 连接散热器储液罐出水软管

① 如图 5-59 所示，用卡夹将散热器储液罐出水软管连接到散热器总成上。

② 如图 5-60 所示，用两个螺栓和两个卡夹将散热器储液罐出水软管安装到散热器上支架上，螺栓安装扭矩：5.0 N • m。

(8) 连接散热器外围件

① 如图 5-61 所示，安装热敏电阻总成。

图 5-58　连接机油冷却器管

图 5-59　用卡夹将软水管连接到散热器上

图 5-60　将螺栓和卡夹将软管安装到支架上

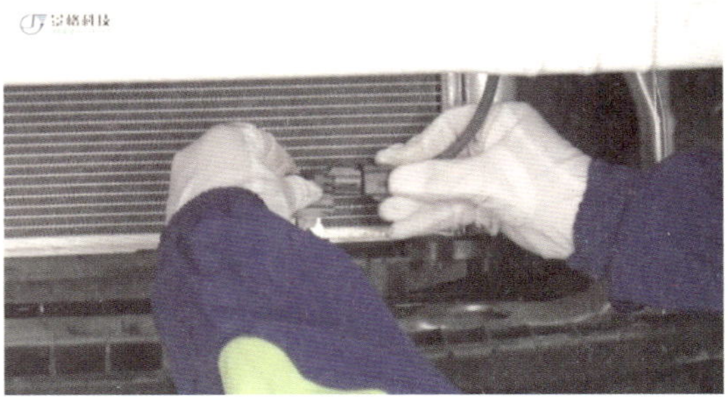

图 5-61　连接外围件

② 如图 5-62 所示，安装蓄电池。

③ 如图 5-63 所示，添加发动机冷却液。

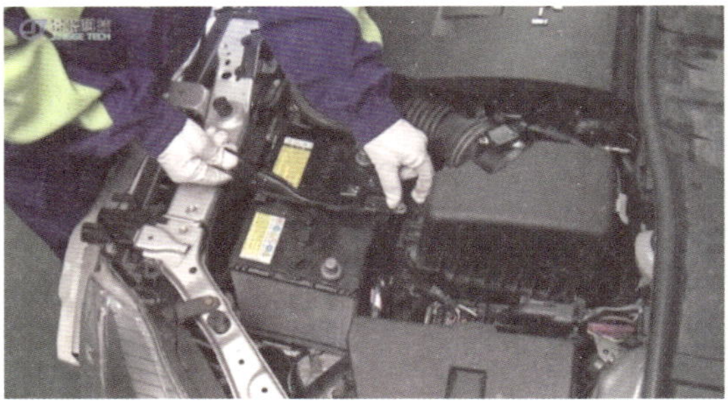

图 5-62　安装蓄电池

图 5-63　添加冷却液

④ 检查冷却液是否泄漏。

⑤ 如图 5-64 所示，安装 1 号发动机底罩。

⑥ 如图 5-65 所示，安装前保险杠总成。

⑦ 安装散热器格栅防护罩。

⑧ 如图 5-66 所示，安装散热器上空气导流板。

四、任务小结

1. 电子风扇电机组成

电子风扇电机由定子和转子两大部分组成。定子由机座、主磁极、换向极、端盖、轴承和

图 5-64　安装 1 号发动机底罩

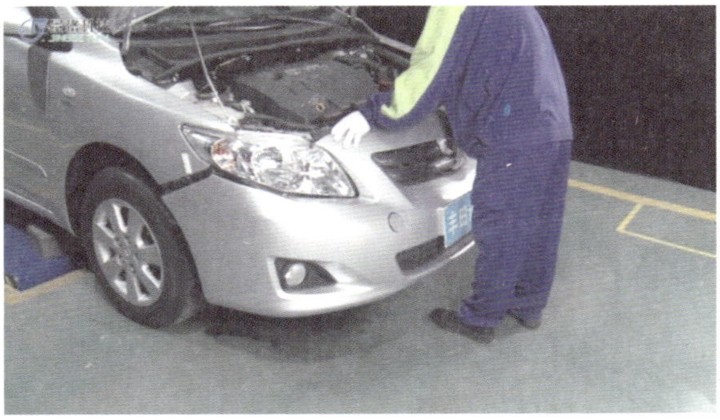

图 5-65　安装前保险杠总成

图 5-66　安装散热器上空气导流板

电刷装置等组成。

2. 电子风扇功能

电子风扇电机能实现直流电能(由蓄电池提供)转换为风扇叶片转动的机械能。电子风扇电机利用电磁感应原理,当电子风扇 IC(集成电路调节器)通过电刷在线圈中形成电流流动,产生电磁力,线圈在电磁力作用下产生旋转运动,实现了将电能转换为机械能。

3. 散热器组成

散热器由左储水室、右储水室、放水螺塞、散热器片、散热器芯等组成。

4. 散热器功能

散热器主要用来增大受热面积,加速水冷却。散热器利用热交换原理,达到冷却效果。

5. 补偿水桶组成

补偿水桶由补偿水桶盖、溢流管接口、补偿管接口、壳体等组成。它有补偿和溢流的作用。

6. 电子风扇和散热器拆卸作业的主要步骤

拆卸散热器外围件→排空冷却液→断开散热器连接管道及发动机盖锁总成→拆卸2号风扇罩→拆卸散热器总成→拆卸风扇罩→拆卸电子风扇叶片→拆卸电子风扇电机。(安装时按照相反的顺序。)

7. 电子风扇和散热器拆装作业注意事项

(1) 断开后的软管管口需用塑料袋套住(或用塞子塞住),以防止残液滴漏污染和防止异物进入。

(2) 拆卸散热器进、出水软管时,需在软管下方放置液体收集器,以防止残留的冷却液流出。

(3) 拆装时注意不要损坏风扇电机连接器。

(4) 安装散热器进、出水软管时,如果软管内没有残留的冷却液,那么先要在安装部位涂抹一层薄薄的冷却液,然后再安装软管。

(5) 安装完成后,转动风扇叶片,检查风扇是否有卡滞、碰擦等现象。

五、 任务评价

(一) 理论评价

1. 判断题

(1) 冷却系统是使发动机在所有工况下都保持在适当的温度范围内。 ( )

(2) 电子风扇电机运行时,将电能转换为机械能。 ( )

(3) 电子风扇电机安装在电子风扇上结构应由定子和转子两大部分组成。 ( )

(4) 散热器是将冷却液所含的热量通过流动的空气进行散发,使冷却液迅速得到冷却,以保证发动机的水温正常。 ( )

(5) 膨胀水箱功用是溢流和补偿。 ( )

(6) 散热器通过缩小散热面积将冷却液的热量由空气带走,加速冷却。 ( )

2. 单选题

(1) 冷却系统主要由水泵、冷却风扇、节温器、膨胀水箱、发动机机体、气缸盖中的水套、其他附属装置以及( )组成。

A. 散热器　　B. 蒸发器　　C. 冷凝器　　D. 机油滤清器

(2) 以卡罗拉为例,当冷却液低于多少摄氏度时,节温器主阀门关闭,副阀门打开,冷却液进行小循环?( )

A. 84 ℃　　B. 90 ℃　　C. 86 ℃　　D. 89 ℃

(3) 电子风扇电机运行时,将什么能转换为机械能?( )

A. 风能　　B. 电能　　C. 水能　　D. 动能

(4) 风扇罩上两个螺栓安装到散热器总成上所需的扭矩是:( )。

A. 10 N·m　　B. 9 N·m　　C. 8 N·m　　D. 7 N·m

（5）散热器是由左储水室、右储水室、放水螺塞、散热器芯及以下哪个部件构成？（　　）
A. 散热器片　　B. 出水管　　C. 进水管　　D. 散热器盖

（二）技能评价

表 5-2　电子风扇和散热器拆装技能评价

序号	内容	分值	得分
1	断开散热器软管前，排空冷却液。	5	
2	断开的储液罐软管管口用塑料袋套住（或用塞子塞住）。	5	
3	断开散热器进、出水软管前，在管口下放置液体收集器。	5	
4	拆卸 2 号风扇罩，散热器总成。	10	
5	拆卸电子风扇叶片。	5	
6	断开电机连接器及线束卡夹，用十字螺丝刀拆卸电机固定螺钉，并拆下电子风扇电机。	10	
7	安装电子风扇电机。	5	
8	用螺母安装风扇叶片，安装扭矩：6.3 N·m，安装完螺母后，转动风扇叶片，检查风扇是否有卡滞、碰擦等现象。	10	
9	将散热器总成和风扇罩一起安装至车上，确保对正安装位置。	5	
10	调整定扭扳手扭矩至 7.0 N·m，并用 10 mm 套筒、定扭扳手紧固 2 号风扇罩固定螺栓。	10	
11	调整定扭扳手扭矩至 13 N·m，并用 10 mm 套筒、定扭扳手紧固 4 个散热器固定螺栓。	10	
12	安装散热器软管前，检查软管内有无残留的冷却液。若没有，在安装部位涂抹一层薄薄的冷却液，然后再安装软管。	10	
13	调整定扭扳手扭矩至 5.0 N·m，并用 10 mm 套筒、定扭扳手紧固 4 个散热器固定螺栓。	5	
14	按照规范流程在规定时间内进行拆装作业。	5	
总分		100	

（注：操作正确即得分，操作错误或未进行操作得 0 分）

学习任务 3　水泵和节温器的拆装

一、任务目标

通过本任务学习，学习者应能：

（1）描述离心式水泵的结构、功用和工作原理。

（2）描述蜡式节温器的结构、功用和工作原理。

(3) 依据汽车维修操作要求,规范、熟练地完成水泵和节温器的拆装作业。

二、 知识准备

1. 离心式水泵

(1) 离心式水泵结构

汽车发动机多采用离心式水泵,并安装在发电机下部。如图 5-67 所示,离心式水泵主要由水泵皮带轮、水泵轴、水泵轴承、水泵盖、密封组件、水泵叶轮等部件组成。

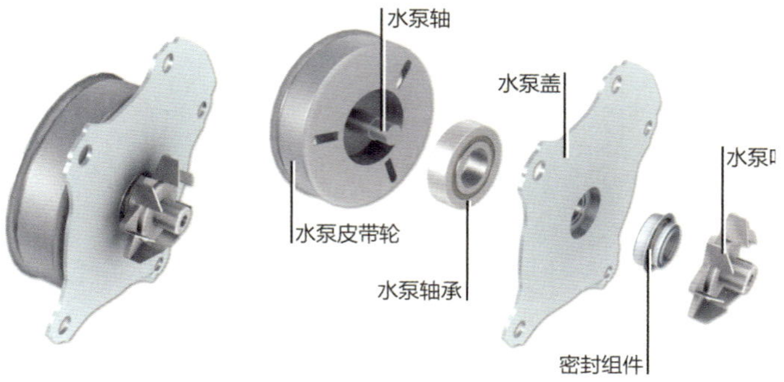

图 5-67 离心式水泵结构

水泵一般由曲轴通过 V 带或带肋的 V 带传动;水泵壳体上铸有进、出水管,进水管与散热器出水管相连,出水管与水套相连。水泵叶轮上有 6～8 个径向直叶片或后弯叶片。

(2) 离心式水泵功用

离心式水泵对冷却液加压,将冷却液强制循环起来。

(3) 离心式水泵工作原理

如图 5-68 所示,水泵叶轮旋转时,冷却液在离心力作用下被甩向叶轮边缘,叶轮边缘压力升高,冷却液被压送至出水管;同时在叶轮中心处压力降低,冷却液从进水管被吸入叶轮中心。

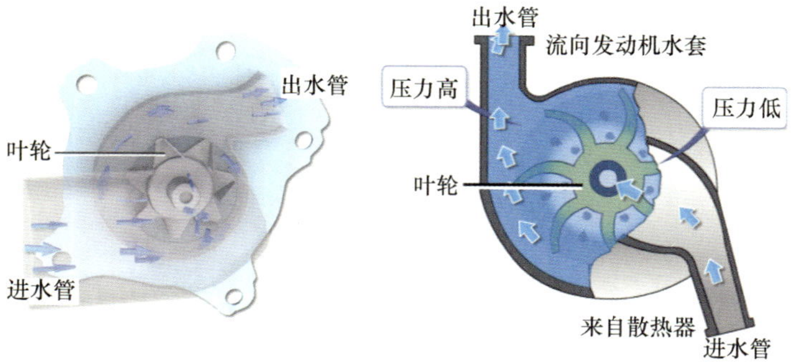

图 5-68 离心式水泵工作原理

2. 蜡式节温器

(1) 蜡式节温器结构

节温器通常为蜡式节温器,蜡式节温器主要由主阀门、副阀门、蜡管、推杆、支架、外壳、弹簧等组成,如图 5-69 所示。

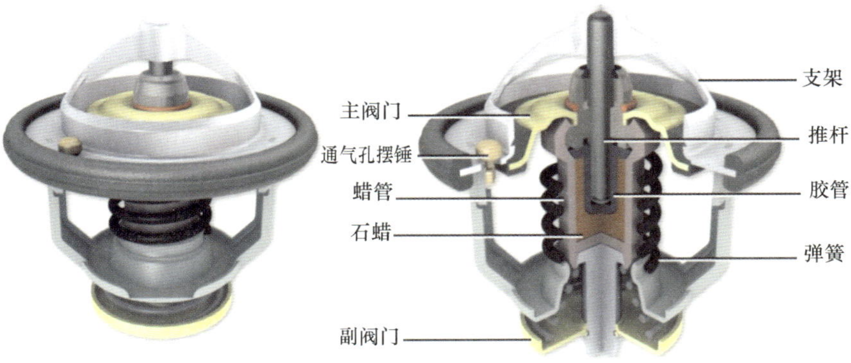

图 5-69　蜡式节温器结构

节温器有两种常见布置形式：第一种布置在发动机出水管路中；第二种布置在散热器的出水管路中。

(2) 蜡式节温器功用

随发动机水温的大小，自动控制冷却液通往散热器的流量和大、小循环路线。

(3) 蜡式节温器工作原理

节温器是控制冷却液流动路径的阀门。它根据冷却液温度的高低，打开或关闭冷却液通向散热器的通道。以卡罗拉为例，蜡式节温器特性如下：

① 当冷却液温度低于 84 ℃时，节温器主阀门关闭，副阀门开启，冷却液进行小循环，如图 5-70 所示。

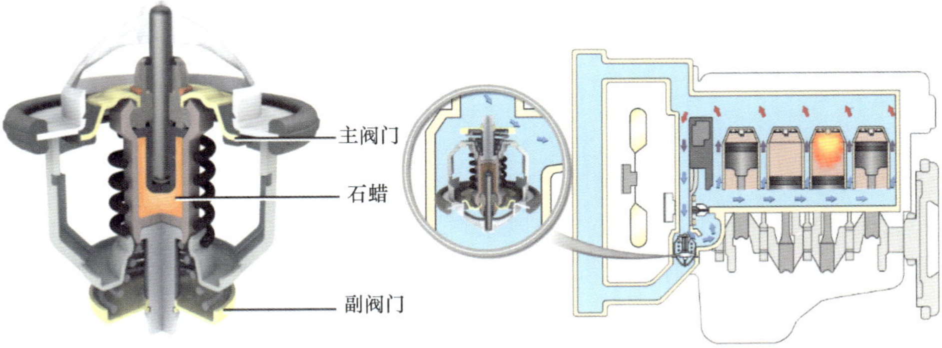

图 5-70　蜡式节温器状态-小循环

② 当冷却液的温度处于 84～95 ℃时，石蜡受热膨胀使主阀门部分开启，副阀门部分关闭，冷却液进行混合循环，如图 5-71 所示，。

③ 当冷却液温度达到 95 ℃以上时，石蜡膨胀量增大，主阀门全开，副阀门全关，冷却液进行大循环，如图 5-72 所示。

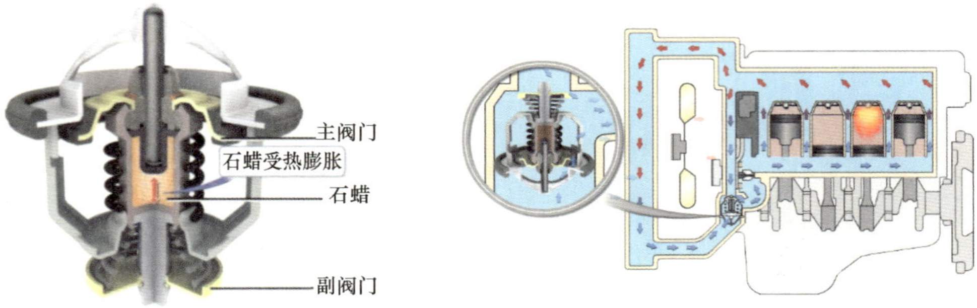

图 5-71　蜡式节温器状态-混合循环

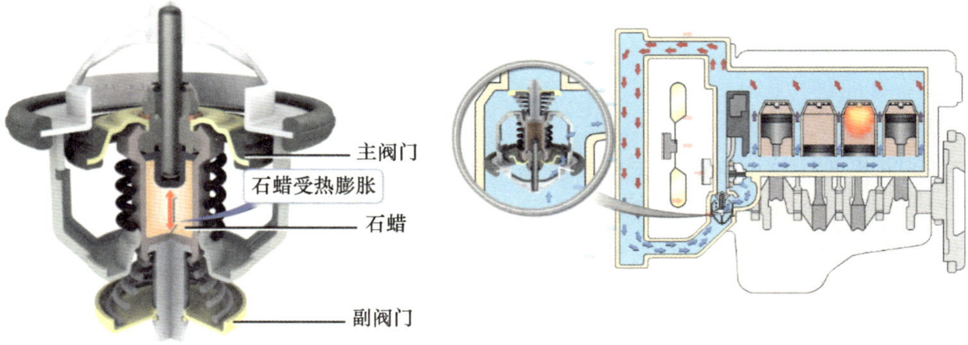

图 5-72　蜡式节温器状态-大循环

三、任务实施

(一) 实施方案

1. 质量要求

参照厂家的质量标准要求。

2. 组织方式

每四位同学一组，按照企业岗位操作规范对 2007 款卡罗拉 1.6L/AT 轿车 1ZR-FE 发动机冷却系统的水泵和节温器进行拆装作业。

3. 作业准备

(1) 技术要求与标准：

① 拆下水泵衬垫后，应确保气缸体上无旧水泵的残留物，保证接触面清洁。

② 安装水泵前，需更换新的水泵衬垫。

(2) 设备器材：如图 5-73 所示。

(3) 场地设施：带消防设施的场地。

(4) 设备设施：2007 款卡罗拉 1.6L/AT 轿车、发动机台架、工具车、标保工具车、零件车、垃圾桶。

(5) 耗材：干净抹布、泡沫清洁剂。

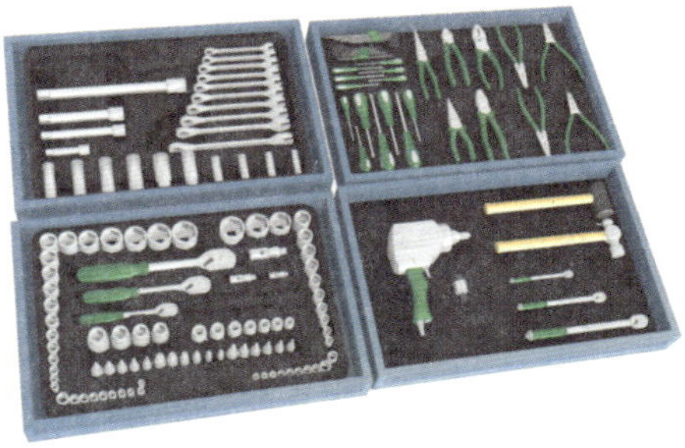

常用工具（一套）

图 5-73　设备器材

（二）操作步骤

1. 拆卸水泵

（1）拆卸散热器上空气导流板

如图 5-74 所示，拆下 6 个卡子和散热器上空气导流板。

图 5-74　拆卸散热器上空气导流板

（2）拆卸气缸盖罩

如图 5-75 所示，握住气缸盖罩的后端并提起，以脱开罩后端的两个卡子。

图 5-75　拆卸气缸盖罩

继续提起罩，以脱开罩前端的两个卡子并拆下罩。

(3) 拆卸发动机后部右侧底罩

如图 5-76 所示。

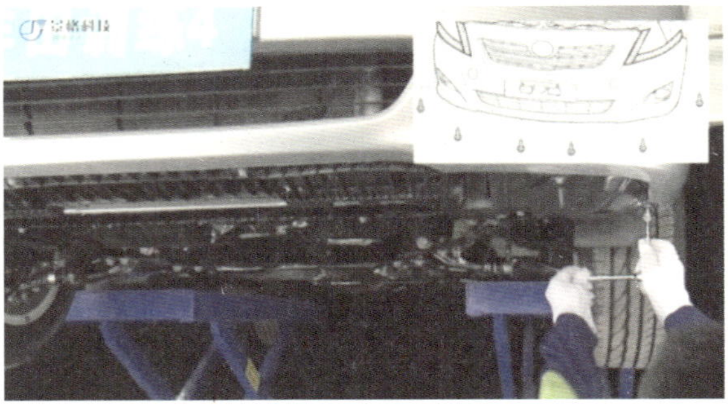

图 5-76　拆卸发动机后部右侧底罩

(4) 从蓄电池负极端子断开电缆

如图 5-77 所示。

图 5-77　从蓄电池负极端子断开电缆

(5) 排净发动机冷却液

排净发动机冷却液如图 5-78 所示。

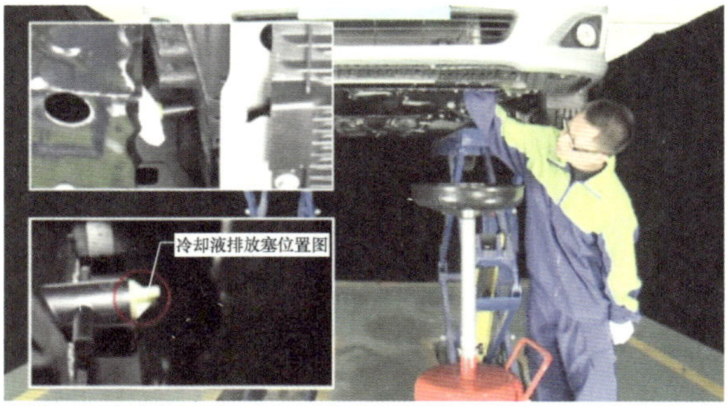

图 5-78　排净发动机冷却液

①松开散热器放水螺塞。

② 拆下散热器储液罐盖。

③ 松开气缸体放水螺塞(螺塞在排气歧管侧的发电机后面)。

（6）拆卸多楔带

如图 5-79 所示。

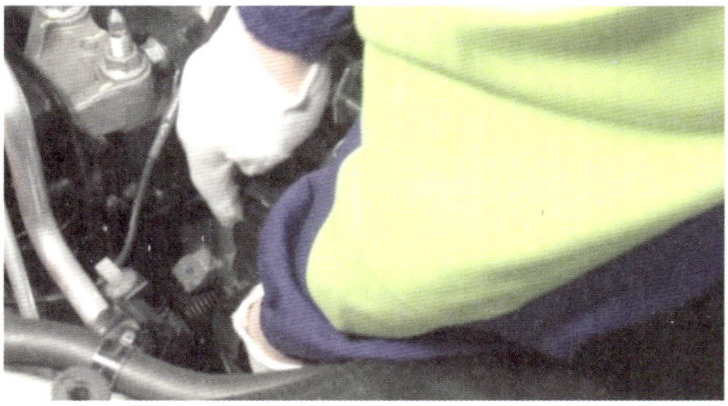

图 5-79　拆卸多楔带

（7）拆卸发电机总成

① 如图 5-80 所示，拆下端子盖。

图 5-80　拆下端子盖

② 如图 5-81 所示，拆下螺母并将线束从端子 B 上断开。

图 5-81　拆下螺母

③ 如图 5-82 所示，断开连接器和线束卡夹。

④ 如图 5-83 所示，拆下两个螺栓和发电机总成。

（8）拆下水泵总成

① 如图 5-84 所示，使用 10 mm 套筒、接杆、棘轮扳手按对角的顺序，从正时链条盖上依次拆下 5 个螺栓，并取下水泵总成。

图 5-82　断开连接器和线束卡夹

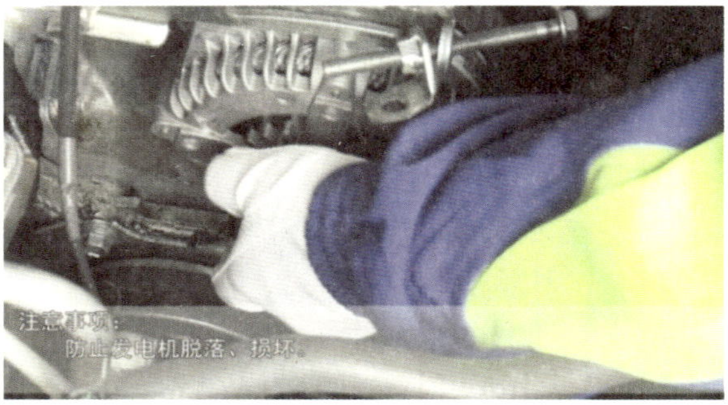

图 5-83　拆卸发电机总成

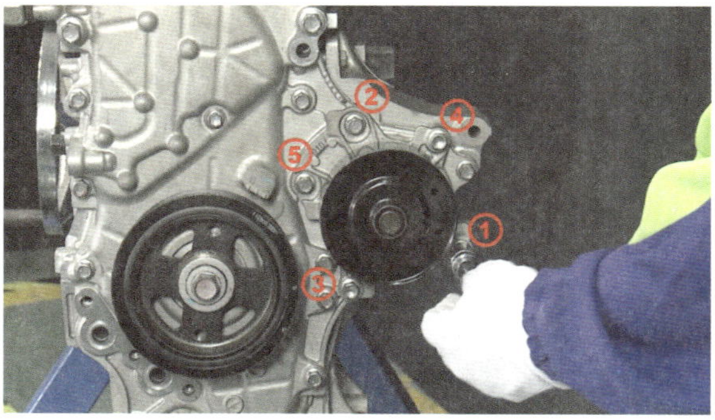

图 5-84　按照顺序拆下螺栓

② 如图 5-85 所示，从正时链条盖上拆下水泵衬垫。

注意事项

◇水泵衬垫拆下后，如果气缸体上有旧水泵衬垫的残留物，应使用铲刀将接合面清理干净。

2．拆卸节温器

（1）排净发动机冷却液

① 如图 5-86 所示，松开散热器放水螺塞。

图 5-85 从正时链条盖上拆下水泵衬垫

图 5-86 松开散热器放水螺塞

② 如图 5-87 所示，拆下散热器储液罐盖。

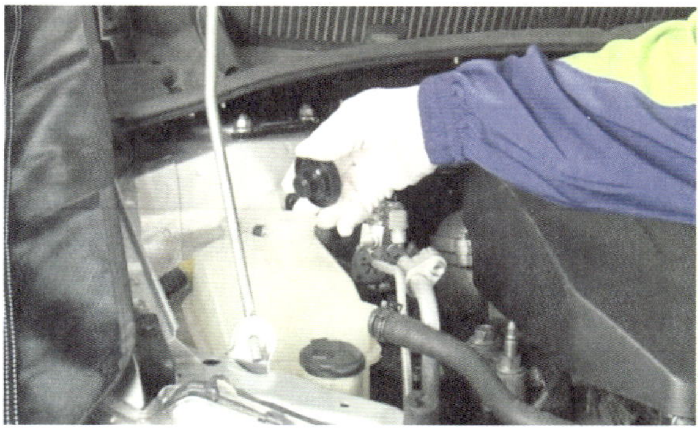

图 5-87 拆下散热器储液罐盖

注意事项

◇在发动机和散热器还没有冷却下来时，不要拆下散热器储液罐盖。

③ 如图 5-88 所示，松开气缸体放水螺塞。

(2) 拆卸节温器

① 如图 5-89 所示，拆卸发动机进水口。

图 5-88　松开气缸体放水螺塞

图 5-89　拆卸发动机进水口

② 如图 5-90 所示，拆下节温器。

③ 从节温器上拆下衬垫。

④ 如图 5-91 所示，拆下节温器和衬垫。

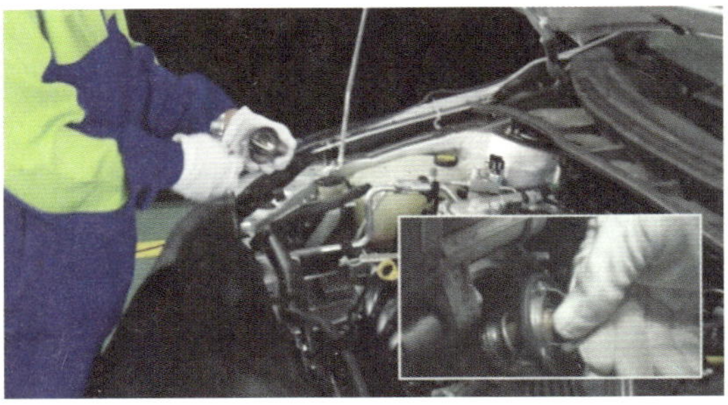

图 5-90　拆下节温器

图 5-91　拆下节温器和衬垫

⑤ 如图 5-92 所示，从节温器上拆下衬垫。

(3) 安装节温器

① 如图 5-93 所示，将新衬垫安装在节温器上。

图 5-92　拆下节温器衬垫

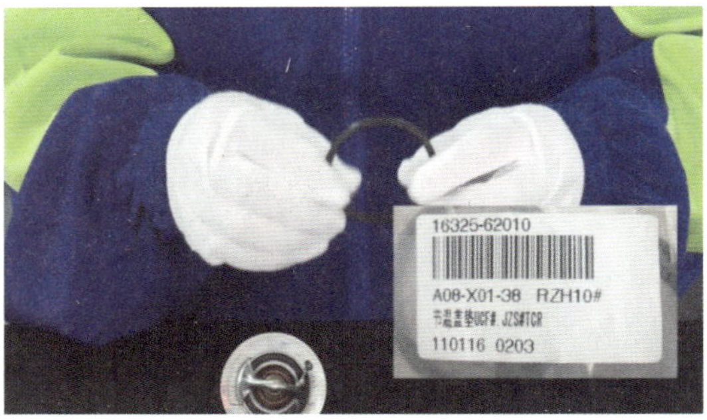

图 5-93　目视检查新衬垫

② 如图 5-94 所示，将节温器安装至进水口上。

注意事项

◇通气阀可设置在规定位置两侧 10°范围内。

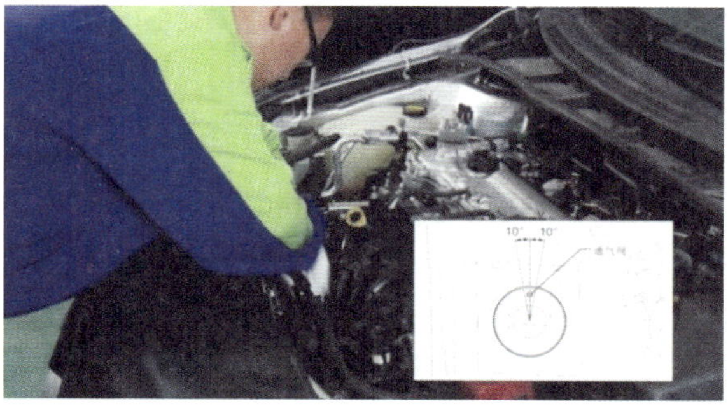

图 5-94　将节温器安装至进水口

③ 安装进水口。如图 5-95 所示，用两个螺栓安装进水管，安装扭矩：10 N·m。

图 5-95　安装螺栓

3. 安装水泵

(1) 安装水泵总成

① 如图 5-96 所示，将一个新水泵衬垫的凸出部分与正时链条盖上的切口对齐，并将衬垫安装到正时链条盖的凹槽中。

图 5-96　安装衬垫到凹槽中

注意事项

◇安装水泵前，需更换新的水泵衬垫。

② 用 5 个固定螺栓将水泵暂时安装到正时链条盖上。再用 10 mm 套筒、接杆、定扭扳手将 5 个固定螺栓按照图 5-97 的顺序紧固至 24 N·m，完成水泵总成安装。

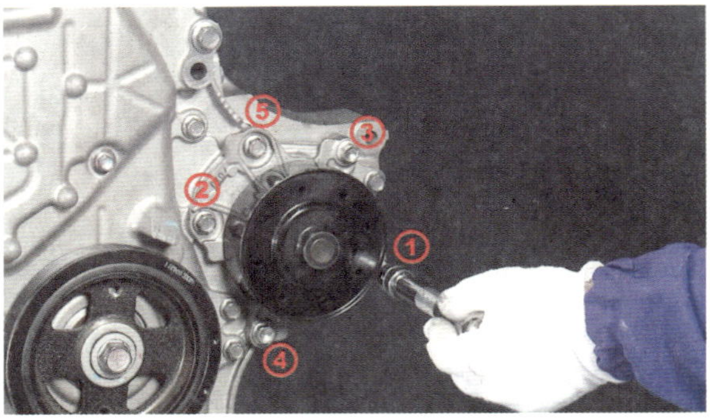

图 5-97　安装螺栓的顺序

（2）安装发电机总成

① 如图 5-98 所示，安装两个螺栓和发电机总成。

图 5-98　安装两个螺栓和发电机总成

② 如图 5-99 所示，连接连接器和线束卡夹。

图 5-99　连接连接器和线束卡夹

③ 如图 5-100 所示，安装螺母并将线束安装在端子 B 上。

④ 如图 5-101 所示，安装端子盖。

（3）安装多楔带

如图 5-102 所示，安装多楔带并调整其张紧力。检查并确认皮带正确安装在楔形槽中。

图 5-100　安装螺母及线束

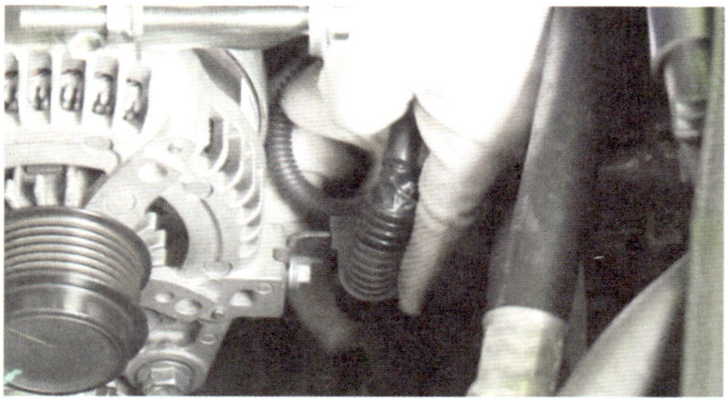

图 5-101　安装端子盖

图 5-102　安装多楔带

四、任务小结

1. 离心式水泵的组成

离心式水泵由水泵皮带轮、水泵轴、水泵轴承、水泵盖、密封组件、水泵叶轮等部件组成。

2. 离心式水泵的工作原理

离心式水泵通过水泵叶轮的旋转，利用离心力作用将冷却液压入出水管，同时由于叶轮中心产生低压区，将冷却液吸入水泵，从而保证了冷却系统中冷却液的循环流动。

3. 蜡式节温器的组成

蜡式节温器主要由主阀门、副阀门、蜡管、推杆、支架、外壳、弹簧等组成。

4. 节温器的工作原理

节温器是根据冷却液温度的高低，控制冷却液流动路径的阀门。蜡式节温器主要通过石蜡的热胀冷缩来控制主阀门和副阀门的开关。

(1) 当冷却液温度低于 84 ℃时，节温器主阀门关闭，副阀门开启，冷却液进行小循环。

(2) 当冷却液的温度处于 84～95 ℃时，石蜡受热膨胀使主阀门部分开启，副阀门部分关闭，冷却液进行混合循环。

(3) 当冷却液温度达到 95 ℃以上时，石蜡膨胀量增大，主阀门全开，副阀门全关，冷却液进行大循环。

5. 水泵和节温器拆卸作业的主要步骤

拆卸多楔带→拆卸发电机总成→拆下水泵总成→拆卸节温器进水管→拆卸节温器。(安装时按照相反的顺序。)

6. 在水泵和节温器拆装作业注意事项

(1) 拆卸水泵时，须按照对角顺序拆卸固定螺栓。

(2) 水泵衬垫拆下后，如果气缸体上有旧水泵衬垫的残留物，应使用铲刀将接合面清理干净。

(3) 水泵衬垫为一次性使用，安装水泵前需更换新的水泵衬垫。

(4) 安装水泵时，需按照对角顺序紧固螺栓。

(5) 节温器衬垫为一次性使用，需在安装节温器前更换新的衬垫。

(6) 安装完节温器后，应调整通气阀在规定位置两侧 10°范围内。

五、任务评价

(一) 理论评价

1. 判断题

(1) 水泵的作用是对冷却液减压，使冷却液在冷却系统中强制循环流动。 ( )

(2) 水泵衬垫拆下后还可以继续使用。 ( )

(3) 水泵是由水泵皮带轮、水泵轴、水泵轴承、水泵盖、密封组件、水泵叶轮等部件组成的。 ( )

(4) 水泵的 5 个固定螺栓需以对角的方式进行拆卸。 ( )

(5) 节温器能根据发动机冷却液温度变化自动地控制冷却液流量，使发动机在正常的温度范围内工作，目前汽车上广泛采用蜡式节温器。 ( )

(6) 节温器是控制冷却液流动路径的阀门。它根据冷却液速度的高低，打开或关闭冷却液通向散热器的通道。 ( )

(7) 蜡式节温器主要由主阀门、副阀门、蜡管、支架、外壳、弹簧等组成。 ( )

2. 单选题

(1) 水泵螺栓的紧固扭矩是 :( )。

A. 23 N·m　B. 24 N·m　C. 25 N·m　D. 26 N·m

(2) 水泵对冷却液采取什么措施使冷却液在冷却系统中强制循环流动? ( )

A. 加压　B. 减压　C. 增速　D. 减速

(3) 冷却液温度高于多少摄氏度时，主阀门全开，副阀门全关，冷却液进行大循环？(　　)

A. 84 ℃　　B. 88 ℃　　C. 95 ℃　　D. 102 ℃

(4) 温度在多少摄氏度时，石蜡膨胀推动主阀门部分开启，副阀门部分关闭，冷却液进行混合循环？(　　)

A. 80～105 ℃　　B. 85～105 ℃　　C. 84～95 ℃　　D. 75～105 ℃

(5) 水泵由水泵皮带轮、水泵轴、水泵轴承、水泵盖、水泵叶轮和(　　)组成。

A. 垫片　　B. 垫圈　　C. 密封圈　　D. 密封组件

(二) 技能评价

表 5-3　水泵和节温器拆装技能评价

序号	内容	分值	得分
1	拆下 6 个卡子和散热器上空气导流板，气缸盖罩及发动机后部右侧底罩。	5	
2	从蓄电池负极端子断开电缆。	5	
3	依次松开散热器放水螺塞，储液罐盖以及放水螺塞。	10	
4	拆卸多楔带及发电机总成。	10	
5	使用 10 mm 套筒、接杆、棘轮扳手按对角的顺序，从正时链条盖上依次拆下 5 个水泵固定螺栓。	5	
6	水泵衬垫拆下后，检查气缸体上有无旧水泵衬垫的残留物。若有，使用铲刀将接合面清理干净。	10	
7	更换水泵衬垫。	5	
8	对齐水泵衬垫的凸出部分与正时链条盖上的切口，并将衬垫安装到正时链条盖的凹槽中。	5	
9	用 10 mm 套筒、接杆、定扭扳手将 5 个水泵固定螺栓按照对角顺序紧固至 24 N·m。	10	
10	拆卸节温器进水管。	5	
11	拆卸节温器。	5	
12	从节温器上拆下节温器衬垫，并更换。	5	
13	安装节温器。	5	
14	调整节温器，使通气阀在规定位置两侧 10°范围内。	10	
15	将两个螺栓安装进水管，拧紧扭矩：10 N·m。	5	
总分		100	

(注：操作正确即得分，操作错误或未进行操作得 0 分)

学习拓展

1. 冷却系统类型

如图 5-103 所示，发动机的冷却系统有水冷式和风冷式。水冷系统以冷却液为冷却介质；风冷系统以空气为冷却介质。

2. 散热器类型

如图 5-104 所示，根据散热器中冷却液的流动方向，可将散热器分为横流式散热器和纵流式散热器：

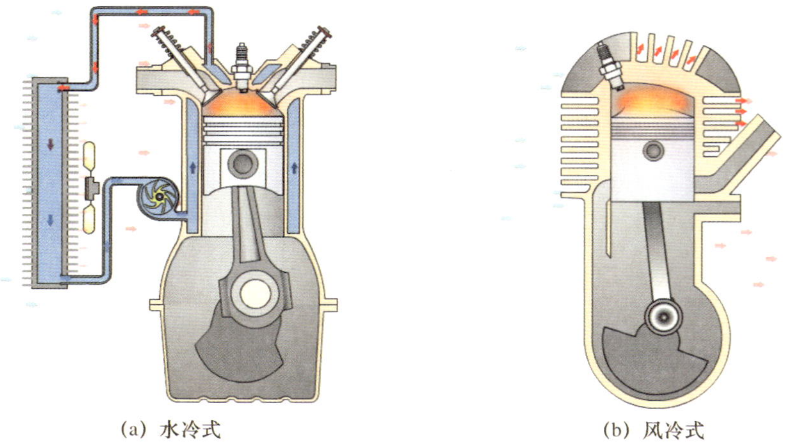

图 5-103　冷却系统类型

（1）横流式散热器芯横向布置，左右两端分别为进、出水室；

（2）纵流式散热器芯竖直布置，上接进水室，下接出水室。

大多数轿车均采用横流式散热器，可使发动机机罩的外轮廓较低，有利于改善车身前端的空气动力性。

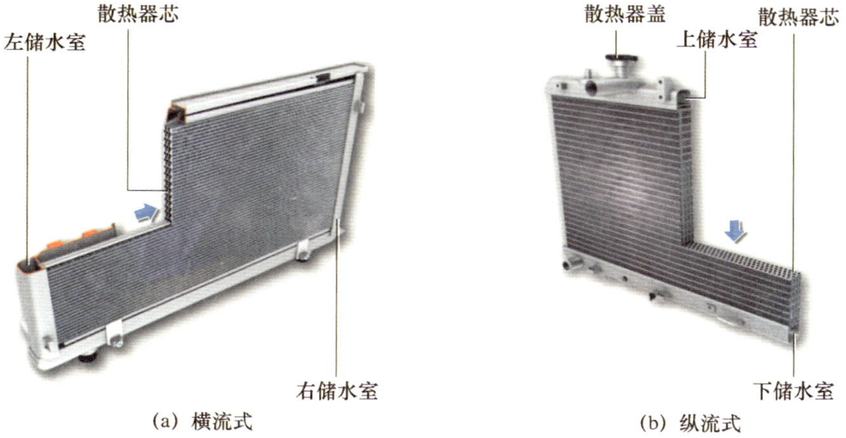

图 5-104　散热器类型

3. 散热器芯的结构形式

如图 5-105 所示，散热器芯有两种结构形式：管带式散热器芯和管片式散热器芯。管带式散热器由散热管和波形散热带组成，散热能力强，质量轻，成本低；管片式散热器由散热管和散热片组成，管片式的散热面积大，气流阻力小。

4. 微机控制电动冷却风扇的工作原理

微机控制电动风扇的风扇转速由发动机 ECU 控制。以卡罗拉为例，其工作特性如下：

（1）如图 5-106 所示，当发动机冷却液温度低于 95 ℃（卡罗拉）时，微机控制风扇电动机不工作，风扇不转动。

（2）如图 5-107 所示，当冷却液温度处于 95～105 ℃时，微机控制风扇电动机低速运转，风扇低速转动。

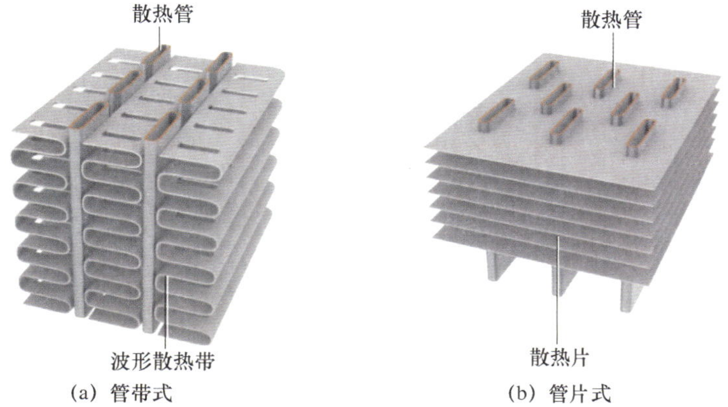

图 5-105　散热器芯的结构形式

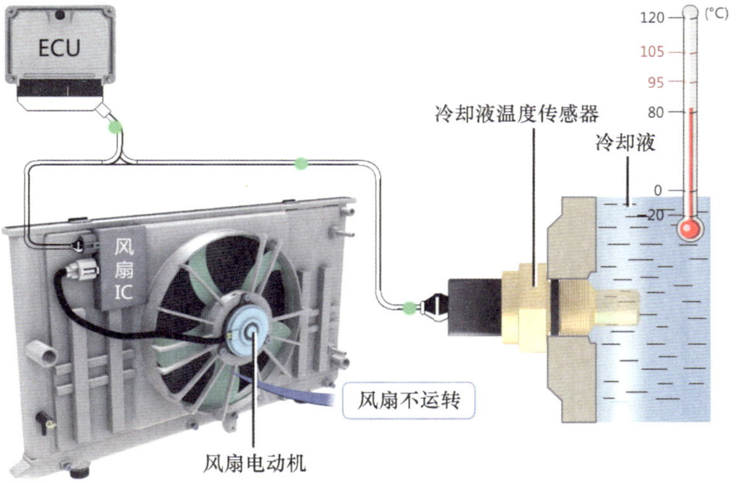

图 5-106　微机控制电动冷却风扇未运转状态

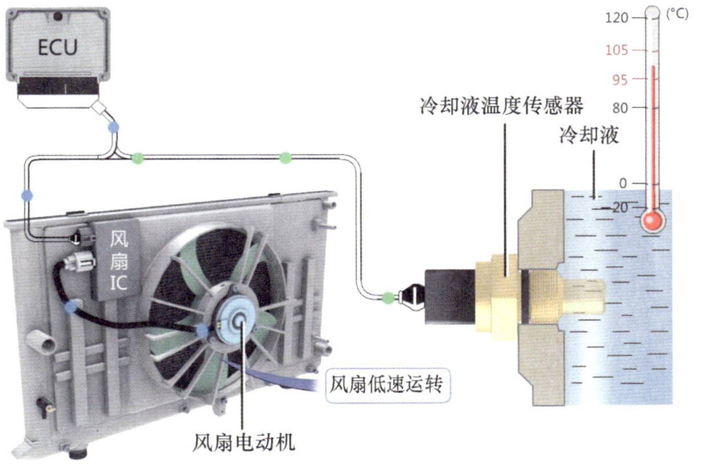

图 5-107　微机控制电动冷却风扇低速运转状态

(3) 如图 5-108 所示，当冷却液温度到达 105 ℃及以上时，微机控制风扇电动机高速运转，风扇高速转动。

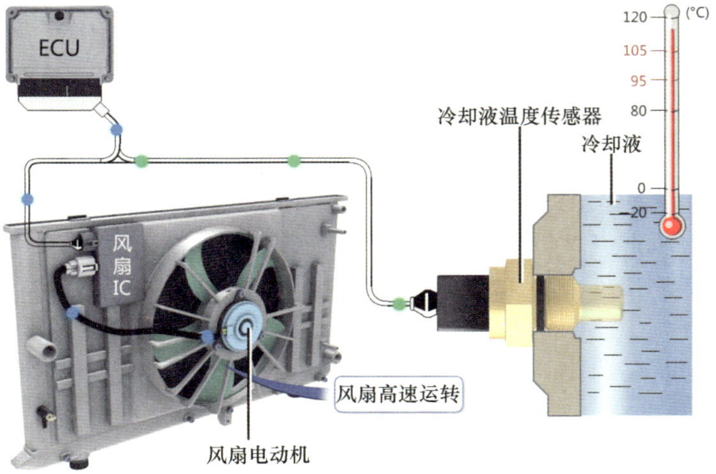

图 5-108　微机控制电动冷却风扇高速运转状态

5. 温控开关控制电动冷却风扇的工作原理

温控开关控制电动冷却风扇的转速由温控热敏电阻开关控制。以卡罗拉汽车为例，其工作特性如下：

(1) 如图 5-109 所示，当冷却液温度达到 95 ℃时，温控开关接通低速继电器电路，低速继电器触点闭合，风扇低速运转。

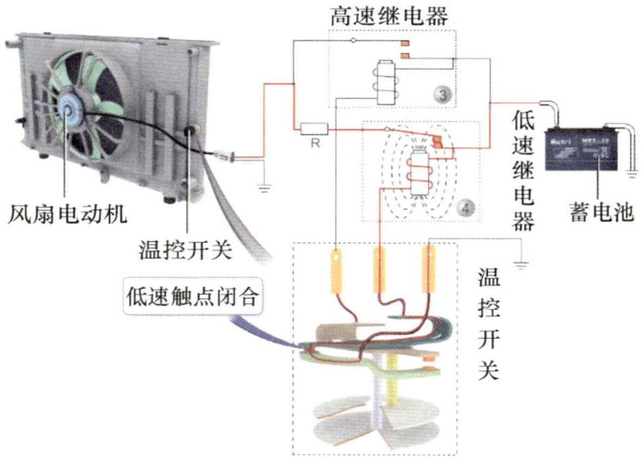

图 5-109　温控开关控制电动冷却风扇低速运转状态

(2) 如图 5-110 所示，当冷却液温度达到 105 ℃时，温控开关接通高速继电器电路，低速挡电阻被短接，风扇高速运转。

6. 冷却液

(1) 冷却液的成分

冷却液主要由软水、防冻剂、添加剂三部分组成。软水可以防止发动机水套中产生水垢。防冻剂可以是酒精、甘油或乙二醇，最常用的是乙二醇。防冻剂用于防止冷却液的冻

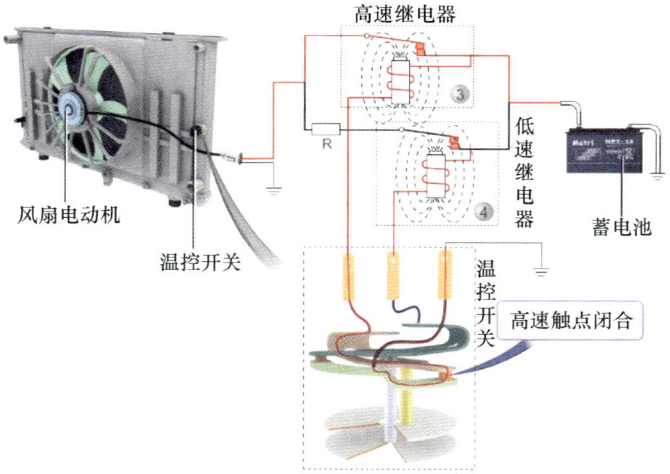

图 5-110　温控开关控制电动冷却风扇高速运转状态

结，并提高冷却液的沸点。添加剂包括防锈剂、泡沫抑制剂和着色剂。

(2) 冷却液的功用

如图 5-111 所示，根据冷却液的成分，冷却液所起的作用有：防冻、防沸、防腐、防锈、防垢。

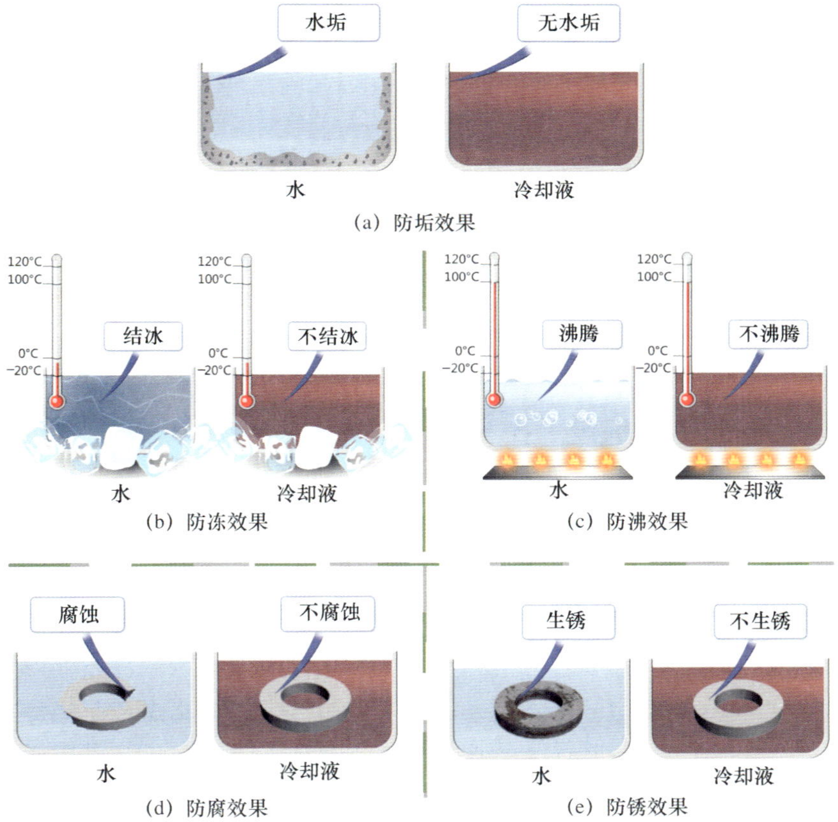

图 5-111　冷却液功用

项目六

润滑系统构造与拆装

项目描述

润滑系统是发动机的重要服务系统，润滑系统能够润滑发动机中运动机件的接触表面，减少发动机零件间的摩擦阻力和磨损，提高发动机工作可靠性和使用寿命。

本任务主要通过对润滑系统主要机件的拆装作业，使学生认识以及理解其主要机件的结构和原理。

学习目标

通过本项目的学习，应能够：

(1) 描述润滑系统的组成、功能。

(2) 识别润滑系统主要零配件并用自己的语言描述出其工作原理。

(3) 依据汽车维修操作流程，规范、熟练地完成润滑系统主要部件的拆装作业。

项目任务

(1) 认识润滑系统

(2) 机油滤清器拆装

(3) 机油泵拆装

学习任务1　认知润滑系统

一、任务目标

通过本任务学习，学习者应能：

(1) 描述发动机润滑系统的组成、功用、工作原理。

(2) 指出润滑系统在发动机上所处的位置，能识别润滑系统主要部件。

二、知识准备

1. 发动机润滑系统组成

如图 6-1 所示，发动机润滑系统主要由机油滤清器、机油泵、油底壳、机油喷嘴、油道等组成。

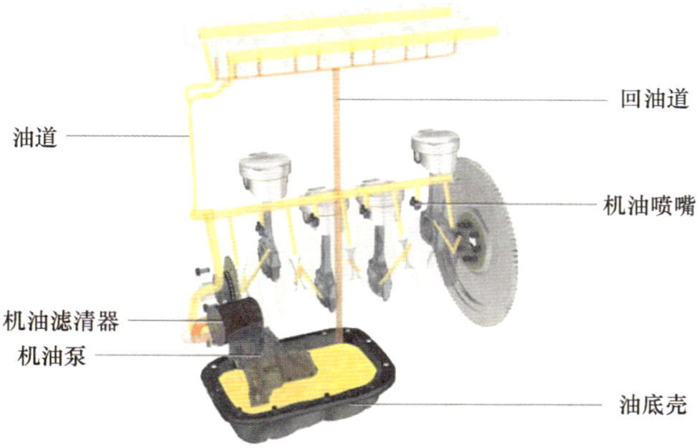

图 6-1　润滑系统组成

2. 发动机润滑系统的功用

如图 6-2 所示，发动机润滑系统的功用是当发动机工作时连续不断地把足够数量的洁净润滑油（机油）输送到传动件摩擦表面，机油在摩擦表面形成油膜，从而减小摩擦阻力，降低功率消耗，减轻部件磨损，从而提高发动机工作可靠性和使用寿命。

图 6-2　润滑系统功用

3. 发动机润滑系统工作原理

如图 6-3 所示，发动机工作时，机油从油底壳中被机油泵通过集滤器吸入机油滤清器中。从机油滤清器中过滤后的机油经主油道分三路输送到发动机的各部件。第一路经曲轴主轴颈、连杆轴颈最终回到油底壳;第二路经机油喷嘴最终回到油底壳;第三路经气缸盖,同时渗入VVTi、气门挺柱、凸轮轴轴承等部件,最终回到油底壳。润滑系统反复循环,始终不间断地把洁净的机油送到发动机的传动件摩擦表面。

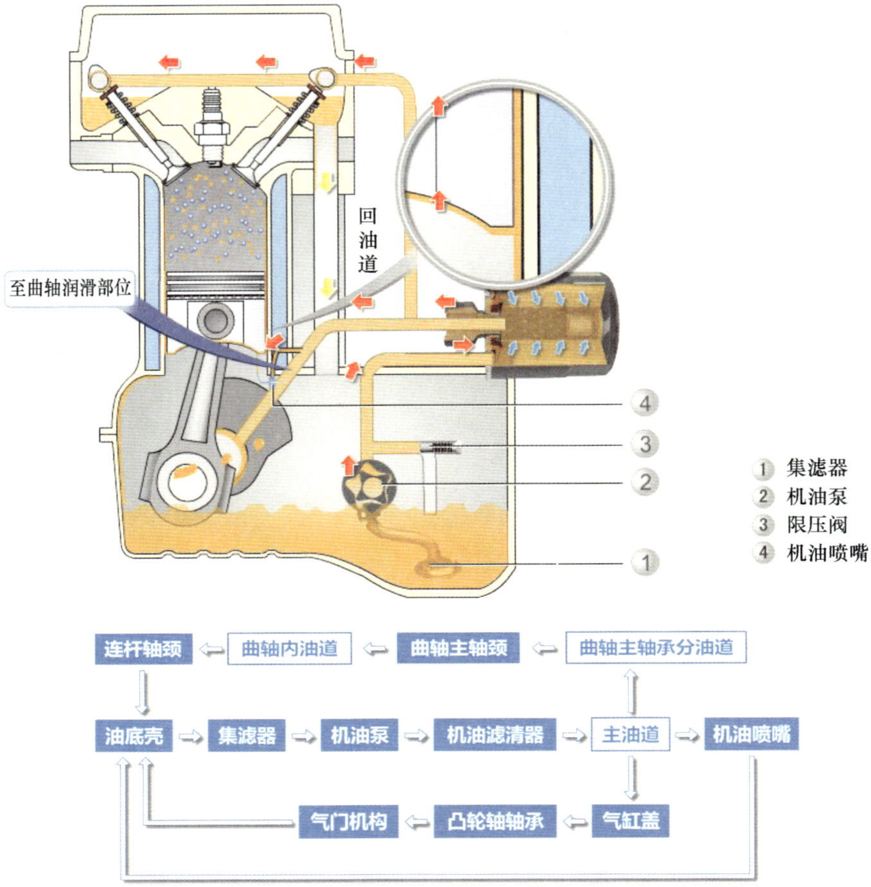

图 6-3 润滑系统原理

三、任务实施

(一) 实施方案

1. 质量要求

参照厂家的质量标准要求。

2. 组织方式

每四位同学一组,按照企业岗位操作规范在2007款卡罗拉1.6L/AT轿车1ZR-FE发动机上查看润滑系统,并指出润滑系统主要零部件的外形结构。每组作业时间为____分钟。

3. 作业准备

(1) 技术要求与标准:按照汽车维修安全规范操作要求,在规定时间内,在台架或实车上完成润滑系统主部件的拆装。

（2）设备器材：如图 6-4 所示。

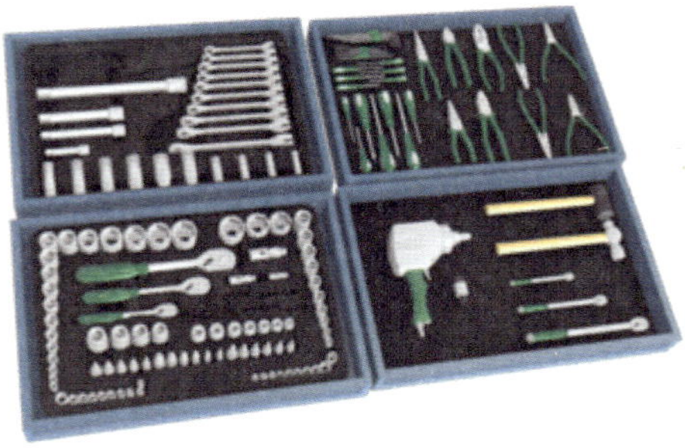

常用工具（一套）

图 6-4　设备器材

（3）场地设施：带消防设施的场地。

（4）设备设施：2007 款卡罗拉 1.6L/AT 轿车、发动机台架、工具车、标保工具车、零件车、垃圾桶。

（5）耗材：干净抹布、泡沫清洁剂。

（二）操作步骤

识别发动机润滑系统主要配件的外形结构及安装位置操作步骤如下：

（1）如图 6-5 所示，找出润滑系统在发动机上所处的位置，观察其整体外形结构。

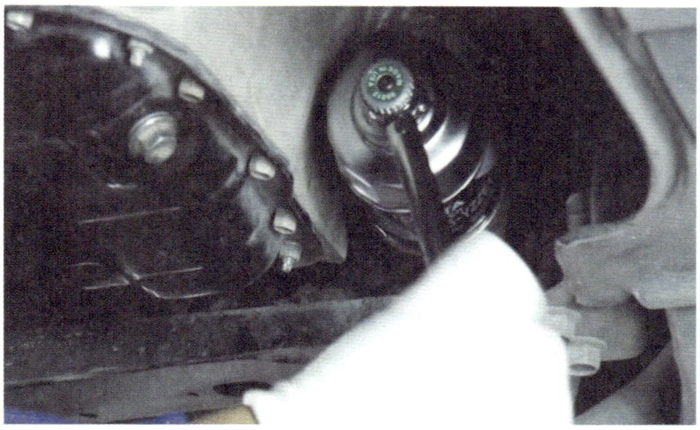

图 6-5　润滑系统位置

（2）如图 6-6 所示，找出润滑系统的机油滤清器，观察其外形结构。

（3）如图 6-7 所示，找出润滑系统的机油泵，观察其外形结构。

（4）如图 6-8 所示，找出润滑系统的油底壳，观察其外形结构。

（5）找出润滑系统的机油喷嘴，观察其外形结构。

（6）能根据发动机(1ZR-FE)部件说出润滑机油的循环路径。

四、任务小结

1. 发动机润滑系统组成

发动机润滑系统主要由机油滤清器、机油泵、油底壳、机油喷嘴、油路等组成。

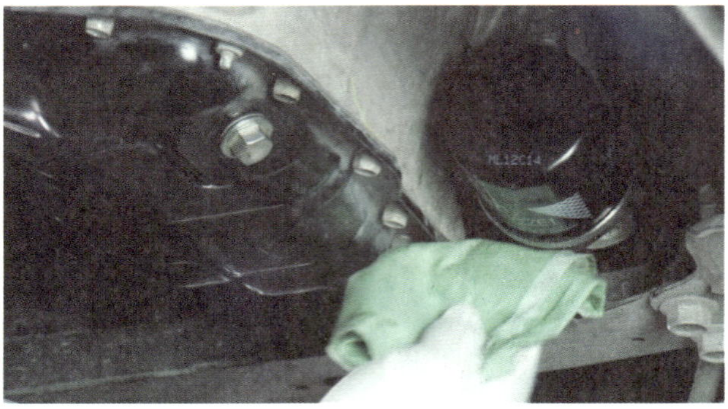

图 6-6　润滑系统的机油滤清器

图 6-7　润滑系统的机油泵

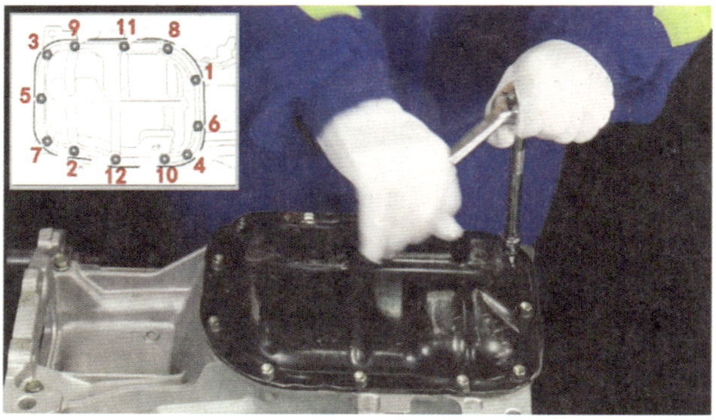

图 6-8　润滑系统的油底壳

2. 发动机润滑系统的功用

发动机润滑系统的功用是当发动机工作时连续不断地把足够数量的洁净润滑油(机油)输送到传动件摩擦表面,机油在摩擦表面形成油膜,从而减小摩擦阻力,降低功率消耗,减轻部件磨损,从而提高发动机工作可靠性和使用寿命。

3. 发动机润滑系统工作原理

发动机工作时,机油从油底壳中被机油泵通过集滤器吸入机油滤清器中。从机油滤清器中过滤后的机油经主油道分三路输送到发动机的各部件。

五、任务评价

（一）理论评价

1. 判断题

（1）发动机润滑系统主要由油底壳、机油泵、机油滤清器、机油喷嘴、油路等组成。（　　）

（2）润滑作用的好坏，关键在于能否形成油膜。（　　）

（3）机油滤清器工作得好坏，决定着发动机的工作性能和使用寿命，因此必须定期更换滤芯。（　　）

2. 单选题

（1）发动机润滑系统用来（　　）。

A. 冷却发动机　　B. 清洁和密封发动机

C. 润滑发动机　　D. 上述所有

（2）汽车上常用的机油泵是（　　）。

A. 齿轮式　　B. 转子式　　C. 离心式　　D. 惯性式

（二）技能评价

表 6-1　认知润滑系统技能评价

序号	内容	分值	得分
1	找出润滑系统在发动机上所处的位置，观察其整体外形结构。	10	
2	找出润滑系统的机油滤清器，观察其外形结构。	20	
3	找出润滑系统的机油泵，观察其外形结构。	20	
4	找出润滑系统的油底壳，观察其外形结构。	20	
5	找出润滑系统的机油喷嘴，观察其外形结构。	20	
6	能根据发动机(1ZR-FE)部件说出润滑机油的循环路径。	10	
总分		100	

（注：操作正确即得分，操作错误或未进行操作得 0 分）

学习任务 2　机油滤清器拆装

一、任务目标

通过本任务学习，学习者应能：

（1）描述润滑系统中机油滤清器的结构、功能及工作原理。

（2）描述机油滤清器在润滑系统上所处的位置，能识别机油滤清器主要组成部件的外形结构及其位置。

（3）依据汽车维修操作要求，规范、熟练地完成机油滤清器的拆装作业。

二、知识准备

1. 机油滤清器结构

如图 6-9 所示，机油滤清器安装在正时链条盖下部，主要由上盖、壳体、滤芯、内孔管、安全阀等组成。其中装有用吸附能力不同的棉花、毛绒、人造纤维等不同材料制成的褶纸滤芯和尼龙滤芯，还装有安全阀（旁通阀），防止滤芯被堵或发动机停止工作时润滑油道内缺少机油。

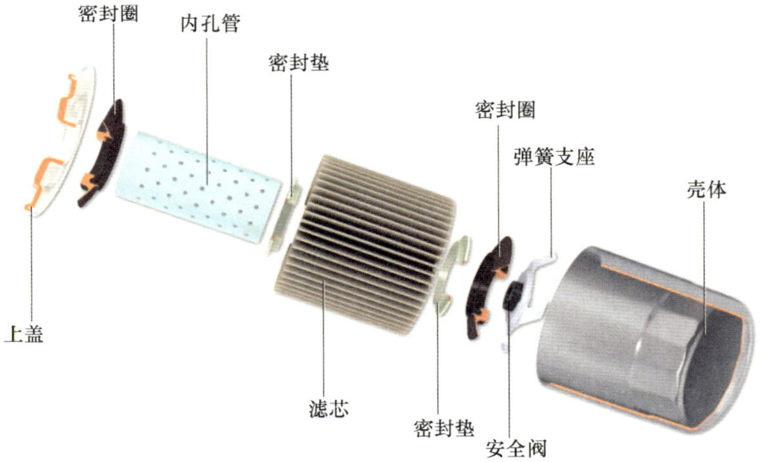

图 6-9　机油滤清器结构

2. 机油滤清器功用及工作原理

如图 6-10 所示，机油滤清器的功用是滤除机油中的杂物、胶油和水分，向各润滑部件输送洁净的机油。当带有杂质的机油从纸滤芯的外围进入滤清器中心时，杂质被过滤在滤芯上，当滤芯严重堵塞时，旁通阀开启，机油不经过滤芯过滤直接进入主油道，防止机油断供现象的发生。

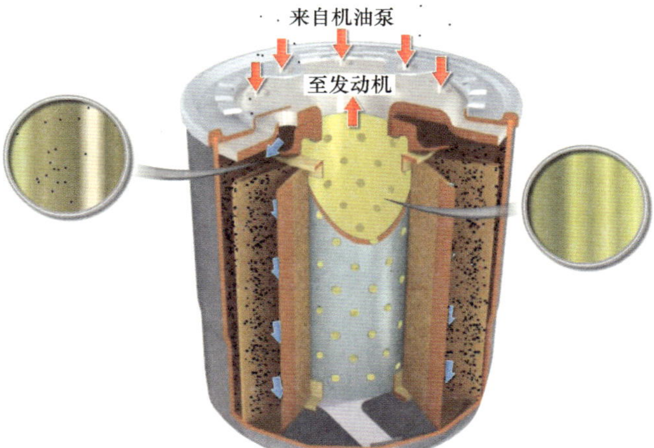

(a) 正常过滤时的机油滤清器

图 6-10　机油滤清器工作原理

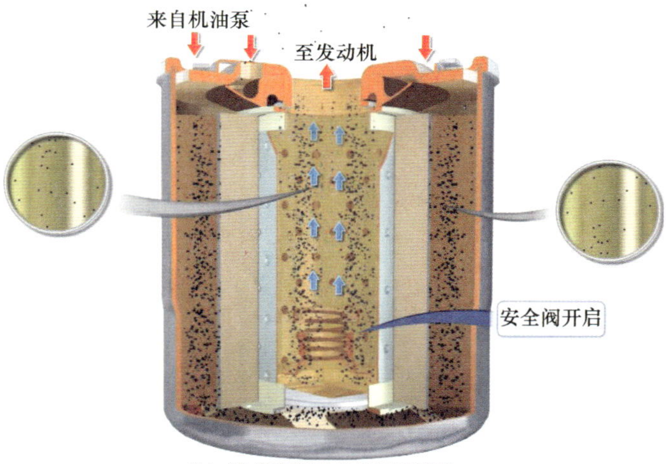

(b) 滤芯堵塞时的机油滤清器

图 6-10　机油滤清器工作原理(续)

3. 集滤器

集滤器是用金属丝编织的滤网，是润滑系统的进口，其结构如图 6-11 所示。当机油从油底壳进入机油泵时集滤器利用金属滤网过滤机油中粗大的杂质，防止较大的机械杂质进入机油泵，其工作原理示意图如图 6-12 所示。

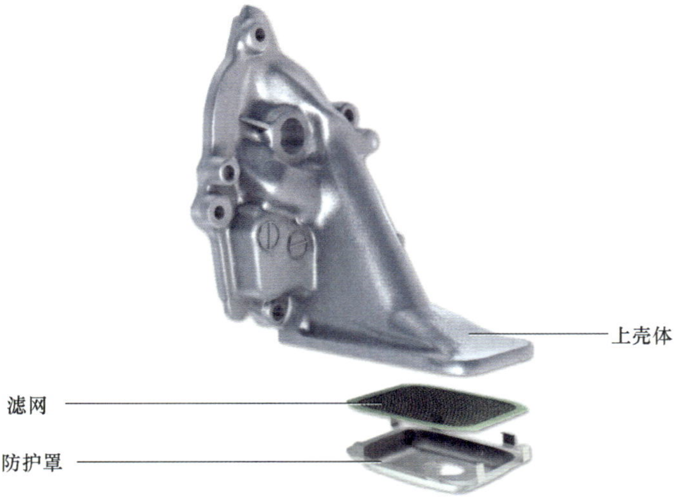

图 6-11　集滤器结构

三、任务实施

(一) 实施方案

1. 质量要求

参照厂家的质量标准要求。

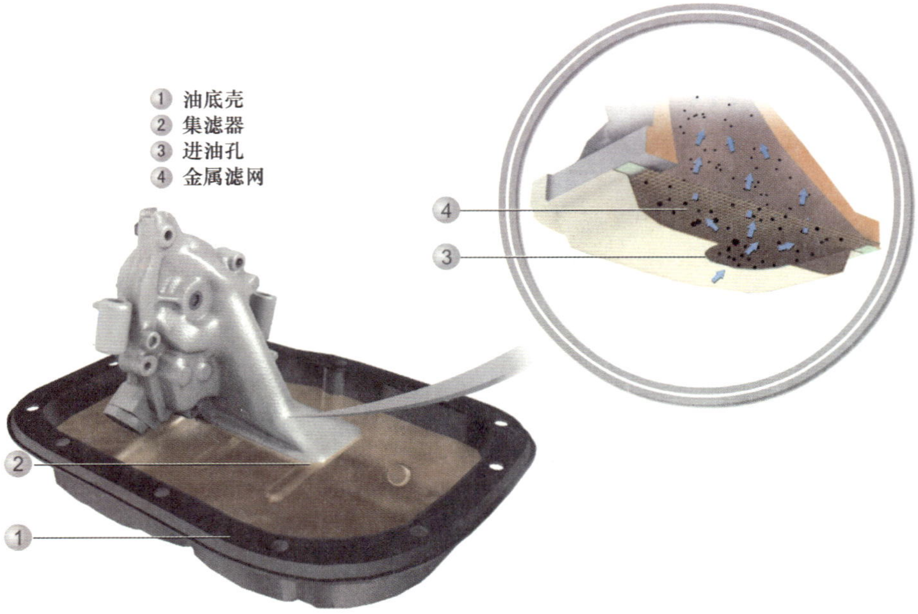

图 6-12 集滤器工作原理

2. 组织方式

每四位同学一组，按照企业岗位操作规范在 2007 款卡罗拉 1.6L/AT 轿车 1ZR-FE 发动机的润滑系统上找到机油滤清器所处的位置，识别其整体外形结构，并对机油滤清器进行拆装作业。每组作业时间为____分钟。

3. 作业准备

(1) 技术要求与标准：

① 长时间接触发动机机油会造成皮肤过敏并易生皮炎，用过的机油存在潜在的危害性污染物，可能会导致皮肤癌。操作时必须佩戴防护服和手套。

② 发动机机油沾到皮肤上，用肥皂和水彻底清洗皮肤，或使用免水型洗手剂清除所有的发动机机油。切勿使用汽油、稀释剂或溶剂。

③ 按照维修手册规定的标准添加发动机机油。机油加注标准如表 6-2、表 6-3 所示。

表 6-2 发动机机油标准

机油等级	机油黏度(SAE)
API SL 级节能型	5 W-20
API SM 级节能型	5 W-30
ILSAC 多级发动机机油	10 W-30
API SL 级	15 W-40
API SM 级	20 W-50

表 6-3 发动机机油容量标准

机油滤清器更换时放空后的重新加注量	不更换机油滤清器时放空后的重新加注量	净注入量
4.2 L (4.4US qts,3.7lmp qts)	3.9 L (4.1US qts,3.4lmp qts)	4.7 L (5.0US qts,4.1lmp qts)

（2）设备器材：如图 6-13 所示。

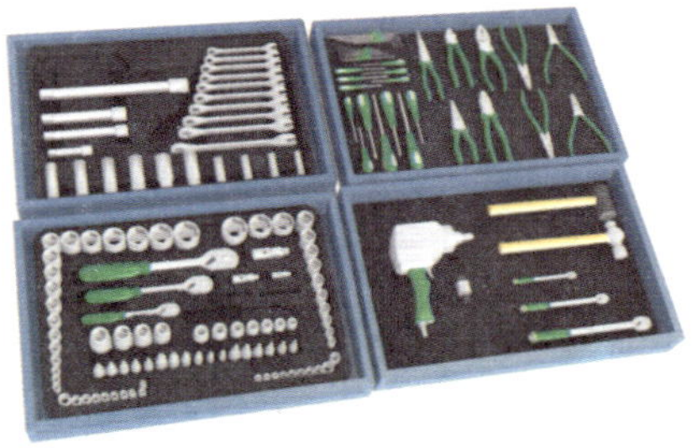

(a) 常用工具（一套）

(b) SST09228-06501
机油滤清器专用工具

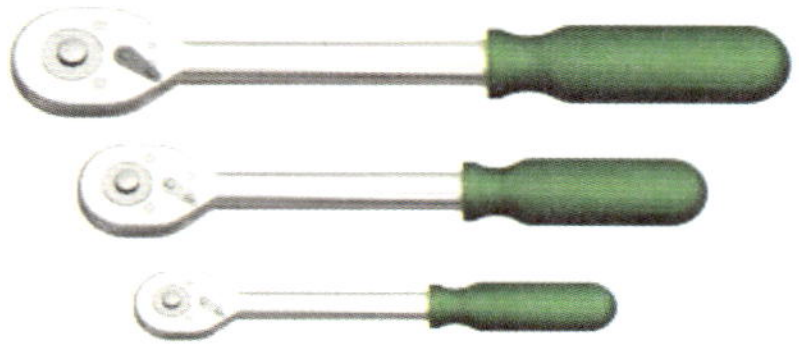

(c) 棘轮扳手

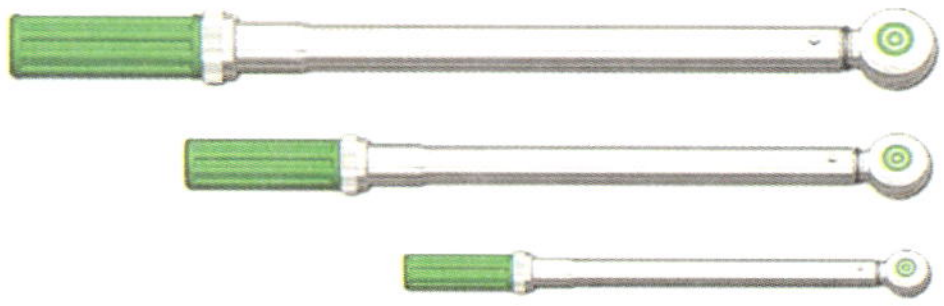

(d) 定扭扳手

图 6-13　设备器材

（3）场地设施：带消防设施的场地。

（4）设备设施：2007 款卡罗拉 1.6L/AT 轿车、发动机台架、工具车、标保工具车、零件车、垃圾桶。

（5）耗材：干净抹布、泡沫清洁剂。

（二）操作步骤

1. 拆卸机油滤清器

（1）排空发动机机油

① 如图 6-14 所示，打开机油加注口盖。

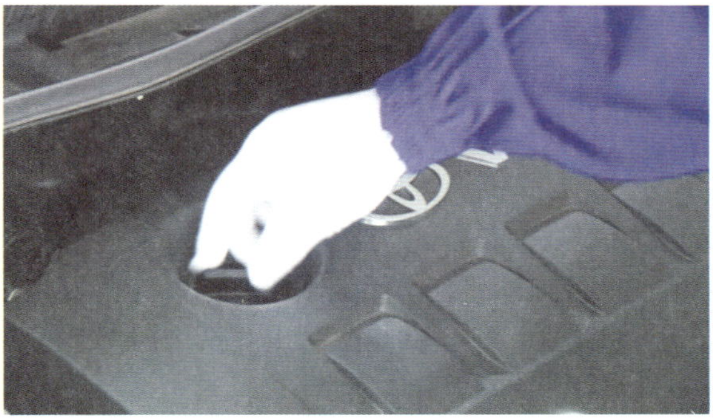

图 6-14　打开机油加注口盖

② 如图 6-15 所示，使用套筒、棘轮扳手拧松放油螺塞，在放油螺塞正下方放置机油收集容器，再用手轻旋下放油螺塞，将机油排放到机油收集容器中。

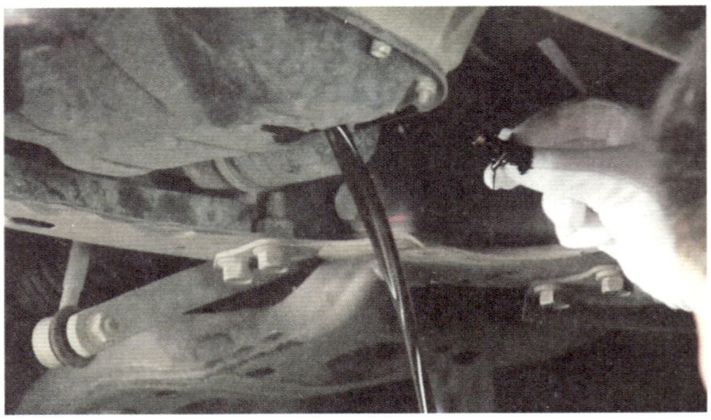

图 6-15　拧松放油螺塞

注意事项

◇排放时，注意机油不要流到手上，以免烫伤手。
◇废机油中有多种有害物质，不要长时间接触。

③ 如图 6-16 所示，清洗放油螺塞，并用新衬垫加以安装，安装扭矩为 37 N·m。

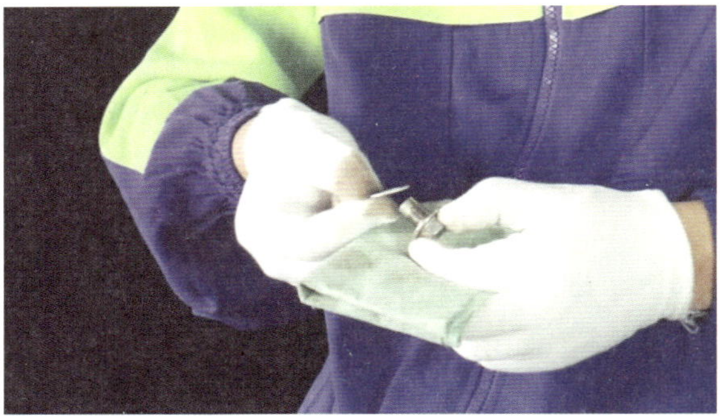

图 6-16　安装新衬垫

注意事项

◇检查衬垫是否被同时取下，如果没有，检查是否还黏在螺纹孔处。
◇要遵循原厂规定安装新衬垫。

④ 如图 6-17 所示，清洁放油螺塞处的油污。

(2) 拆卸机油滤清器分总成

① 如图 6-18 所示，用棘轮扳手和机油滤清器专用工具拆下机油滤清器。

② 机油滤清器放置在机油收集容器上。

注意事项

◇拆卸机油滤清器时，必须佩戴防护手套。
◇操作时，注意机油不要流到手上，以免烫伤。

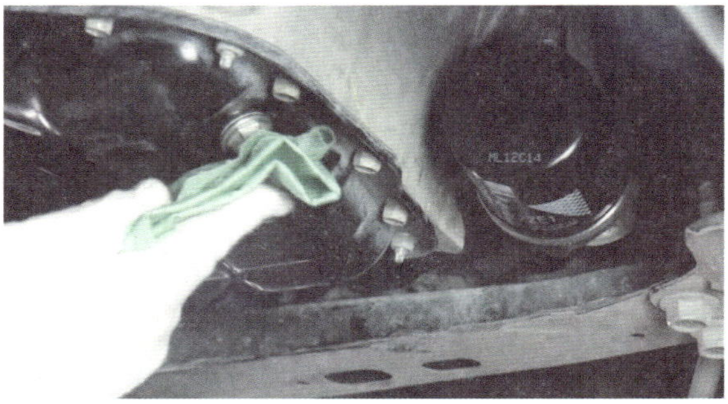

图 6-17　清洁油污

图 6-18　拆卸机油滤清器

2. 安装机油滤清器

(1) 清洁机油滤清器底座

检查并清洁机油滤清器的安装面。将残留在机油滤清器座上的机油擦拭干净,如图 6-19 所示。

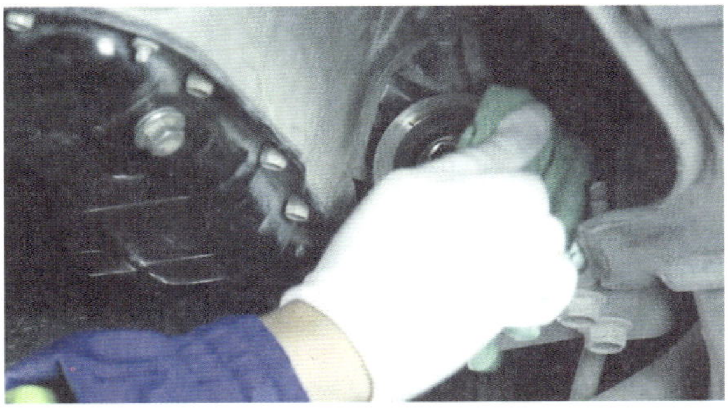

图 6-19　擦拭残留机油

(2) 更换新的机油滤清器

如图 6-20 所示,在新机油滤清器衬垫上涂抹一层干净的发动机机油。

注意事项

◇更换新的机油滤清器前,要注意检查是否存在损坏变形。

图 6-20　涂抹机油

（3）安装新的机油滤清器

如图 6-21 所示，用手将新的机油滤清器轻轻地旋到位并拧紧，直到衬垫开始接触机油滤清器底座。

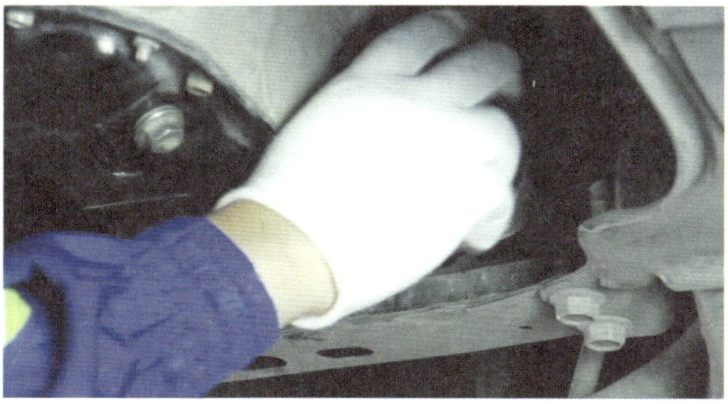

图 6-21　拧紧机油滤清器

注意事项

◇安装时要对好螺纹并轻轻地旋转，直到衬垫开始接触机油滤清器底座为止。

（4）紧固机油滤清器

如图 6-22 所示，使用定扭扳手和机油滤清器专用工具紧固机油滤清器。扭矩为18 N·m。安装好后，要注意清洁其表面。

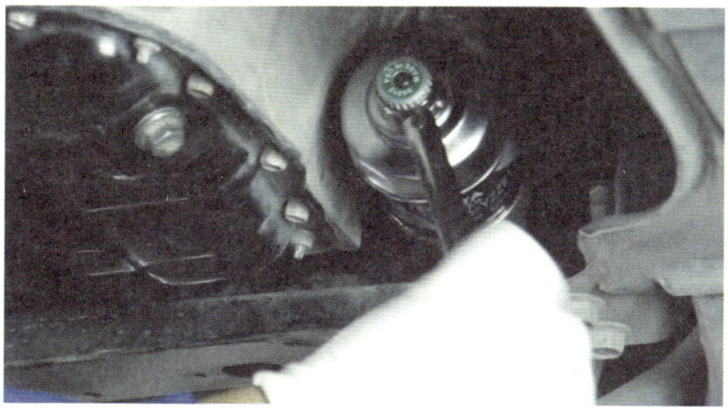

图 6-22　紧固机油滤清器

（5）清洁机油滤清器

如图 6-23 所示，用干净的抹布擦拭放油螺塞和机油滤清器与发动机连接的缝隙处，查看是否存在机油泄漏现象。

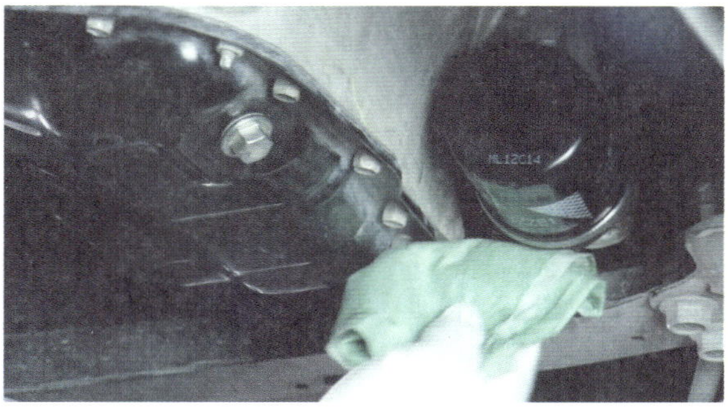

图 6-23　清洁机油滤清器

（6）机油收集桶归位

如图 6-24 所示，将废弃的机油环保处理。

图 6-24　处理废弃机油

四、任务小结

1. 机油滤清器组成

机油滤清器主要由上盖、壳体、滤芯、内孔管、旁通阀等组成。

2. 机油滤清器功用

机油滤清器的旁通阀可以防止发动机断油现象的发生。

3. 拆装机油滤清器的主要步骤

排空发动机机油→拆卸机油滤清器总成→安装机油滤清器总成→加注发动机机油→检查机油是否泄漏。

4. 机油滤清器拆装作业注意事项

（1）安装放油螺塞时的扭矩是 37 N·m。

（2）拆卸机油滤清器时，使用棘轮扳手和机油滤清器专用工具拆下机油滤清器。

（3）安装机油滤清器前，先在机油滤清器密封圈上抹一层机油以起到密封作用。

(4) 安装机油滤清器时，使用定扭扳手和机油滤清器专用工具紧固机油滤清器，安装扭矩为 18 N·m。

五、任务评价

(一) 理论评价

1. 判断题

(1) 机油滤清器主要由上盖、壳体、滤芯、内孔管、旁通阀等组成。（ ）

(2) 在新机油滤清器的衬垫上不需要涂抹一层干净的发动机机油。（ ）

(3) 佩戴防护服和手套，用肥皂和水彻底清洗皮肤，或使用免水型洗手剂清除所用的发动机机油。切勿使用汽油、稀释剂或溶剂。（ ）

(4) 选用机油滤清器专用工具（SST09228-06501）安装机油滤清器的拧紧扭矩是 16 N·m。（ ）

2. 单选题

(1) 选用机油滤清器专用工具（SST09228-06501）安装机油滤清器的拧紧扭矩是（ ）。

A. 18 N·m　　B. 19 N·m　　C. 20 N·m　　D. 24 N·m

(2) 机油滤清器阻塞时，其旁通阀打开，机油直接流向（ ）。

A. 机油泵　　B. 油底壳　　C. 主油道　　D. 气缸壁

(二) 技能评价

表 6-4　机油滤清器拆装技能评价

序号	内容	分值	得分
1	将棘轮扳手与机油滤清器专用工具进行组合。	10	
2	使用组合好的机油滤清器扳手拆卸机油滤清器。	10	
3	更换新的机油滤清器。	10	
4	在新的机油滤清器上涂抹一层机油。	10	
5	清洁机油滤清器座表面。	10	
6	用手将机油滤清器安装回机油滤清器底座，轻轻地旋到位并拧紧，并使衬垫开始接触机油滤清器底座。	10	
7	将定扭扳手与机油滤清器专用工具进行组合。	10	
8	使用扭力扳手调节扭矩：18 N·m。	20	
9	使用组合好的机油滤清器扳手紧固机油滤清器。	10	
总分		100	

（注：操作正确即得分，操作错误或未操作得 0 分）

学习任务3　机油泵拆装

一、任务目标

通过本任务学习，学习者应能：

(1) 描述润滑系统中机油泵的功用、类型。

(2) 描述转子式机油泵的结构、工作原理。

(3) 描述机油泵限压阀工作原理。

(4) 依据汽车维修操作要求，规范、熟练地完成机油泵拆装作业。

二、知识准备

1. 机油泵功用

机油泵的功用是保证机油在润滑系统内循环流动，并在发动机任何转速下都能以足够高的压力向润滑部位输送足够数量的机油。

2. 机油泵类型

如图6-25所示，机油泵可分为齿轮式机油泵和转子式机油泵，本活动主要讲解转子式机油泵的拆装。

(a) 齿轮式机油泵　　(b) 转子式机油泵

图6-25　机油泵类型

3. 转子式机油泵结构

如图6-26所示，转子式机油泵主要由内转子、外转子、壳体、机油泵盖、限压阀等零件组成。

4. 转子式机油泵工作原理

如图6-27所示，转子式机油泵的内转子带动外转子转动，且转速快于外转子。内外转子之间形成4个互相封闭的工作腔，每个工作腔在最小时与壳体上的进油孔接通，随后容积变大，形成真空，吸入机油；转子继续转动，工作腔容积变小，油压升高，当工作腔与出油孔接通时，压出机油。

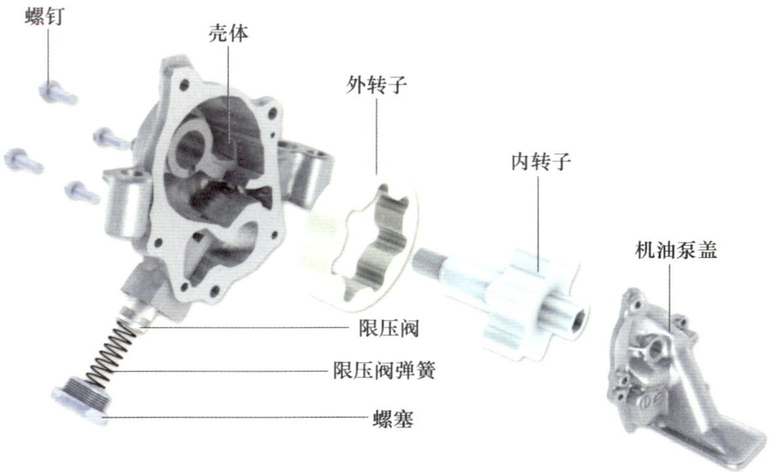

图 6-26　转子式机油泵结构

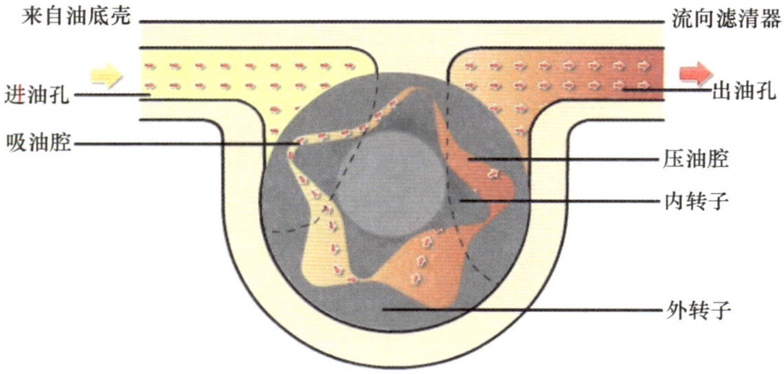

图 6-27　转子式机油泵工作原理

5. 机油泵限压阀工作原理

如图 6-28 所示，限压阀用于限制润滑系中机油的最高压力。当机油泵与主油道上的机油压力超过预定的压力时，机油压力克服限压阀弹簧作用力，顶开阀门，一部分机油从侧面通道流入油底壳内，使油道内的油压下降至设定的正常值。

三、 任务实施

(一) 实施方案

1. 质量要求

参照厂家的质量标准要求。

2. 组织方式

每四位同学一组，按照企业岗位操作规范在 2007 款卡罗拉 1.6L/AT 轿车 1ZR-FE 发动机的润滑系统上找到机油泵所处的位置，识别其整体外形结构，并对机油泵进行拆装作业。每组作业时间为____分钟。

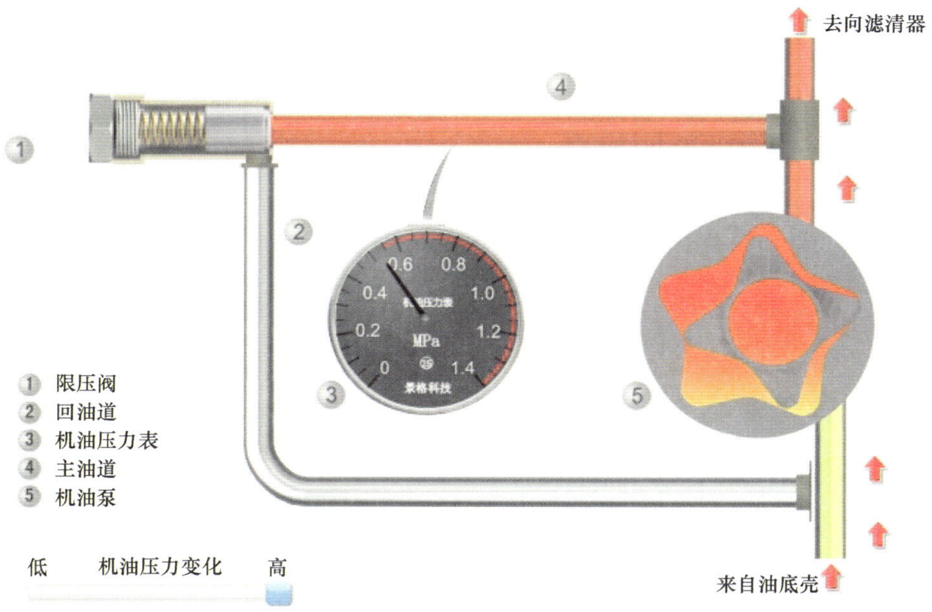

(a) 压力正常时，限压阀关闭

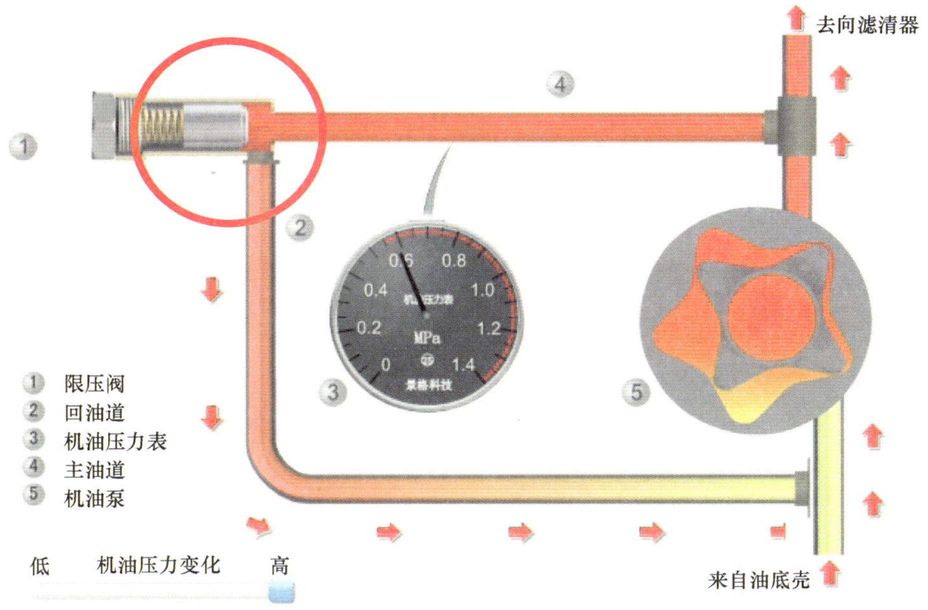

(b) 压力超标时，机油压力顶开阀门

图 6-28　机油泵限压阀工作原理

3. 作业准备

(1) 技术要求与标准：按照汽车维修安全规范操作要求，在规定时间内，在台架或实车上完成润滑系统机油泵拆装。

(2) 设备器材：如图 6-29 所示。

(3) 场地设施：带消防设施的场地。

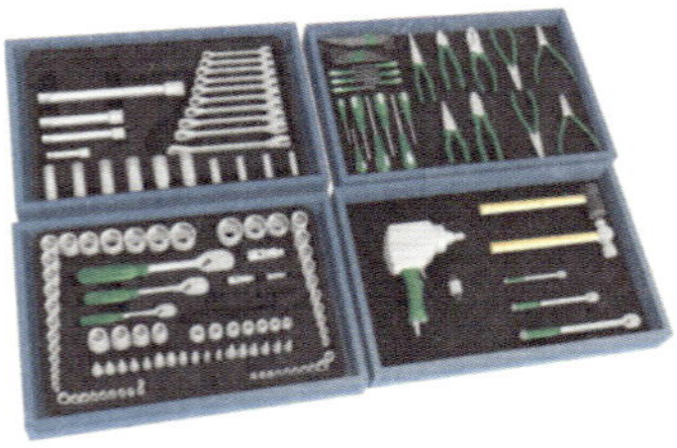

(a) 常用工具（一套）

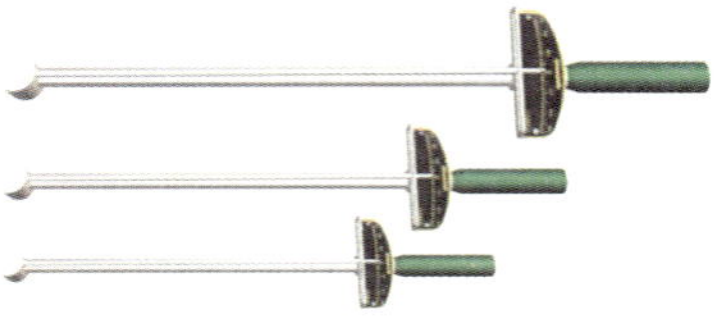

(b) 指针式扭力扳手

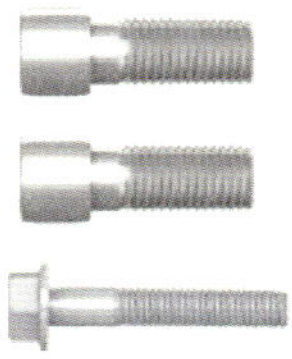

(c) 曲轴皮带轮螺栓

图 6-29　设备器材

(4) 设备设施：2007 款卡罗拉 1.6L/AT 轿车、发动机台架、工具车、标保工具车、零件车、垃圾桶。

(5) 耗材：干净抹布、泡沫清洁剂。

(二) 操作步骤

1. 拆卸机油泵

(1) 拆卸发动机附件

如图 6-30 所示。

图 6-30　拆卸发动机附件

(2) 拆卸发动机气缸盖

如图 6-31 所示。

(3) 拆卸机油泵链条

① 如图 6-32 所示，暂时紧固曲轴皮带轮。

② 如图 6-33 所示，顺时针转动曲轴 90°以便将机油泵主动轴链轮的调节孔对准机油泵槽口。

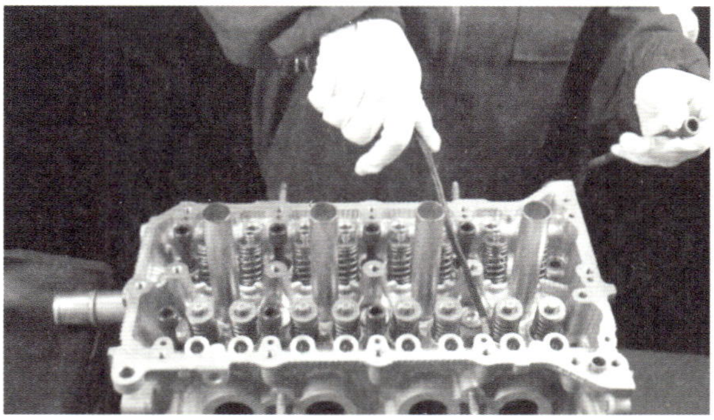

图 6-31　拆卸气缸盖

图 6-32　紧固曲轴皮带轮

图 6-33　调节孔对准机油泵

注意事项

◇曲轴旋转不要超过 90°。如果曲轴转动过多且没有安装正时链条，气门可能会碰撞到活塞并造成损坏。

③ 如图 6-34 所示，将一个直径为 4 mm 杆插入机油泵主动轴链轮的调节孔以便将齿轮锁定就位。

④ 如图 6-35 所示，使用 12 mm 套筒、接杆、棘轮扳手拆下机油泵主动轴链轮螺母。

⑤ 如图 6-36 所示，使用 10 mm 套筒、接杆拆下机油泵链条张紧器固定螺母、链条张紧器盖板和弹簧。

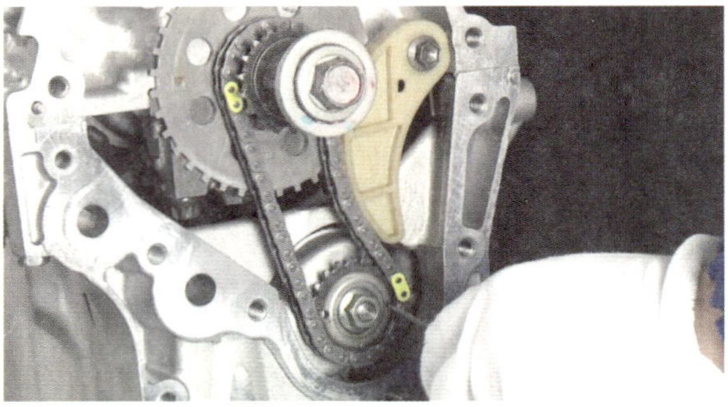

图 6-34　将 4 mm 杆插入调节孔

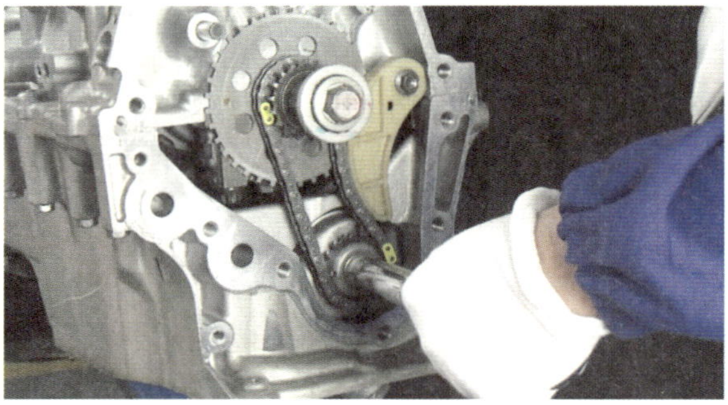

图 6-35　拆下螺母

图 6-36　拆下固定螺母

⑥ 如图 6-37 所示，取下曲轴正时链轮。

⑦ 如图 6-38 所示，取下机油泵主动轴齿轮和机油泵链条。

（4）拆卸曲轴位置信号盘

如图 6-39 所示。

（5）拆卸油底壳

如图 6-40 所示。

（6）拆卸机油泵

如图 6-41 所示，使用 10 mm 套筒、接杆、棘轮扳手拆下 3 个机油泵固定螺栓，然后取下机油泵。

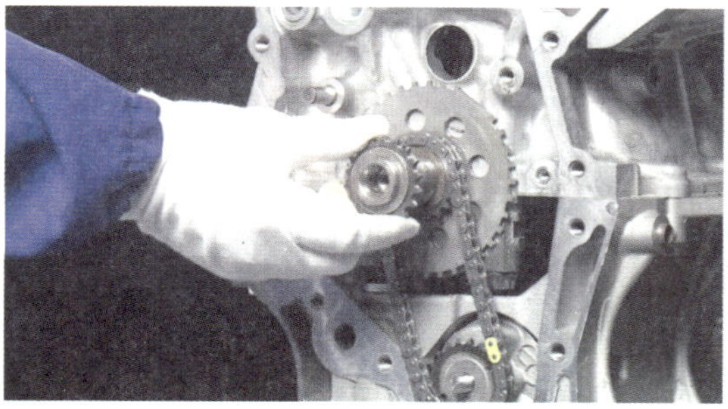

图 6-37　取下曲轴正时链轮

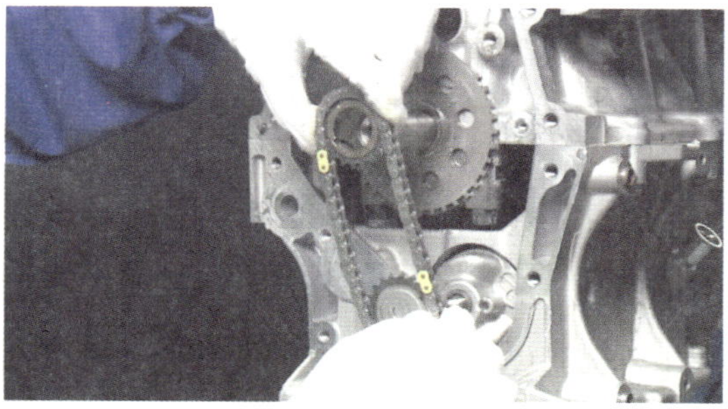

图 6-38　取下链条

图 6-39　拆卸曲轴位置信号盘

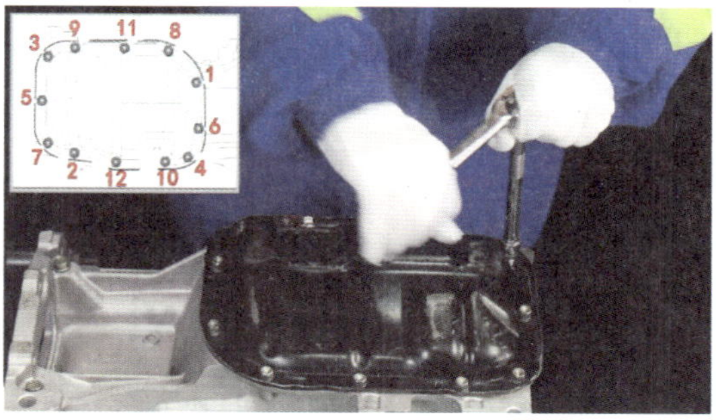

图 6-40　拆卸油底壳

注意事项

◇取下机油泵时需拿稳，以防砸落伤人或损坏部件。

2. 安装机油泵

(1) 安装机油泵

如图 6-42 所示，使用 10 mm 套筒、接杆、扭力扳手紧固 3 个机油泵固定螺栓，安装扭矩为 21 N·m。

图 6-41　拆卸机油泵

图 6-42　安装机油泵

(2) 安装油底壳

如图 6-43 所示。

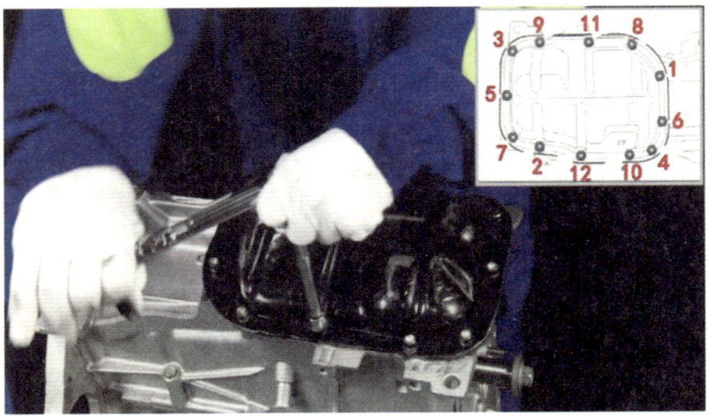

图 6-43　安装螺栓

(3) 安装曲轴位置信号盘

如图 6-44 所示，安装信号盘，使“F”标记朝前。

图 6-44　安装信号盘

(4) 安装机油泵链条

① 如图 6-45 所示，安装曲轴皮带轮固定螺栓。转动曲轴，使曲轴安装键垂直向上。

图 6-45　固定螺栓

② 如图 6-46 所示，转动机油泵驱动轴，使驱动轴切口朝向右水平位置。

③ 如图 6-47 所示，调整机油泵链条，使黄色链条标记对准每个齿轮的正时标记。

④ 如图 6-48 所示，用齿轮上的链条将链轮安装到曲轴和机油泵轴上。用螺母暂时紧固机油泵主动轴齿轮。

图 6-46　转动机油泵驱动轴

图 6-47　调整机油泵链条

图 6-48　紧固螺母

⑤ 如图 6-49 所示，将减振弹簧插入调节孔，使用 10 mm 套筒、接杆、棘轮扳手安装链条张紧器固定螺栓。

⑥ 如图 6-50 所示，组合 10 mm 套筒、接杆、扭力扳手，紧固链条张紧器固定螺栓，扭矩为 10 N·m。

⑦ 如图 6-51 所示，安装曲轴皮带轮固定螺栓，转动曲轴，将机油泵主动轴链轮的调节孔对准机油泵槽。

⑧ 如图 6-52 所示，将一个直径为 4 mm 的杆插入机油泵主动轴齿轮的调节孔以便将齿轮锁定就位，然后使用 12 mm 套筒、接杆、扭力扳手紧固机油泵主动轴齿轮固定螺母，扭矩为 28 N·m。

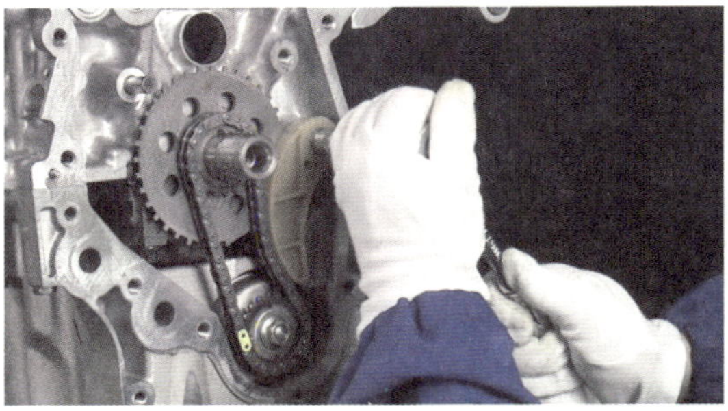

图 6-49　安装固定螺栓

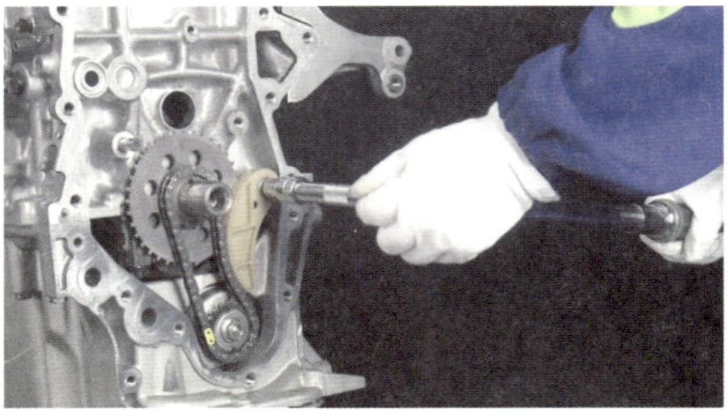

图 6-50　紧固固定螺栓

图 6-51　调节孔对转机油泵槽

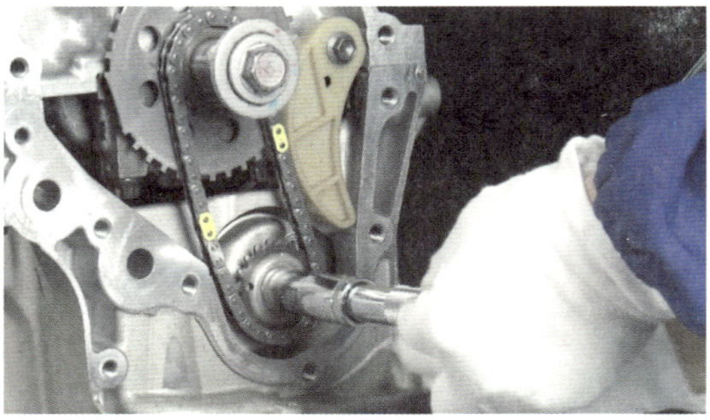

图 6-52　紧固固定螺母

（5）安装曲轴正时链轮

如图 6-53 所示。

（6）安装气缸盖

如图 6-54 所示。

图 6-53　安装曲轴正时链轮

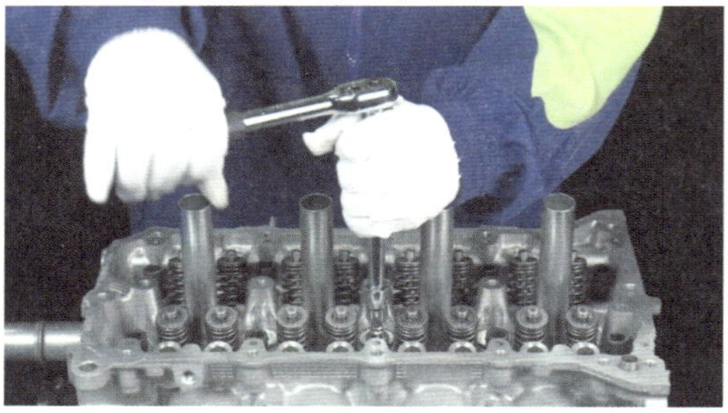

图 6-54　安装气缸盖

（7）安装发动机附件

如图 6-55 所示。

四、任务小结

1. 机油泵作用

机油泵作用是保证机油在润滑系统内循环流动，并在发动机任何转速下都能以足够高的压力向润滑部件输送足够数量的机油。

图 6-55　安装发动机附件

2. 机油泵分类

机油泵可分为齿轮式机油泵和转子式机油泵。转子式机油泵主要由壳体、内转子、外转子、限压阀等组成。

3. 转子式机油泵工作原理

转子式机油泵中，内外转子间形成 4 个互相封闭的工作腔，每个工作腔在最小时，容积变大，形成真空，吸入机油；转子继续转动，容积变小，油压升高，压出机油。

4. 机油泵限压阀的作用

机油泵限压阀的作用是限制润滑系中机油的最高压力。当机油压力超标时，机油压力顶开阀门，使得一部分机油从侧面通道流入油底壳内，使油道内的油压下降至设定的正常值。

5. 机油泵拆卸作业的主要步骤

拆卸发动机附件→拆卸发动机气缸盖→拆卸机油泵链条→拆卸曲轴位置信号盘→拆卸油底壳→拆卸机油泵。（安装时按照相反的顺序。）

6. 在机油泵拆卸作业注意事项

（1）拆卸机油泵链条时，要顺时针转动曲轴 90°以便将机油泵主动轴链轮的调节孔对准机油泵槽口。

（2）机油泵螺栓安装扭矩为 21 N · m。

（3）安装信号盘，应使“F”标记朝前。

五、 任务评价

（一）理论评价

1. 判断题

（1）转子式机油泵主要由壳体、内转子、外转子、限压阀等组成。　（　　）

（2）黄色链条标记是对准每个齿轮的正时标记。　（　　）

2. 单选题

（1）安装机油泵 3 个螺栓的扭矩是（　　）。

A. 21 N · m　　B. 25 N · m　　C. 23 N · m　　D. 22 N · m

（2）限压阀用以限制润滑系中机油的什么压力？（　　）

A. 最高　　B. 最低　　C. 最慢　　D. 最快

(3) 安装信号盘,使“F”标记朝(　　)。

A. 前　　B. 后　　C. 左　　D. 右

(4) 机油滤清器安装在正时链条盖下部,主要由上盖、壳体、内孔管、(　　)、安全阀等组成。

A. 滤芯　　B. 内转子　　C. 外转子　　D. 定子

(5) 佩戴防护服和手套,用肥皂和水彻底清洗皮肤,或使用免水型洗手剂清除所用的发动机机油。切勿使用(　　)、稀释剂或溶剂。

A. 机油　　B. 汽油　　C. 柴油　　D. 水

(二) 技能评价

表 6-5　机油泵拆装技能评价

序号	内容	分值	得分
1	顺时针转动曲轴 90°以便将机油泵主动轴链轮的调节孔对准机油泵槽口。	5	
2	将一个直径为 4 mm 杆插入机油泵主动轴链轮的调节孔以便将齿轮锁定就位。	5	
3	使用 12 mm 套筒、接杆、棘轮扳手拆下机油泵主动轴链轮螺母。	10	
4	使用 10 mm 套筒、接杆拆下机油泵链条张紧器固定螺栓、链条张紧器盖板和弹簧。	10	
5	取下曲轴正时链轮、机油泵主动轴齿轮和机油泵链条、曲轴位置信号盘。	10	
6	使用 10 mm 套筒、接杆、棘轮扳手拆下三个机油泵固定螺栓,然后取下机油泵。	10	
7	使用 10 mm 套筒、接杆、扭力扳手按照 21 N · m 的扭矩安装机油泵。	10	
8	安装曲轴位置信号盘,使“F”标记朝前。	10	
9	安装机油泵链轮、曲轴链轮和机油泵链条。	5	
10	安装机油泵链条张紧器固定螺栓、链条张紧器盖板和弹簧。	10	
11	使用 12 mm 套筒、接杆、扭力扳手根据 28 N · m 的扭矩安装机油泵主动轴齿轮。	10	
12	安装曲轴正时链轮。	5	
总分		100	

(注:操作正确得分,操作错误或未进行操作得 0 分)

学习拓展

1. 润滑系统的润滑方式

如图 6-56 所示,润滑系统的润滑方式可分为:飞溅润滑和压力润滑。

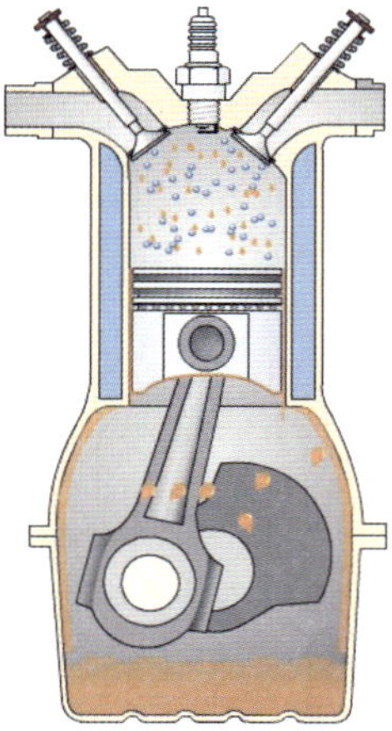

(a) 飞溅润滑

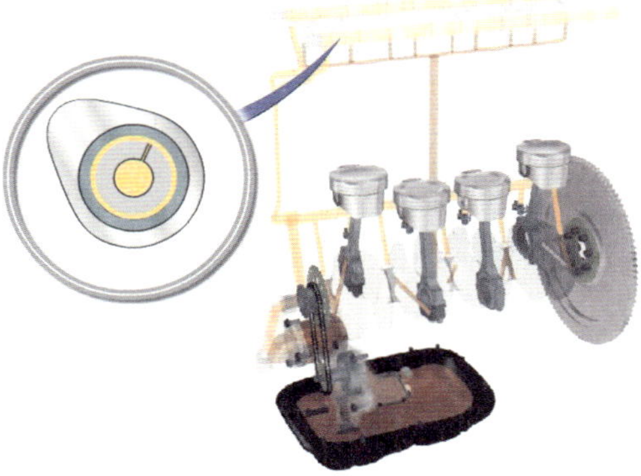

(b) 压力润滑

图 6-56　润滑系统的润滑方式

(1) 飞溅润滑是指利用某些运动零件工作时从油底壳带起来的油滴对零件表面进行润滑的方式，如气缸壁表面的润滑等。

(2) 压力润滑是指用机油泵将一定的润滑油源源不断地送到零件相互摩擦面的润滑方式，如凸轮轴轴承、曲轴轴承的润滑等。

2. 机油喷嘴的结构

如图 6-57 所示，机油喷嘴主要由安装架、油道、喷油孔等组成。

3. 机油喷嘴的功用

如图 6-58 所示，机油喷嘴的功用是向气缸内喷射机油，起到对缸体的冷却作用。

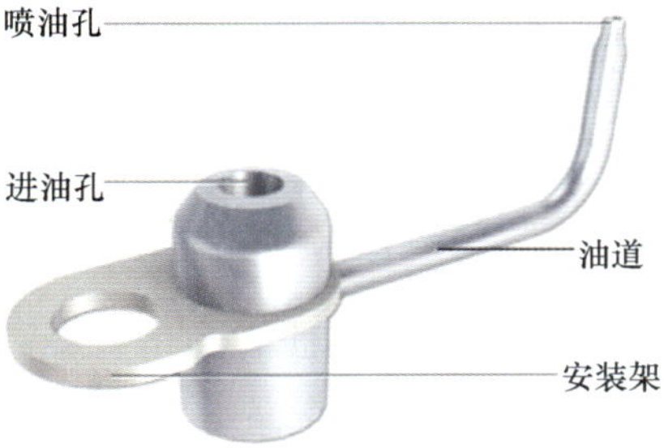

图 6-57　机油喷嘴结构

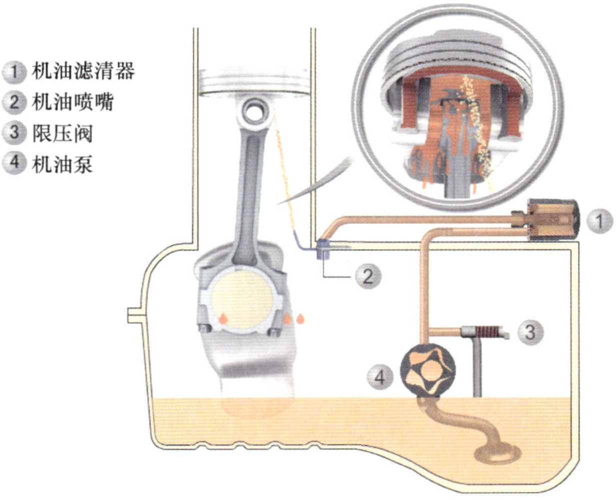

图 6-58　机油喷嘴功用

4. 机油冷却装置的分类

如图 6-59 所示，机油冷却装置主要有风冷式和水冷式两种。

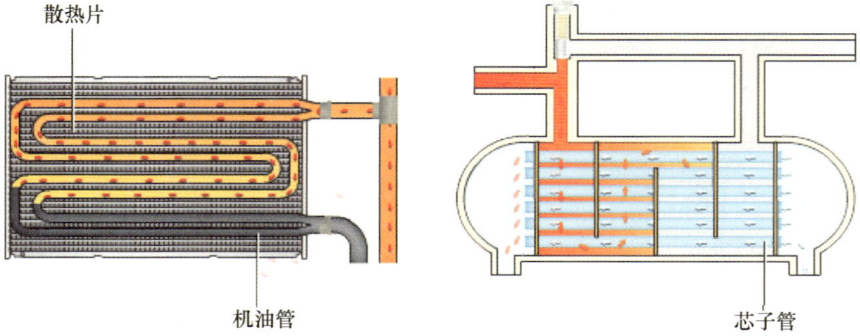

(a) 风冷式机油冷却器　　(b) 水冷式机油冷却器

图 6-59　机油冷却装置分类

风冷式机油冷却器采用横流式结构，布置在冷却液散热器前，利用风扇风力使机油冷却。

水冷式机油冷却器布置于冷却液水路中，冷却液在芯子管中流动，机油在管外流动，利用冷却液的温度来控制机油的温度。

5. 集滤器的结构

如图 6-60 所示，集滤器是具有金属滤网的滤清器，主要由上壳体、滤网和防护罩等组成。

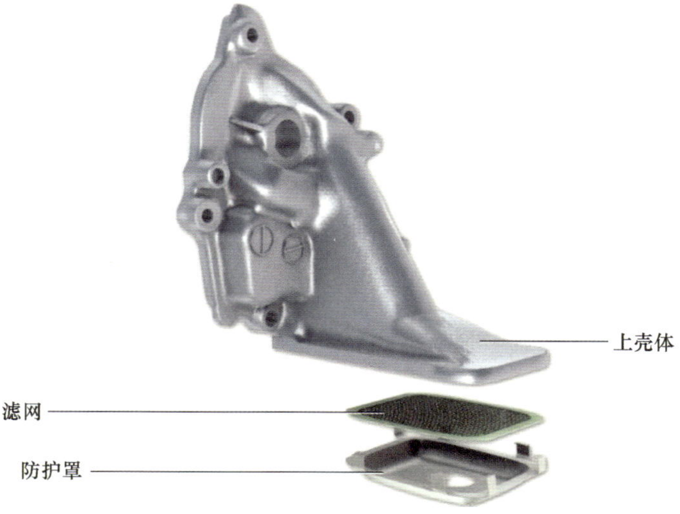

图 6-60　集滤器结构

6. 集滤器的工作原理

如图 6-61 所示，集滤器利用金属滤网过滤机油中较大颗粒的杂质，防止较大的机械杂质进入机油泵。

7. 齿轮式机油泵的结构

如图 6-62 所示，齿轮式机油泵主要由机油泵链轮、前盖、轴承、定位销、齿轮组、机油泵壳和后盖等组成。

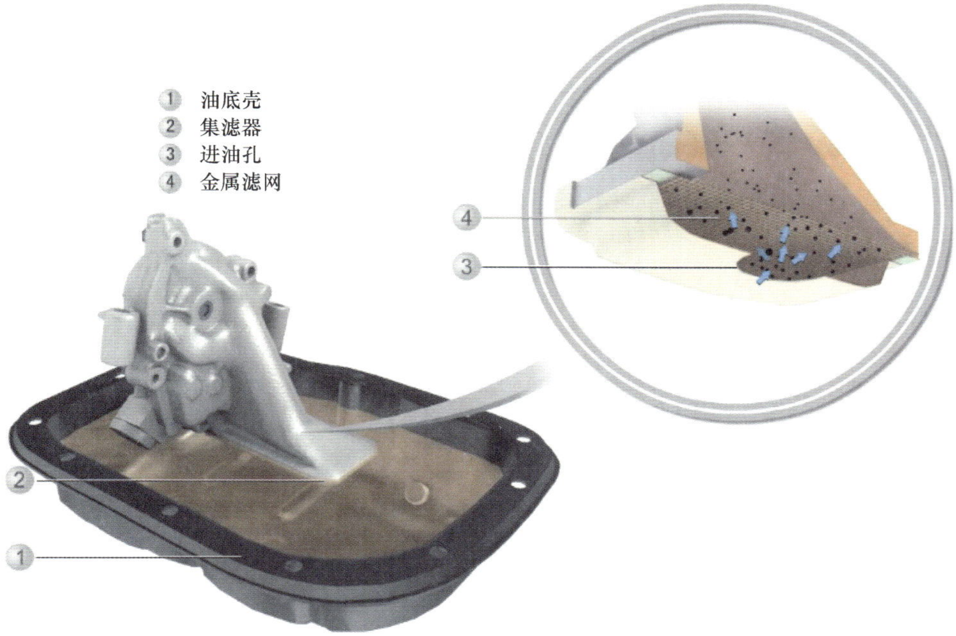

图 6-61　集滤器的工作原理

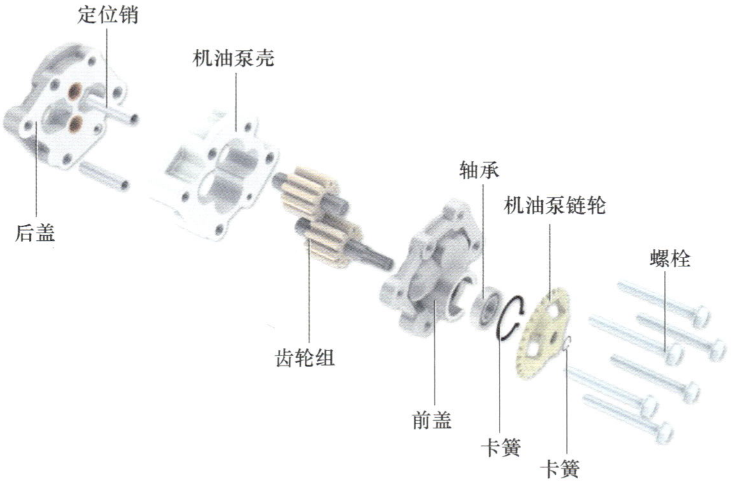

图 6-62　齿轮式机油泵的结构

8. 齿轮式机油泵的工作原理

如图 6-63 所示，主动齿轮带动从动齿轮旋转时，进油腔容积由于轮齿脱离啮合而增大，腔内形成一定的真空，机油从进油口吸入；旋转的齿轮将齿间的机油带到出油腔，出油腔容积由于轮齿进入啮合而减小，油压升高，机油经出油口压出。

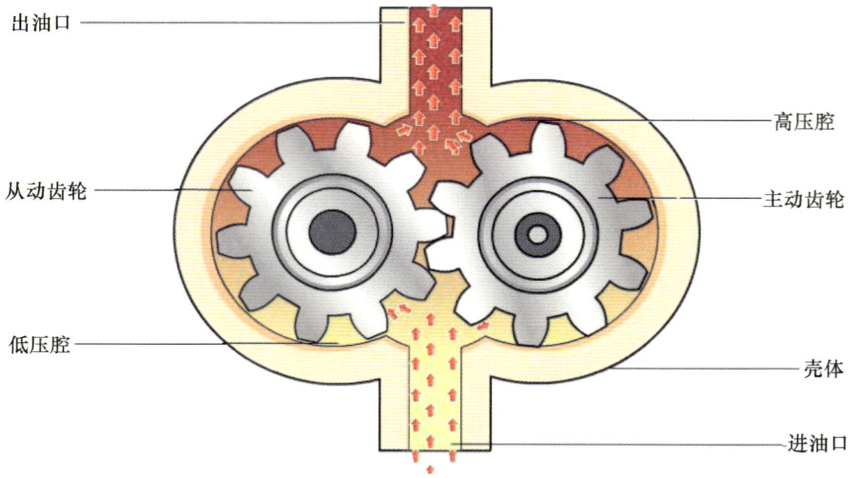

图 6-63　齿轮式机油泵的工作原理

项目七

汽油机燃料供给系统构造与拆装

项目描述

汽油机燃料供给系统的任务是根据发动机各种不同工作状况要求，配制出一定数量和浓度的可燃混合气，供入气缸，使之在临近压缩终了时点火燃烧而膨胀做功，最后将气缸内废气排至大气中。汽油机燃油供给系统工作状况的好坏，直接影响着汽车的动力性、经济性和环保性。

本任务主要通过对汽油机燃油供给系统主要机件的拆装作业，使学生认识以及理解其主要机件的结构和原理。

学习目标

通过本项目的学习，应能够：

(1) 描述燃油供给系统基本组成及其基本原理。

(2) 描述燃油供给系统各主要组成部件的结构、功用及其工作原理。

(3) 依据汽车维修操作要求，规范、熟练地完成汽油机燃油供给系统主要部件的拆装作业。

项目任务

(1) 认知汽油机燃料供给系统

(2) 电动燃油泵拆装

(3) 喷油器拆装

(4) 汽油滤清器拆装

学习任务 1　认知汽油机燃料供给系统

一、任务目标

通过本任务学习，学习者应能：

(1) 描述汽油机燃料供给系统作用、组成、类型及其工作原理。

(2) 指出燃料供给系统在发动机上所处的位置,能识别燃料供给系统主要部件的外形结构。

二、知识准备

1. 汽油机燃油供给系统的作用

(1) 根据发动机各工作状况的不同要求,准确配置合适的空气与燃油的混合比;

(2) 为汽车储存行驶一定里程的汽油;

(3) 将燃烧做功后的废气排出。

2. 汽油机燃油供给系统的组成

如图 7-1 所示,汽油机燃料供给系统主要是由燃油箱、电动燃油泵、燃油滤清器、燃油分配管、油压调节器、喷油器和输油管等组成,有的还设有油压脉动缓冲器。

图 7-1　燃油供给系统组成

3. 汽油机燃料供给系统的类型

汽车发动机燃油供给系统按照控制方式不同,可以分为两种类型:一种是化油器式燃料供给系统,另一种是汽油喷射式燃料供给系统。化油器式燃料供给系统是在汽油机传统供给系统中仍广泛应用,而汽油喷射式燃料供给系统在汽油机上的已被普遍使用。

(1) 化油器式汽油机燃油供给系统,如图 7-2 所示。

(2) 汽油喷射式燃料供给系统,如图 7-3 所示。

4. 汽油机燃油供给系统的工作原理

汽油机燃油供给系统工作原理如图 7-4 所示。电动燃油泵将燃油箱中的燃油泵入燃油滤清器。燃油滤清器对流过的燃油进行过滤,过滤后的燃油进入燃油分配管,在压力调节器的作用下,燃油分配管中的燃油压力维持在规定范围内。燃油分配管将燃油分配给各缸喷油器。喷油器根据电控单元的指令将燃油适时地喷入进气管中。当油路中油压升高时,油压调节器自动调节,将多余燃油返回油箱,从而保持送给喷油器的燃油压力基本不变。

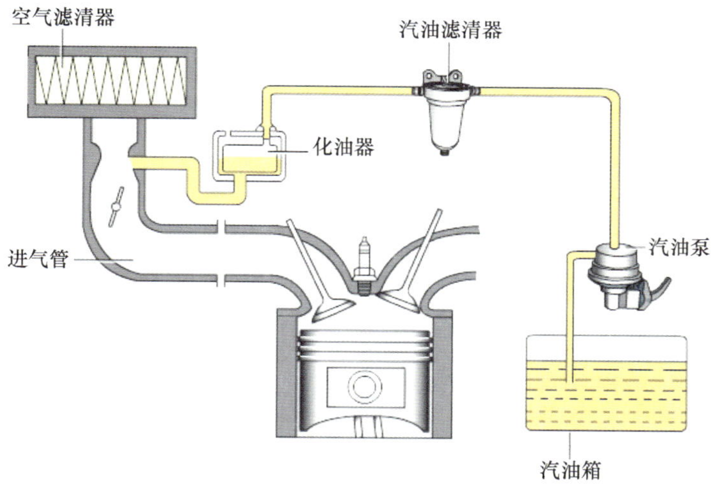

图 7-2　化油器式燃油供给系统

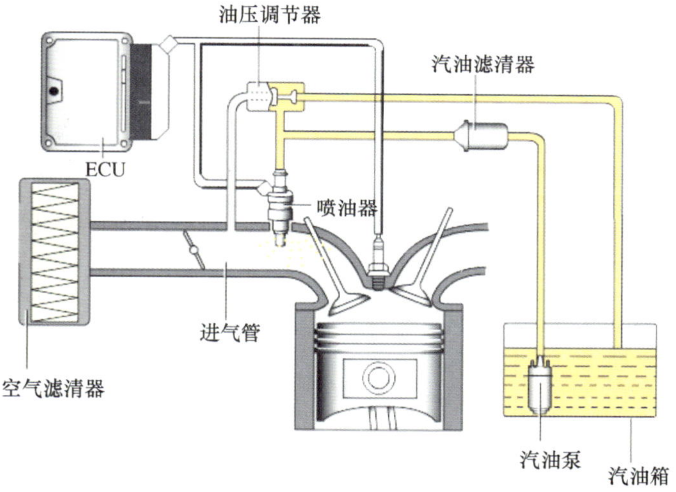

图 7-3　汽油喷射式燃料供给系统

5. 燃油分配管

燃油分配管结构如图 7-5 所示，燃油分配管也被称为“共轨”，其功用是将燃油均匀、等压地输送给各缸喷油器。由于它的容积比较大，故有储油蓄压、减缓油压脉动的作用。

三、任务实施

(一) 实施方案

1. 质量要求

参照厂家的质量标准要求。

2. 组织方式

每四位同学一组，按照企业岗位操作规范在 2007 款卡罗拉 1.6L/AT 轿车 1ZR-FE 发

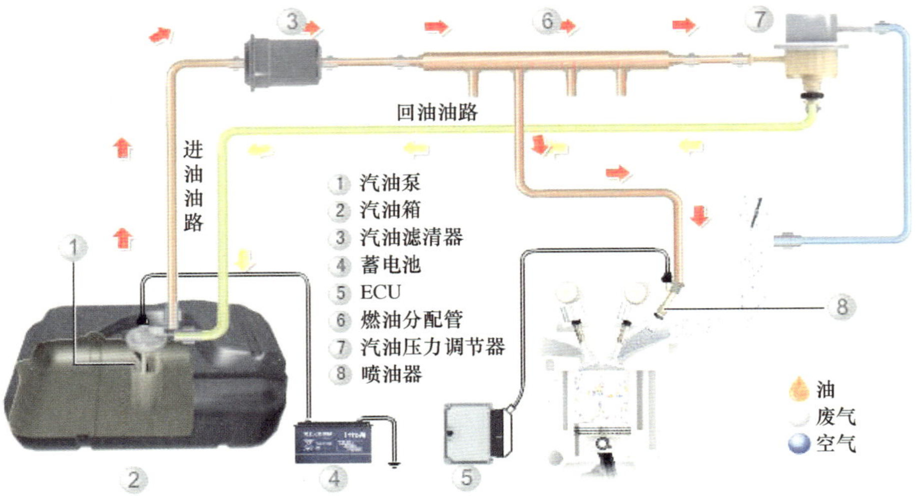

图 7-4 燃油供给系统工作原理

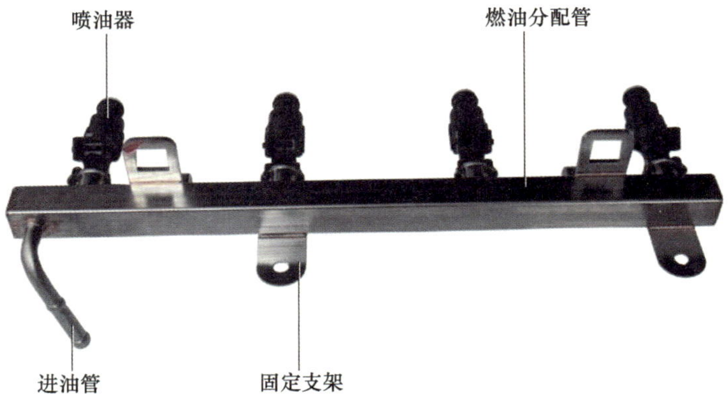

图 7-5 燃油分配管的结构

动机上查看燃油供给系统，并指出燃油供给系统主要零部件的外形结构及其所处的位置。每组作业时间为____分钟。

3. 作业准备

(1) 技术要求与标准：按照汽车维修安全规范操作要求，在规定时间内，在台架或实车上完成燃油供给系统主部件的拆装。

(2) 设备器材：如图 7-6 所示。

(3) 场地设施：带消防设施的场地。

(4) 设备设施：2007 款卡罗拉 1.6L/AT 轿车 1ZR-FE 发动机、发动机台架、工具车、标保工具车、零件车、垃圾桶。

(5) 耗材：干净抹布、泡沫清洁剂。

(二) 操作步骤

识别发动机燃油供给系统主要配件的外形结构及安装位置操作步骤如下：

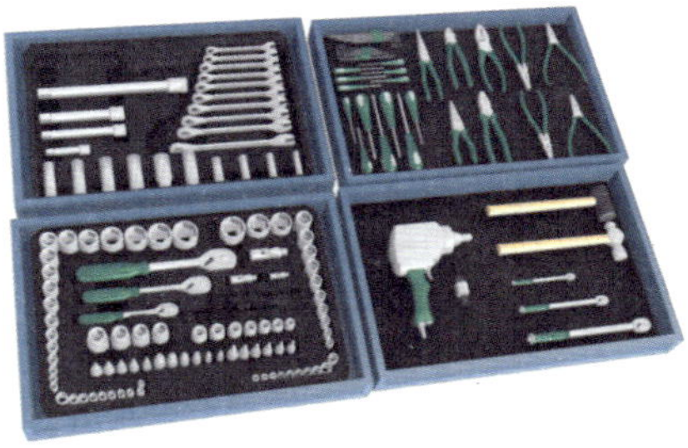

常用工具（一套）

图 7-6　设备器材

（1）找出燃油供给系统在发动机上所处的位置，观察其整体外形结构。

（2）如图 7-7 所示，找出燃油供给系统的燃油箱，观察其外形结构。

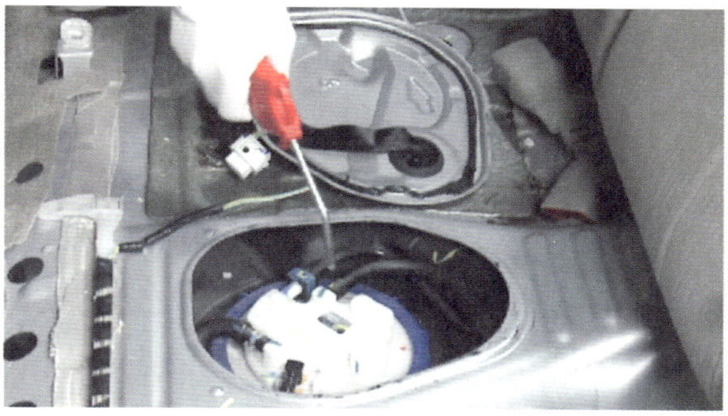

图 7-7　燃油供给系统的燃油箱

（3）如图 7-8 所示，找出燃油供给系统的电动燃油泵，观察其外形结构。

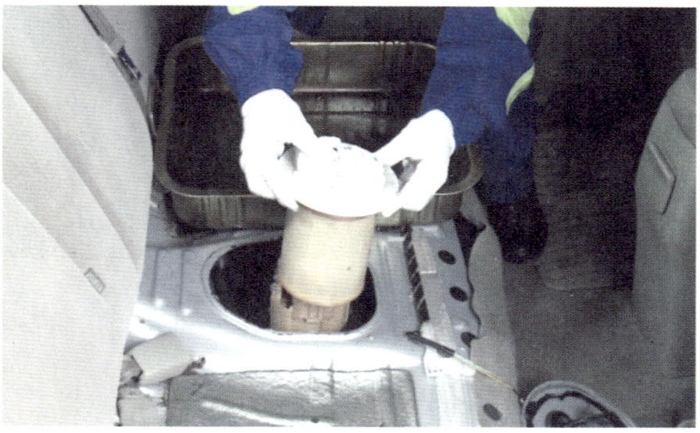

图 7-8　燃油供给系统的电动燃油泵

（4）如图 7-9 所示，找出燃油供给系统的燃油滤清器，观察其外形结构。

（5）如图 7-10 所示，找出燃油供给系统的燃油分配管，观察其外形结构。

（6）找出燃油供给系统的油压调节器，观察其外形结构。

（7）找出燃油供给系统的喷油器，观察其外形结构。

（8）根据发动机（1ZR-FE）部件说出燃油供给系统输油管的循环路径。

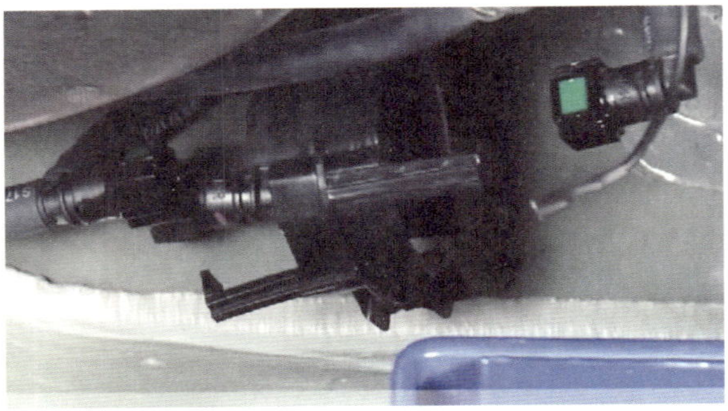

图 7-9　燃油供给系统的燃油滤清器

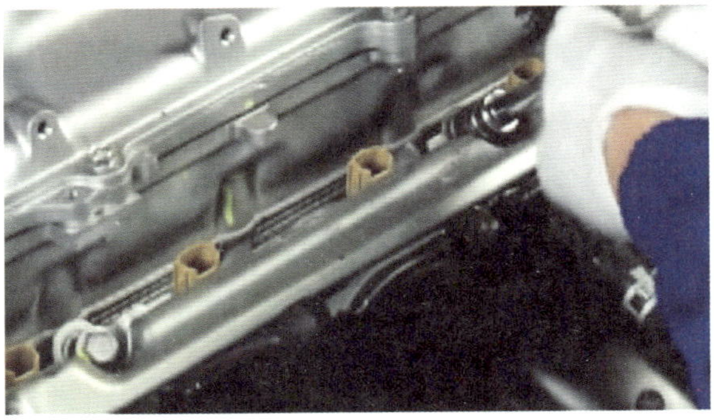

图 7-10　燃油供给系统的燃油分配管

图 7-11　装在燃油分配管上的喷油器

四、任务小结

1. 汽油燃油供给系统的组成

汽油燃料供给系统主要是由燃油箱、电动燃油泵、燃油滤清器、燃油分配管、油压调节器、喷油器和输油管等组成，有的还设有油压脉动缓冲器。

2. 汽车发动机燃油供给系统的类型

汽车发动机燃油供给系统按照控制方式不同，可以分为两种类型：一种是化油器式燃油供给系统；另一种是电控燃油供给系统。

五、任务评价

(一) 理论评价

判断题

(1) 汽油机燃料供给系统的主要功用是为发动机供油。 (　　)

(2) 汽车发动机燃油供给系统按照控制方式不同，可以分为两种类型：一种是化油器式燃油供给系统，另一种是汽油喷射式燃料供给系统。 (　　)

(二) 技能评价

表 7-1　认知汽油机燃料供给系统技能评价

序号	内容	分值	得分
1	找出燃油供给系统在发动机上所处的位置，观察其整体外形结构。	10	
2	找出燃油供给系统的电动燃油泵，观察其外形结构。	20	
3	找出燃油供给系统的燃油滤清器，观察其外形结构。	20	
4	找出燃油供给系统的燃油分配管，观察其外形结构。	20	
5	找出燃油供给系统的油压调节器，观察其外形结构。	10	
6	找出燃油供给系统的喷油器，观察其外形结构。	10	
7	根据发动机(1ZR-FE)部件说出燃油供给系统输油管的循环路径。	10	
总分		100	

(注：操作正确即得分，操作错误或未操作得 0 分)

学习任务 2　电动燃油泵拆装

一、任务目标

通过本任务学习，学习者应能：

(1) 认识涡轮式电动燃油泵结构。

(2) 描述涡轮式电动燃油泵工作原理。

(3) 依据汽车维修操作要求，规范、熟练地完成电动燃油泵的拆装作业。

二、知识准备

1. 涡轮式电动燃油泵的结构

电动燃油泵是一种由小型直流电动机驱动的燃油泵，其作用是给电控燃油系统提供具有一定压力的燃油。如图 7-12 所示，涡轮式电动燃油泵主要由燃油泵电动机、涡轮泵、出油阀、卸压阀等组成。涡轮式电动燃油泵的特点是泵油量大、泵油压力高、供油压力稳定、运转噪声小、使用寿命长等，所以应用最为广泛。

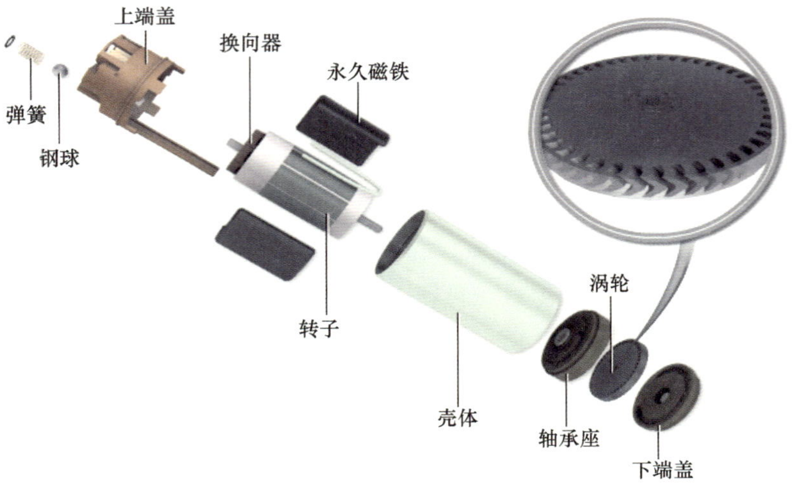

图 7-12　涡轮式电动燃油泵的结构

2. 涡轮式电动燃油泵的工作原理

涡轮式电动燃油泵工作原理如图 7-13 所示。

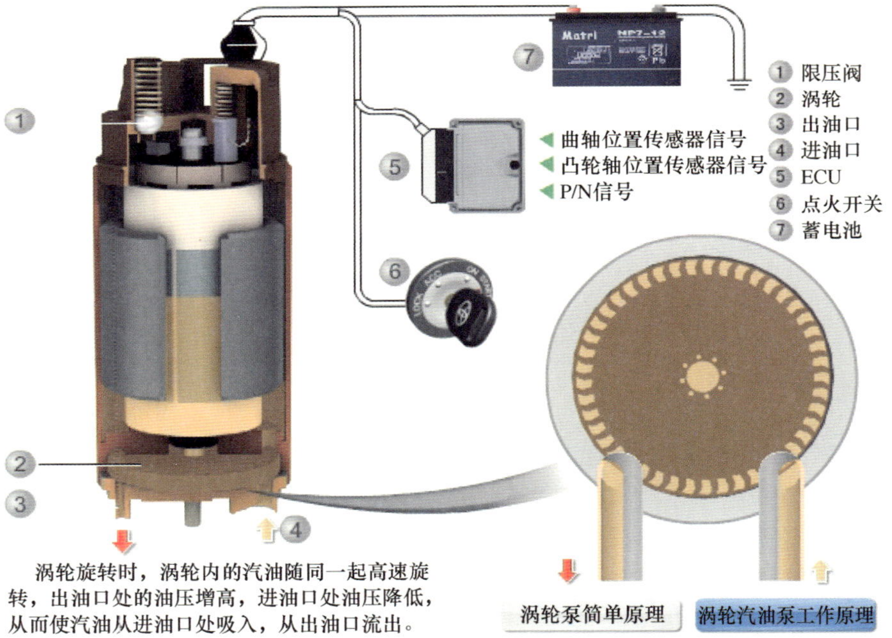

图 7-13　涡轮式电动燃油泵工作原理

电动燃油泵工作时，永磁电动机通电带动泵体旋转，将燃油从进油口吸入，燃油经电动燃油泵内部，再从出油口压出，给燃油系统供油。电动燃油泵的转速和泵油量由外加电压决定，通常情况下为恒定值。

在电动燃油泵的出油口处设有一个止回阀，可以在发动机熄火后，防止燃油倒流，以保持燃油供给系统有一定的残余压力，便于下次起动。

在电动燃油泵的进油口或出油口处设有一个安全阀，可在燃油滤清器或高压管路阻塞等意外情况发生时，打开而泻压，从而保护直流电动机。

在电动燃油泵的进油口处安装有一个滤网，可防止杂质进入燃油泵造成卡死或密封不良。

三、任务实施

（一）实施方案

1. 质量要求

参照厂家的质量标准要求。

2. 组织方式

每四位同学一组，按照企业岗位操作规范在 2007 款卡罗拉 1.6L/AT 轿车 1ZR-FE 发动机的燃料供给系统上找到电动燃油泵所处的位置，识别其整体外形结构，并对电动燃油泵进行拆装作业。每组作业时间为____分钟。

3. 作业准备

（1）技术要求与标准：

① 检查燃油系统前，需断开蓄电池负极端子。

② 拆解燃油泵和汽油滤清器，它们为不可重复使用零件。

③ 燃油泵自身内部电阻（20 ℃时）为 0.2～3.0 Ω。

④ 接智能检测仪时，点火开关需要处于关闭状态。

（2）设备器材：如图 7-14 所示。

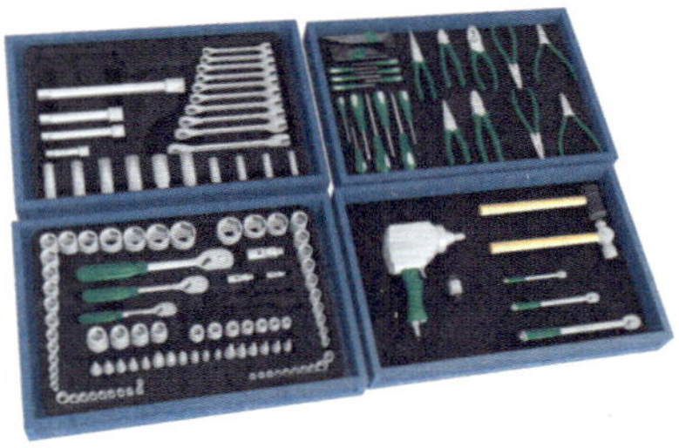

常用工具（一套）

图 7-14　设备器材

（3）场地设施：带消防设施的场地。

（4）设备设施：2007 款卡罗拉 1.6L/AT 轿车 1ZR-FE 发动机、发动机台架、工具车、标保工具车、零件车、垃圾桶。

（5）耗材：干净抹布、泡沫清洁剂。

（二）操作步骤

1. 拆卸电动燃油泵

（1）燃油系统泄压：

① 起动发动机。在发动机自然停止后，将点火开关置于“OFF”位置。

② 再次启动发动机，确认发动机不起动。

③ 拆下燃油箱盖并释放燃油箱中的压力。

(2) 如图 7-15 所示，拆下后排座椅垫总成。

图 7-15　拆下座椅垫

(3) 如图 7-16 所示，拆卸后地板检修孔盖。

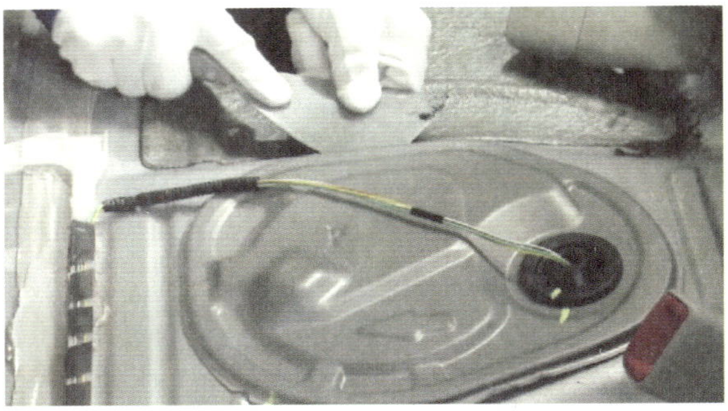

图 7-16　拆卸后地板检修孔盖

注意事项

◇注意铲刀角度，防止检修孔盖变形。

(4) 如图 7-17 所示，断开蓄电池负极端子电缆。

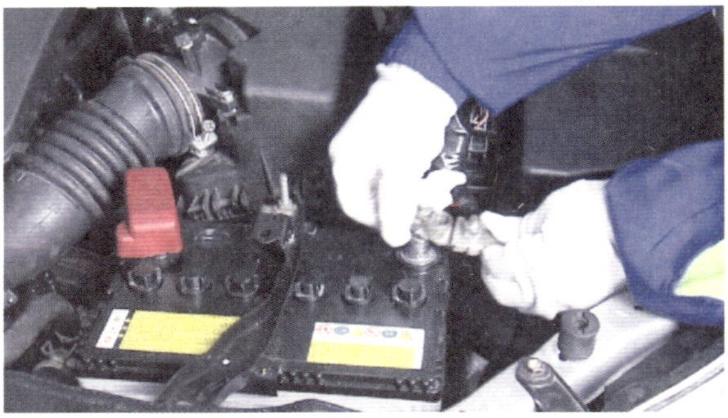

图 7-17　断开蓄电池负极端子

(5) 如图 7-18 所示，清洁燃油吸油盘总成上部。

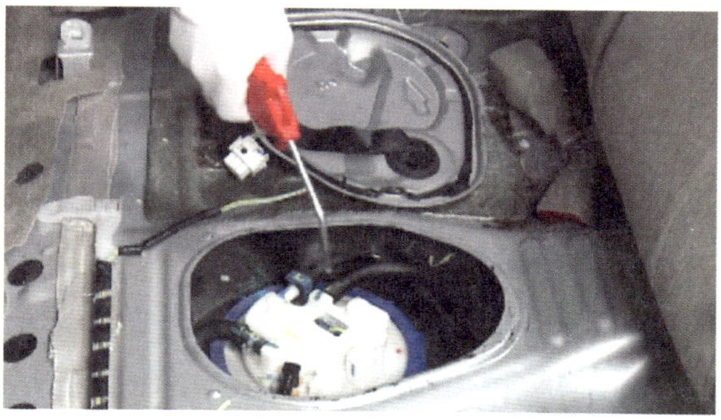

图 7-18　清洁燃油吸油盘

(6) 如图 7-19 所示，拆卸燃油箱主管。

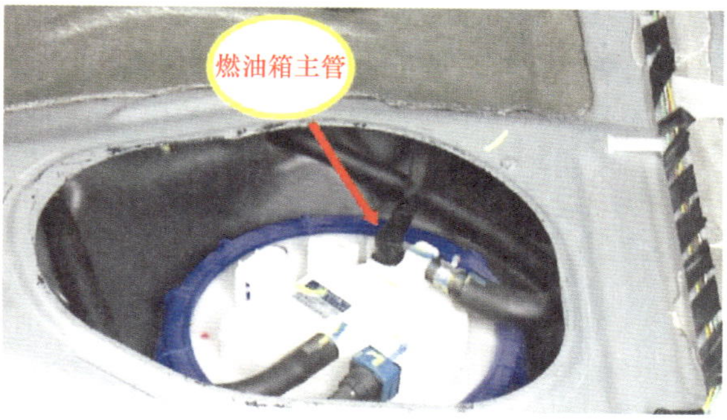

图 7-19　拆卸燃油箱主管

(7) 如图 7-20 所示，拆卸 1 号燃油蒸发管。

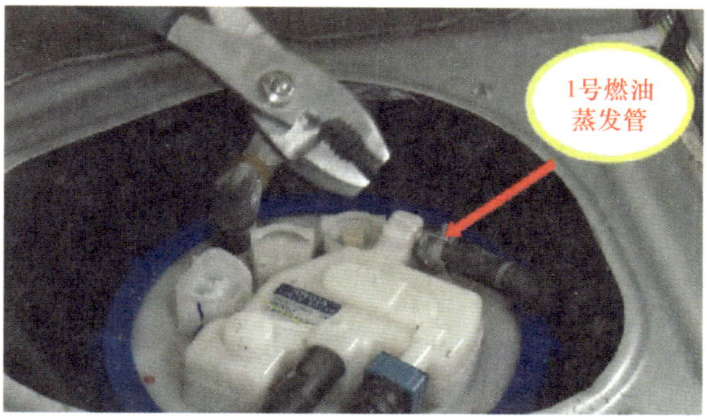

图 7-20　拆卸 1 号燃油蒸发管

(8) 如图 7-21 所示，断开 1 号碳罐出口软管。

(9) 如图 7-22 所示，断开 2 号燃油箱蒸发管。

(10) 如图 7-23 所示，拆卸燃油泵及传感器固定圈。

注意事项

◇需要用燃油泵专用拆装工具及使用卡罗拉的 6 mm 六角套筒扳手。

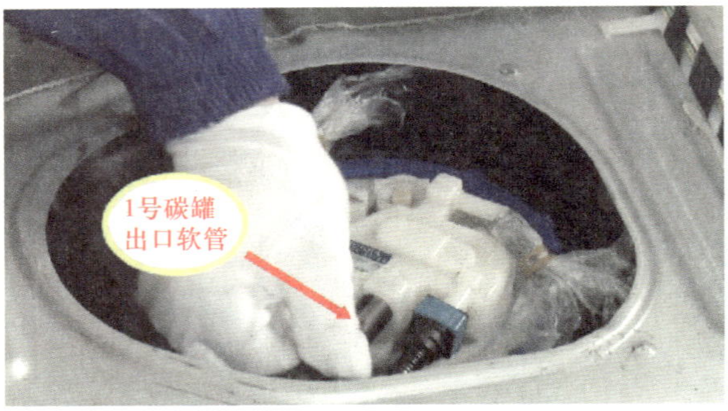

图 7-21　断开 1 号碳罐出口软管

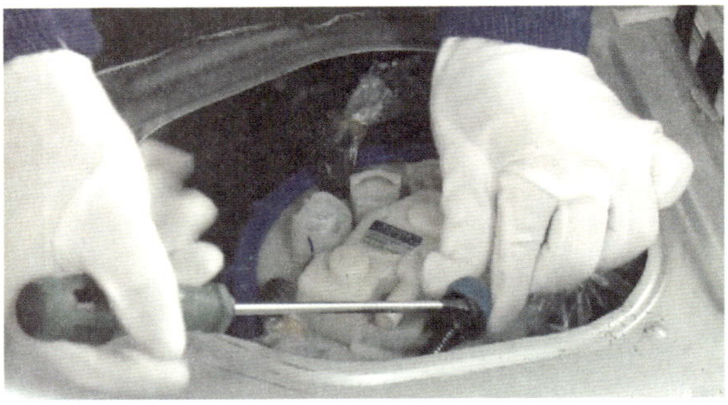

图 7-22　断开 2 号燃油箱蒸发管

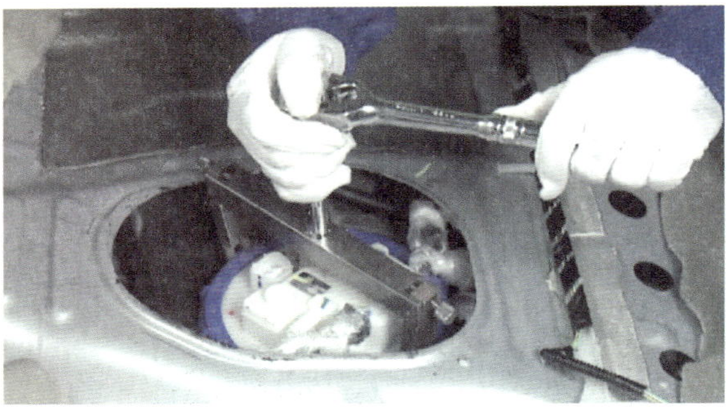

图 7-23　拆卸燃油泵及传感器固定圈

（11）如图 7-24 所示，取出燃油吸油管。

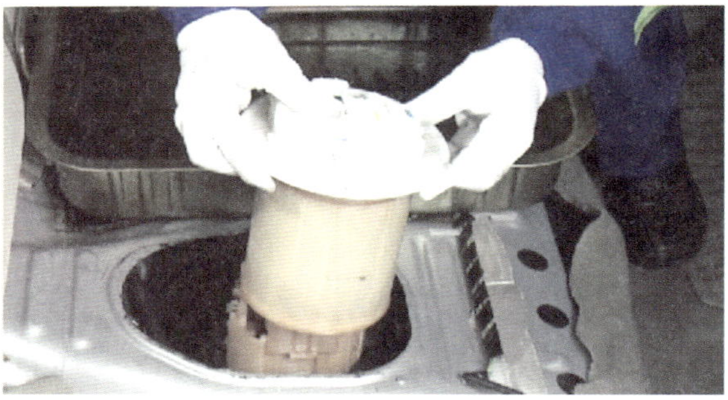

图 7-24　取出燃油吸油管

（12）如图 7-25 所示，拆卸燃油表传感器。

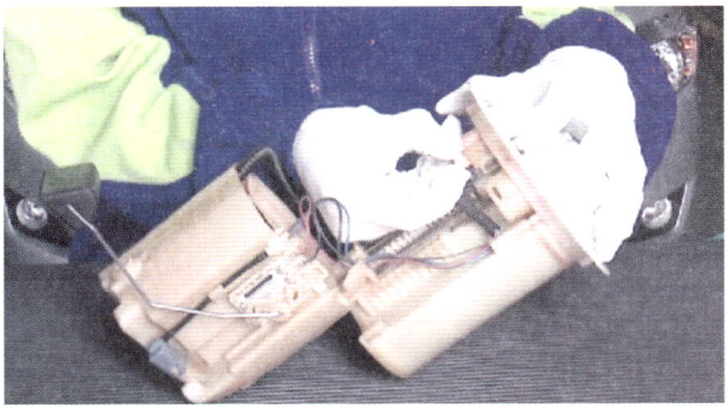

图 7-25　拆卸燃油表传感器

（13）如图 7-26 所示，拆卸燃油泵。

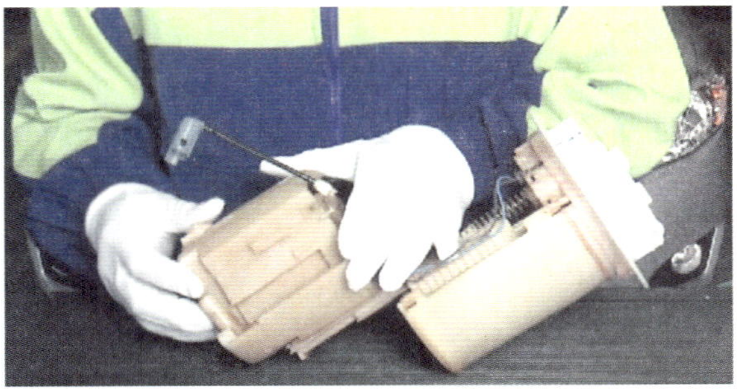

图 7-26　拆卸燃油泵

2. 安装电动汽油泵

（1）安装燃油泵

① 如图 7-27 所示，在新的“O”形圈上涂抹汽油，然后将其安装到燃油滤清器上。

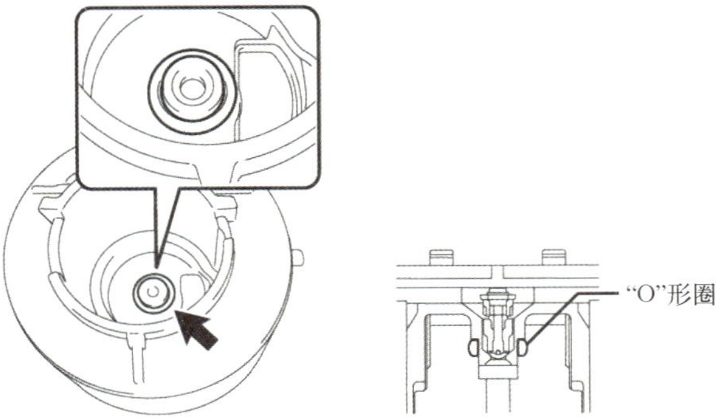

图 7-27　“O”形圈安装位置

② 如图 7-28 所示，连接燃油泵线束。

③ 如图 7-29 所示，接合 5 个燃油泵卡爪。

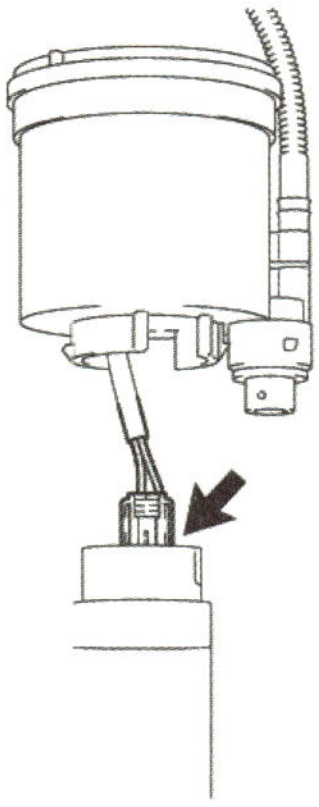

图 7-28　连接燃油泵线束

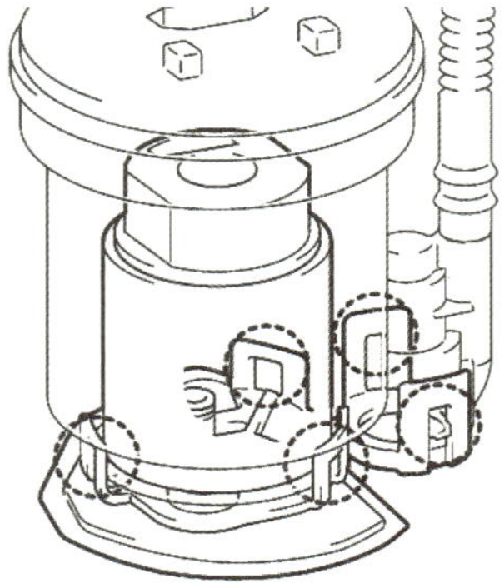

图 7-29　接合燃油泵卡爪

注意事项

◇不要拆下吸油滤清器。

◇如果已从燃油泵上拆下吸油滤清器，则不能再使用燃油泵或吸油滤清器。

④ 如图 7-30 所示，接合 1 号吸油管支架的两个卡爪。

⑤ 如图 7-31 所示，接合吸油管支架的两个卡爪，并将燃油滤清器和燃油泵安装到副燃油箱上。

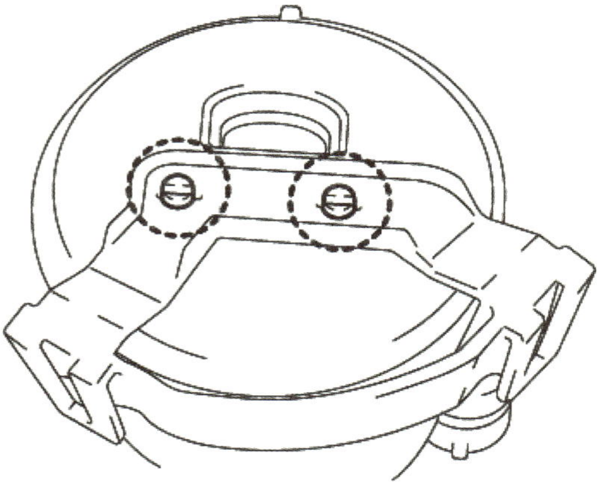

图 7-30　接合卡爪

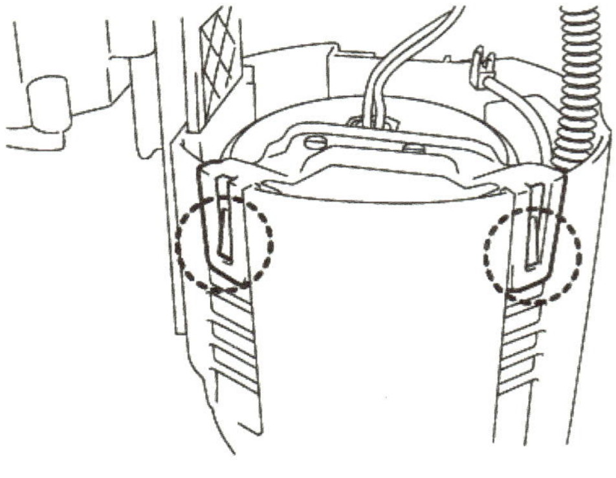

图 7-31　接合支架卡爪

⑥ 如图 7-32 所示，将燃油泵滤清器软管槽对准副燃油箱的切口并安装软管。

⑦ 如图 7-33 所示，连接燃油泵线束连接器。

⑧ 如图 7-33 所示，连接两个线束卡夹。

(2) 安装燃油表传感器

如图 7-34 所示。

(3) 安装燃油吸油管

① 如图 7-35 所示，将新衬垫安装到燃油箱上。

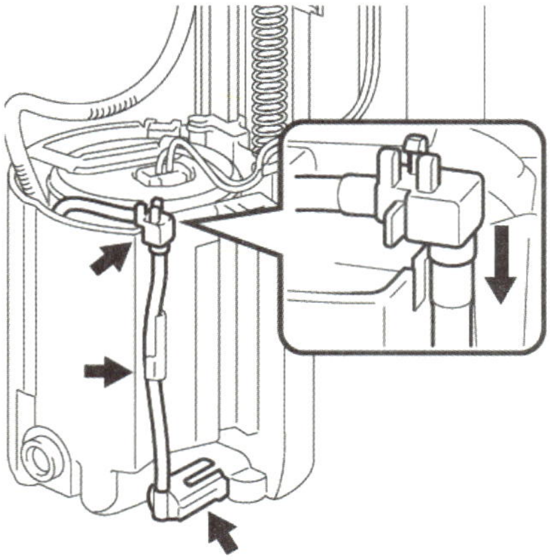

图 7-32　软管槽对准油箱切口

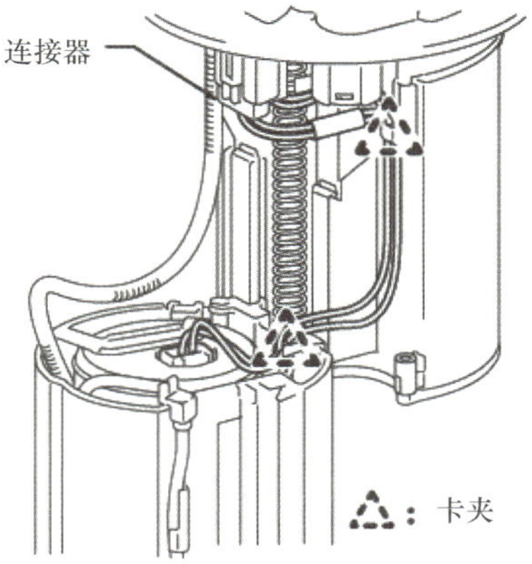

图 7-33　连接线束

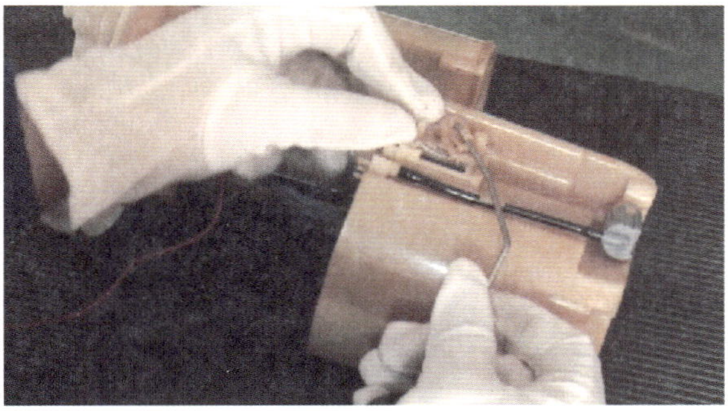

图 7-34　安装燃油表传感器

② 将燃油吸油管固定到燃油箱上，并确保燃油传感器臂没有弯曲。

③ 如图 7-36 所示，将燃油吸油管凸出部分对准燃油箱槽口。

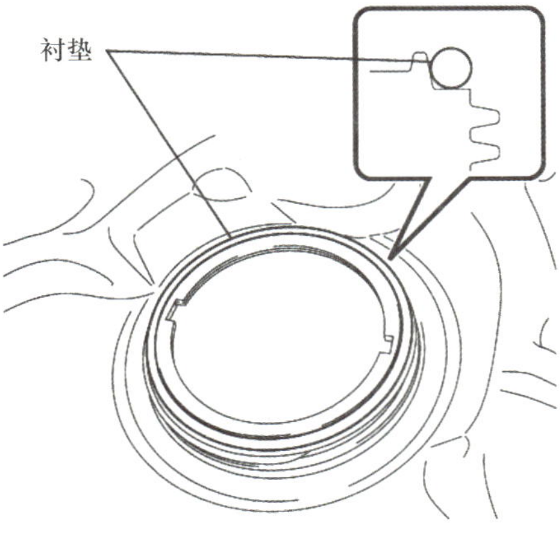

图 7-35　安装新衬垫

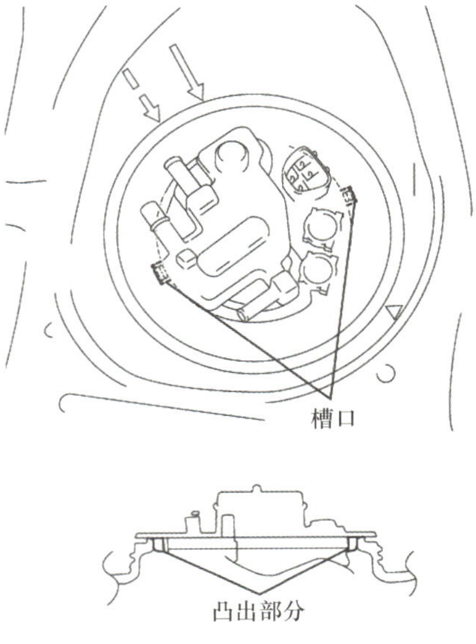

图 7-36　对准燃油箱槽口

④ 如图 7-37 所示，用手固定燃油吸油管总成以防止其倾斜时，将燃油泵仪表挡圈和燃油箱上的开始标记对准，并用手拧紧燃油泵仪表挡圈 180°。

⑤ 如图 7-38 所示，用 6 mm 六角套筒扳手，将 SST 安装到燃油泵仪表挡圈上。

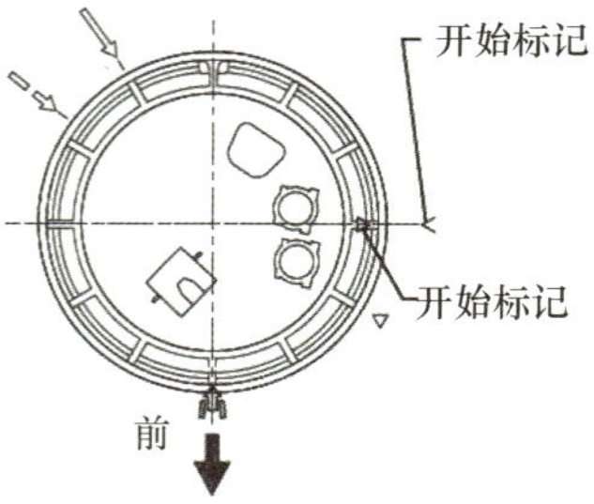

图 7-37　对准标记

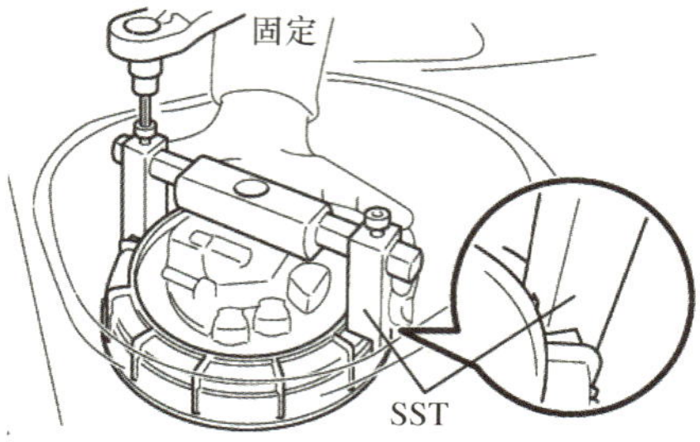

图 7-38　使用六角套筒扳手

SST 09808-14020（09808-01410，09808-01420，09808-01430）

注意事项

◇将 SST 槽口插入燃油泵仪表挡圈助片。

◇安装 SST 时，用手固定燃油吸油管总成以防止衬垫从燃油吸油管脱落。

⑥ 从燃油箱上的开始标记紧固燃油泵仪表挡圈约 450°，使挡圈上的开始标记落在如图 7-39所示的范围内。

SST 09808-14020（09808-01410，09808-01420，09808-01430）

（4）连接汽油箱 2 号蒸发管

如图 7-40 所示，将燃油箱 2 号蒸发管连接至燃油吸油管总成。

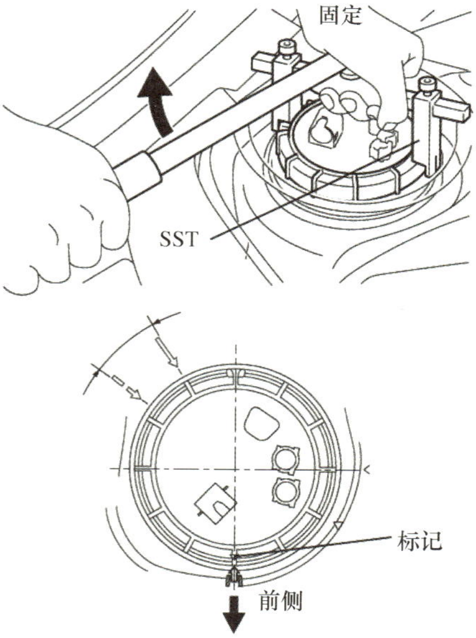

图 7-39　紧固燃油泵仪表挡圈

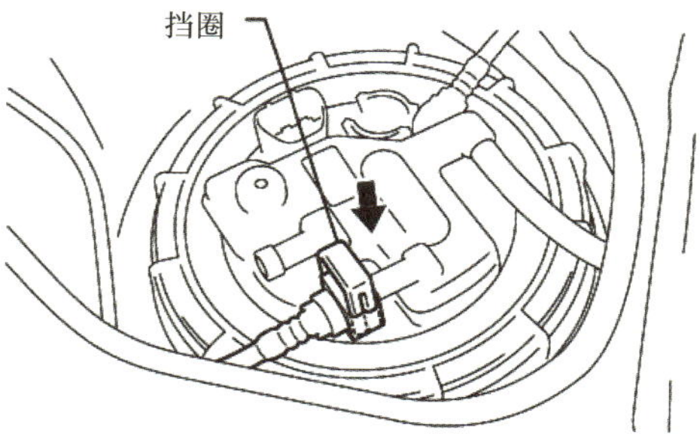

图 7-40　连接汽油箱 2 号蒸发管

(5) 连接 1 号炭罐出口软管

如图 7-41 所示，将 1 号碳罐出口软管连接至燃油吸油管总成。

(6) 连接 1 号燃油蒸发管分总成

如图 7-42 所示，用卡子将 1 号燃油蒸发管分总成连接到燃油吸油管总成。

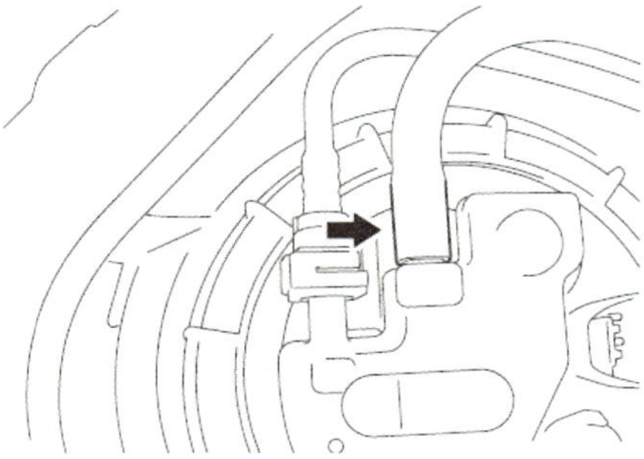

图 7-41　连接 1 号碳罐出口软管

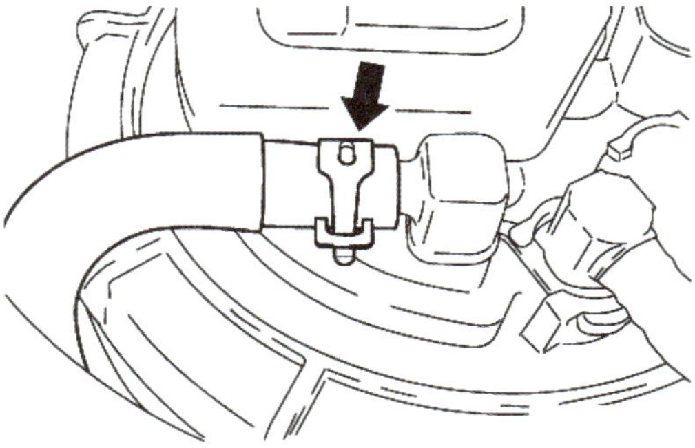

图 7-42　使用卡子

(7) 连接燃油箱主管分总成

① 如图 7-43 所示，将燃油管接头推入燃油吸油盘的螺塞里，然后安装油管接头卡子。

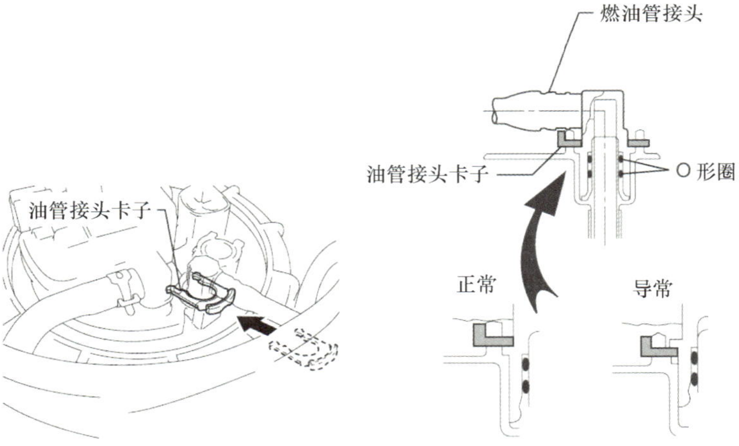

图 7-43　连接燃油箱主管分总成

注意事项

◇在工作前，检查并确认燃油管接头的连接部分和螺塞周围没有痕迹或异物。
◇安装油管接头卡子后，检查并确认燃油箱主管不能被退出。

② 如图 7-43 所示，连接油泵连接器。

(8) 连接蓄电池负极端子

如图 7-44 所示，连接蓄电池负极端子，扭矩为 5.4 N·m。

(9) 安装后地板检修孔盖和后排座椅坐垫

如图 7-45 所示。

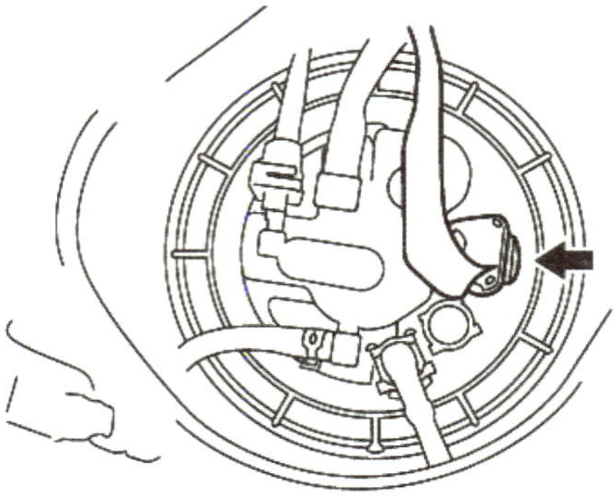

图 7-44　连接蓄电池负极端子

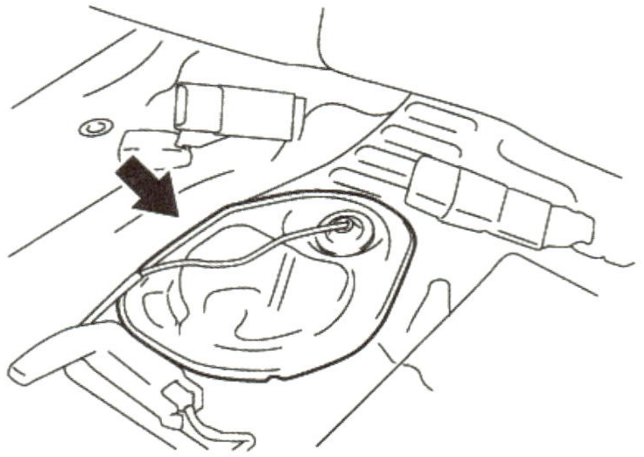

图 7-45　安装孔盖

四、任务小结

1. 涡轮式电动汽油泵组成

涡轮式电动汽油泵主要由涡轮、转子、永久磁铁、换向器等组成。

2. 涡轮式电动汽油泵工作原理

涡轮旋转，涡轮内的汽油随同一起旋转，离心力作用下使出油口产生高压，进油口油压降低。

3. 拆装电动燃油泵

(1) 拆卸电动燃油泵的主要步骤

拆下后排座椅垫总成→拆卸后地板检修孔盖→燃油系统卸压→断开蓄电池负极端子电缆→清洁燃油吸油盘总成上部→拆卸燃油箱主管→拆卸 1 号燃油蒸发管→断开 1 号碳罐出口软管→断开 2 号燃油箱蒸发管→拆卸燃油泵及传感器固定圈→取出燃油吸油管→拆卸燃油表传感器→拆卸燃油泵。

(2) 安装电动燃油泵的主要步骤

检查燃油泵→安装燃油泵→安装燃油表传感器→检查电动汽油泵仪表挡圈的配合→安装燃油吸油管→连接汽油箱蒸发管→连接碳罐出口软管→连接燃油箱主管→连接蓄电池负极端子→检查燃油是否泄漏→安装后地板检修孔盖和后排座椅坐垫。

五、任务评价

(一) 理论评价

1. 判断题

(1) 涡轮式电动汽油泵主要由涡轮、转子、永久磁铁、换向器等组成。　(　　)

(2) 如果电动燃油泵断路，继电器损坏，将不会影响燃油泵正常运转。　(　　)

(3) 燃油泵磨损会使燃油供给系统的泵油压力不足，导致发动机起动困难、动力不足、加速不良。　(　　)

(4) 电动燃油泵的进油口处装有一个滤网，是为了保护直流电动机。　(　　)

2. 单选题

(1) 丰田卡罗拉采用以下哪种类型的燃油泵？(　　)

A. 涡轮式燃油泵　B. 滚珠式燃油泵　C. 翼片式燃油泵　D. 齿轮式燃油泵

(2) 电动汽油泵在 20 ℃状态下，标准电阻值为多少欧姆？(　　)

A. 0.1～2.0 Ω　B. 0.2～0.3 Ω　C. 0.2～3.0 Ω　D. 0.3～4.0 Ω

(二) 技能评价

表 7-2　电动燃油泵拆装技能评价

序号	内容	分值	得分
1	拆下后排座椅垫总成。	2	
2	拆卸后地板检修孔盖。	3	
3	燃油系统泄压。	2	
4	断开蓄电池负极端子电缆。	5	
5	清洁燃油吸油盘总成上部。	5	
6	拆卸燃油箱主管。	5	
7	拆卸 1 号燃油蒸发管。	5	
8	断开 1 号碳罐出口软管。	5	
9	断开 2 号燃油箱蒸发管。	5	
10	拆卸燃油泵及传感器固定圈。	5	
11	取出燃油系油管。	5	
12	拆卸燃油表传感器。	5	
13	拆卸燃油泵。	5	
14	检查燃油泵。	5	
15	安装燃油泵。	5	
16	安装燃油表传感器。	5	
17	安装燃油吸油管。	5	
18	连接汽油箱蒸发管。	5	
19	连接碳罐出口软管。	5	
20	连接燃油箱主管。	5	
21	连接蓄电池负极端子。	3	
22	检查燃油是否泄露。	2	
23	安装后地板检修孔盖和后排座椅坐垫。	3	
总分		100	

(注：操作正确即得分，操作错误或未进行操作得 0 分)

学习任务 3　喷油器拆装

一、任务目标

通过本任务学习，学习者应能：

(1) 描述喷油器结构、功用及工作原理。

(2) 依据汽车维修操作要求，规范、熟练地完成喷油器的拆装作业。

二、知识准备

1. 喷油器的结构

卡罗拉轿车发动机使用的喷油器是电磁式喷油器，通过绝缘垫装在进气管上。它的作用是根据电控单元的指令将燃油以雾状的形态喷入进气管内。

喷油器一般由壳体、电磁线圈、复位弹簧、衔铁、针阀和滤网等组成(如图 7-46 所示)，为轴针式喷油器结构。喷油器的优点是针阀前端的轴针伸入喷孔，可使燃油以环状喷出，有利于雾化，且由于轴针在喷口中不断运动，故喷孔不易阻塞。缺点是燃油雾化质量稍差，且由于针阀质量较大，因而动态响应性较差。

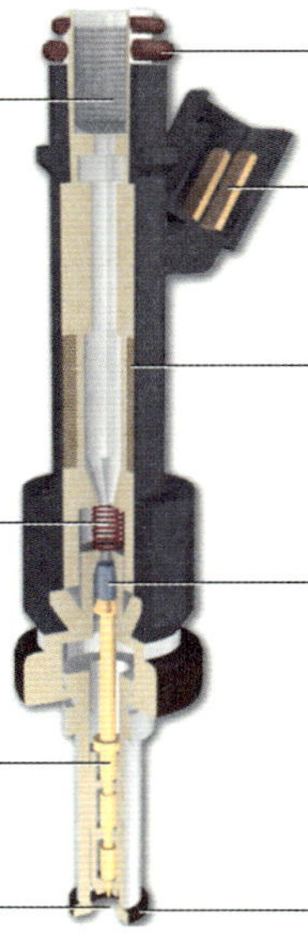

图 7-46　电磁式喷油器的结构

2. 喷油器的功用

喷油器的功用如图 7-47 所示。发动机喷油器是电控燃油供给系统的重要组成部件，喷油器及其控制电路性能好坏对发动机工作性能好坏甚至能否工作都影响很大。发动机喷油器的功用是按照 ECU 的指令将一定数量的汽油适时地喷入进气道或进气管内，并与其中的空气混合形成可燃混合气。

3. 喷油器的工作原理

如图 7-48 所示，发动机工作时，电控单元的喷油控制信号将喷油器的电磁线圈与电源回路接通。电磁线圈有电流通过便产生磁场，磁芯被吸引，同磁芯为一体的针阀向上移动碰到调整垫时，针阀全开，燃油从喷口喷出。当没有电流通过电磁线圈时，在弹簧的作用下，使针阀下移压在阀座上并起密封作用。

喷油器的喷油量与针阀行程、喷口面积、喷油环境压力及燃油压力等因素有关，这些因素一旦确定后，喷油量就由针阀的开启时间，即电磁线圈的通电时间来决定。各喷油器的喷油持续时间由电控单元控制，当某缸活塞处于进气行程时，电控单元指令喷油器喷油。

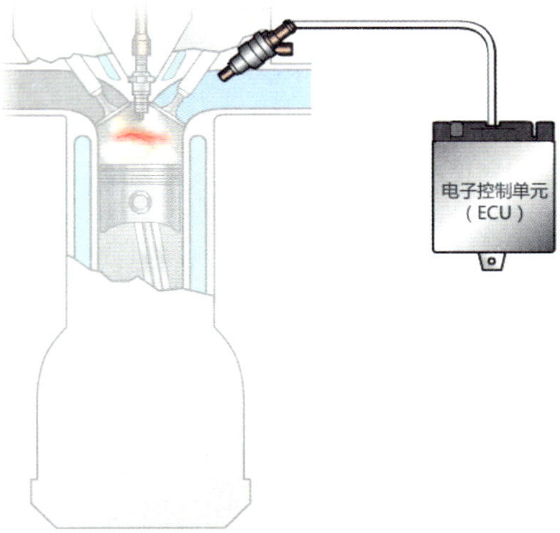

图 7-47　喷油器功用

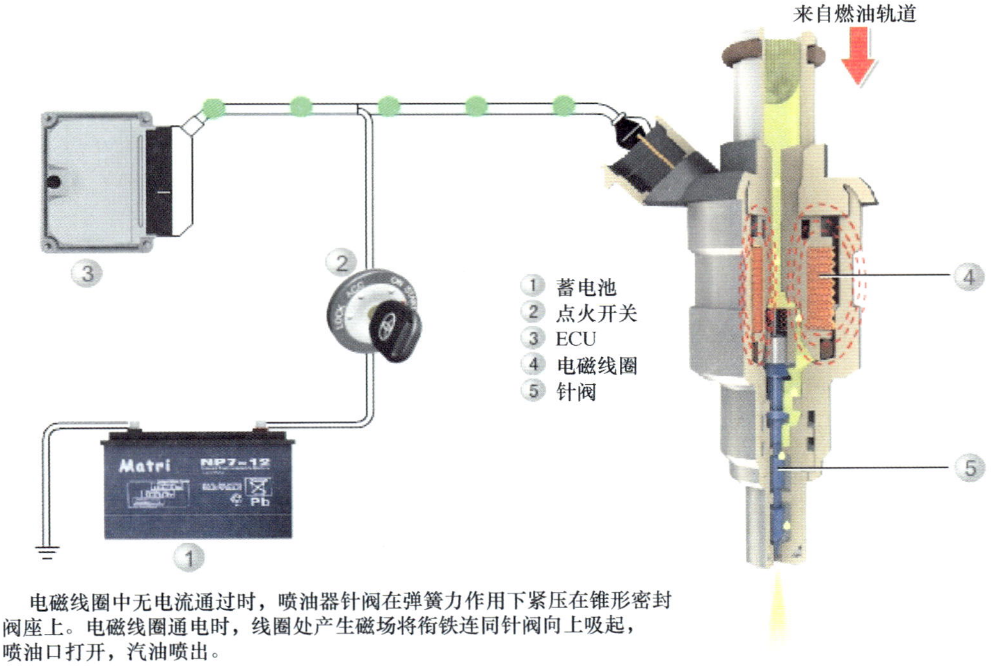

图 7-48　电磁式喷油器的工作原理

三、任务实施

(一) 实施方案

1. 质量要求

参照厂家的质量标准要求。

2. 组织方式

每四位同学一组，按照企业岗位操作规范对 2008 款通用轿车 1.6L/AT 轿车 1ZR-FE 发动机上的燃料供给系统的喷油器进行拆装作业。每组作业时间为____分钟。

3. 作业准备

(1) 技术要求与标准：

① 拆拔喷油器线束之前，需要断开蓄电池负极。

② 发动机怠速时的喷油器持续时间 1.0～2.5 ms。

③ 喷油器线圈绕组电阻(20 ℃的条件下)为 11.6～12.4 Ω。

④ 喷油器的电源电压为 9～14 V。

(2) 设备器材：如图 7-49 所示。

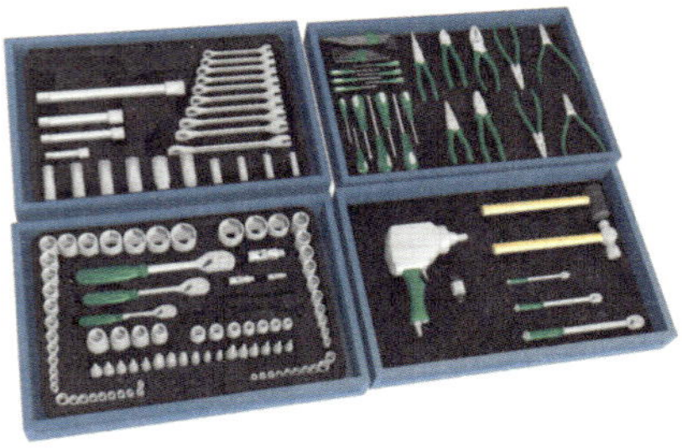

常用工具（一套）

图 7-49 设备器材

(3) 场地设施：带消防设施的场地。

(4) 设备设施：2007 款卡罗拉 1.6L/AT 轿车 1ZR-FE 发动机、发动机台架、工具车、标保工具车、零件车、垃圾桶。

(5) 耗材：干净抹布、泡沫清洁剂。

(二) 操作步骤

1. 拆卸喷油器

(1) 如图 7-50 所示，拆卸发动机盖罩。

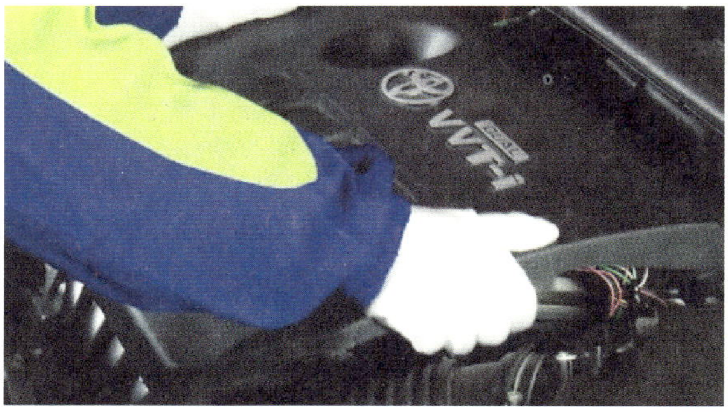

图 7-50 拆卸发动机盖罩

(2) 如图 7-51 所示，分离曲轴箱通风软管。

(3) 如图 7-52 所示，拆卸发动机线束。

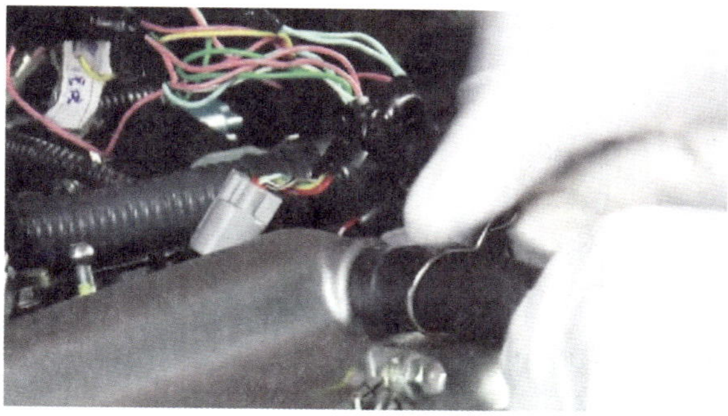

图 7-51　断开通风软管

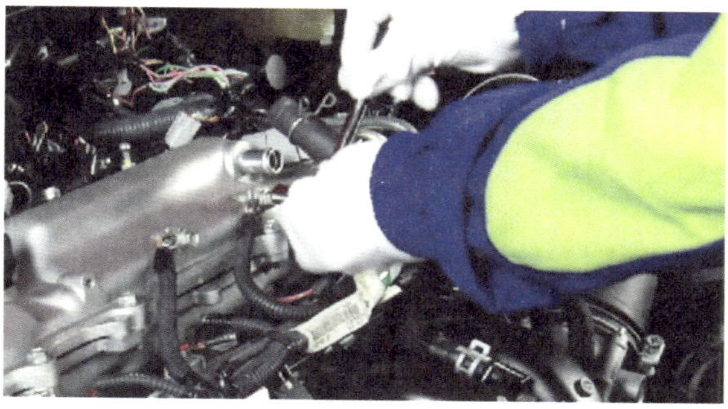

图 7-52　拆卸发动机线束

（4）如图 7-53 所示，使用断开燃油管的专用工具，断开燃油管。

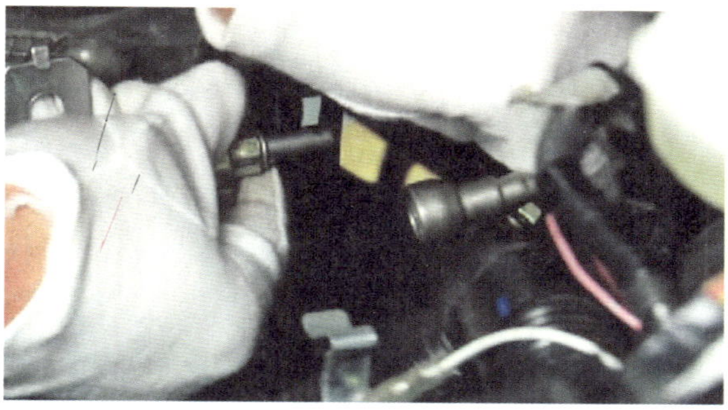

图 7-53　断开燃油管

（5）如图 7-54 所示，拆卸输油管，拆卸喷油器。

注意事项

◇用塑料袋将喷油器包起来，以防异物进入。

2. 安装喷油器

（1）如图 7-55 所示，将新的喷油器隔振垫安装至喷油器上，并在“O”形圈接触面上涂抹一薄层汽油。

（2）如图 7-56 所示，左右转动喷油器，以将其安装到输油管上。

（3）如图 7-57 所示，安装输油管隔垫。

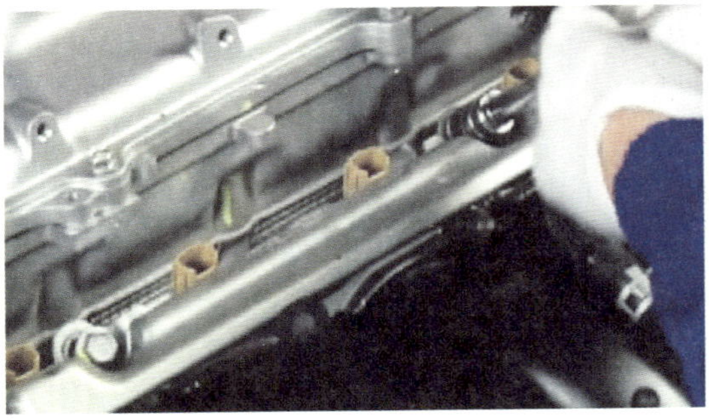

图 7-54　拆卸输油管

图 7-55　安装“O”形圈

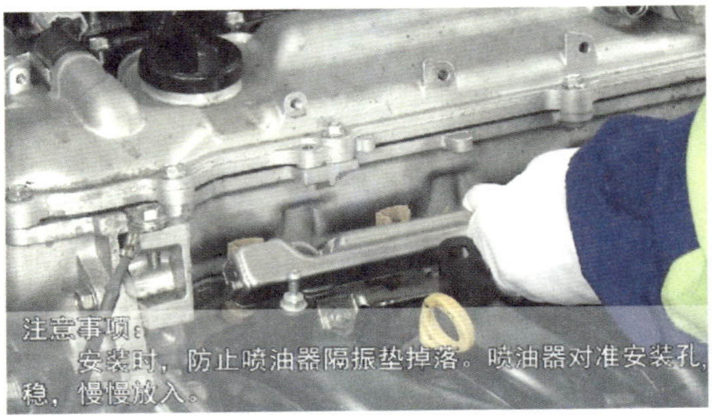

图 7-56　将喷油器安装到输油管上

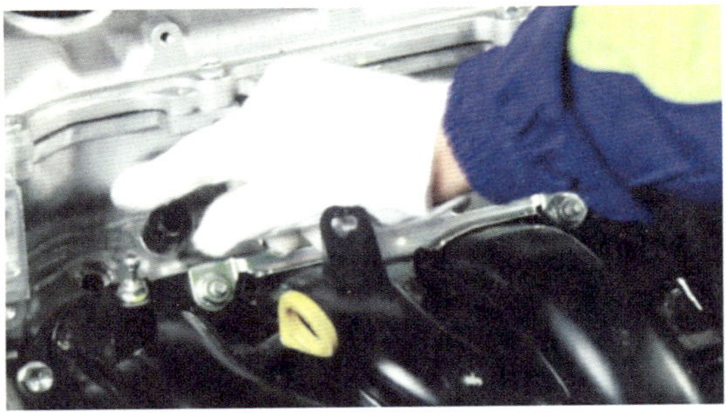

图 7-57　安装油管隔垫

(4) 如图 7-58 所示，安装输油管。

(5) 如图 7-59 所示，连接燃油管。

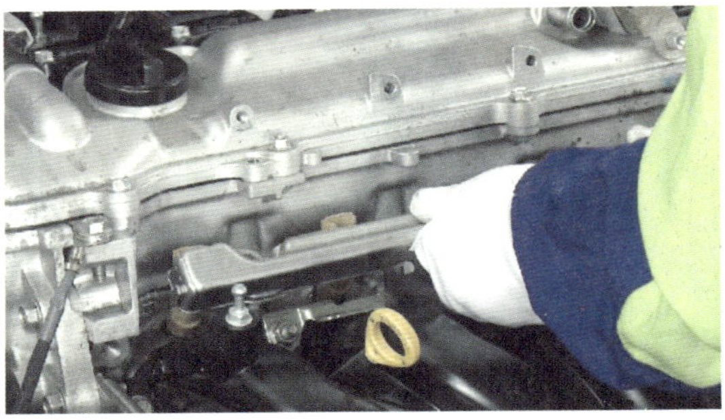

图 7-58　安装输油管

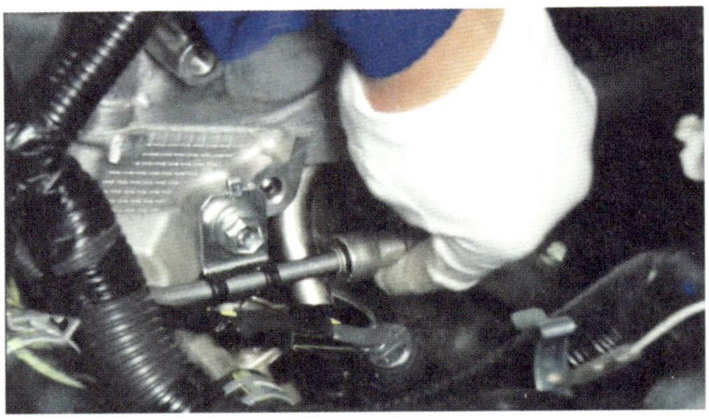

图 7-59　连接燃油管

(6) 如图 7-60 所示，连接发动机线束。

(7) 如图 7-61 所示，连接蓄电池负极端子。

(8) 如图 7-62 所示，检查燃油是否泄漏。

四、任务小结

1. 电磁喷油器组成

电磁喷油器主要由电磁线圈、衔铁、连接器、针阀、进油滤网等组成。

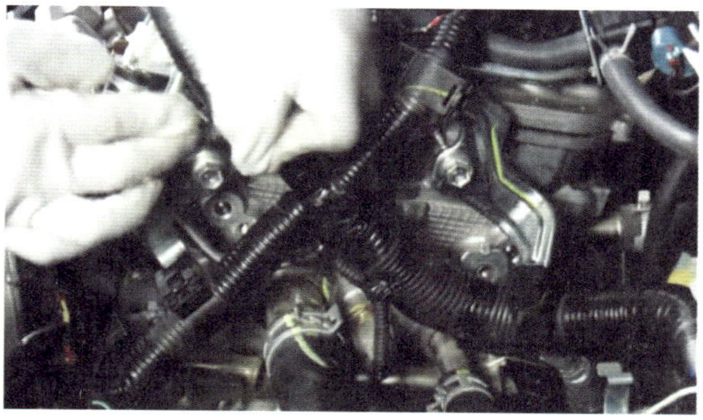

图 7-60　连接发动机线束

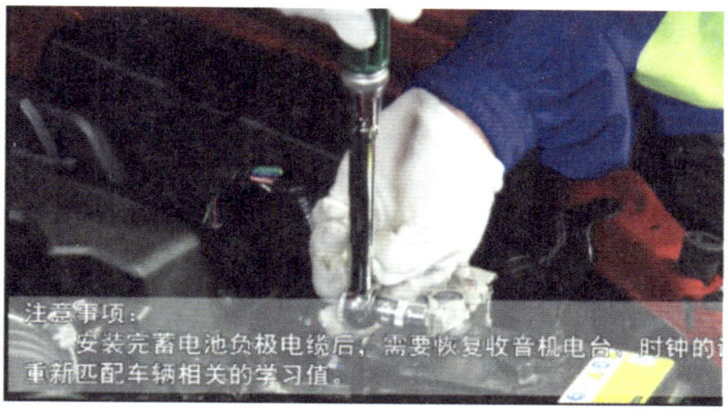

图 7-61　连接蓄电池负极端子

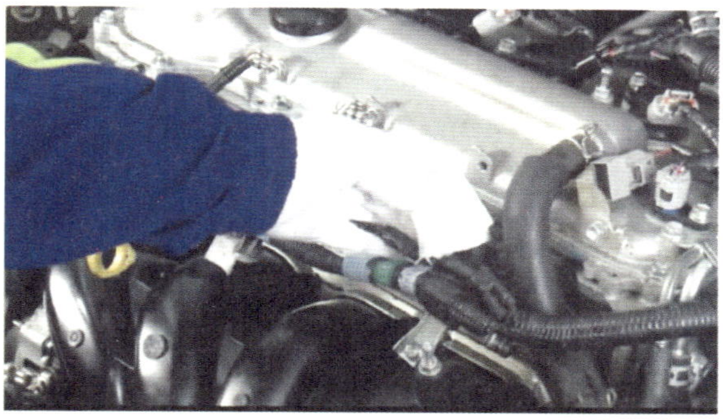

图 7-62　检查燃油是否泄漏

2. 电磁喷油器工作原理

（1）电磁线圈中无电流通过时，喷油针阀在弹簧力作用下紧压在锥形密封阀座上。

（2）电磁线圈通电时，线圈处产生磁场将衔铁连同针阀向上吸起，喷油口打开，汽油喷出。

3. 拆卸喷油器的主要步骤

（1）拆卸喷油器主要步骤

燃油系统卸压→断开蓄电池负极端子→拆卸发动机线束→使用专用工具，断开燃油管→拆卸输油管→拆卸喷油器。

（2）安装喷油器的主要步骤

将新的喷油器隔振垫安装至喷油器上，并在“O”形圈接触面上涂抹一薄层汽油→左右转动喷油器，以将其安装到输油管上→安装输油管隔垫→安装输油管→连接燃油管→连接发动机线束→连接蓄电池负极端子→检查燃油是否泄漏。

五、任务评价

（一）理论评价

1. 判断题

（1）电磁喷油器主要由电磁线圈、衔铁、连接器、针阀等组成。（　　）

（2）卡罗拉汽车发动机使用的喷油器是电磁式喷油器。（　　）

（3）电动喷油器阀口积污会导致发动机冒黑烟。（　　）

（4）喷油器的缺点是燃油雾化质量较差，且由于针阀质量较大，因为动态响应性较差。（　　）

2. 单选题

（1）喷油器的喷油量主要取决于喷油器的（　　）。

A. 针阀升程　　B. 喷孔大小

C. 内外压力差　　D. 针阀开启的持续时间

（2）将新的喷油器隔振垫安装至喷油器上，并在“O”形圈接触面上涂抹一薄层（　　）。

A. 机油　　B. 润滑油　　C. 汽油　　D. 黏合剂

（二）技能评价

表 7-3　喷油器拆装技能评价

序号	内容	分值	得分
1	拆卸发动机盖罩。	5	
2	分离曲轴箱通风软管。	10	
3	拆卸发动机线束。	10	
4	使用专用工具，断开燃油管。	10	
5	拆卸输油管，拆卸喷油器。	10	
6	将新的喷油器隔振垫安装至喷油器上，并在“O”形圈接触面上涂抹一薄层汽油。	5	
7	安装输油管隔垫。	5	
8	安装输油管。	10	
9	连接燃油管。	10	
10	连接发动机线束。	10	
11	连接蓄电池端子。	10	
12	检查燃油管是否泄漏。	5	
总分		100	

（注：操作正确即得分，操作错误或未操作得 0 分）

学习任务 4　汽油滤清器拆装

一、任务目标

通过本任务学习，学习者应能：

（1）描述汽油滤清器结构、工作原理。

（2）依据汽车维修操作要求，规范、熟练地完成汽油滤清器的拆装作业。

二、知识准备

1. 燃油滤清器结构

如图 7-63 所示燃油滤清器通常安装在电动燃油泵出口侧的油路中。它主要由壳体、油塞、滤芯、滤网等组成。滤芯采用菊花形结构，这种结构的特点是单位体积内过滤面积大。滤清器内经常承受 200～300 kPa 的燃油压力，因此，要求滤清器壳体及油管的耐压强度应在 500 kPa 以上。

燃油滤清器的作用是清除燃油中的粉尘、铁锈等固体杂质，防止供油系统阻塞，减少机械磨损，提高发动机工作的可靠性。

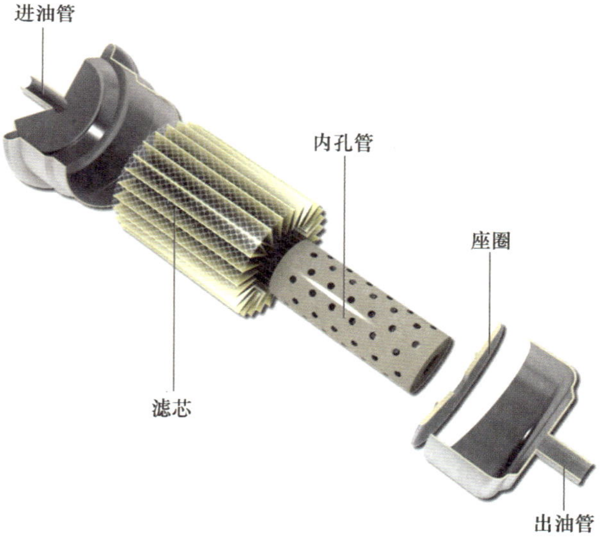

图 7-63　燃油滤清器结构

2. 燃油滤清器工作原理

如图 7-64 所示，发动机工作时，燃油从滤清器的进口进入滤芯外围，把带有杂质的燃油通过滤芯过滤后从出口出去。如果滤清器阻塞，将使油压降低，输油量减少，发动机不能正常工作，因此，燃油滤清器应按照规定周期进行更换。

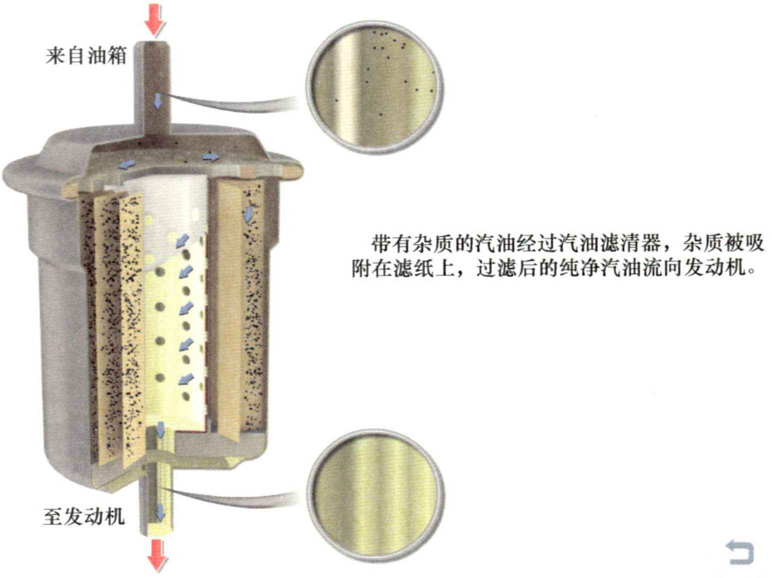

图 7-64　燃油滤清器工作原理

三、 任务实施

(一) 实施方案

1. 质量要求

参照厂家的质量标准要求。

2. 组织方式

每四位同学一组，按照企业岗位操作规范在 2008 款通用轿车的燃料供给系统的汽油滤清器进行拆装作业。每组作业时间为____分钟。

3. 作业准备

(1) 技术要求与标准：

① 拆卸燃油系统中的任意一个部件之前都要对燃油系统进行卸压。

② 拆卸燃油滤清器之前，需用抹布对燃油滤清器及连接管路进行清洁。

③ 安装燃油滤清器之前，注意燃油滤清器的安装方向，不能装反。

(2) 设备器材：如图 7-65 所示。

(3) 场地设施：带消防设施的场地。

(4) 设备设施：2008 款通用轿车、发动机台架、工具车、标保工具车、零件车、垃圾桶。

(5) 耗材：干净抹布、泡沫清洁剂。

(二) 操作步骤

1. 拆卸汽油滤清器

(1) 如图 7-66 所示，断开蓄电池负极电缆。

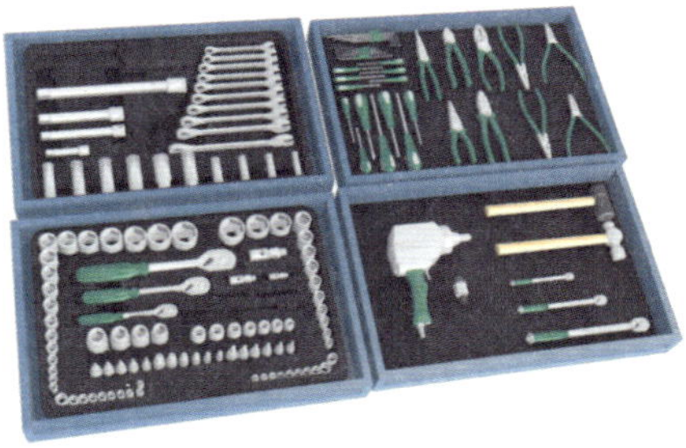

常用工具（一套）

图 7-65　设备器材

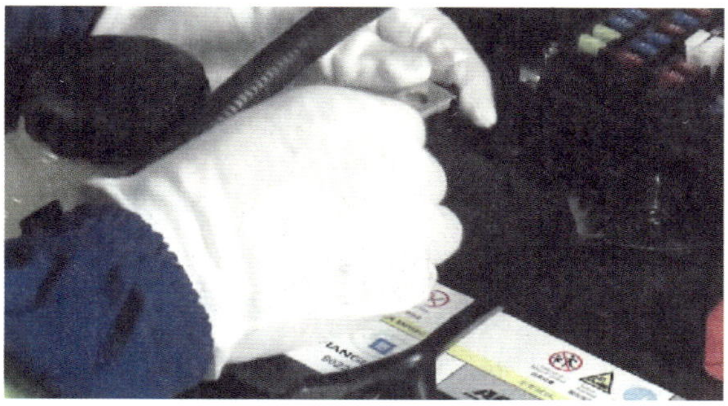

图 7-66　断开蓄电池负极电缆

注意事项

◇注意拆卸蓄电池负极电缆前需确保点火开关处于“LOCK”位置。

◇在拆卸蓄电池负极前，要记录车辆相关信息（记录收音机电台、密码、时钟等信息），记录车辆的相关学习值。

◇蓄电池负极电缆拆卸后移放位置要固定好，不要与蓄电池负极相接触。

（2）如图 7-67 所示，拆卸燃油滤清器紧固螺丝。

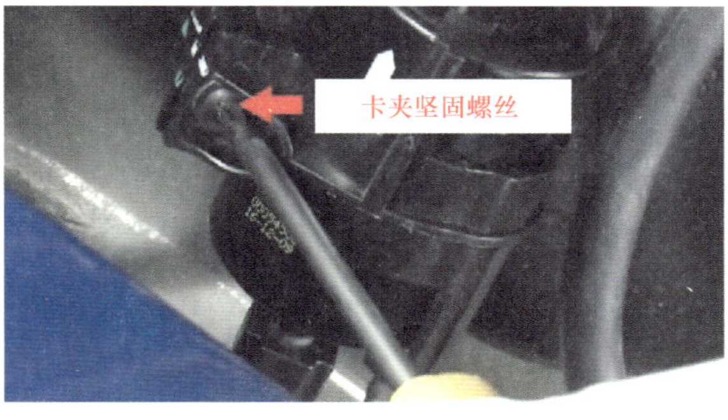

图 7-67　拆下卡夹紧固螺丝

（3）如图 7-68 所示，拔出燃油滤清器进、出油管。

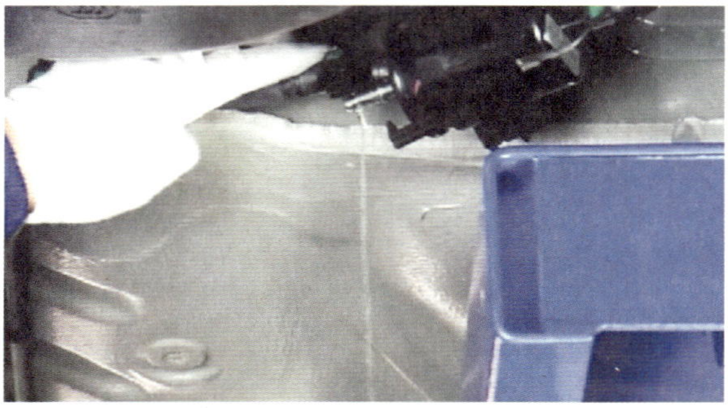

图 7-68　拔出燃油滤清器进、出油管

注意事项

◇拔出燃油滤清器油管前，应清洁进、出油管接口处，避免污物进入油罐内。

（4）如图 7-69 所示，取下燃油滤清器总成。

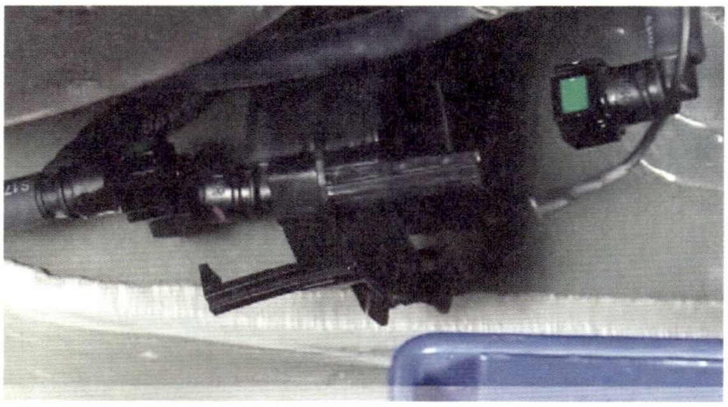

图 7-69　取下燃油滤清器

注意事项

◇取下燃油滤清器时禁止金属物敲击，拆下后，应注意不能与金属混合放置。

2. 安装汽油滤清器

（1）如图 7-70 所示，安装燃油滤清器。

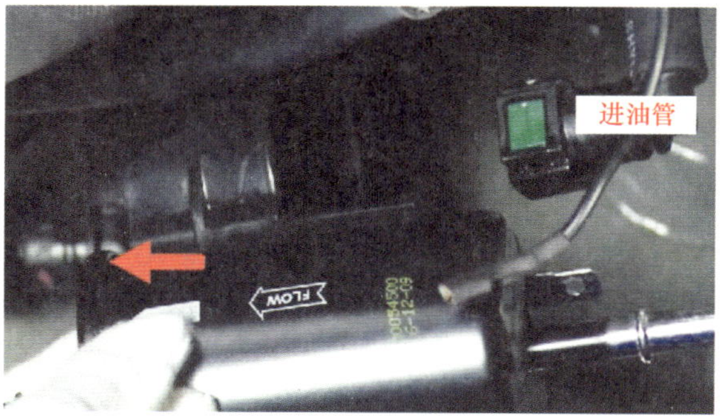

图 7-70　安装燃油滤清器

注意事项

◇安装燃油滤清器时，燃油滤清器上的箭头标示必须指向出油管。

◇燃油滤清器安装到卡箍上后，在两端油管的接头处涂抹一层燃油，再安装燃油管连接器。

（2）如图 7-71 所示，安装燃油滤清器托架及紧固螺栓。

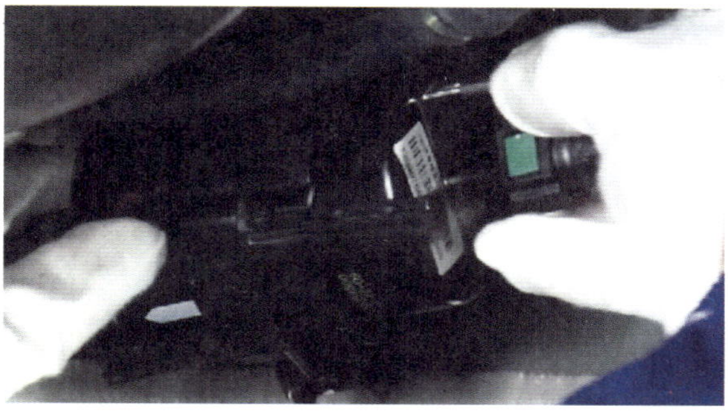

图 7-71　安装燃油滤清器托架及紧固螺栓

（3）如图 7-72 所示，连接蓄电池负极电缆。

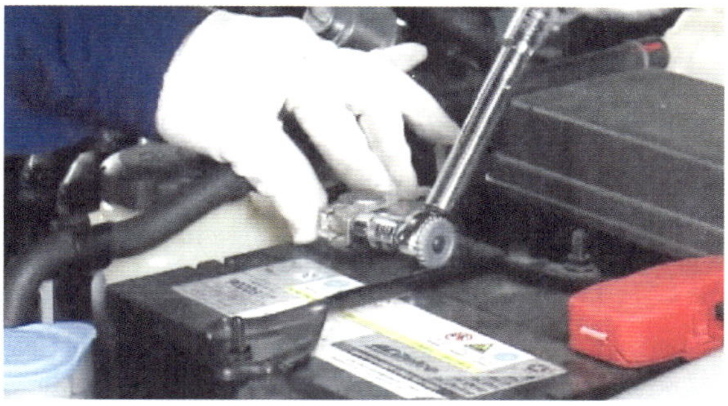

图 7-72　连接蓄电池负极电缆

四、任务小结

1. 燃油滤清器组成

燃油滤清器主要由壳体、油塞、滤芯、滤网等组成。

2. 燃油滤清器的作用

燃油滤清器的作用是清除燃油中的粉尘、铁锈等固体杂质，防止供油系统阻塞，减少机械磨损，提高发动机工作的可靠性。

3. 拆卸燃油系统任一部件时的注意事项

（1）检查和维修燃油系统前，将电缆从蓄电池负极端子上断开。

（2）对燃油系统进行操作时，严禁吸烟或靠近明火。

（3）避免橡胶或皮制零件接触到汽油。

4. 燃油滤清器拆装的主要步骤

(1) 燃油系统卸压。

(2) 拆卸燃油滤清器。

(3) 安装燃油滤清器。

五、任务评价

(一) 理论评价

1. 判断题

(1) 燃油滤清器在发动机中起到过滤机油的作用。 ( )

(2) 燃油滤清器主要由壳体、油塞、滤芯、滤网等组成。 ( )

(3) 拆卸燃油滤清器时,可以直接拆卸,不需要对燃油系统进行卸压。 ( )

(4) 更换燃油滤清器后,旧的"O"形圈可以继续使用,为了节约材料,不需要更换。 ( )

(5) 避免橡胶或皮制零件接触到汽油,所以要做好防止汽油喷出的工作。 ( )

2. 单选题

(1) 在拆卸燃油滤清器时,拆卸的顺序是( )。

A. 先对燃油系统进行卸压　　B. 先对燃油管路进行清洁

C. 先拆卸燃油滤清器的固定支架　　D. 任意拆卸

(2) 拆下任何燃油系统零件之前需要注意( )。

A. 先对燃油系统进行卸压　　B. 严禁吸烟或靠近明火

C. 避免橡胶或皮制零件接触到汽油　　D. 以上全是

(3) 燃油滤清器在燃油系统中的作用描述错误的是( )。

A. 过滤粉尘　　B. 过滤铁锈

C. 过滤水分　　D. 以上全都不是

(4) 对安装燃油滤清器描述正确的是( )。

A. 带箭头的一侧指向燃油箱　　B. 带箭头的一侧指向发动机

C. 箭头无论指向何方都没关系　　D. 不确定

(二) 技能评价

表 7-4　汽油滤清器技能评价

序号	内容	分值	得分
1	断开蓄电池负极电缆。	10	
2	举升车辆。	10	
3	拆卸燃油滤清器紧固螺丝。	10	
4	拔出燃油滤清器进、出油管。	10	
5	取下燃油滤清器总成。	10	
6	安装燃油滤清器。	10	
7	安装燃油滤清器卡箍及紧固螺丝。	10	
8	降下车辆。	10	

续表

序号	内容	分值	得分
9	连接蓄电池负极电缆。	10	
10	用抹布清洁燃油滤清器接头处的燃油，检查有无泄漏。	10	
总分		100	

（注：操作正确即得分，操作错误或未进行操作得 0 分）

学习拓展

1. 燃油箱

如图 7-73 所示，燃油箱用以储存燃油，燃油箱的数目及容量随车型而异，普通汽车具有一个燃油箱，越野汽车则常有主、副两个燃油箱，以适应军用要求。一般汽车油箱储存的燃油可供汽车行驶 200～600 km。以汽油箱为例（如图 7-74 所示），燃油箱主要由油箱盖、加油管、隔板、油量传感器、燃油管开关等组成。

如果燃油箱没有燃油或燃油过少，仪表盘上的燃油报警灯会点亮，以便提醒驾驶员，燃油过少，需要及时添加燃油。

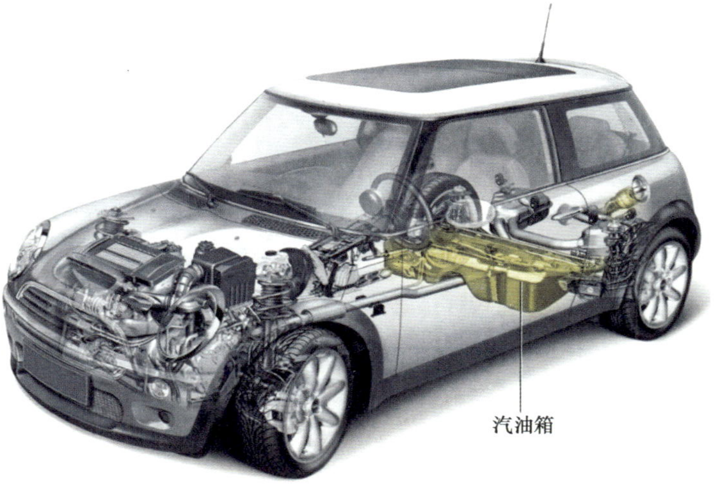

图 7-73　燃油箱的功用

2. 电动燃油泵的类型

目前各车型装用的电动燃油泵按其结构不同，有涡轮式、滚柱式、齿轮式等，如图 7-75 所示。内置式电动燃油泵多采用涡轮式，外置式电动燃油泵则多数为滚柱式。外装式是将燃油泵安装在燃油箱外面的输油管中，而内装式是将燃油泵安装在燃油箱内。

3. 油压脉动缓冲器

当燃油泵泵油、喷油器喷射及油压调节器的回油平面阀开闭时，都将引起燃油管路中油压的脉动和脉动噪声。所以，油压脉动缓冲器的作用就是减小燃油管路中油压的脉动和脉动噪声，并能在发动机停机后保持油路中有一定的压力，以利于发动机重新起动。

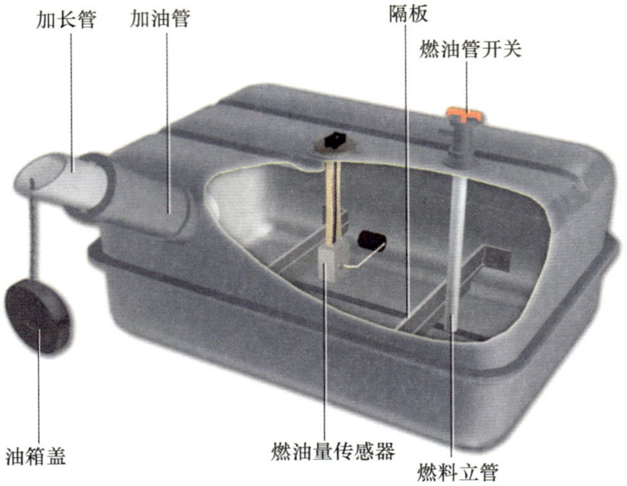

图 7-74　燃油箱的结构

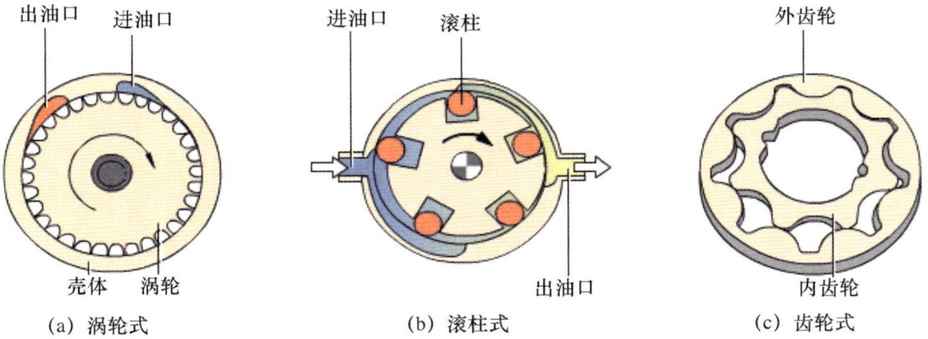

图 7-75　电动燃油泵类型

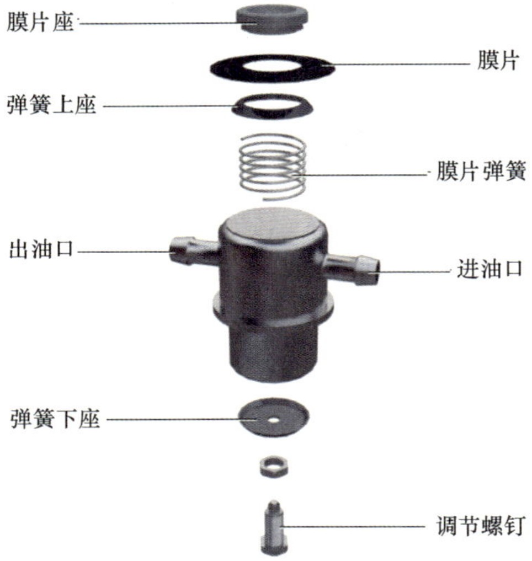

图 7-76　油压脉动缓冲器的结构

油压脉动缓冲器的结构如图 7-76 所示，膜片将缓冲器分成空气室和燃油室两部分。当发动机工作时，燃油从进油口流进燃油室，由出油口流出。压力脉动的燃油使膜片弹簧或张或弛，燃油室的容积则或增或减。从而削减了油压的脉动。发动机停机后，膜片弹簧推动膜片向上，将燃油挤出燃油室，以保持管路中有一定的油压。

4. 控燃油供给系统控制功能

汽油机电控燃油供给系统对发动机混合气的配制与传统的燃油供给系统不一样，它以直接或间接测出的空气量信号为基础，计算出发动机燃烧必需的汽油量，通过喷油器的开启时刻给发动机提供适量的燃油，控制精确的空燃比。汽油机电控燃油喷射系统，经历了半个多世纪的不断完善和发展，已经广泛应用于现代汽车的发动机上。

ECM 是发动机控制系统的核心部件。在 ECM 的存储器中存放了发动机各种工况的最佳喷油持续时间，在接受了各种传感器传来的信号后，经过计算确定满足发动机运转状态的燃油喷射量和喷射时间。ECM 还可以对多种信息进行处理，实现 EFI 系统以外其他诸多方面的控制，如点火控制、自诊断、故障备用程序启动、仪器显示等。电控燃油供给系统还有如下控制功能。

(1) 喷油量控制

电子控制单元根据空气流量传感器或进气压力传感器、发动机转速传感器、进气温度传感器、冷却水温度传感器等提供的信号而计算出喷油持续时间，因喷油器针阀的行程是一定的，故喷油量的大小决定于喷油器持续时间的长短，发动机各种工况的最佳喷油持续时间存储在电子控制单元的存储器中。所以，喷油量的控制即喷油器喷射时间的控制。

(2) 喷油正时控制

在多数发动机中，喷油正时是不变的，但在电子控制间歇喷射系统中采用顺序喷射时，电子控制单元还要有燃油喷射系统的气缸辨别信号，根据发动机各缸的点火顺序和随发动机工况的不同而将喷油正时控制在最佳时刻。

(3) 减速断油控制

汽车减速行驶时，驾驶员松开加速踏板，节气门关闭。此时电子控制单元会断开燃油喷射控制电路，停止喷油以降低排放和燃油消耗。

(4) 限速断油控制

当发动机转速超过安全转速或汽车车速超过设定的最高车速时，电子控制单元将会在发动机临界转速或减速时断开燃油喷射控制电路，以停止喷油，防止超速。

(5) 溢油消除控制

起动发动机时，若将加速踏板踩到底，系统将进行断油控制。

(6) 冷起动喷油器喷油时间控制

为了提高低温时发动机的起动性能，有的汽车在进气总管上安装了一个冷起动喷油器，其喷油时间由热限时开关控制，或由电子控制单元和热限时开关同时控制，也可由电子控制单元单独控制。不过，大部分汽车现已取消了冷起动喷油器。

(7) 燃油泵控制

在装有电控燃油喷射系统的汽车上，电子控制单元对油泵的控制有两种形式：一种是当点火开关打开后电子控制单元指令汽油泵运转 2～3 s,以产生必需的油压,若发动机没起动,电子控制单元将油泵控制电路断开,使油泵停止工作,在发动机起动和运转过程中,电子控制单元控制汽油泵正常工作;另一种是只有发动机运转时,油泵才工作。

(8) 汽油泵泵油量控制

多数发动机,如丰田 7M-GE、7M-GTE,其油泵的泵油量是随发动机负荷的变化而变化的,即发动机在起动、高转速、大负荷工况时,油泵提高转速以增加泵油量;当发动机在低转速、中小负荷工作时,油泵低速运转,以减小电能消耗和油泵的磨损。

5. 汽油喷射系统类型_按喷射位置和时序的不同分类

按喷射部位的不同可分为缸内喷射和缸外喷射两种。如图 7-77 所示,缸内喷射是通过安装在气缸盖上的喷油器,将汽油直接喷入气缸内,这种喷射系统需要较高的喷射压力,3～5 MPa,因而喷油器的结构和布置都比较复杂。缸外喷射系统是将喷油器安装在进气管或进气歧管上,以 0.20～0.35 MPa 的喷射压力将汽油喷入进气管或进气道内,前者称进气管喷射(单点喷射),后者称进气道喷射(多点喷射)。目前汽油机电控系统广泛采用的是进气道喷射。如图 7-78 所示,进气道喷射(PFI)系统是每个气缸设置一个喷油器,各个喷油器分别向各缸进气道(进气门前方)喷油。这种喷射方式又称多点喷射(MPI)。

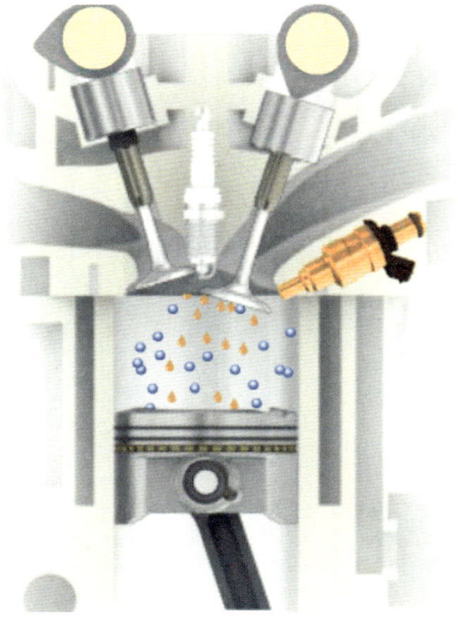

图 7-77　缸内喷射

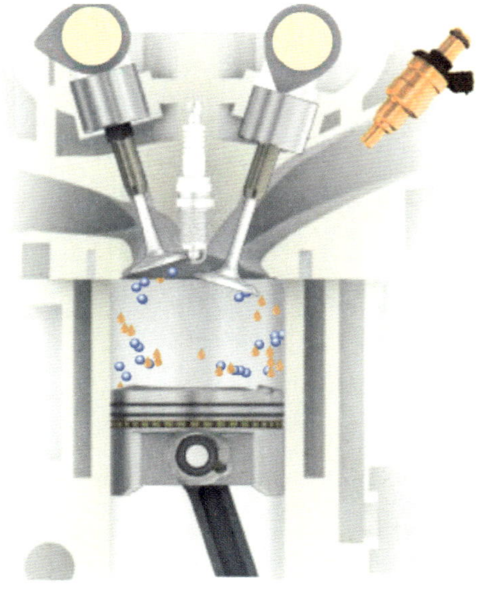

图 7-78　进气道喷射

按喷射的连续性将汽油喷射系统分为连续喷射式和间歇喷射式。连续喷射是指在发动机工作期间,喷油器连续不断地向进气道内喷油,且大部分汽油是在进气门关闭时喷射的。这种喷射方式大多用于机械控制式或机电混合控制式汽油喷射系统。间歇式喷射是指在发动机工作期间,汽油被间歇地喷入进气道内。电控汽油喷射系统都采用间歇喷射方式,间歇式喷射可以分为同时喷射、分组喷射和顺序喷射,如图 7-79～图 7-81 所示。

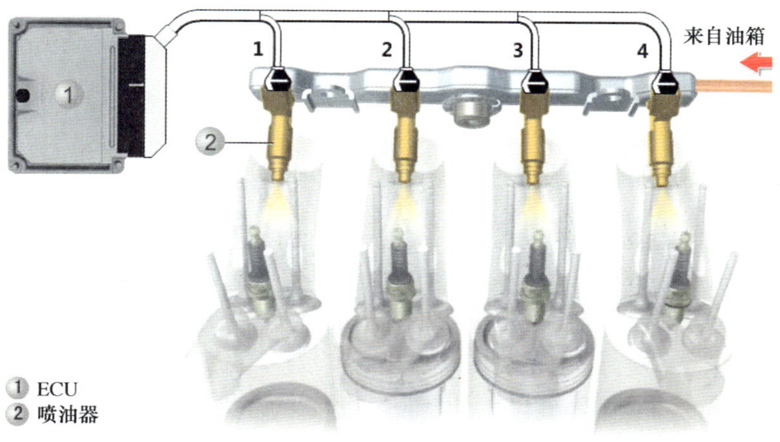

图 7-79　同时喷射

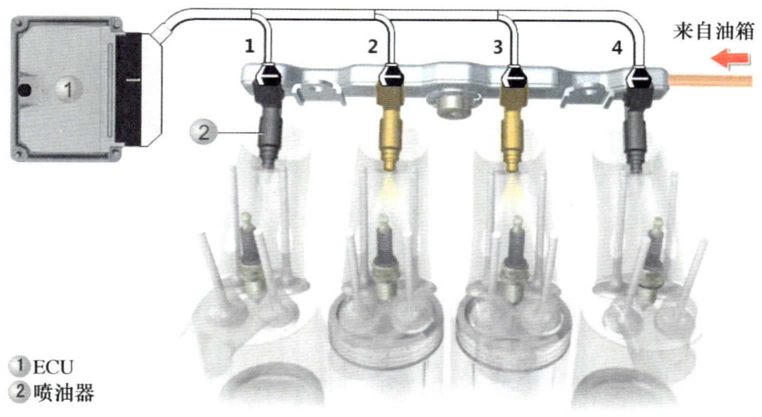

图 7-80　分组喷射

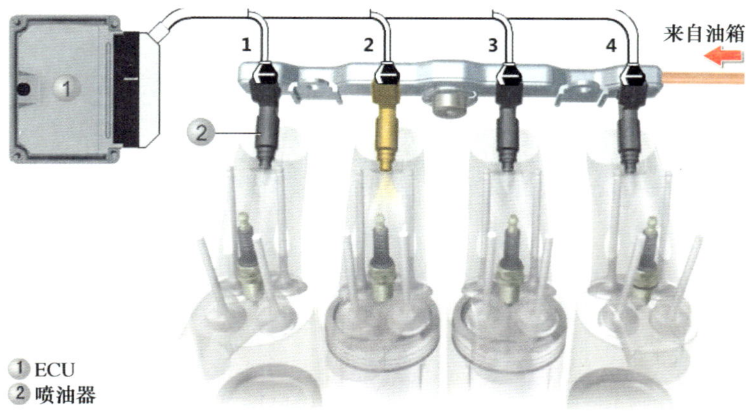

图 7-81　顺序喷射

项目八

发动机总成拆卸与安装

项目描述

发动机是由不同机构和系统组成的复杂机器，本任务是通过对发动机总成的拆装作业，来学习发动机拆装的综合知识，认识以及理解发动机在汽车中的作用及其与汽车各部件的关系。

学习目标

通过本项目的学习，应能够：

(1) 描述发动机总成拆卸与安装的步骤。

(2) 根据需要规范地使用发动机拆装的常用工具、专用工具。

(3) 按照汽车维修的操作流程，规范、熟练地完成发动机总成拆装作业。

项目任务

(1) 发动机总成拆卸

(2) 发动机总成安装

学习任务1　发动机总成拆卸

一、任务目标

通过本任务学习，应能：

(1) 描述发动机总成拆卸的要求。

(2) 了解发动机总成各个部件的拆卸顺序。

(3) 依据汽车维修安全规范操作要求，熟练地对发动机总成进行拆卸作业。

二、知识准备

1. 发动机总成拆卸要求

（1）穿戴工作服，严格按照汽车维系安全操作规程进行作业。

（2）拆装顺序上遵循“先装的后拆，后装的先拆，能同时拆就同时拆”的基本原则。

（3）拆卸零件要特别留意观察，并记录零件的安装方向、配装记号、损耗状况，做好零件的分类存放。

（4）拆卸后对于损坏的零件、垫圈等要及时更换。

2. 发动机总成拆卸共有 9 个步骤

（1）拆卸发动机连接件；

（2）分离转向中间轴；

（3）拆卸前排气管总成；

（4）拆卸前桥半轴总成；

（5）拆卸前悬架横梁；

（6）拆卸发动机总成；

（7）拆卸起动机总成；

（8）拆卸发电机总成；

（9）拆卸自动传动桥总成。

3. 螺栓紧固与防松

螺栓和螺母的用途是将车辆各部分上的零件紧固在一起。根据用途有各种不同类型的螺栓和螺母。为了正确进行维修服务，了解它们是很重要的。螺母、螺栓如图 8-1 所示。

①螺母，②螺栓

图 8-1　设备器材

（1）螺母和螺栓的规格

螺栓有不同的名称以区别其尺寸和强度。车辆上使用的螺栓可根据各自区域所要求的强度和尺寸进行选择。螺母和螺栓的规格如图 8-2 所示。

（2）螺栓拧紧的方法

如图 8-3 所示，用一个扭矩扳手按照修理手册上指定的力矩拧紧螺栓。

（3）掌握拧紧力矩的“感觉”（如图 8-4 所示）

① 使用扭矩扳手，拧紧螺栓或螺母到 15　N·m(150 kgf·cm)。

② 使用梅花扳手，用同样的方式将其拧紧。

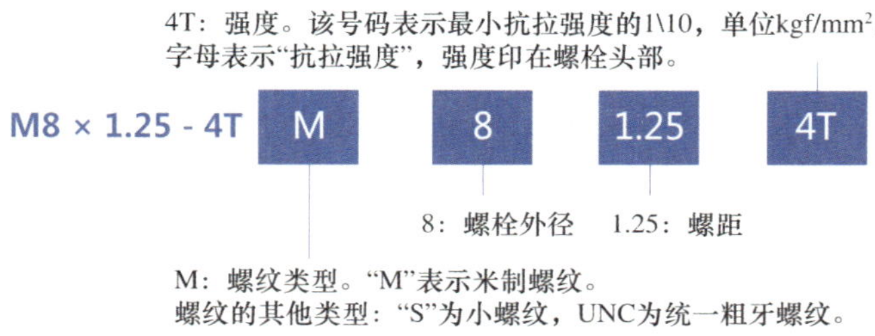

图 8-2　螺母和螺栓的规格

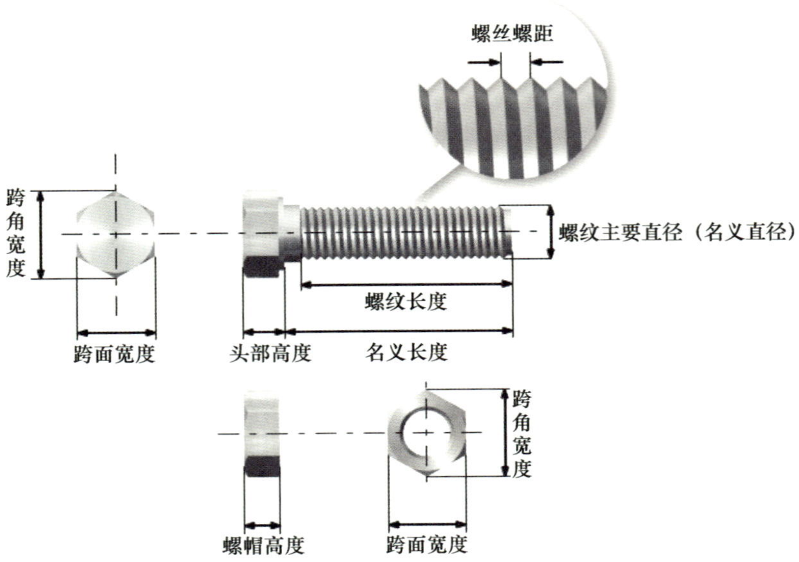

图 8-2　螺母和螺栓的规格(续)

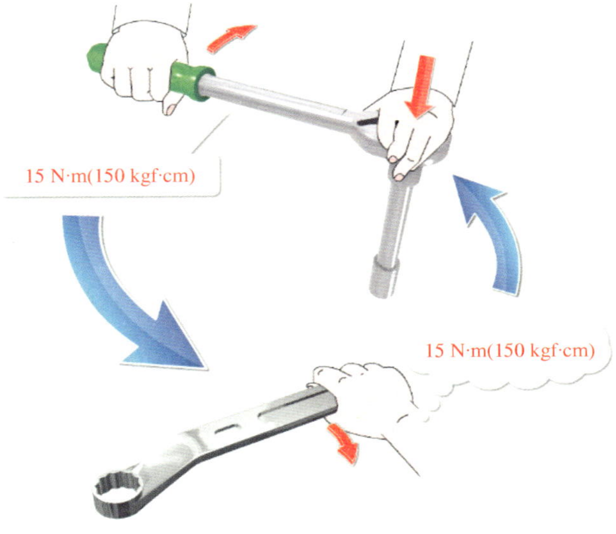

图 8-3　按指定的力矩拧紧螺栓

③ 重复多次,直到体会到如何用一个梅花扳手将螺母上紧到与用扭矩扳手相同的力矩。

提示:体验拧紧螺栓或螺母的感觉,不可用太大的力旋转螺栓以免损坏螺纹。

(4) 螺栓的类型(如图 8-5 所示)

① 六角头螺栓:最常见的一种螺栓类型。其中一些在螺栓头下有法兰盘或垫圈。

② U 型螺栓:其形状类似字母 U。此螺栓用于连接钢板弹簧和车桥。

③ 双头螺栓:此种螺栓用于将各零件定位,或使其装配简化。

(5) 拆装双头螺栓的方法(如图 8-6 所示)

为拧紧一个双头螺栓,在双头螺栓上装两个螺帽并将其拧紧在一起。然后,转动螺帽拧

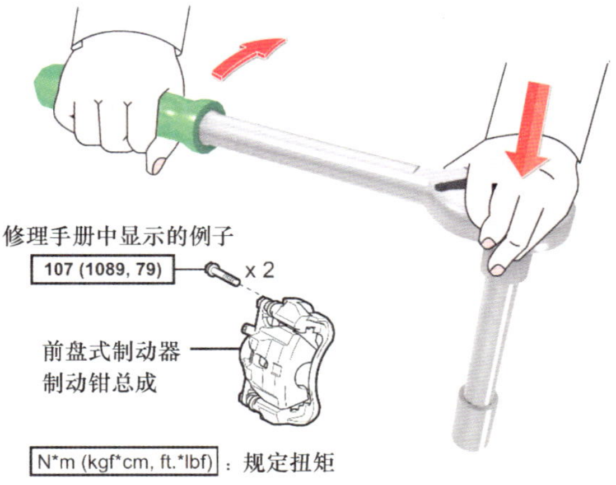

图 8-4 掌握拧紧力矩的“感觉”

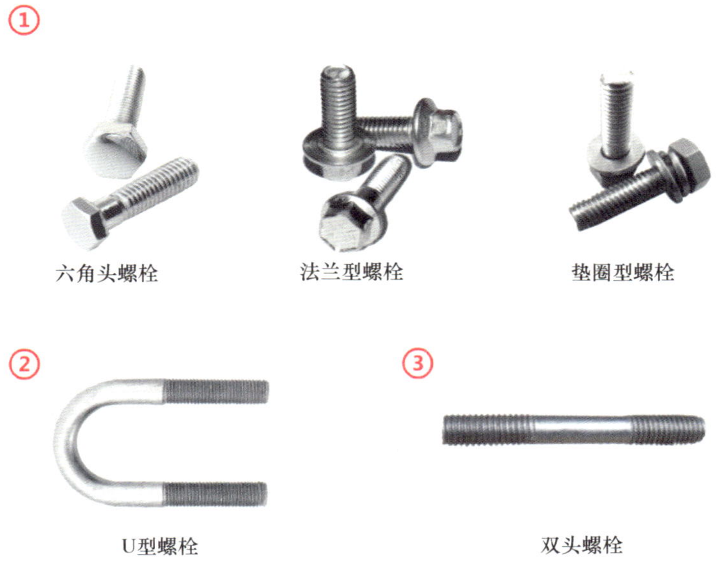

图 8-5 螺栓类型

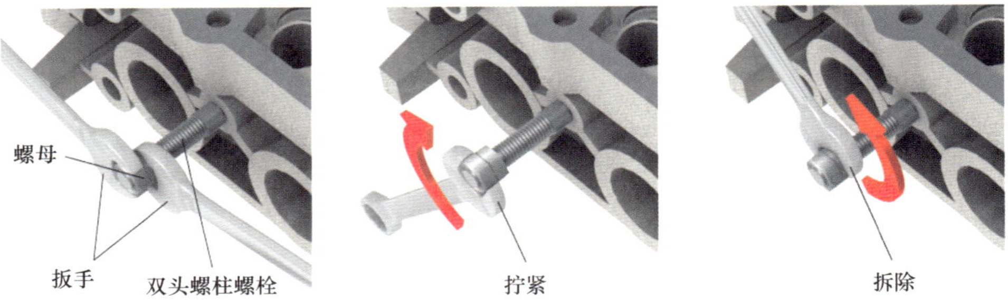

图 8-6 拆装双头螺栓

紧或拧松双头螺栓。此技术称为“双螺帽”。用此技术，将两个螺帽互相拧紧并锁住就能使螺帽完成普通螺栓的螺栓头的功能。

安装柱螺栓时，按拧紧方向转动上螺帽。取下柱螺栓时，按拧松方向转动下螺帽。

提示：也可以使用拆除和重新安装柱螺栓的专用工具。

(6) 塑性区螺栓(如图 8-7 所示)

塑性区螺栓能提供加强的轴向张力和稳定性，在发动机上用作气缸头螺栓和轴承盖螺栓。螺栓头都是 12 边形的（外部或内部）。

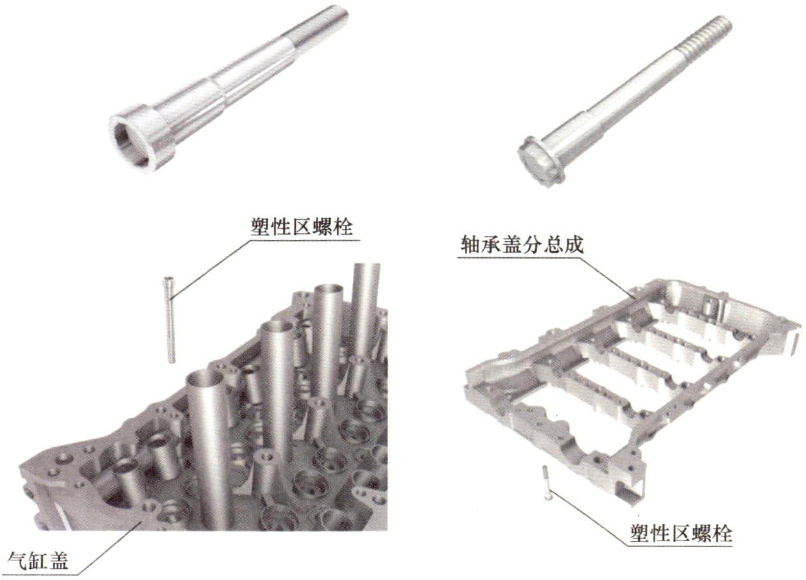

图 8-7　塑性区螺栓

(7) 塑性区螺栓的拧紧方法

拧紧塑性区螺栓的方法不同于拧紧普通螺栓，具体如图 8-8 所示。

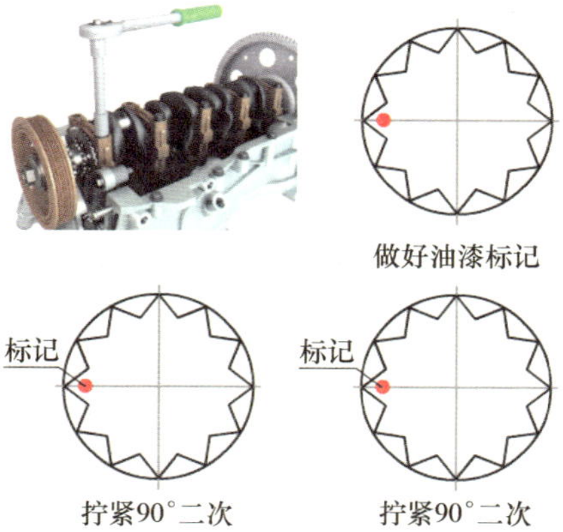

图 8-8　塑性区螺栓的拧紧方法

① 按规定的扭矩拧紧塑性区螺栓。

② 在螺栓顶上做上油漆标记。

③ 按照修理手册拧紧塑性区螺栓。

(8) 重新使用塑性区螺栓的确定(如图 8-9 所示)

塑性区螺栓本身是由轴动力改变的。

决定是否重新使用被卸掉的塑性区螺栓有两种方法:测量螺栓直径收缩量和测量螺栓的伸长量。

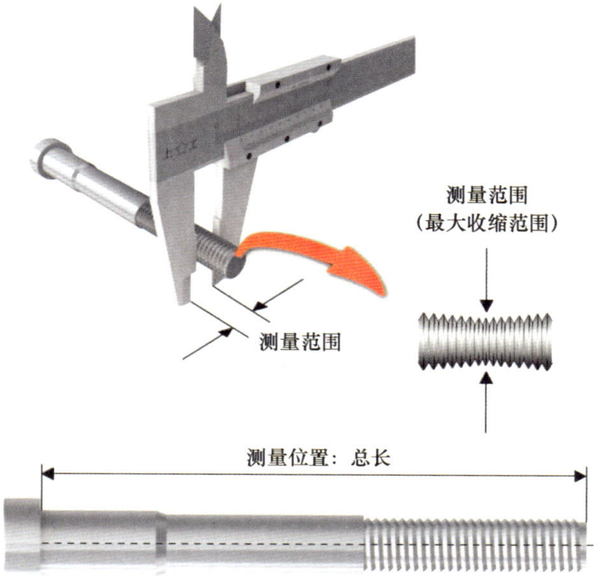

图 8-9　重新使用塑性区螺栓的确定

(9) 塑性区螺栓的拧紧方法(如图 8-10 所示)

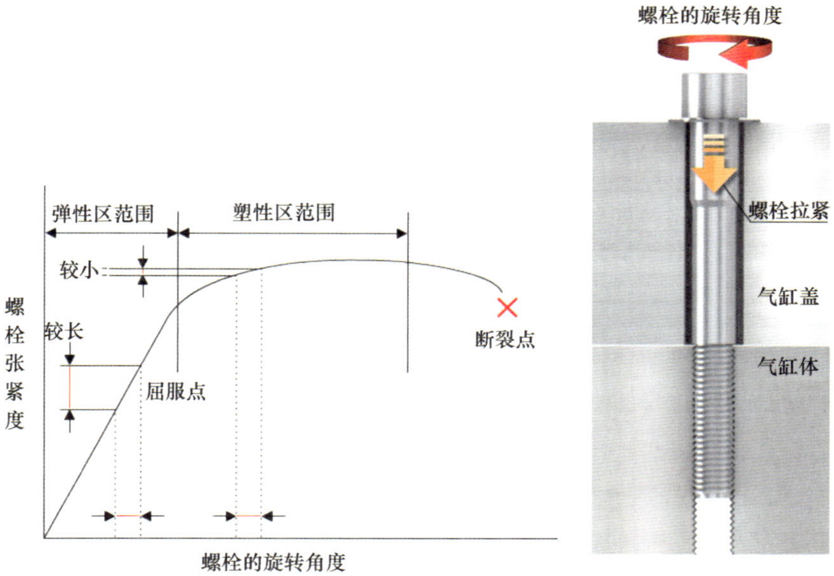

图 8-10　塑性区螺栓拧紧方法

将螺栓旋紧到超出弹性范围，这个范围的大小与螺栓的轴向拉力和旋转角成正比例增加。

在塑性区紧固只有螺栓旋转角改变了，而轴向拉力仍未变。这种拧紧法可降低相对于螺栓旋转角的不均匀性和轴向拉力的不均匀性，并增加螺栓稳定的轴向张力。

(10) 螺帽的类型(如图 8-11 所示)

A. 六角形螺帽：这类螺帽使用的最普遍。其中一些在螺帽下有法兰盘。

B. 盖螺帽：这些是用作铝制轮的轮毂螺帽，并有盖子盖住螺纹。用来防止螺栓端部生锈或是为了美观的目的。

C. 槽顶螺母：这些螺母有多个槽或有带槽的柱面。为防止螺帽转动而变松，在槽中插入开口销。

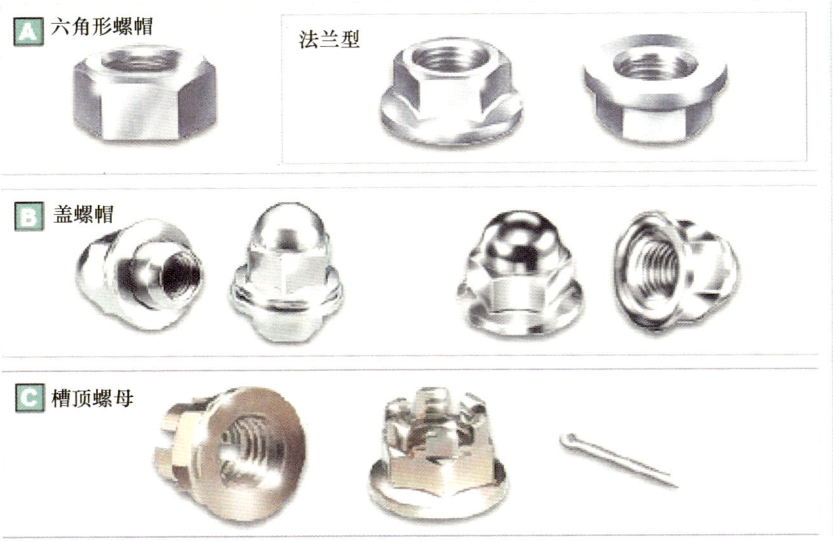

图 8-11　螺帽类型

(11) 螺母防松的方法(如图 8-12 所示)

A. 锁紧螺帽：有变形螺丝螺纹，或是当其拧紧到位后，其螺丝螺纹变形以防止螺帽松脱。它们与汽车的传动零件一起使用。

B. 垫圈：根据锁定方式通常有弹簧垫圈、波形垫圈和牙嵌式垫圈等类型。垫圈的弹力可以将螺栓或螺母松脱的可能降到最低。

C. 开口销：开口销和槽顶螺母配合使用可以实现锁紧功能。

D. 锁紧板：锁紧板的舌片顶着螺栓或螺帽安装以防止紧固件变松。图中显示一块用于车辆差速器中的锁紧板。锁紧板不能再次使用。

三、任务实施

(一) 实施方案

1. 质量要求

参加厂家的质量标准要求。

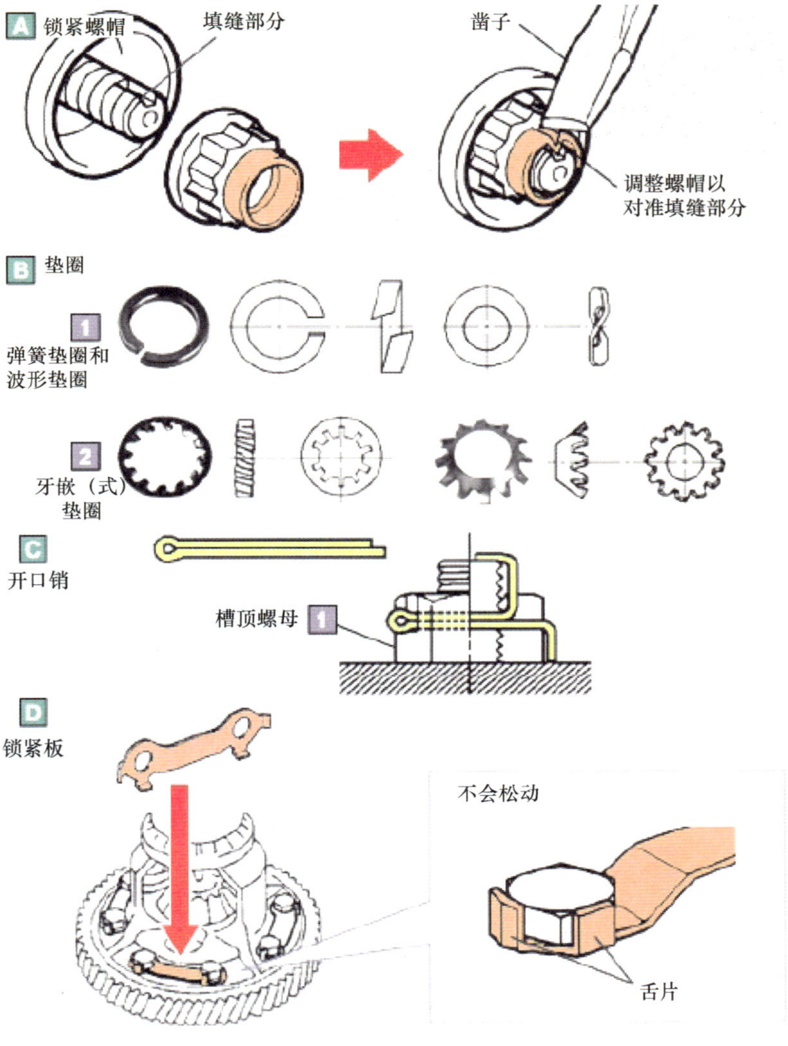

图 8-12　螺母防松的方法

2．组织方式

每四位同学一组，采用分组合作的方式，对 2007 款卡罗拉汽车上的发动机（1ZR-FE）总成进行拆卸，按照企业岗位操作规范进行作业。每组作业时间为____分钟。

3．作业准备

（1）技术要求与标准：

① 排放出的水、油液需收集到容器中，并按相关规定进行处理。

② 根据汽车维修规范流程拆卸发动机总成与相关部件的连接件。

③ 根据汽车维修规范流程拆卸发动机总成。

（2）设备器材：如图 8-13 所示。

（3）场地设施：带消防设施的场地。

（4）设备设施：2007 款卡罗拉 1.6L/AT 轿车、举升机、发动机吊装专用工具、工具车、标保工具车、零件车、垃圾桶。

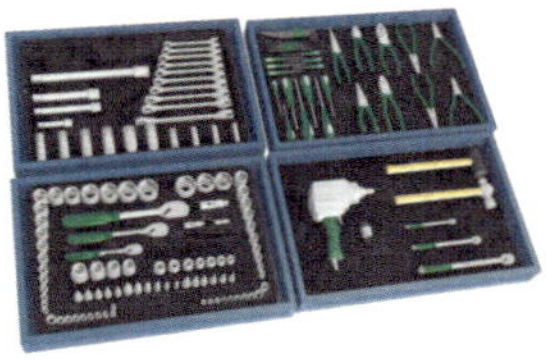

(a) 常用工具（一套）

(b) SST 09224-00010
氧传感器扳手

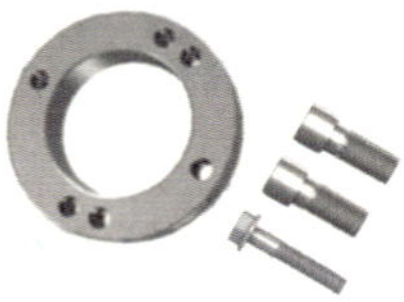

(c) SST 09213-58013
曲轴皮带轮固定工具

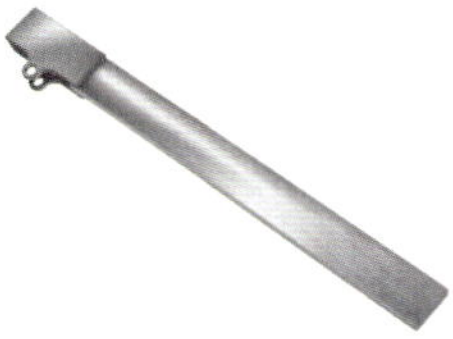

(d) SST 09330-00021
结合法兰固定工具

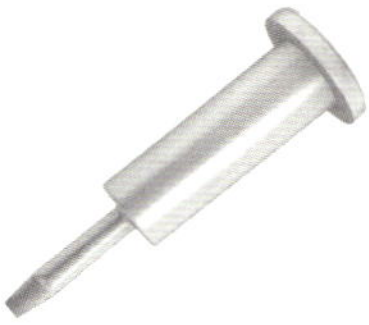

(e) SST 09930-00010
主动轴螺母冲子

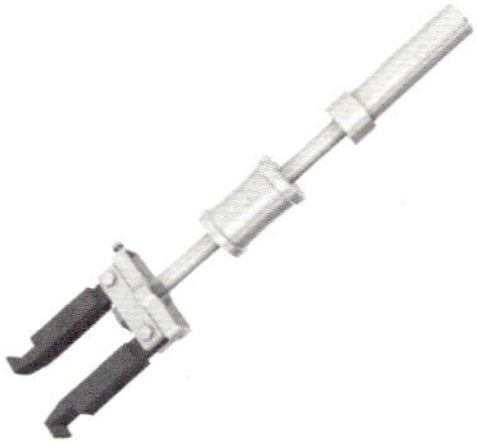

(f) SST 09520-00031
前桥半轴拉出器

图 8-13　设备器材

(5) 耗材：干净抹布、泡沫清洗剂。

(二) 操作步骤

1. 拆卸发动机连接件

(1) 燃油系统卸压

① 拔下燃油泵保险丝或继电器。

② 拆下后排座椅座垫总成。

③ 拆下后地板检修孔盖，如图 8-14 所示。

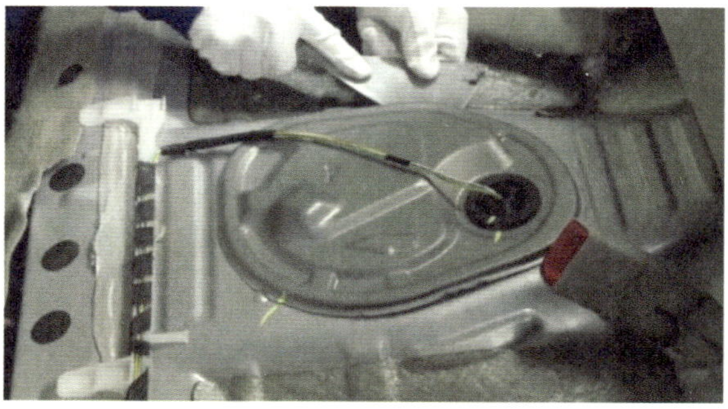

图 8-14　拆下孔盖

④ 起动发动机，待发动机管路燃油消耗殆尽，自行熄火后，将点火开关置于“OFF”位置。

⑤ 再次起动发动机，确认发动机不能运转，如图 8-15 所示。

⑥ 从蓄电池端子断开电缆。

(2) 排空水、油液

① 如图 8-16 所示，排空发动机冷却液。

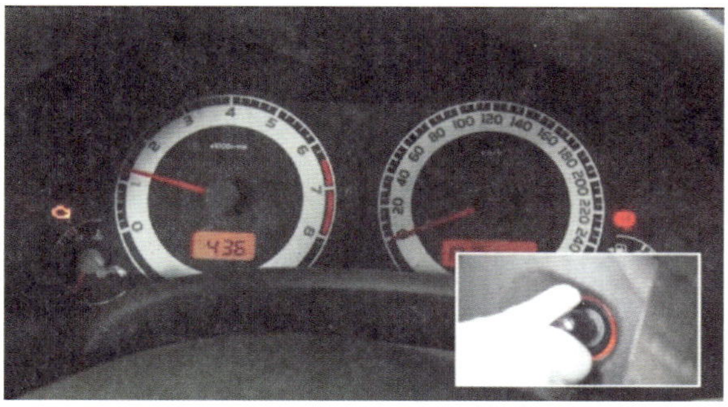

图 8-15　确认发动机不能运转

图 8-16　排空冷却液

注意事项

◇在发动机和散热器还没有冷却下来时，不要拆下散热器储液罐盖。

② 如图 8-17 所示，排空自动传动桥油液。

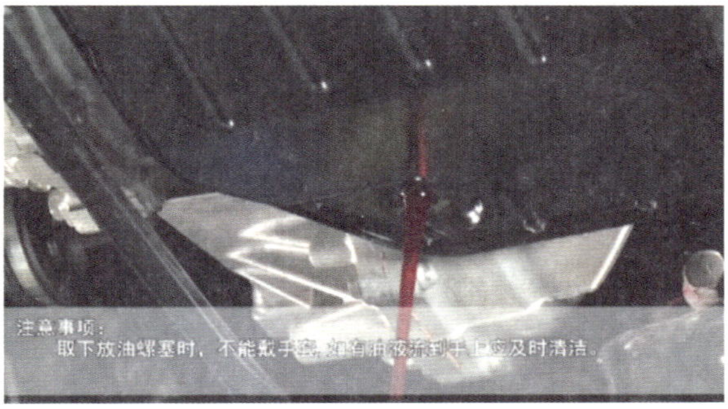

图 8-17　排空油液

a. 拆卸发动机底罩。

b. 拆下放油螺塞和衬垫，并排空自动传动桥油液。

c. 安装新衬垫和放油螺塞(扭矩：49 N·m)。

③ 排空发动机机油。

(3) 拆卸散热器上空气导流板

拆下 6 个卡子和散热器上空气导流板。

(4) 拆卸 2 号气缸盖罩(如图 8-18 所示)

图 8-18　拆卸 2 号气缸盖罩

握住气缸盖罩的后端并提起,以脱开罩后端的两个卡子。

继续提起罩,以脱开罩前段的两个卡子并拆下罩。

注意事项

◇不要同时脱开前后卡子,同时脱开可能会使组盖破裂。

(5) 拆卸空气滤清器(如图 8-19 所示)

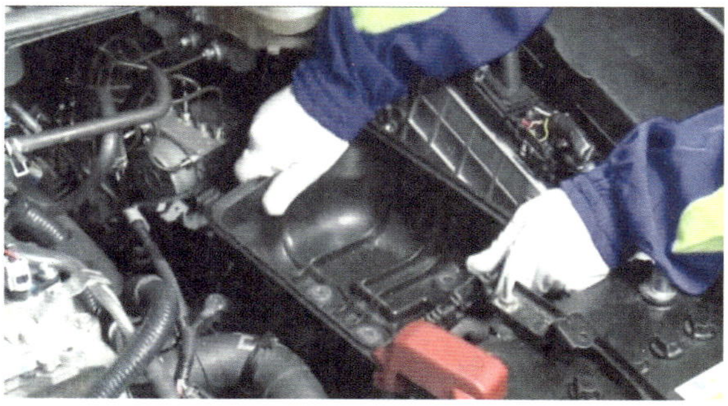

图 8-19　拆卸空气滤清器

①断开质量空气流量计连接器。

② 断开两个卡夹。

③ 断开箍带和通风软管,并拆下空气滤清器盖分总成。

(6) 拆卸蓄电池(如图 8-20 所示)

①先断开蓄电池负极端子,再断开蓄电池正极端子。

② 取下蓄电池。

③ 拆下蓄电池托盘及托架。

(7) 分离发动机连接管路

① 如图 8-21 所示,分离散热器进、出水软管。

图 8-20　拆卸蓄电池

图 8-21　分离散热器进、出水软管

② 如图 8-22 所示，断开机油冷却器软管。

图 8-22　断开机油冷却器软管

③ 如图 8-23 所示，断开加热器进、出水软管。

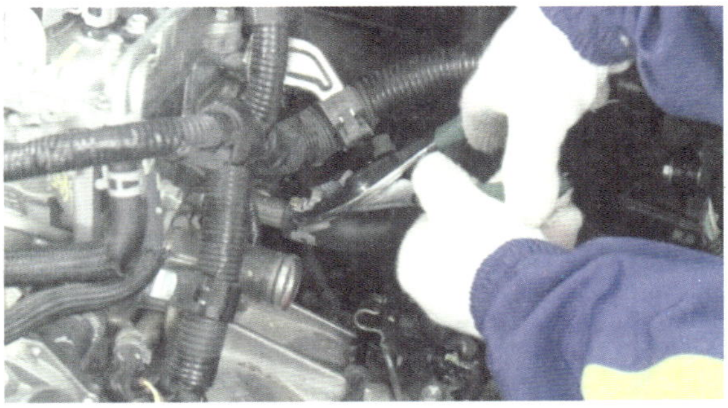

图 8-23　断开加热器进、出水软管

④ 如图 8-24 所示，断开燃油管分总成。

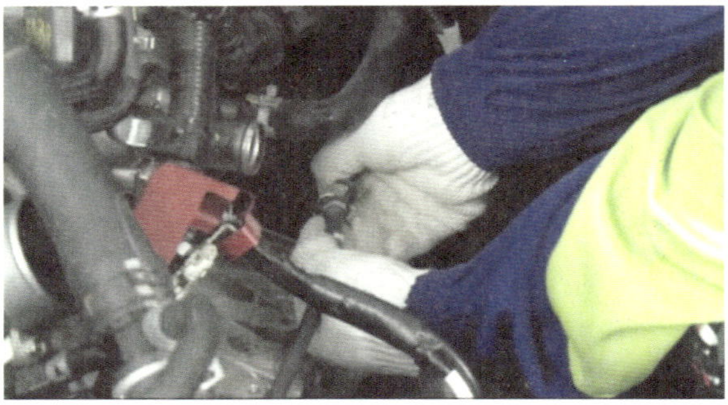

图 8-24　断开燃油管分总成

(8) 断开变速器控制拉索总成

① 从控制拉索支架上断开控制拉索。

② 如图 8-25 所示，拆下螺母，并将控制拉索从控制杆上断开。

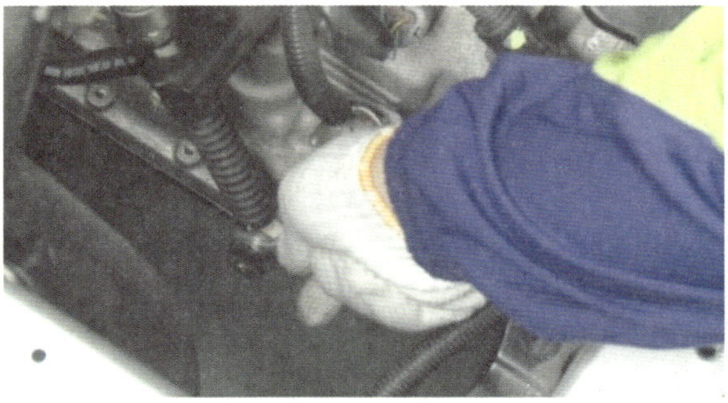

图 8-25　拆卸螺母

③ 拆下卡子并从控制拉索支架上断开控制拉索。

④ 拆下螺栓，并断开控制拉索的卡夹。

(9) 拆卸多楔带

松开螺栓，然后拆下多楔带，如图 8-26 所示。

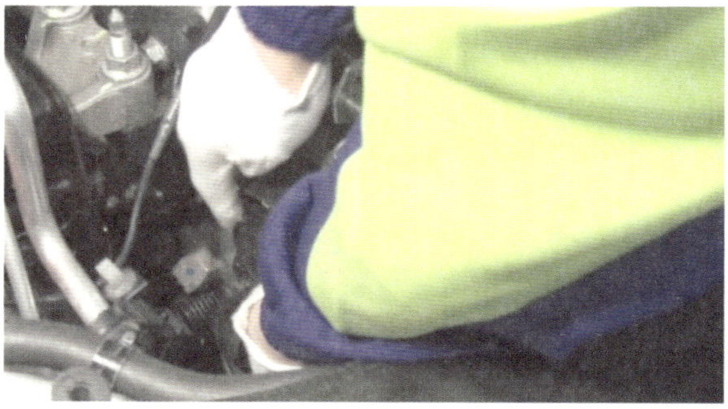

图 8-26　拆卸多楔带

(10) 分离带皮带轮的压缩机总成

① 如图 8-27 所示，断开连接器。

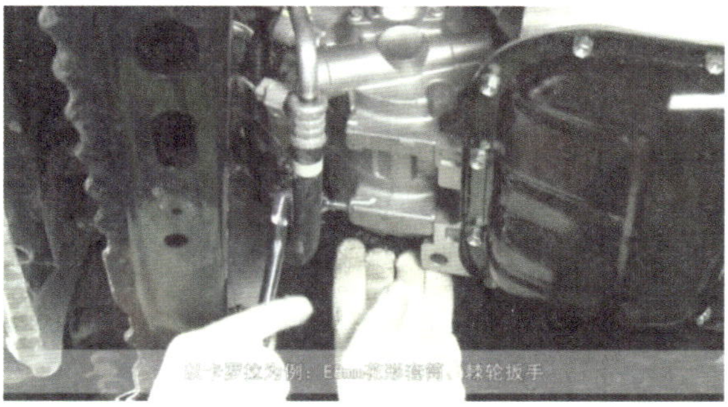

图 8-27　断开连接器

② 用“TORX”套筒扳手(E8),拆下带皮带轮的压缩机总成。

注意事项

◇将压缩机和软管移至一旁固定好,避免泄漏空调系统制冷剂。

(11) 断开线束

如图 8-28 所示,断开所有线束和连接器,确保车身和发动机之间没有任何线束连接。

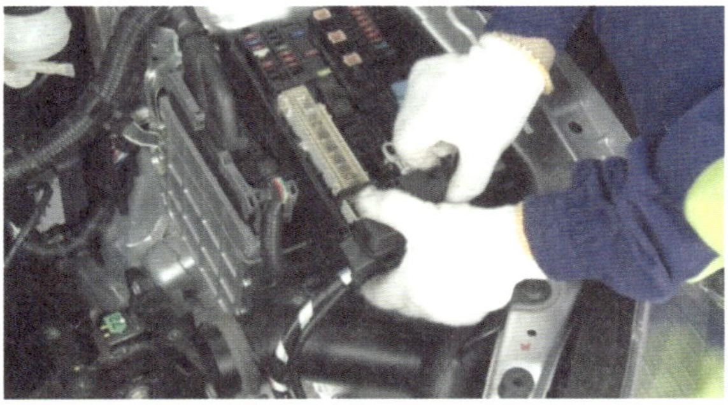

图 8-28　断开线束

2. 分离转向中间轴

(1) 固定方向盘

如图 8-29 所示,用座椅安全带固定方向盘防止转动。

图 8-29　固定方向盘

(2) 拆卸转向柱孔消音板

如图 8-30 所示，掀起地毯，拆下两个卡子和转向柱孔盖消音板。

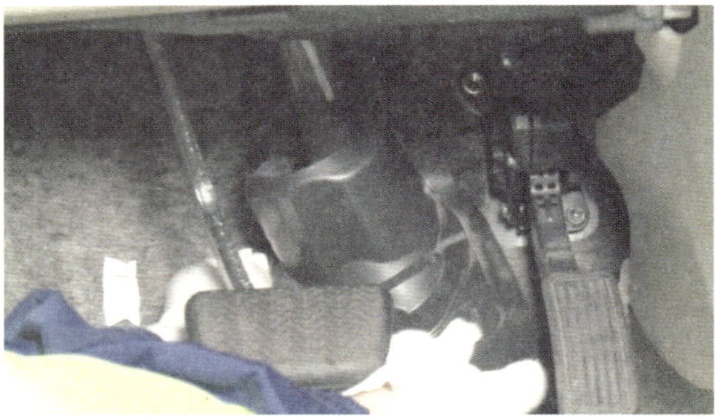

图 8-30　掀起地毯

(3) 分离 2 号转向中间轴总成(如图 8-31 所示)

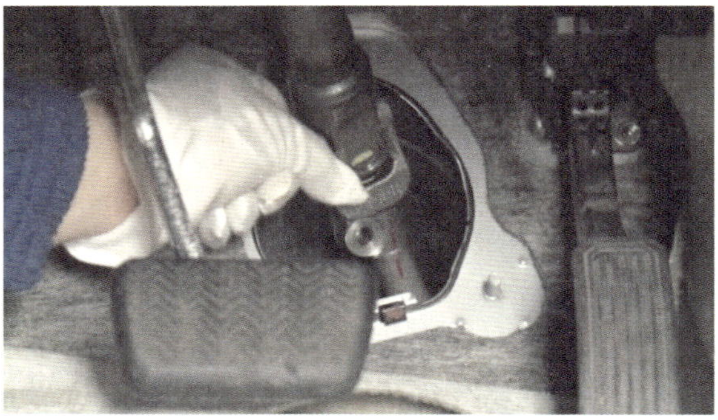

图 8-31　分离 2 号转向中间轴总成

①拆下固定螺栓。

② 在 2 号转向中间轴总成与转向中间轴上做好装配标记。

③ 将 2 号转向中间轴从转向中间轴上分离。

(4) 断开转向柱 1 号孔盖分总成

如图 8-32 所示，拆下卡子 A 和转向柱 1 号孔盖分总成，并从车身上分离卡子 B。

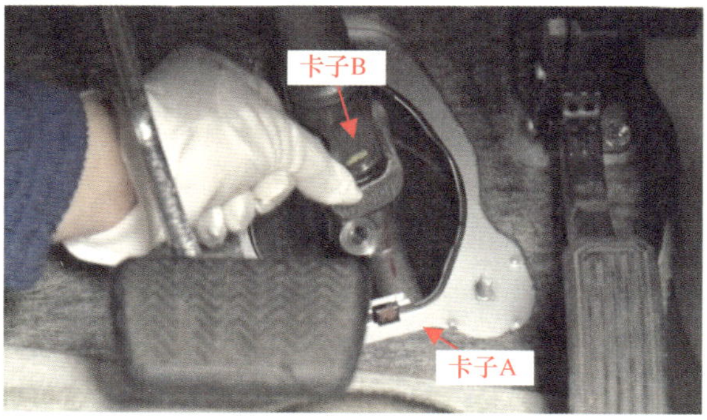

图 8-32　断开转向柱 1 号孔盖分总成

3. 拆卸前排气管总成

(1) 断开加热型氧传感器(如图 8-33 所示)

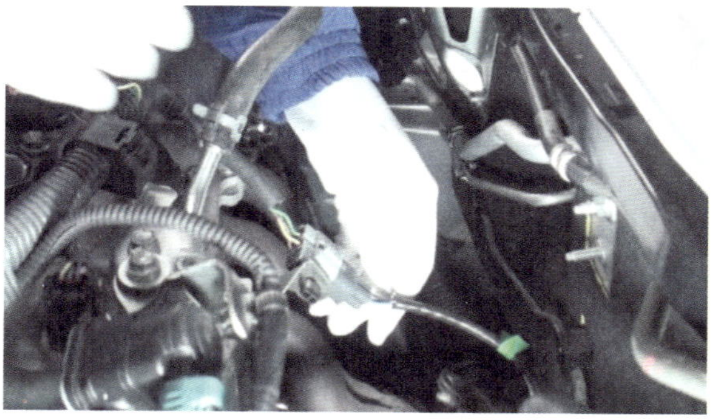

图 8-33　断开加热型氧传感器

①断开氧传感器连接器。

② 用 SST 从排气管总成上拆下氧传感器。

SST 09224-00010 氧传感器扳手

(2) 拆卸前排气管

拆下两个排气管固定螺栓,拆下排气管支架,然后拆下排气尾管总成。

4. 拆卸前桥半轴总成

(1) 拆卸前轮

① 举升车辆至合适高度,检查前轮轮毂轴承是否松旷,转动是否正常。

② 如图 8-34 所示,选用冲击扳手、21 mm 冲击扳手专用套筒,按对角顺序依次拆卸车轮固定螺栓。

图 8-34　拆卸车轮固定螺栓

③ 取下车轮,放至轮胎车中。

(2) 拆卸前桥轮毂螺母

① 如图 8-35 所示,使用 SST 和锤子,松开前桥轮毂螺母的锁紧部件。

SST 09930-00010 主动轴螺母冲子

注意事项

◇完全松开轮毂螺母的锁紧部分,否则会损坏驱动轴的螺纹。

图 8-35 松开螺母紧锁部件

② 施加制动的同时，拆下前桥轮毂螺母。

(3) 断开前轮轮速传感器

① 如图 8-36 所示，拆下螺栓和卡夹，并分离前轮转速传感器。

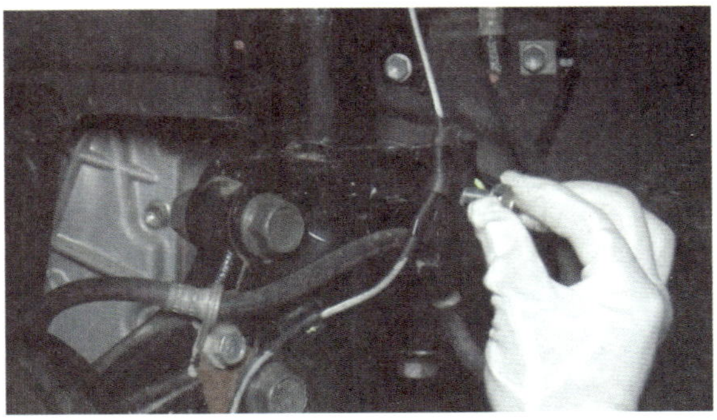

图 8-36 拆卸螺栓和卡夹

② 拆卸螺栓，从转向节上分离前轮转速传感器。

注意事项

◇防止异物黏在传感器端部，不要损坏转速传感器。

◇拆下转速传感器时，清洁转速传感器的安装孔和表面。

(4) 分离横拉杆接头分总成

① 如图 8-37 所示，拆下开口销和螺母。

图 8-37 拆下螺母

② 如图 8-38 所示，将 SST 安装至横拉杆接头。

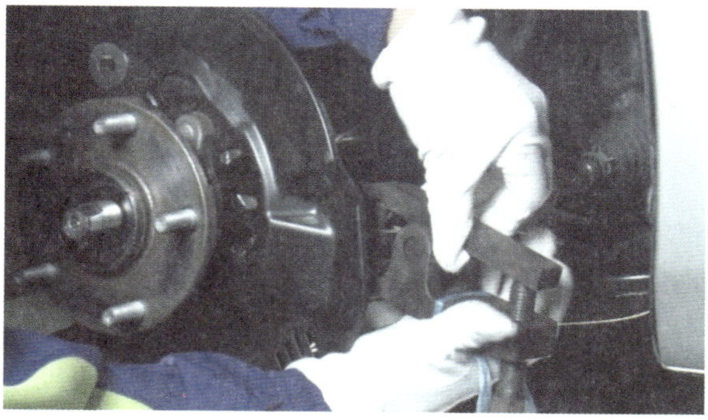

图 8-38 将 SST 安装至横拉杆接头

SST 09960-20010（09961-02060）球节拉出器组件

③ 如图 8-39 所示，将 SST 固定在转向节上，确保已绑紧 SST 的线绳以防其掉落，从转向节上分离横拉杆接头。

图 8-39 固定 SST

SST 09960-20010（09961-02010）球节拉出器组件

（5）分离前稳定杆连杆总成

如图 8-40 所示，从带螺旋弹簧的前减振器上拆下螺母并分离稳定杆连杆总成。

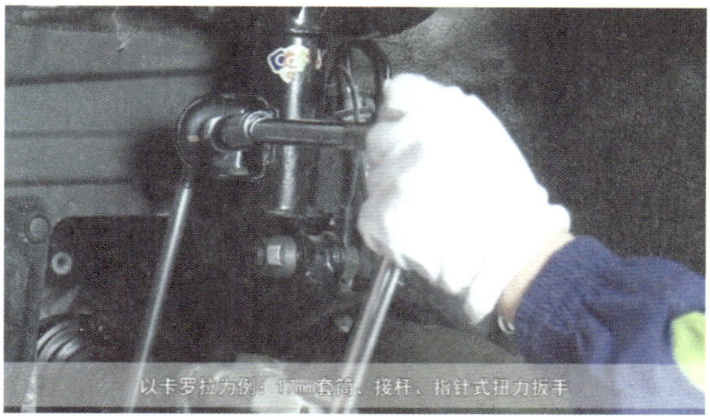

图 8-40 分离连杆总成

注意事项

◇如果球节随螺母一起转动，则使用六角扳手(6 mm)固定双头螺栓。

(6) 分离前悬架下臂

如图 8-41 所示，拆下螺栓和两个螺母，从前下球节上分离前悬架下臂。

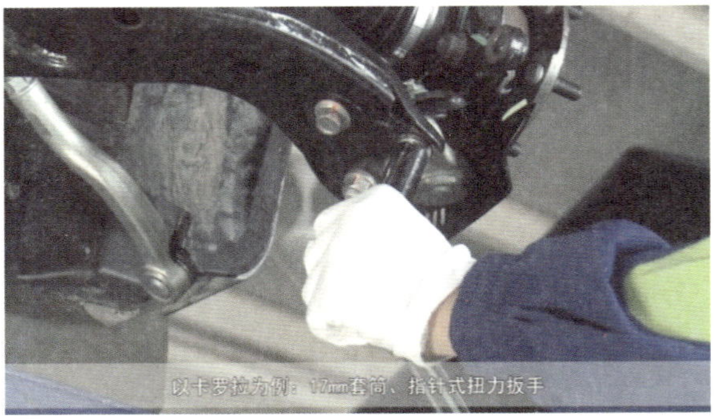

图 8-41　分离前悬架下臂

(7) 分离转向节和车桥轮毂

① 如图 8-42 所示，在半轴和车桥轮毂上做装配标记。

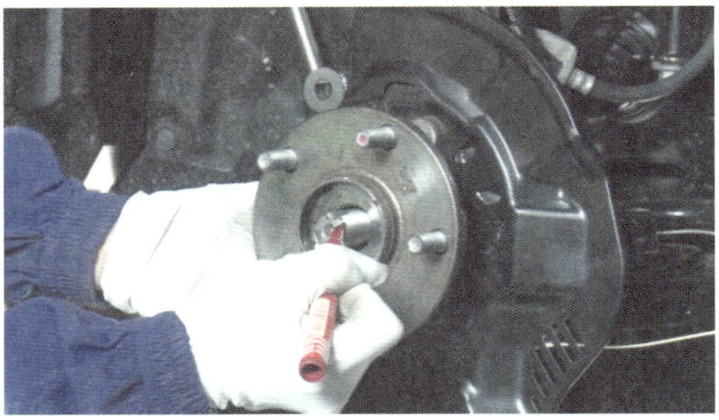

图 8-42　做标记

② 如图 8-43 所示，使用塑料锤，断开前桥总成。

图 8-43　使用塑料锤

注意事项

◇不要将半轴从车桥总成过度推出。

(8) 拆卸前桥半轴总成(如图 8-44 所示)

图 8-44　拆卸前桥半轴总成

①使用 SST 拆下前桥左半轴。

SST 09520-00031 前桥半轴拉出器

SST 09520-01010 半轴拆卸工具连接件

② 使用螺丝刀和锤子，拆下前桥右半轴。

5. 拆卸前悬架横梁

(1) 拆卸飞轮壳底罩

如图 8-45 所示，使用一字螺丝刀拆下飞轮壳底罩。

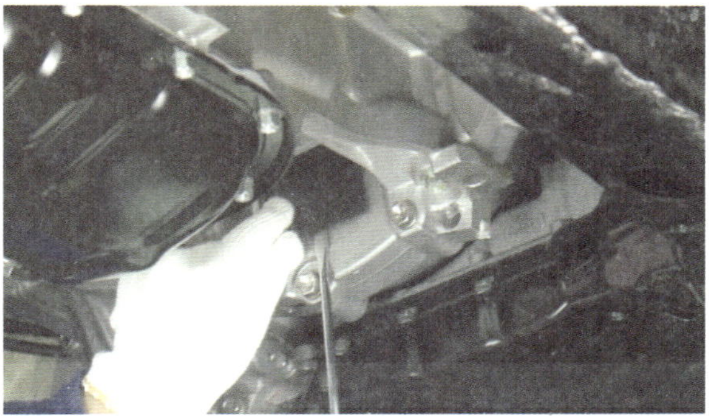

图 8-45　拆卸飞轮壳底罩

(2) 拆卸传动板和变矩器离合器固定螺栓

如图 8-46 所示，用扳手固定曲轴皮带轮螺栓，以拆下 6 个变矩器离合器固定螺栓。

(3) 拆卸发动机前悬置支架下的加强件

① 拆卸发动机后部底罩。

② 如图 8-47 所示，拆下两个螺栓和发动机前悬置支架下的加强件。

(4) 拆卸悬架横梁加强件(如图 8-48 所示)

①拆下 4 个螺栓和前悬架横梁加强件。

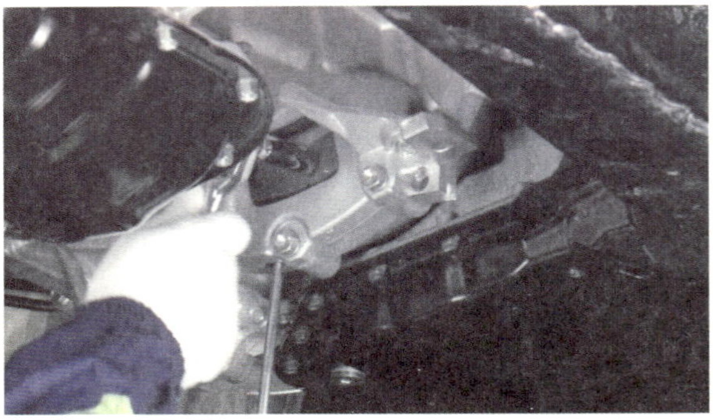

图 8-46　拆卸固定螺母

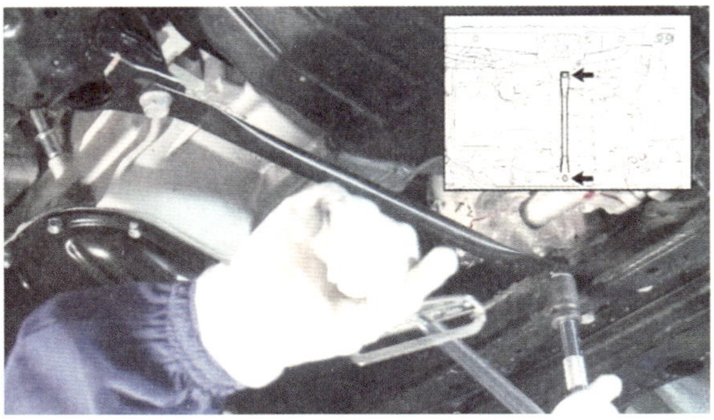

图 8-47　拆卸发动机前悬置支架下的加强件

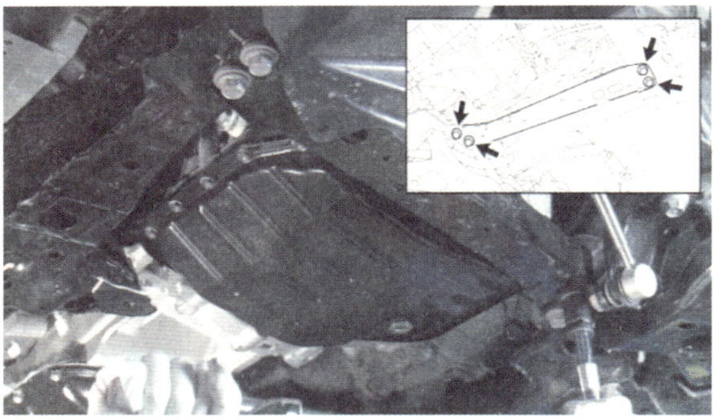

图 8-48　拆卸悬架横梁加强件

② 拆下 3 个螺栓和前悬架横梁后支架。

(5) 拆卸前悬架横梁

① 如图 8-49 所示，脱开两个卡夹和卡爪，并从前悬架横梁分总成上分离氧传感器线束。

② 如图 8-50 所示，用变速器千斤顶支撑前悬架横梁。

③ 如图 8-51 所示，拆下 4 个螺栓、两个螺母和前悬架横梁分总成。

6. 拆卸发动机总成

(1) 拆卸带传动桥的发动机总成

① 如图 8-52 所示，举升车辆，固定发动机升降机。

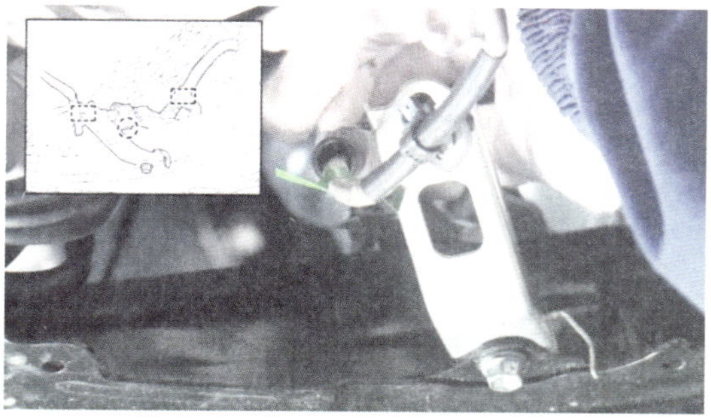

图 8-49　脱开卡夹与卡爪

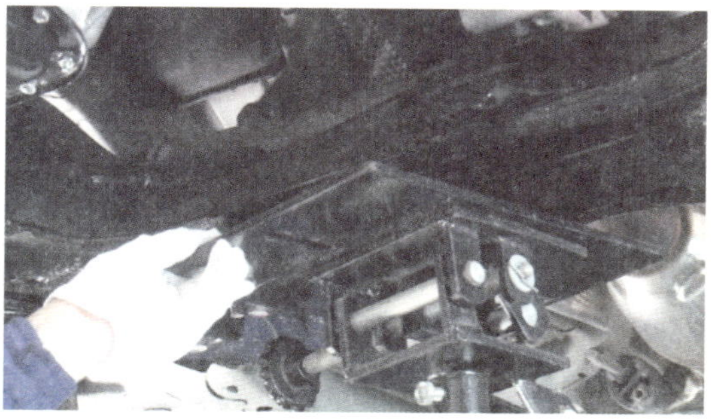

图 8-50　用千斤顶支撑前悬架

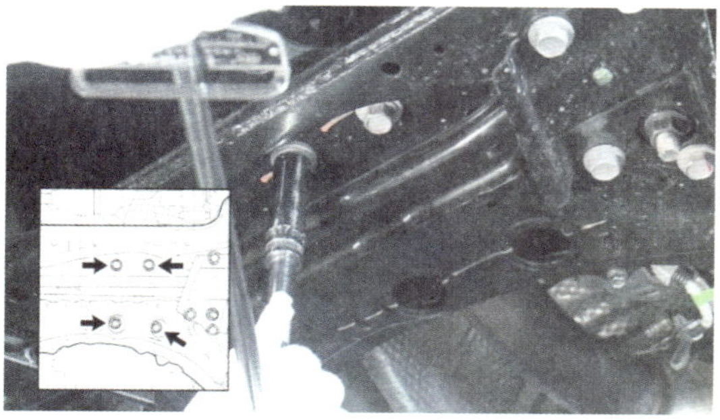

图 8-51　拆下螺栓

图 8-52　举升车辆

② 如图 8-53 所示，分别拆下发动机左、右两侧悬置隔振垫。

③ 如图 8-54 所示，将带传动桥的发动机从车辆上拆下。

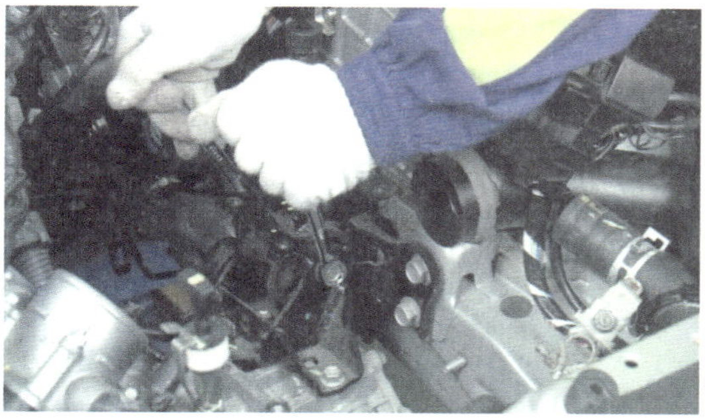

图 8-53　拆下隔振垫

图 8-54　拆下传动桥

(2) 拆卸发动机隔振垫

如图 8-55 所示，分别拆卸发动机前、后侧悬置隔振垫。

7. 拆卸起动机总成

(1) 安装发动机支架

① 如图 8-56 所示，拆下空燃比传感器支架。

② 用两个螺栓安装两个发动机吊架(扭矩：43 N·m)。

(2) 拆卸传动桥壳侧盖

图 8-55　拆卸隔振垫

图 8-56　拆下传感器支架

(3) 拆卸起动机

① 如图 8-57 所示，分离两个线束卡夹。

图 8-57　分离线束卡夹

② 如图 8-58 所示，拆下螺栓和线束支架。

③ 拆下端子盖，拆下螺母并断开端子 30。

④ 断开连接器，拆下两个螺栓并拆下起动机总成。

8. 拆卸发电机总成

① 如图 8-59 所示，拆下端子盖，将线束从端子 B 上断开。

② 断开连接器和线束卡夹。

③ 拆下发电机和线束卡夹支架。

图 8-58　拆下螺母

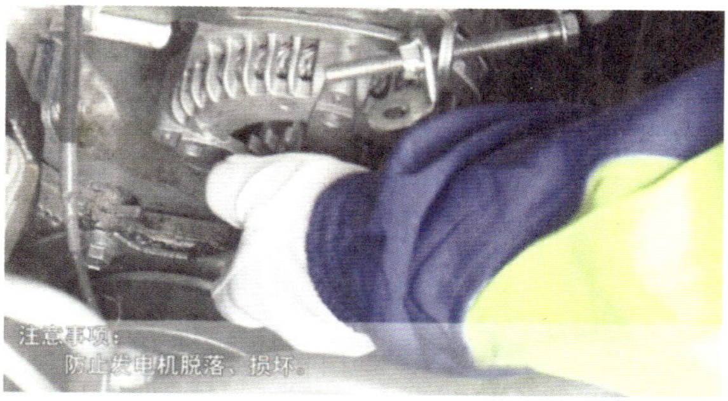

图 8-59　拆下端子盖

9. 拆卸自动传动桥总成

(1) 拆卸自动传动桥

如图 8-60 所示，拆下 7 个螺栓，从发动机上拆下自动传动桥。

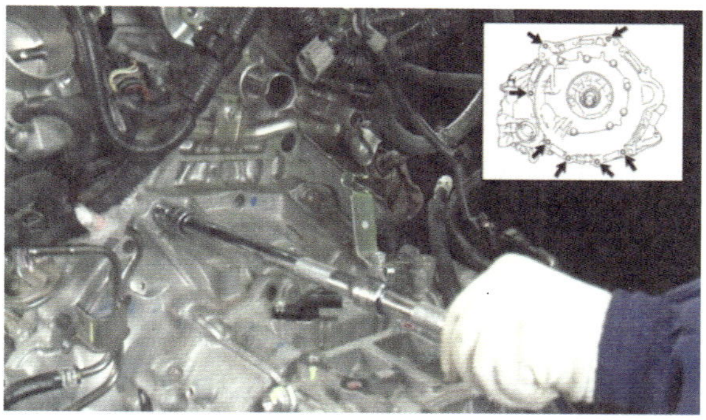

图 8-60　拆卸螺栓

(2) 拆卸传动桥和齿圈分总成

① 用 SST 固定住曲轴。

SST 09213-58013 曲轴皮带轮固定工具

SST 09330-00021 结合法兰固定工具

② 如图 8-61 所示，按照对角顺序拆下 8 个螺栓，并拆下后隔垫、传动板和前隔垫。

(3) 拆卸发动机线束

如图 8-62 所示。

图 8-61　拆下螺栓

图 8-62　拆卸发动机线束

四、任务小结

1. 发动机总成拆卸步骤

发动机总成拆卸作业的主要步骤:拆卸发动机连接件→分离转向中间轴→拆卸前排气管→拆卸前桥半轴→拆卸前悬架横梁→拆卸发动机总成→拆卸起动机→拆卸发电机→拆卸自动传动桥。

2. 发动机总成拆卸注意事项

(1) 发动机和散热器未冷却下来前,不要拆卸散热器盖,以免烫伤。

(2) 拆卸燃油系统油管前,需先释放燃油系统压力。

(3) 断开燃油管路后,用棉丝抹布盖住,以防燃油喷出或涌出。

(4) 排放出的油液需收集到容器中,并按相关规定进行处理。

(5) 拆下压缩机后,将压缩机和软管移至一旁固定好,避免泄漏空调系统冷冻液。

五、任务评价

(一) 理论评价

1. 判断题

(1) 发动机是一部热功转换的内燃机,它将燃料的化学能通过燃烧转化为热能,再将热

能转化为机械能并对外输出动力。（　　）

(2) 发动机是汽车四大组成部分之一。（　　）

(3) 卡罗拉发动机主要由两大机构四大系统组成。（　　）

(4) 拆卸蓄电池时，需要先断开正极再断开负极。（　　）

(5) 在发动机和散热器还没有冷却下来时，不要拆下散热器储液罐盖，避免烫伤。（　　）

(6) 拆卸压缩机，将螺栓螺母按顺序拆下后，需要将压缩机和软管移到一旁固定好，避免泄漏空调系统冷冻液。（　　）

(7) 前桥左半轴和右半轴的拆卸方法是相同的。（　　）

2. 单选题

(1) 发动机是一部热功转换的内燃机，它在工作过程中依次进行了哪三种能量的转换？（　　）

A. 化学能、机械能、热能　　B. 机械能、热能、化学能

C. 化学能、热能、机械能　　D. 机械能、化学能、热能

(2) 以下哪项不是汽车的四大组成部分之一？（　　）

A. 发动机　　B. 底盘　　C. 车壳　　D. 电气设备

(3) 发动机由两大机构五大系统组成，其中两大机构指配气机构和（　　）

A. 曲柄连杆机构　　B. 活塞连杆机构

C. 冷却机构　　D. 润滑机构

(4) 分离横拉杆接头后，需要以下哪种工具将其固定在转向节上以防掉落？（　　）

A. 固定器　　B. 胶带　　C. 线绳　　D. 黏合剂

(二) 技能评价

表 8-1　发动机总成拆卸技能评价

序号	内容	分值	得分
1	拆卸发动机连接件。	10	
2	分离转向中间轴。	10	
3	拆卸前排气管总成。	10	
4	拆卸前桥半轴总成。	10	
5	拆卸前悬架横梁。	10	
6	拆卸发动机总成。	10	
7	拆卸起动机总成。	10	
8	拆卸发电机总成。	10	
9	拆卸自动传动桥总成。	10	
10	做好“6S”工作。	10	
总分		100	

（注：操作正确即得分，操作错误或未进行操作得 0 分）

学习任务2　发动机总成安装

一、任务目标

通过本任务学习，应能：

(1) 描述发动机总成安装的要求。

(2) 了解发动机总成各个部件的安装顺序。

(3) 依据汽车维修安全规范操作要求，熟练地完成发动机总成安装维修作业。

二、知识准备

1. 发动机安装要求

(1) 专用部件要用专用工具进行安装，注意安装要求。有密封要求的地方要涂密封胶。

(2) 安装过程中若部件被卡住了，不要强敲下去，应该拿出来仔细检查。正确安装的部件不会出现卡住的状况。

(3) 安装时仔细检查不要漏装。安装完毕后要检查周围有无多余的零件。

(4) 作业完成后要清洁工具，整理现场。

2. 发动机总成安装共有9个步骤

(1) 安装自动传动桥总成；

(2) 安装发电机总成；

(3) 安装起动机总成；

(4) 安装发动机总成；

(5) 安装前悬架横梁；

(6) 安装前桥半轴总成；

(7) 安装前排气管总成；

(8) 连接转向中间轴；

(9) 安装发动机连接件。

三、任务实施

(一) 实施方案

1. 质量要求

参照厂家的质量标准要求。

2. 组织方式

每四位同学一组，采用小组合作的方式，对2007款卡罗拉汽车上的发动机(1ZR-FE)总成进行安装，按照企业岗位操作规范进行作业。每组作业时间为____分钟。

3. 作业准备

（1）技术要求与标准：

① 安装发动机总成以及连接件前需进行清洗和检查。

② 根据汽车维修规范流程安装发动机总成与相关部件的连接件。

③ 根据汽车维修规范流程安装发动机总成。

（2）设备器材：如图 8-63 所示。

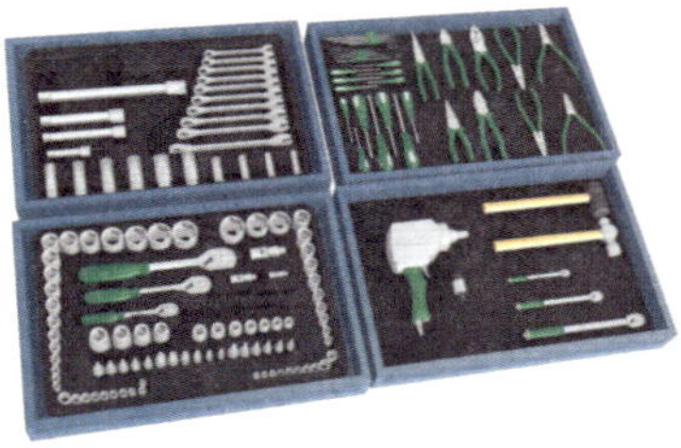

(a) 常用工具（一套）

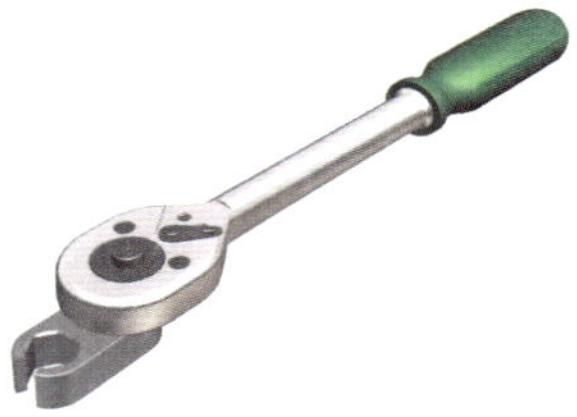

(b) SST 09224-00010

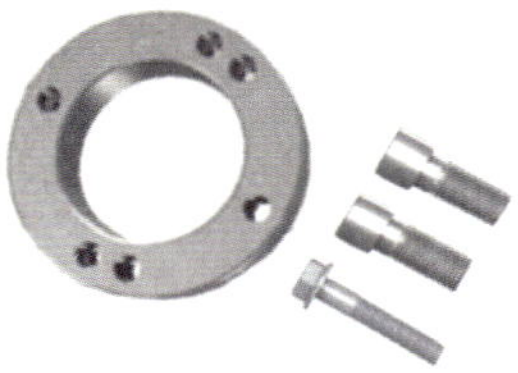

(c) SST 09213-58013
曲轴皮带轮固定工具

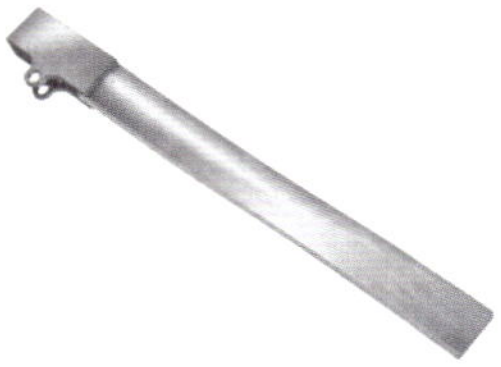

(d) 氧传感器扳手
SST 09330-00021
结合法兰固定工具

图 8-63 设备器材

（3）场地设施：消防设施的场地。

（4）设备设施：2007 款卡罗拉 1.6L/AT 轿车、举升机、发动机吊装专用工具、工具车、标保工具车、零件车、垃圾桶。

（5）耗材：干净抹布、泡沫清洗剂。

（二）操作步骤

1. 安装自动传动桥总成

（1）安装发动机线束

（2）安装传动板和齿圈分总成

① 用 SST 固定住曲轴。

SST 09213-58013 曲轴皮带轮固定工具

SST 09330-00021 结合法兰固定工具

② 清洁螺栓和螺栓孔，在螺栓末端的 2 或 3 个螺纹上涂抹黏合剂，如图 8-64 所示。

③ 如图 8-65 所示，安装前隔垫、传动板和后隔垫，均匀地紧固 8 个螺栓。螺栓紧固扭矩：88 N·m。

（3）安装自动传动桥总成

如图 8-66 所示，用 7 个螺栓将自动传动桥安装至发动机。螺栓紧固扭矩：30 N·m。

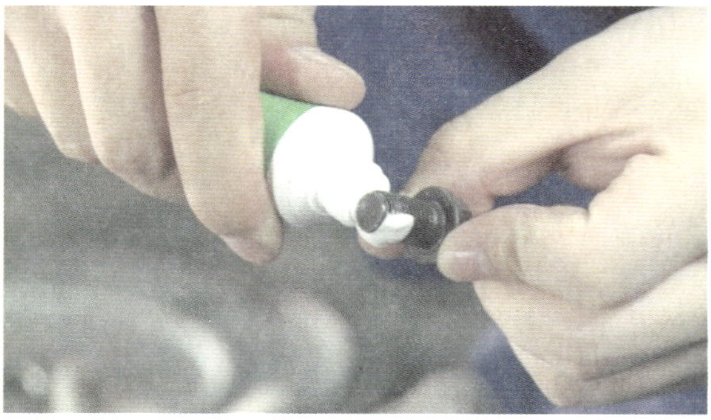

图 8-64　涂抹黏合剂

图 8-65　安装螺栓

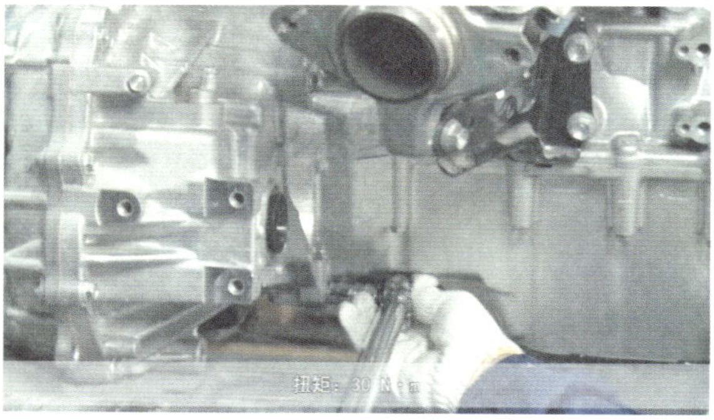

图 8-66　紧固螺栓

2. 安装发电机总成

(1) 安装线束卡夹支架

如图 8-67 所示，用螺栓安装线束卡夹支架。螺栓紧固扭矩：8.4 N·m。

(2) 安装发电机

用两个螺栓暂时安装发电机总成。

(3) 安装连接器和线束卡夹

① 用螺母将线束安装至端子 B 并安装端子盖。螺母紧固扭矩：9.8 N·m。

② 如图 8-68 所示，安装连接器和线束卡夹。

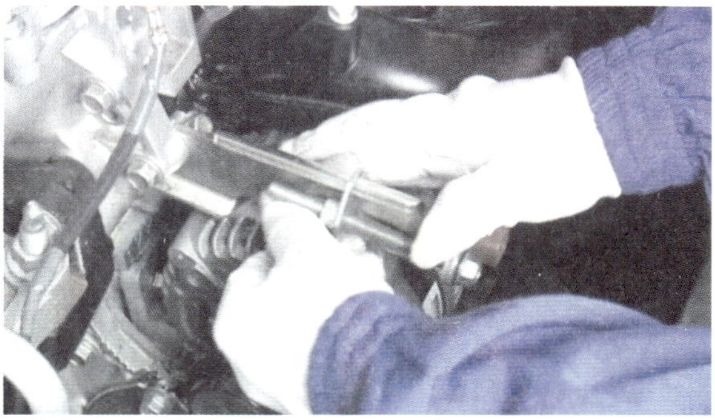

图 8-67　安装线束卡夹支架

图 8-68　安装连接器和线束卡夹

3. 安装起动机总成

(1) 安装起动机总成

① 如图 8-69 所示，用两个螺栓安装起动机总成。螺栓紧固扭矩：37 N·m。

图 8-69　安装螺栓

② 如图 8-70 所示，连接连接器，用螺母连接端子 30。螺母紧固扭矩：9.8 N·m。

③ 如图 8-71 所示，关闭端子盖，用螺栓安装线束支架。螺栓紧固扭矩：8.4 N·m。

(2) 安装飞轮壳侧盖

(3) 安装发动机隔振垫（如图 8-72、图 8-73 所示）

① 安装发动机前、后、左、右悬置隔振垫。螺栓紧固扭矩：95 N·m。

图 8-70　用螺母连接端子

图 8-71　用螺栓安装线束支架

图 8-72　安装隔振垫

② 将空调支架安装至发动机悬置隔振垫。螺栓紧固扭矩：9.8 N·m。

4. 安装发动机总成

(1) 将带传动桥的发动机总成和前悬架横梁放置在发动机升降机上。

(2) 操作发动机升降机，将带传动桥的发动机总成和前悬架横梁举升至发动机左侧和右侧悬置隔振垫可以安装的位置，如图 8-74 所示。

(3) 如图 8-75 所示，使用贯穿螺栓和螺母，安装发动机左侧悬置隔振垫。螺栓紧固扭矩：56 N·m。

图 8-73　紧固螺母

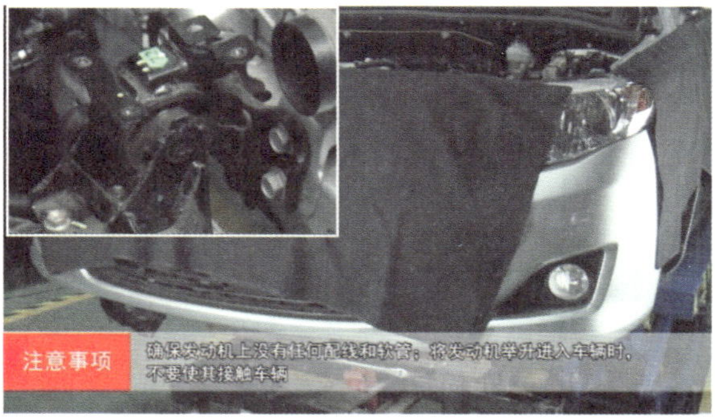

图 8-74　升至安装位置

图 8-75　安装隔左振垫

(4) 如图 8-76 所示，使用螺栓和两个螺母，安装发动机右侧悬置隔振垫。螺母 A 紧固扭矩：95 N · m。螺母 B 紧固扭矩：52 N · m。

5. 安装前悬架横梁

(1) 安装前悬架横梁

① 如图 8-77 所示，用 4 个螺栓安装前横梁。螺栓紧固扭矩：96 N · m。

② 如图 8-78 所示，用螺栓和螺母将发动机前悬置隔振垫安装至发动机前悬置支架。螺栓紧固扭矩：145 N · m。

③ 如图 8-79 所示，用变速器千斤顶支撑前悬架横梁。

④ 如图 8-80 所示，将 SST 交替插入前悬架横梁的左侧和右侧参考孔时，将左侧和右侧

图 8-76　安装右隔振垫

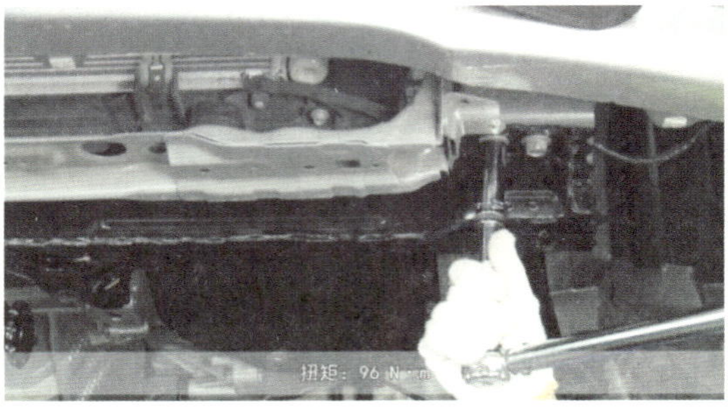

图 8-77　安装前横梁

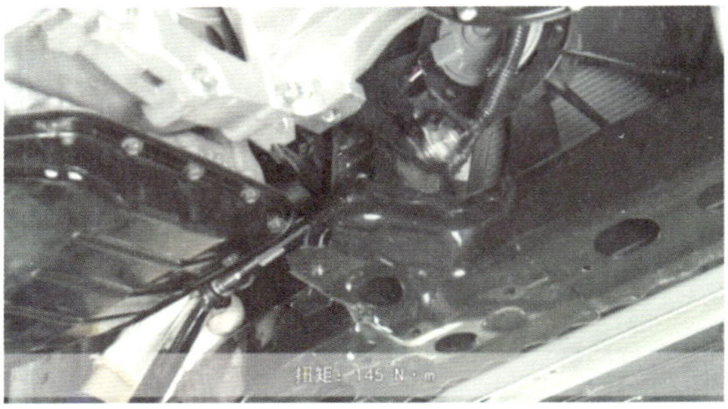

图 8-78　安装前悬架隔振垫

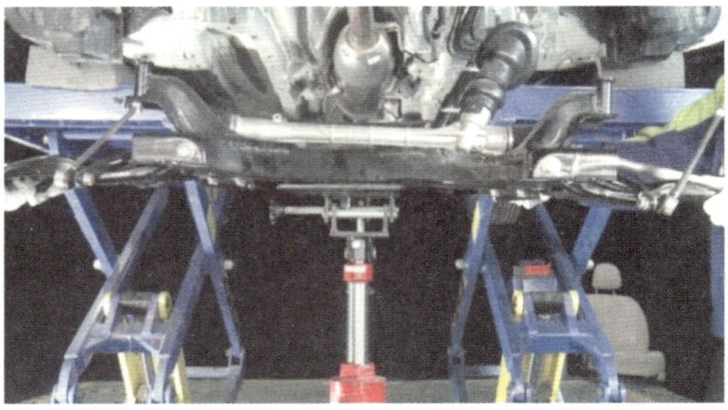

图 8-79　使用千斤顶

的 2 个螺栓 A、2 个螺栓 B 和 2 个螺母分步拧紧至各自的规定扭矩。螺栓 A 紧固扭矩：145 N·m。螺栓 B 紧固扭矩：95 N·m。螺母紧固扭矩：93 N·m。

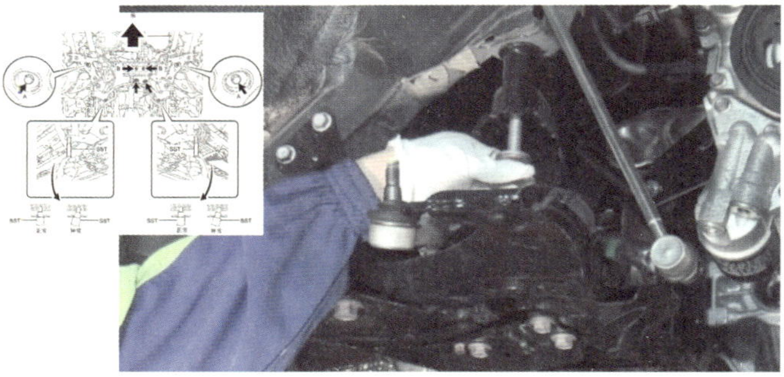

图 8-80　紧固螺母

⑤ 如图 8-81 所示，接合两个卡夹和卡爪，将氧传感器线束安装至前悬架横梁分总成。

(2) 安装发动机前悬支架下加强件

① 如图 8-82 所示，用 3 个螺栓安装前悬架横梁后支架。螺栓 A 紧固扭矩：145 N·m。螺栓 B 紧固扭矩：93 N·m。

② 如图 8-83 所示，用 4 个螺栓安装前悬架横梁加强件。暂时拧紧螺栓 A 和 B，并按 C、B、D、A 的顺序完全拧紧 4 个螺栓。螺栓紧固扭矩：96 N·m。

③ 如图 8-84 所示，用两个螺栓安装发动机前悬置支架下加强件。螺栓紧固扭矩：96 N·m。

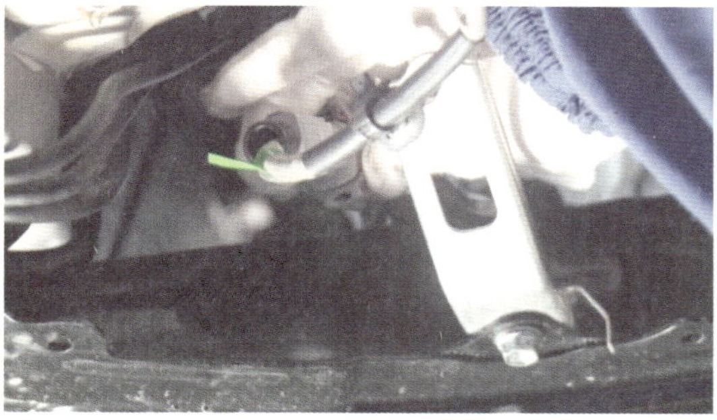

图 8-81　安装线束

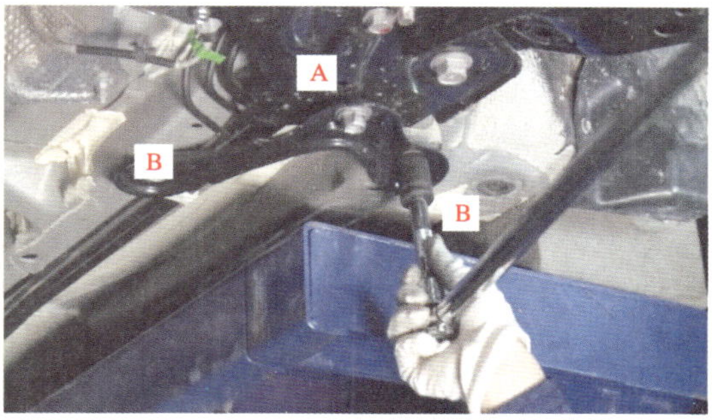

图 8-82　紧固 A、B 螺栓

图 8-83　安装螺栓

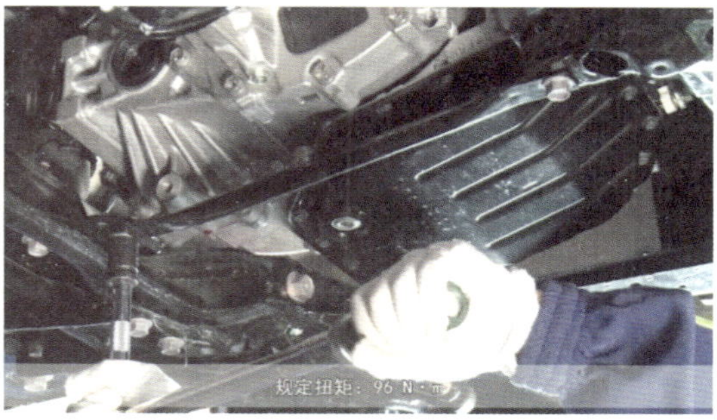

图 8-84　安装加强件

(3) 安装传动板和变矩器离合器固定螺栓

① 如图 8-85 所示，在 6 个变矩器离合器固定螺栓尖头的 2 圈螺纹上滴几滴黏合剂。

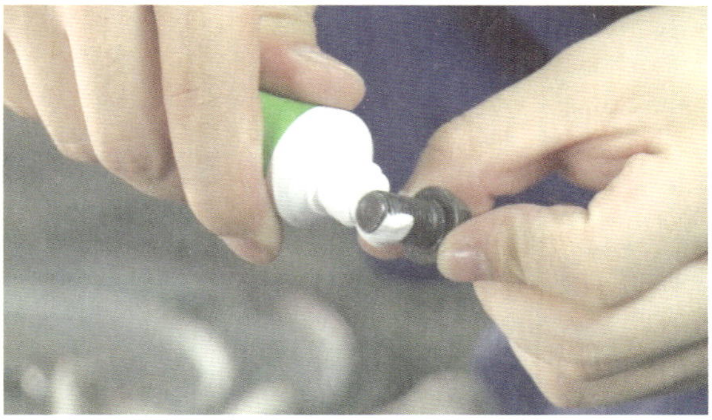

图 8-85　涂抹黏合剂

② 如图 8-86 所示，用扳手固定曲轴皮带轮螺栓。

③ 安装 6 个变矩器离合器固定螺栓。先安装黑色螺栓，再安装其余 5 个螺栓。螺栓紧固扭矩：28 N·m。

(4) 安装飞轮壳底罩

如图 8-87 所示，安装飞轮壳底罩至自动传动桥。

6. 安装前桥半轴总成

(1) 安装前桥半轴总成

① 如图 8-88 所示，在内侧万向节轴花键上涂齿轮油，使开口侧向下安装卡环。

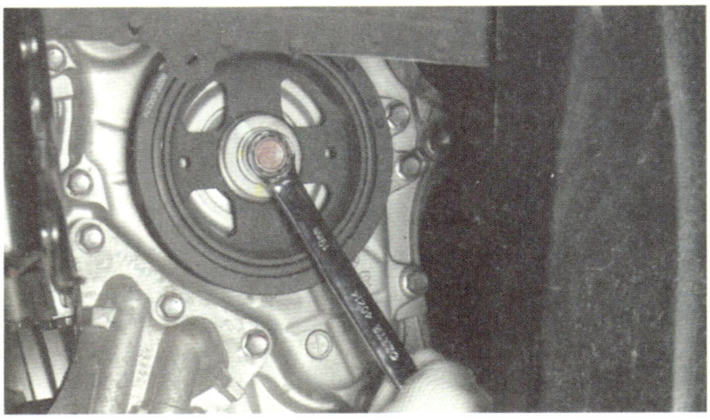

图 8-86　固定曲轴皮带螺栓

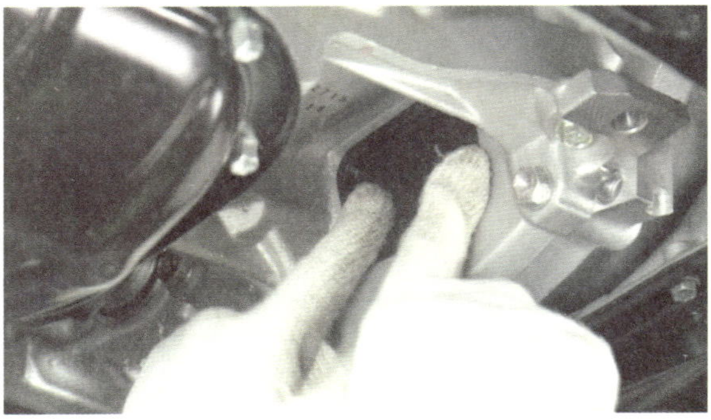

图 8-87　安装飞轮壳底罩

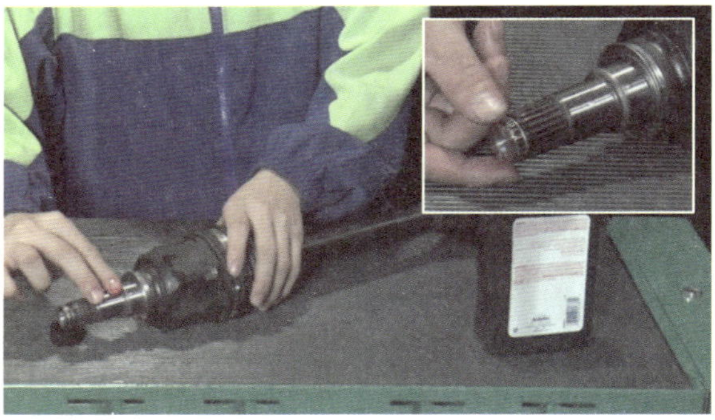

图 8-88　涂抹齿轮油

② 如图 8-89 所示，对准轴花键，用铜棒和锤子敲进驱动轴。

注意事项

◇小心不要损坏油封和防尘罩。

（2）安装转向节和车桥轮毂

如图 8-90 所示，对准装配标记，并将前桥半轴总成连接至左前桥总成。

（3）安装前悬架下臂

如图 8-91 所示，用螺栓和两个螺母将前悬架下臂连接至前下球节。螺栓紧固扭矩：89 N·m。

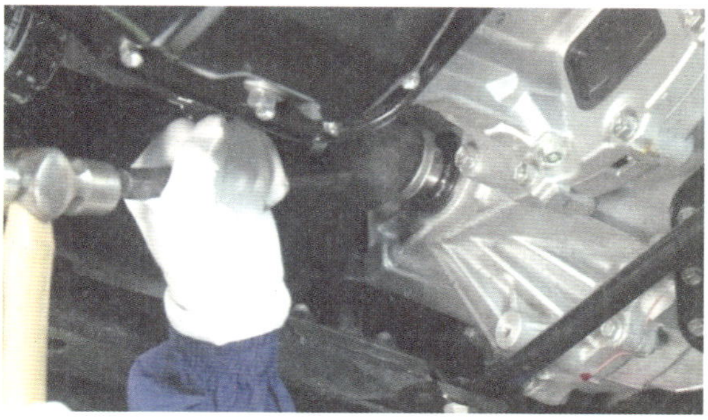

图 8-89　对准位置

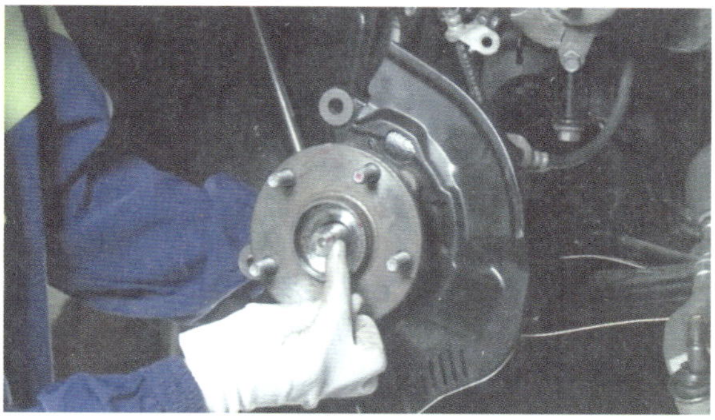

图 8-90　对准标配记号

图 8-91　紧固螺母

(4) 安装前稳定杆连杆总成

如图 8-92 所示，用螺母将前稳定连杆总成安装至带螺旋弹簧的前减振器。螺栓紧固扭矩：74 N·m。

注意事项

◇如果球节随螺母一起转动，则使用六角扳手(6 mm)固定双头螺栓。

(5) 连接横拉杆接头分总成

① 如图 8-93 所示，用螺母将横拉杆接头分总成连接至转向节。螺母紧固扭矩：49 N·m。

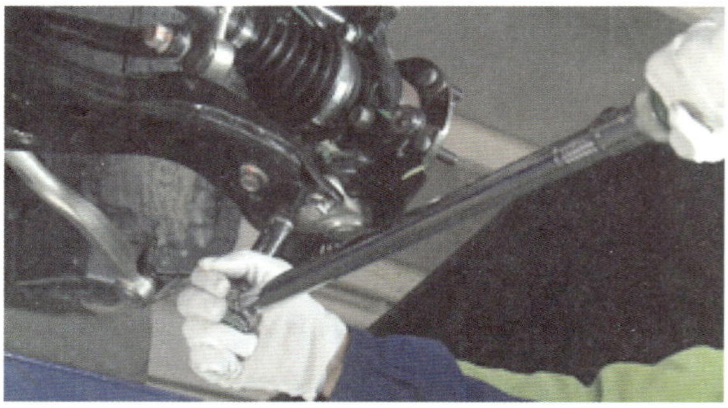

图 8-92　安装前稳定杆连杆总成

图 8-93　安装转向横拉杆球头

② 如图 8-94 所示，安装新的开口销。

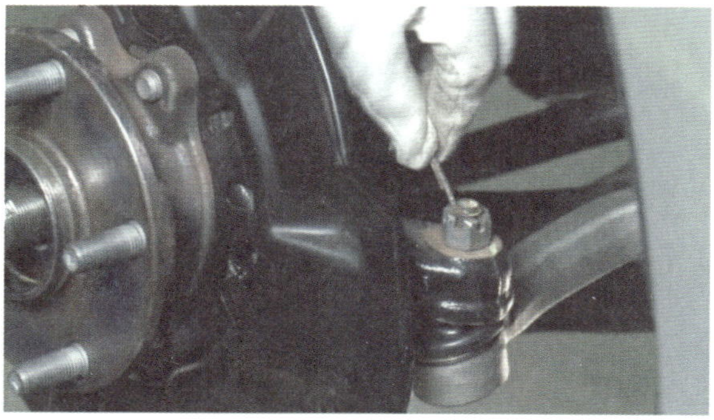

图 8-94　安装开口销

注意事项

◇如果开口销孔未对齐，将螺母进一步拧紧 60°。

（6）安装前轮轮速传感器

① 如图 8-95 所示，用螺栓和卡夹将前轮转速传感器和前挠性软管安装至前减振器。先安装前挠性软管，再安装轮速传感器线束支架。螺栓紧固扭矩：29 N·m。

② 如图 8-96 所示，用螺栓将前轮转速传感器安装至转向节。螺栓紧固扭矩：8.5 N·m。

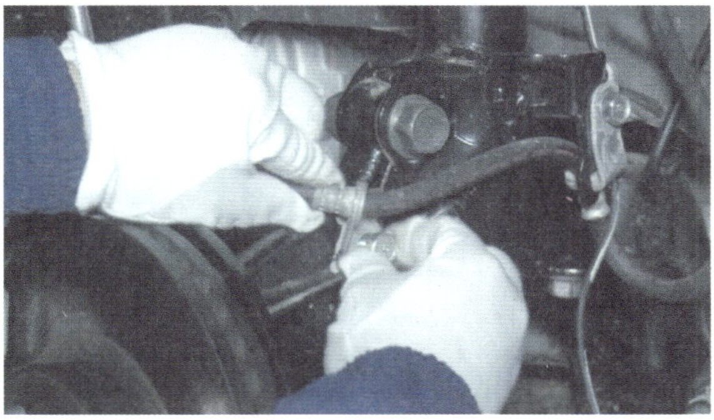

图 8-95　安装前饶性软管

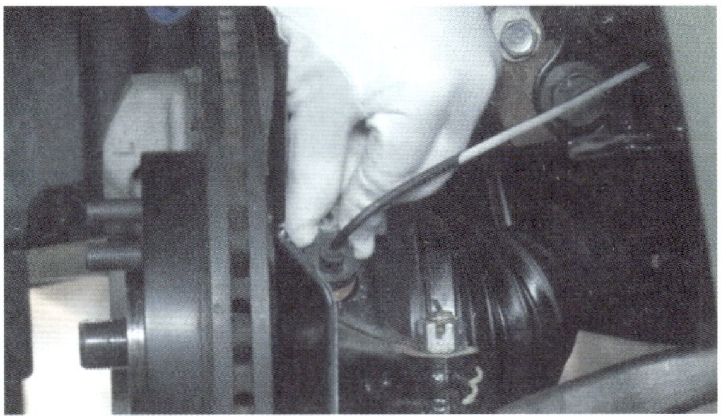

图 8-96　紧固螺栓

7. 安装前桥轮毂螺母

(1) 如图 8-97 所示，使用一字螺丝刀固定住制动钳，安装前桥轮毂螺母。螺母紧固扭矩：216 N·m。

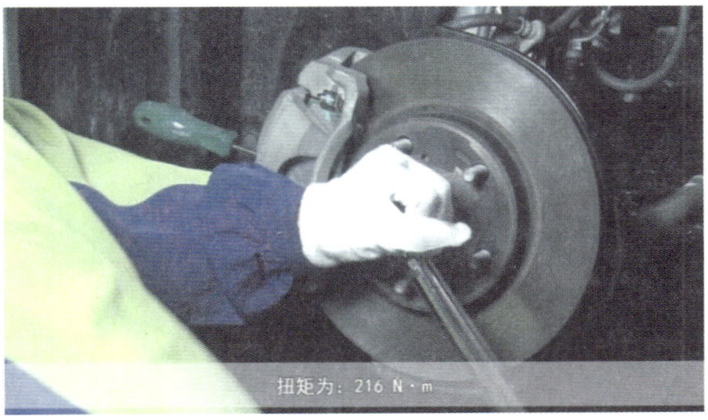

图 8-97　固定制动钳

(2) 如图 8-98 所示，用冲子和锤子锁紧前桥轮毂螺母。

8. 安装前排气管总成

(1) 安装前排气管(如图 8-99 所示)

①用塑料锤和木块敲入新的衬垫，直至其表面与排气歧管齐平。

② 安装排气管支架，然后用两个螺栓和两个压缩弹簧安装前排气管总成。螺栓紧固扭矩：43 N·m。

图 8-98 使用冲子和锤子

图 8-99 安装前排气管

（2）安装加热型氧传感器

如图 8-100 所示。

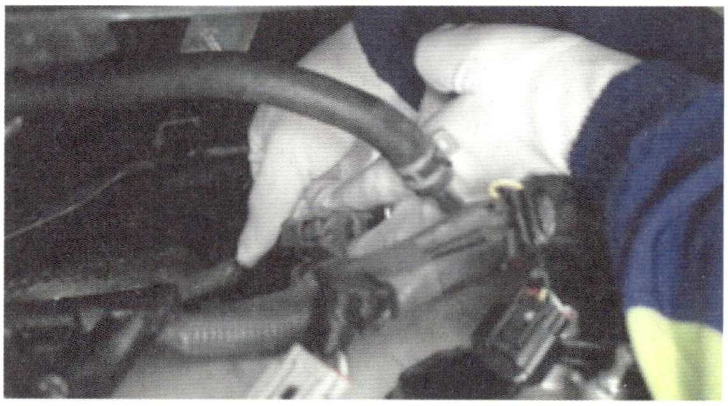

图 8-100 安装传感器

9. 连接转向中间轴

（1）安装转向柱 1 号孔盖分总成

如图 8-101 所示，将卡子 B 连接至车身部分，并用卡子 A 将转向柱 1 号孔盖分总成安装至车身部分。

注意事项

◇确保转向柱 1 号孔盖分总成唇口部分未损坏。

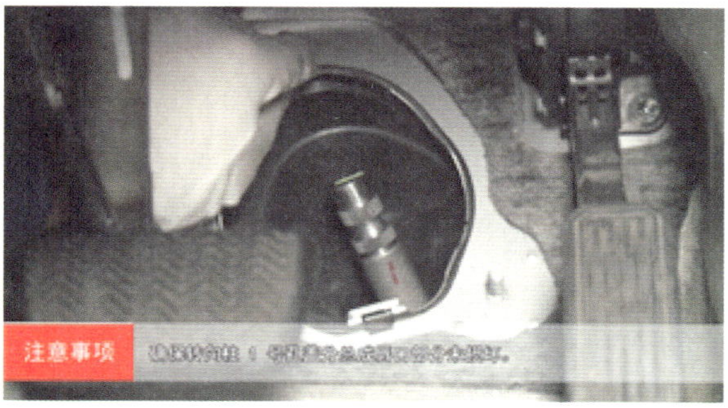

图 8-101　安装孔盖

(2) 安装 2 号转向中间轴总成

如图 8-102 所示，对齐 2 号转向中间轴总成和转向中间轴总成上的装配标记，安装固定螺栓。螺栓紧固扭矩：35 N·m。

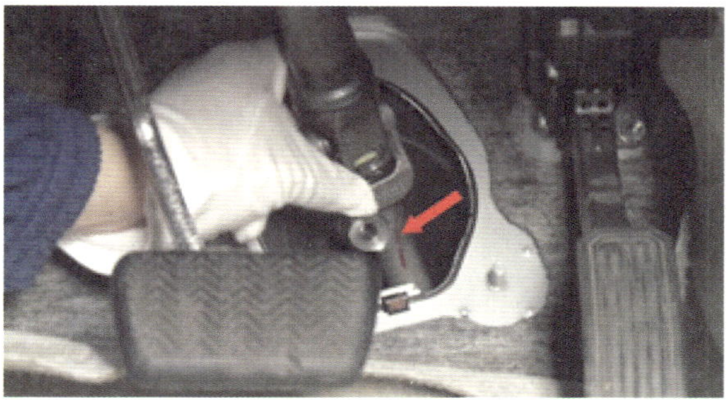

图 8-102　对齐装配标记

(3) 安装转向柱孔盖消音板

如图 8-103 所示，用两个卡夹安装转向柱孔盖消音板，并安装好地毯。

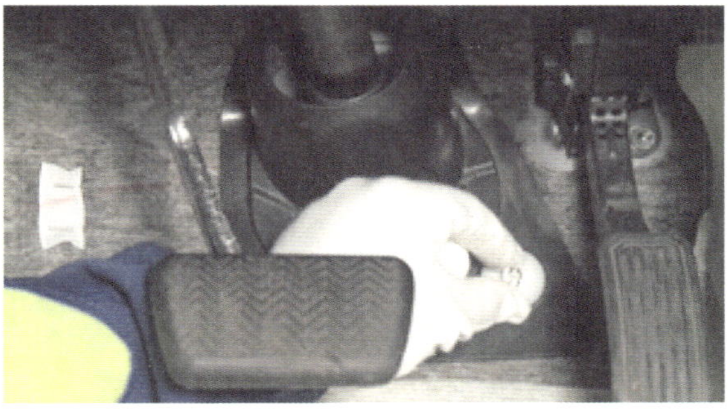

图 8-103　用卡夹安装消音板

10. 安装发动机连接件

(1) 安装线束

① 如图 8-104 所示，用螺栓和卡夹将搭铁线安装至发动机室导线。螺栓紧固扭矩：26 N·m。

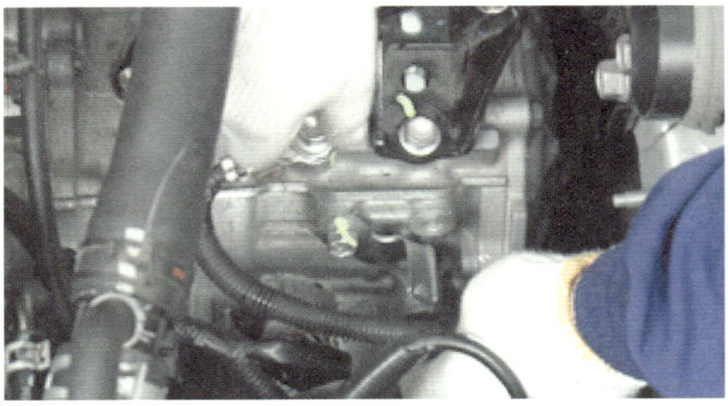

图 8-104　安装螺栓和卡夹

② 如图 8-105 所示，用两个螺母安装线束。螺栓紧固扭矩：8.4 N·m。

图 8-105　安装螺母

③ 将线束连接器和线束卡夹连接至发动机室接线盒。

④ 如图 8-106 所示，用卡夹和锁止杆将连接器连接到发动机控制计算机。

图 8-106　用卡夹和锁止杆将连接器接至发动机控制计算机

（2）安装带皮带轮的压缩机总成（如图 8-107 所示）

① 使用“TORX”梅花套筒扳手（E8），安装带皮带轮的压缩机总成。螺栓紧固扭矩：9.8 N·m。

② 安装带皮带轮的压缩机总成，并按规定顺序旋紧螺栓和螺母。螺栓紧固扭矩：25 N·m。

③ 连接连接器。

（3）安装多楔带

如图 8-108 所示。

图 8-107　安装带皮轮的压缩机总成

图 8-108　安装多楔带

(4) 连接发动机管路

① 如图 8-109 所示，连接燃油管连接器和燃油管。将燃油管连接器和燃油管对准，然后将燃油管连接器推入，直至夹持器发出“咔嗒”声。如果连接过紧，则在燃油管顶部涂抹少量发动机机油。连接后，拉动管和连接器，以确保连接牢固。

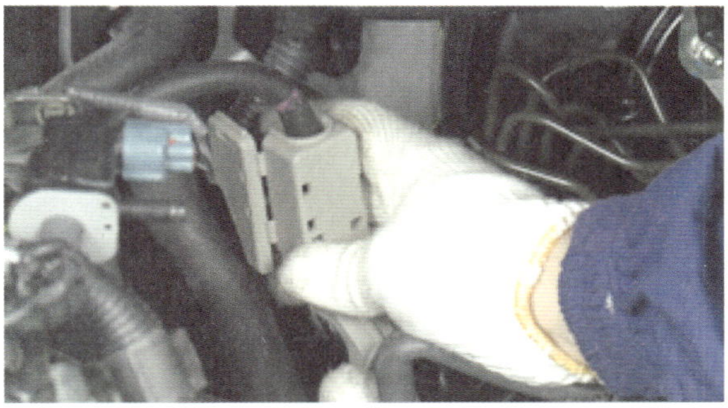

图 8-109　连接燃油管连接器

② 如图 8-110 所示，用卡夹连接加热器进、出水软管。

③ 如图 8-111 所示，连接单向阀软管接头。

④ 如图 8-112 所示，连接机油冷却器软管。

⑤ 如图 8-113 所示，连接散热器软管。

(5) 安装变速器控制拉索总成

① 如图 8-114 所示，用卡夹将控制拉索固定至控制拉索支架。

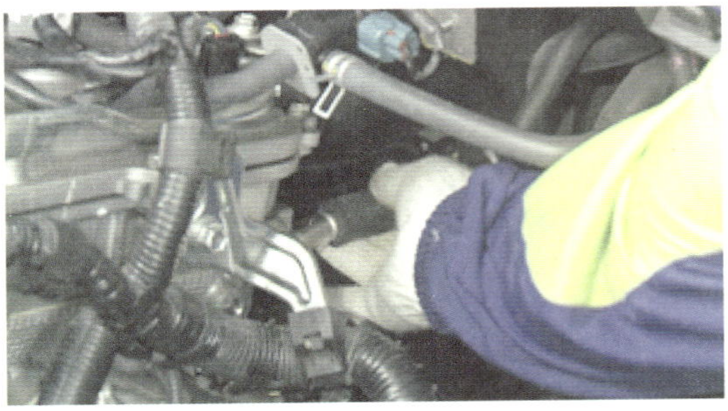

图 8-110　用夹卡连接软管

图 8-111　连接单向阀软管接头

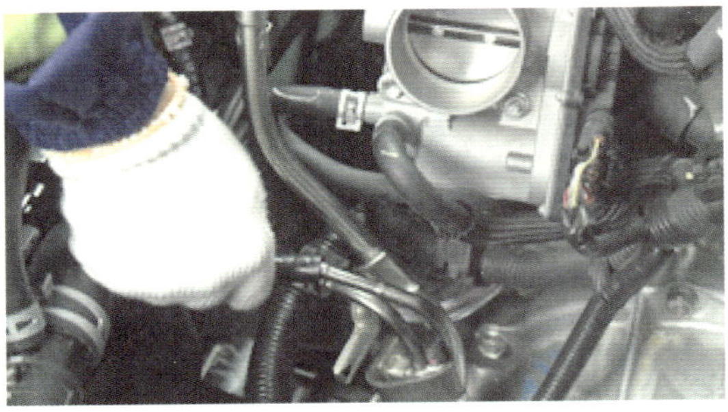

图 8-112　连接机油冷却器软管

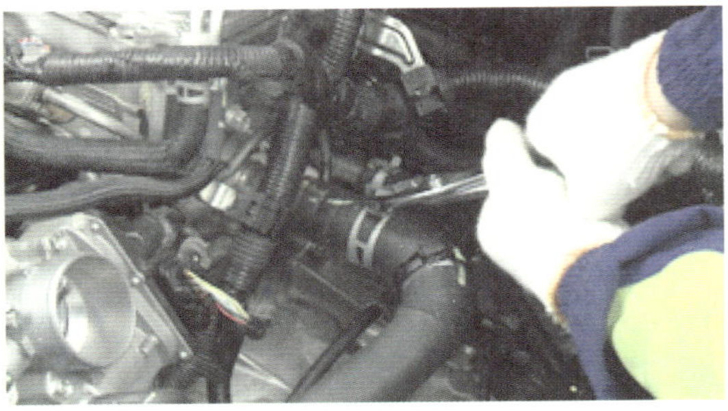

图 8-113　连接散热器软管

② 用螺母将控制拉索连接到控制杆上。螺母紧固扭矩：12 N·m。

③ 将图 8-115 所示控制拉索连接到拉索支架上。

图 8-114　用卡夹控制拉索总成

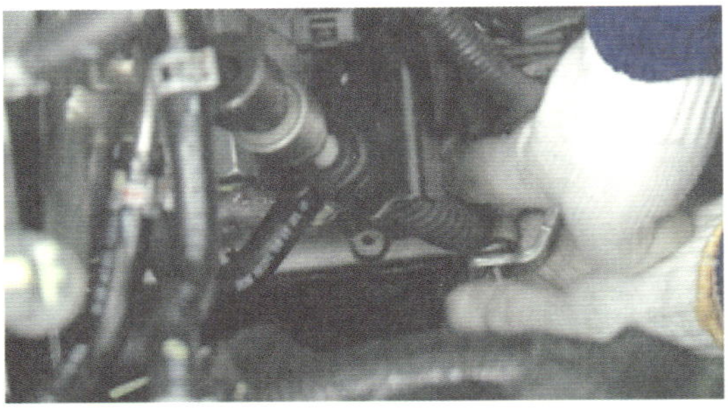

图 8-115　控制拉索

④ 用螺栓连接控制拉索卡夹。螺栓紧固扭矩：12 N·m。

(6) 安装蓄电池

① 如图 8-116 所示，安装蓄电池托架，连接水管。托架固定螺栓紧固扭矩：19 N·m。卡夹固定螺栓紧固扭矩：17 N·m。螺母紧固扭矩：3.5 N·m。

② 连接线束卡夹。

③ 如图 8-117 所示，安装蓄电池卡夹。螺栓紧固扭矩：17 N·m。螺母紧固扭矩：3.5 N·m。

④ 安装蓄电池端子。螺栓紧固扭矩：5.4 N·m。

(7) 安装空气滤清器

① 使用 3 个螺栓，安装空气滤清器壳。螺栓紧固扭矩：7.0 N·m。

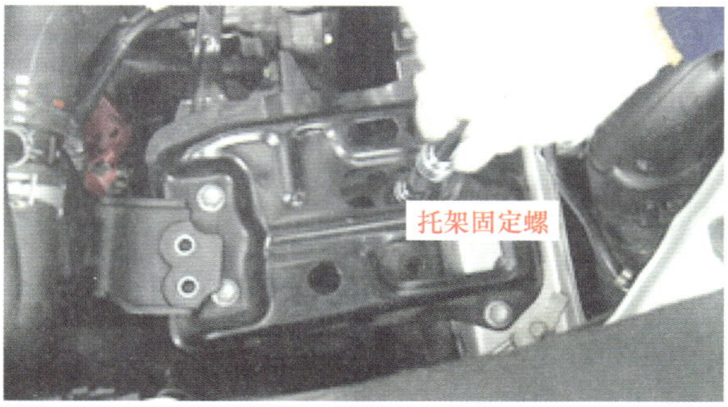

图 8-116　安装蓄电池托架

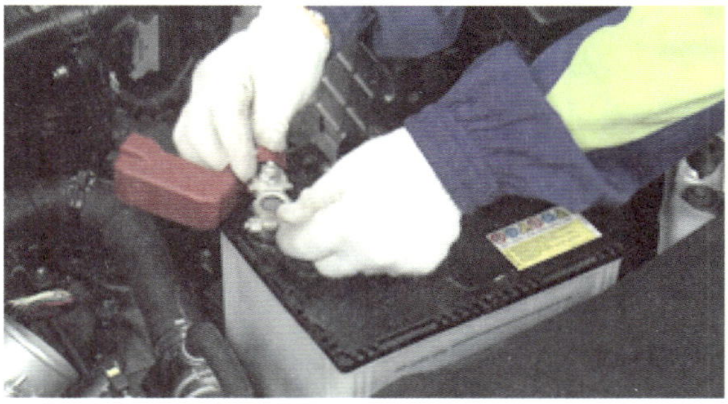

图 8-117　安装蓄电池端子

② 将线束卡夹安装至空气滤清器壳。

③ 如图 8-118 所示，安装空气滤清器滤芯。

图 8-118　安装空气滤清器滤芯

④ 安装空气滤清器盖分总成。

⑤ 如图 8-119 所示，用箍带连接通风软管。

⑥ 连接两个卡夹，连接质量空气流量计连接器。

(8) 添加水、油液

① 如图 8-120 所示，添加自动传动桥油。

② 如图 8-121 所示，加注发动机冷却液。

③ 如图 8-122 所示，添加发动机机油。

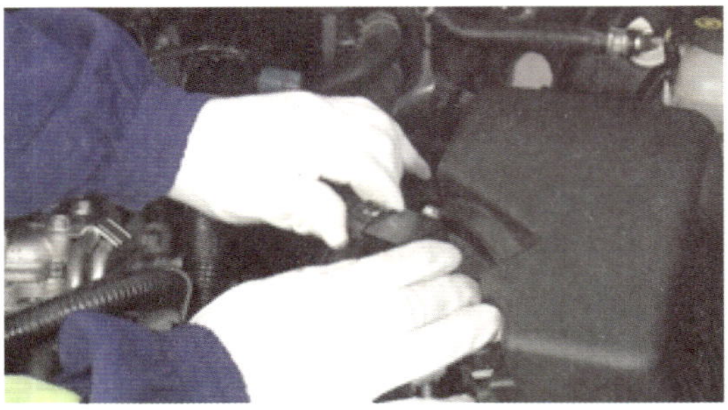

图 8-119　用箍带连接通风软管

图 8-120　添加自动传动桥油

图 8-121　加注发动机冷却液

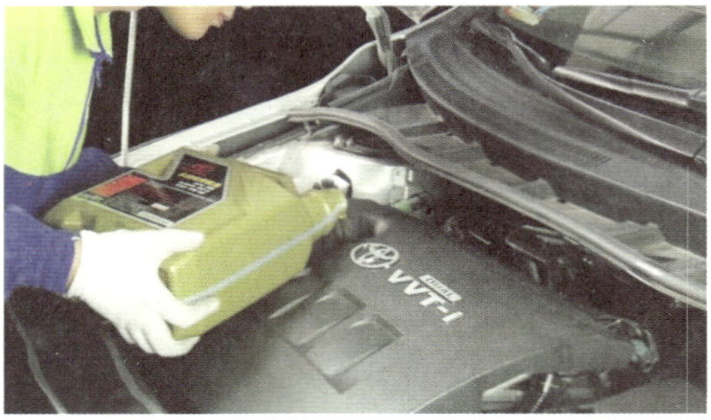

图 8-122　添加发动机机油

(9) 安装发动机底罩

如图 8-123 所示，安装发动机 2 号、1 号底罩，发动机后部左侧、右侧底罩。

(10) 安装前轮

如图 8-124 所示，安装前轮，螺栓紧固扭矩：103 N·m。

图 8-123　安装发动机底罩

图 8-124　安装前轮

(11) 安装 2 号气缸盖罩

(12) 安装散热器上空气导流板

四、任务小结

1. 发动机总成安装的主要步骤

安装自动传动桥总成→安装发电机总成→安装起动机总成→安装发动机总成→安装前

悬架横梁→安装前桥半轴总成→安装前排气管总成→连接转向中间轴→安装发动机连接件。

2．发动机总成安装的注意事项

（1）装配前需对发动机总成和连接件进行清洁和检查。

（2）安装传动板和齿圈分总成时，需在螺栓末端的 2 或 3 个螺纹上涂抹黏合剂。

（3）用螺母将左侧横拉杆接头分总成连接至转向节时，若开口销孔未对齐，则需将螺母进一步拧紧 60°。

五、任务评价

（一）理论评价

1．判断题

（1）安装传动板和齿圈分总成时，需要在螺栓末端的 2 或 3 个螺纹上涂上润滑油。（　　）

（2）安装前桥左半轴总成时，需要在内侧万向节轴花键上涂齿轮油。并对准轴花键，用铜棒和锤子敲进驱动轴。（　　）

（3）安装传动板和变矩器离合器固定螺栓时，需先安装黑色螺栓，再安装其余 5 个螺栓。（　　）

（4）连接左侧横拉杆接头分总成时，无须安装新的开口销。（　　）

（5）安装前桥左半轴总成时，使开口侧向上安装卡环。（　　）

（6）安装左前悬架横梁加强件时，可任意安装 4 个螺栓。（　　）

（7）安装传动皮带时，需先紧固螺栓再调节张紧力。（　　）

2．单选题

（1）连接左侧横拉杆接头分总成时，如果开口销孔未对齐，需将螺母进一步拧紧（　　）。

A. 30°　　B. 60°　　C. 90°　　D. 135°

（2）安装左前桥轮毂螺母时，需要用到锤子和以下哪个工具来锁紧前桥轮毂螺母？（　　）

A. 开口扳手　　B. 冲子　　C. 固定器　　D. 螺栓

（3）发动机吊装过程中，不需要用到以下哪种工具设备？（　　）

A. 吊耳　　B. 发动机托架　　C. 固定器　　D. 吊装机

（4）发动机吊架的安装扭矩为（　　）。

A. 41 N·m　　B. 42 N·m　　C. 43 N·m　　D. 44 N·m

（二）技能测评

表 8-2　发动机总成安装技能测评

序号	内容	分值	得分
1	安装自动传动桥总成。	10	
2	安装发电机总成。	10	
3	安装起动机总成。	10	

续表

序号	内容	分值	得分
4	安装发动机总成。	10	
5	安装前悬架横梁。	10	
6	安装前桥半轴总成。	10	
7	安装前排气管总成。	10	
8	安装转向中间轴。	10	
9	安装发动机连接件。	10	
10	做好“5S”工作。	10	
总分		100	

（注：操作正确即得分，操作错误或未进行操作得 0 分）